权威·前沿·原创

皮书系列为
"十二五"国家重点图书出版规划项目

信托市场蓝皮书

BLUE BOOK OF TRUST MARKET

中国信托业市场报告
（2014~2015）

ANNUAL REPORT ON THE DEVELOPMENT
OF CHINA'S TRUST MARKET (2014-2015)

用益信托工作室／编著

社会科学文献出版社
SOCIAL SCIENCES ACADEMIC PRESS（CHINA）

图书在版编目（CIP）数据

中国信托业市场报告. 2014～2015/用益信托工作室编著.
—北京：社会科学文献出版社，2015.2
（信托市场蓝皮书）
ISBN 978 - 7 - 5097 - 7078 - 8

Ⅰ. ①中…　Ⅱ. ①用…　Ⅲ. ①信托业 - 研究报告 - 中国 -
2014～2015　Ⅳ. ①F832. 49

中国版本图书馆 CIP 数据核字（2015）第 019367 号

信托市场蓝皮书
中国信托业市场报告（2014～2015）

编　　著／用益信托工作室

出 版 人／谢寿光
项目统筹／吴　敏
责任编辑／吴　敏

出　　版／社会科学文献出版社·皮书出版分社（010）59367127
　　　　　　地址：北京市北三环中路甲29号院华龙大厦　邮编：100029
　　　　　　网址：www. ssap. com. cn
发　　行／市场营销中心（010）59367081　59367090
　　　　　　读者服务中心（010）59367028
印　　装／三河市东方印刷有限公司

规　　格／开本：787mm×1092mm　1/16
　　　　　　印张：29　字数：485千字
版　　次／2015年2月第1版　2015年2月第1次印刷
书　　号／ISBN 978 - 7 - 5097 - 7078 - 8
定　　价／198. 00元

皮书序列号／B - 2013 - 331

信托市场蓝皮书编委会

主编简介

李　旸　用益信托工作室创始人、首席研究员、南昌用益投资理财顾问有限公司执行董事、总裁。主导研发国内第一个信托行业景气指数——用益信托景气指数、信托公司综合评价体系和信托型阳光私募评价体系，并率先在国内推出了固定收益类信托产品评价体系，该评价体系得到业内外广泛认可和推崇，成为投资者购买信托产品的重要参考依据。

用益信托工作室

　　用益信托工作室创立于 2004 年，是由一批长期在信托公司工作的专业人士、信托经理、理财专家和热心投身于我国信托业发展的业内外资深人士共同组成的专业咨询机构。经过多年来的辛勤耕耘和不懈努力，用益信托工作室不断发展壮大，已被业内外所认可和推崇，成为国内最具权威和影响力的信托咨询机构。

用益产品与服务——信托研究

The Product & Service of USE：Trust Research

作为独立于信托公司和官方的信托研究和咨询机构，用益以自身的专业、权威和客观，致力于信托行业的跟踪和分析，从日报到周刊，从月度分析到年度报告，努力为客户提供及时和全面的信托咨询、深度的市场评述和专业的研究成果。我们还可以根据客户的需求撰写信托及相关内容的研究/分析报告。

行业数据

用益信托工作室作为行业内最早进行信托数据统计的专业研究机构，经过多年磨砺，得到行业内广泛赞誉。国内主流信托机构长期与我们保持良好的数据合作关系，瑞士信贷、巴克莱银行、蒙特利尔银行、野村证券、毕马威等国际机构对我们的数据予以高度评价并开展相关合作。

研究报告

用益的行业统计数据和研究报告，得到各家主流媒体网站的转载与引用，受到社会广泛赞誉。传统的专业定期报告业务和针对各家机构要求开展的研究报告定制服务是用益历史最悠久的传统业务之一。

信托咨询服务

用益与金融机构、主流媒体深入合作，为相关机构提供全面、深入的行业动态和趋势分析。同时，为业内外机构或人士提供个性化的信托培训服务。

摘　要

信托业经历了自 2008 年以来的高速增长后，前进扩张的步伐逐渐趋缓，传统业务不断受限，信托公司业务发展的瓶颈也日益凸显，迫使信托公司急需拓展新的业务增长点；同时，随着国内经济结构的调整和转型升级，带来行业的波动和市场风险的累积，这对进入这些行业的信托资金来说是一个重大的考验。

据信托业协会公布的行业数据，截至 2014 年第三季度末，信托业管理的信托资产总规模为 12.95 万亿元，逼近 13 万亿元，再创历史新高。然而，不容忽视的是，信托资产增速持续放缓，信托产品的个体风险暴露增加，信托业经营效益开始出现下滑，业务转型发展面临诸多挑战。如何看待规模达 13 万亿元的信托资产？在弱经济环境和强市场竞争下，信托业未来发展方向如何？国内 68 家信托公司的各自业务特点怎样？本书以数据为基础，以市场为准绳，多一些数据分析，少一些个人评论，力求将一个全面、多维的信托市场展现在读者面前。

自 2013 年以来，商业银行和保险资产管理公司相继开展资产管理业务。在券商、保险、基金子公司等机构放开资管业务之后，信托公司的生存环境已经出现了较大变化，市场抢占、业务挤压给行业发展带来了很大的竞争压力。

回归信托本源是信托公司成功转型的关键。目前已有不少信托公司积极创新产品和服务，以适应泛资产管理时代新的竞争形势：一方面在信托产品设计上加大创新力度；另一方面在服务上寻求更多创新，通过提升投资管理能力，为客户提供更具专业化、个性化的整体金融服务。可以说，信托业的经营环境正在发生全面而深刻的变化。

Abstract

The pace of growth in trust market has slowed after a rapid development since 2008. There are more and more tight restrictions on traditional business of trust, at the same time, the development of trust businesses is meeting obstacles, which forces trust companies to find new business growth points urgently. Moreover, with the adjustment and optimization of domestic economic structure, an increasing number of risks and volatilities is appeared in the market, which will be a tremendous test for the trust asset.

According to the latest statistics released from trust association, the trust asset under management is nearly 13 billion which is a new record high at the end of the third quarter of 2014. However, the slowing growth and the increasing risks should not be ignored. How does the market view this situation? What is the future developing direction of trust? How do customers determine the characteristics of 68 domestic trust companies? From the overall viewpoint of the market, this book provides an introduction and thorough explanation of this field by analyzing the actual data. By providing more statistical analysis and less personal comment, this book aims to present a comprehensive multi – dimensional study to readers.

Since 2013, commercial banks and securities companies began to operate wealth – management activities. With the fact that the wealth – management business lets go in brokerages and funds subsidiaries, the environment of trust companies' existence has changed; the scale expansion of Trust market will be a real challenge in the future.

Back – to – basics approach is the key to the success of transformation of Trust market. Actually, a number of trust companies had already begun to provide innovative products and services to adapt new competitive situation. As we can see, the business environment of Trust has changed entirely and deeply

前　言

从第一支信托产品问世至今已满 12 年，信托业从无到有、从小到大，已经发展成为仅次于银行业的第二大资产管理行业。但信托业的发展并不平衡，从 2002 年至 2008 年的第一个六年间，信托业管理的信托资产余额仅刚跨过 1 万亿元的台阶，而到了第二个六年，信托业管理的信托资产余额已经超过了 12 万亿元。可以说，信托业令人瞩目的业绩既得益于自身制度的优越性，也得益于赶上我国经济高速发展的黄金时期和独特金融体系带来的政策套利。但近两年来，特别是 2014 年以来，信托业的经济环境已经发生了深刻的变化，我国经济面临着结构调整和转型升级的双重压力，而随着金融体制的改革，信托业的政策环境和市场环境也发生了重大变化，信托业发展迎来了拐点，也面临前所未有的调整和转型压力。未来信托业何去何从？仅仅是市场的变化还是需要在制度、政策和市场上进行综合的考虑，给未来信托的发展指明方向。

不可否认，今天信托业的局面，仅从市场的因素来考虑将走入一个误区，因为前几年信托业发展所依靠的因素已经越来越弱了。首先，信托业的重构。从制度层面来说，信托制度赋予信托公司"金融百货公司"的美誉，且这个制度唯信托公司独享。但随着我国金融体制改革的深入推进，信托的金融工具特点逐步被其他金融机构所借用，只不过因政策的因素而不被冠以"信托"的名称，资产管理、私募基金、有限合伙等都在以各种名义行信托之实。事实上，从国外经验来看，信托的确是一种金融工具，可以为各金融机构所运用，国外也没有独立的信托行业，而是颁布《信托业法》对从事信托业务的金融机构进行统一的规范管理。那么，未来的中国信托业到底应该是什么样的业态？是独立的，还是混合的？不解决这个问题，信托公司、信托业的定位将出现混乱，最终将损害中国信托业的健康和可持续发展。现在我们所称的泛资管时代其实就是未来大信托业态的雏形，如果不重视顶层设计，任由其自由发展，各自为政，将不可避免地出现市场交叉重叠、恶性竞争，导致风险累积，

最终将对中国金融体系乃至整个经济社会造成重大的冲击。

信托制度赋予信托极其丰富的财产管理和处置方式，目前，信托公司基于金融机构的身份，将信托的金融属性挖掘出来，产生了各类信托理财业务，但这些业务往往与其他市场存在竞争或冲突，导致一旦信托业务规模被做起来之后就会对这些行业造成冲击，最终不是被限制、禁止就是被取代；而与此同时，当业务模式确定后，很容易被竞争对手复制，导致信托行业总处于为"别人做嫁衣"的窘境。因此，为信托业划定一定的专属业务领域是解决长期困扰信托公司主营业务无自留地的尴尬境地的重要途径。即使不能解决信托业专属业务领域问题，也应该为信托业务的经营主题设定统一的规则，即用《信托业法》取代目前的《信托公司管理办法》，以解决信托公司当前面临的因分业监管和行业利益而产生的不正当竞争问题。

其次，信托业务的定位。由于信托理财定位于高净值人士，信托业务以私募方式募集，虽然目前信托资产规模已接近13万亿元，但仍是以机构投资者为主的单一类信托业务和通道业务。随着金融体系改革的深入推进，通道业务及金融机构合作业务将受到更为严格的监管，同时，面对券商、基金子公司资管业务的竞争和宏观经济转型，信托行业已趋于微利。对于未来信托业务的转型，人们主要的关注点都放在开拓新的业务领域方面，而忽略了信托业务模式自身的改进和创新。事实上，信托产品的标准化也是一种创新，这种创新比开发新的业务品种更能解决阻碍当前信托业发展的症结。因为信托产品的标准化，不仅可以降低信托业务成本，打造信托业务新模式及品牌化战略，还有利于解决信托产品的销售问题和产品流通问题。

最后，信托法规和相关业务配套政策的完善。自2001年"一法两规"颁布以来，信托业务经过十几年的发展，从当初的每年不到1000亿元发展到目前的近13万亿元，信托业成为仅次于银行的第二大资产管理机构。但随着业务的发展和一些问题的暴露，凸显出当前信托业的基础法律法规已经难以适应新的发展形势的要求，迫切需要对这些法规和配套政策进行修订和完善，以解决信托业发展中面临的深层次的问题。目前，迫切需要修改的法律包括：《信托法》的完善，制定《信托业法》以取代《信托公司管理办法》，制定《信托财产登记管理办法》《公益信托业务管理办法》及《房地产信托投资基金管理办法》等，进一步明确信托业务税收政策，使信托公司能够清晰明了地开展业务，确保行业稳定持续的发展。

应该说，经过十几年的发展，在现有的法律体系下，信托业务模式已经成形，如果不从法规制度层面进行修改完善，信托业发展将难以取得根本性的突破，转型就无法真正实现。我们期待监管层能在中国金融体系改革的总体布局下对信托业进行顶层设计，信托业的发展离不开国家经济发展和转型及金融体系改革的大环境，信托业的转型单靠信托公司自身的开拓和创新显然是无法实现的。

用益信托工作室

2014 年 10 月

目　录

BLUE BOOK

B I　总报告

B II　信托行业分析

B III　信托公司分析

皮书数据库阅读**使用指南**

CONTENTS

B I　General Report

B II　Trust Market

B III　Trust Company

总 报 告

General Report

B.1

2013~2014年中国
信托业市场发展状况

摘 要： 　　2014年第三季度末，信托业管理的信托资产总规模为12.95万亿元，逼近13万亿元，再创历史新高。然而，尽管信托资产仍在继续扩张，但扩张速度明显放缓，且这一趋势还将持续下去，这也意味着行业发展已从高速增长进入低速增长阶段。

　　近几年信托风险事件不断出现，"刚性兑付"的潜规则使得信托公司成为国内外瞩目的焦点。随着金融改革的深入，特别是银行业利率市场化、互联网金融的崛起，以及泛资管时代的竞争，信托业发展将面临更大的挑战，早日实现业务转型将成为信托业未来发展的突破口。

　　回归信托本源是信托公司成功转型的关键。过去，信托公司依托与银行的合作，在银信理财业务、通道业务方面取得了不俗的业绩，但这种业务是我国不健全的金融体系和金

融改革滞后的产物，不是信托公司的本源业务，信托公司需要积极开展主动性管理，以期回归"受人之托，代客理财"的本源。

关键词： 信托资产　刚性兑付　行业拐点　信托转型

一　信托资产增长明显放缓　行业发展进入拐点

根据中国信托业协会公布的行业数据，截至 2014 年第三季度末，信托业管理的信托资产总规模为 12.95 万亿元，逼近 13 万亿元，再创历史新高。从季度环比来看，第三季度末的信托资产总规模环比增长 3.77%，较第二季度下降 2.64 个百分点，而较第一季度下降 3.75 个百分点，表明 2014 年第三季度不仅延续了自 2013 年第一季度以来的持续回落态势，而且回落幅度明显加大。

从行业经营情况来看，截至 2014 年第三季度末，信托业累计实现经营收入 608.60 亿元，同比增长 12.83%，环比增长 52.61%，但与 2013 年同期 35.44% 的增长率相比，增幅回落了 22.61 个百分点。数据显示，第三季度末，信托业实现利润总额 434.43 亿元、人均利润 210.34 万元，利润总额同比增长 11.44%，人均利润同比再次呈现负增长，较 2013 年第三季度的 217.06 万元减少 6.72 万元。

2013 年以来，信托业管理的信托资产规模首次突破 10 万亿元，达到 10.91 万亿元，信托业步入"后 10 万亿时代"。与此同时，信托业也遭遇了前所未有的挑战，经济下行增加了信托业经营的宏观风险、"泛资产管理"加剧了信托业的竞争、金融体系改革的深化使传统融资信托的市场空间萎缩、金融机构同业业务的规范减少了简单通道业务的市场机会。在此背景下，信托业也结束了自 2008 年以来信托资产年复合增长率高达 50% 以上的高速增长，自 2013 年第二季度起增速明显放缓，到 2014 年第三季度，增速又进一步放缓，表明信托业从高速增长阶段进入低速增长阶段，信托业发展迎来拐点已成为事实。

二 外部环境不容乐观 行业监管趋严

信托业在经历了 5 年的高速增长后，前进扩张的步伐逐渐趋缓，传统业务不断受限，信托公司业务发展的瓶颈也日益凸显，迫使信托公司急需拓展新的业务增长点；同时，国内经济结构的调整和转型升级，带来行业的波动和市场风险的累积，这对进入这些行业的信托资金来说是一个重大的考验。

近几年信托风险事件不断出现，"刚性兑付"的潜规则使得信托公司成为国内外瞩目的焦点。显然，新的形势和自身的不足导致信托业面临发展的困境和转型的压力，特别是行业风险的不断出现导致监管政策的收紧。针对这些情况，银监会提出，加强信托公司回归信托主业，运用净资本管理约束信贷类业务，信托公司不得开展非标准化理财资金池等具有影子银行特征的业务。这对部分仍然以各种模式、结构和名目通过所谓的银信合作方式开展的通道业务、平台业务的冲击是致命的，对近几年没有严格执行《信托公司净资本管理办法》指标要求的部分信托公司是一个严峻的挑战。

过去一年，监管层出台了多项与信托相关的通知及指导意见，是信托业自开展信托业务以来监管文件出台最频繁的一个时期，其监管思路主要围绕"防风险""促转型"两大主题展开。

表 1　2014 年上半年信托监管政策主要内容及其影响

时间	政策	主要内容	影响
2014 年 1 月	国办下发《关于加强影子银行业务若干问题的通知》(107 号文)	①信托资金池不要对接非标资产，用资本管理办法约束信托融资类业务，促进信托转型；②不提倡银行开展资金池类理财业务，要求此类业务实现项目一一对应；③强调分业监管，包括地方政府都要关注影子银行，在部委指导下规范	有利于进一步规范非标业务的发展，避免资金错配风险，对信托资金池业务的冲击是显而易见的，对信托的规模和盈利都将造成一定影响
2014 年 2 月	银监会启动筹建信托产品登记系统	向信托公司发放调查问卷，征求信托产品登记系统建设的具体方案	这个系统建立后，不仅可以让监管层更全面地掌握情况，同时也可以让信托公司自身的业务发展更规范，大大提升信托产品的流动性，增强信托产品的竞争力

续表

时间	政策	主要内容	影响
2014年4月	银监会发布《关于信托公司风险监管的指导意见》(99号文)	坚持防范化解风险和推动转型发展并重的原则,全面掌握风险底数,积极研究应对预案,综合运用市场、法律等手段妥善化解风险,维护金融稳定大局。明确信托公司"受人之托,代人理财"的功能定位,培育"卖者尽责,买者自负"的信托文化,推动信托公司业务转型发展,回归本业	作为推动信托业发展的纲领性文件,将有效防范、化解信托公司风险,推动信托公司转型发展,不断完善监管机制
2014年4月	银监会发布《关于调整信托公司净资本计算标准有关事项的通知(征求意见稿)》	信托公司业务首次被明确划分为事务管理类(通道类)和非事务管理类(非通道类)两类,对两类业务的划分也给出了标准,同时征求意见稿中也明确了两类业务中受托人与委托人的相应职责	信托行业的资产规模经历了迅猛扩张,增资势头始终不减,随着信托业务结构的不断调整和变化,出台相关政策能更好地适应信托业未来的发展
2014年5月	保监会公布《关于保险资金投资集合资金信托计划有关事项的通知》	要求保险机构投资集合资金信托计划,应当配备独立的信托投资专业责任人,完善可追溯的责任追究机制,并向保监会报告。此外,担任受托人的信托公司净资产不低于30亿元	由于相关业务还没有大规模的开展,对信托公司整体影响不会太大,预计相关业务规模增速将有所放缓。值得注意的是,保监会强调险资投资信托的门槛,再加上信托公司净资本的监管新规或酝酿出台,信托公司增资潮将进一步持续
2014年5月	银监会发布《关于99号文的执行细则》	明令禁止信托公司委托非金融机构推介信托计划,并提出信托公司清理非标资金池不搞"一刀切"和"齐步走"	促使信托公司加快建立直销体系,从而实现向财富管理转型,对于信托行业及第三理财具体影响有多大,关键还是要看政策实际执行的力度,不排除可能会出现避开监管的一些"绕道"操作方式,能否真正叫停,有待观察和时间检验
2014年5月	中国人民银行、银监会、证监会、保监会、外汇局联合印发了《关于规范金融机构同业业务的通知》(127号)	在鼓励金融创新、维护金融机构自主经营的前提下,按照"堵邪路、开正门、强管理、促发展"的总体思路,就规范同业业务经营行为、加强和改善同业业务内外部管理、推动开展规范的资产负债业务创新等方面提出了十八条规范性意见	"127号文"对传统银信合作业务的冲击显著,单一通道类业务基本被堵,对较依赖于此类业务的信托公司会造成较大的冲击,银行系信托受到的影响将更为直接。"127号文"意味着信托公司发展所依赖的通道业务将大幅萎缩,进一步倒逼信托转型

续表

时间	政策	主要内容	影响
2014 年 5 月	中国信托业协会下发关于《信托从业人员资格认证管理办法》征求意见稿	要求信托从业人员应当取得信托从业人员资格,资格考试和资格审核均由行业协会组织。资格证书又分为基本从业资格和信托经理从业资格。其中信托经理从业资格申请要求申请人有两年以上(含两年)信托从业经历,或三年以上(含三年)金融相关领域从业经历,或信托相关领域三年(含三年)从业经历	作为第二大金融行业,信托从业人员一直以来缺乏规范的监管和指引,若此政策得以实施,对规范从业人员的管理和提高从业人员素质都十分有利,将有助于建立从业人员诚信履职评价机制,推动信托公司健康、可持续的发展
2014 年 6 月	银监会修订 2014 版《信托公司监管评级与分类监管指引》	最新的办法不仅将树立新规,重新对 68 家信托公司进行监管评级分类,并将就此对不同的公司实行差异化的牌照制度。简言之,评级将与业务范围直接挂钩,信托牌照将变为"有限"	新的规则将继续利好有集团背景的大型信托公司,而对于中小型信托公司而言短期业务开展将受到限制。预计随着新政策的落地,信托公司将进一步分化,实力悬殊拉大
2014 年 6 月	全国社会保障基金理事会正式发布《全国社会保障基金信托贷款投资管理暂行办法》	明确信托公司管理社保基金信托资产需要符合四项条件,即:实收资本不低于 12 亿元,上年末经审计的净资产不低于 30 亿元;具有比较完善的公司治理结构、良好的市场信誉和稳定的投资业绩,具有良好的内部控制制度和风险管理能力;主要股东实力较强,资信状况良好;公司近三年内未发生因违法违规行为而受到监管机构行政处罚的情形	此举将促进全国社会保障基金信托贷款投资业务的发展,设定了信托公司受托管理社保基金信托资产的条件,明确社保基金可投信托贷款项目,意味着社保基金将进一步放开与信托公司的合作,对于信托业而言是重大的利好

资料来源:用益信托工作室根据公开资料整理。

中国的影子银行体系在间接融资主导的金融体系下孕育而生,并在正规银行面临严格监管、货币政策宽松、资产价格上升的背景下茁壮成长。信托公司正是在此背景下得以快速成长,成为影子银行的主要来源,其后,银行、证券、基金等各类金融机构,纷纷加入影子银行业务的争夺战中。而随着中国进入经济增速换挡期、结构调整阵痛期、前期刺激政策消化期"三期"叠加时

期，经济增速放缓将导致资产收益率下降、房地产行业面临转折点、投资者风险偏好下降，影子银行体系的刚性兑付维持得越久，积聚的风险也将越大。

面对迅速膨胀的影子银行体系，2013年以来银监会针对银行理财、同业业务和信托公司业务先后发布《关于规范商业银行理财业务投资运作有关问题的通知》《关于信托公司风险监管的指导意见》和《关于规范金融机构同业业务的通知》。上述监管政策基本针对影子银行所具有的非标债权、隐形担保、资金池、期限错配、资本计提不足等风险点，制定了相应的规范措施，相信会对影子银行的规范发展起到一定作用。

三 市场竞争日趋激烈 转型升级压力加大

自2013年以来，商业银行和保险资产管理公司相继开展资产管理业务，泛资产管理时代全面开启，对信托业来说，以往的制度红利将不复存在，行业竞争将进一步加剧。在券商、保险、基金子公司等机构放开资管业务之后，信托公司的生存环境已经出现了较大变化，市场抢占、业务挤压给行业发展带来了很大的竞争压力。

面对泛资管时代，只有立足优势，才能更好地推动行业转型。信托业需要加快探索新的业务模式，应从融资方的融资需求切换到投资方的投资需求上来，更多地立足于委托端客户的理财需求开发、设计相适应的信托产品。

中国银监会正式发布《关于信托公司风险监管的指导意见》，明确提出信托公司应将资产管理、投资银行、受托服务等多种业务有机结合，走差异化发展道路。对信托业来说，随着市场竞争的加剧，在资管行业出现薄利甚至不赚钱的时候，差异化策略将是实现行业转型的生存之道。

回归信托本源是信托公司成功转型的关键。过去，信托公司依托与银行的合作，在银信理财业务、通道业务方面取得了不俗的业绩，但这种业务是我国不健全的金融体系和金融改革滞后的产物，不是信托公司的本源业务，信托公司需要积极开展主动性管理，以期回归"受人之托，代客理财"的本源。

在信托业基于资管业务的转型方面，近年来已有信托公司尝试创设以投资组合驱动的具有资产管理性质的信托产品，但尚未形成体系化的产品策略和匹配的投资管理能力，难以满足不同投资偏好的投资者需求。目前已有不少信托公司积极创新产品和服务，以适应泛资产管理时代新的竞争形势：一方面在信托产品设计上加大创新力度；另一方面在服务上寻求更多的创新，通过提升投资管理能力，为客户提供更具专业化、个性化的整体金融服务。

可以说，信托业的经营环境正在发生全面而深刻的变化。原有增长方式将面临来自经济环境、金融环境及市场变化的诸多挑战。在市场需求的牵引力、监管机构指导"回归本源"的推动力和公司自身升级的内驱力三种力量的联合驱动下，信托业已开始进行转型的积极探索，并在优化私募投行业务模式、探索资产管理和财富管理的业务转型方面开始进行有益的尝试。

信托行业分析

Trust Market

B.2

信托业转型迫在眉睫

摘　要：　　尽管近一年来无论是信托资产总量还是单一类信托资产规模都出现了不同程度的增长放缓的趋势，但集合类信托资产规模的扩张不仅没有受到影响，反而逆势上扬。虽然自2013年以来，信托公司加大了业务创新力度，在家族信托、土地流转信托及消费信托上进行了有益的尝试，但还没有形成稳定的业务模式和规模效应，难以在行业内进行推广。因此，目前集合类信托业务的扩张更多的是单一类信托业务受阻后的一种补偿。

　　　　随着金融改革的深入推进，特别是银行业利率市场化、互联网金融的崛起，以及泛资管时代的竞争，信托业发展将面临更大的挑战，早日实现业务转型将成为信托业未来发展的突破口。

关键词：　集合类信托　单一类信托　兑付危机

一 信托资产增速放缓，业务结构亟须调整

（一）信托资产存量（余额）

根据中国信托业协会最新公布的统计数据，截至 2014 年第三季度末，全部 68 家信托公司管理的信托资产余额（存量）为 129483 亿元，较上季度增长 3.77%，环比涨幅较第二季度下降了 2.64 个百分点，与 2013 年同期相比增长 27.80%，同比涨幅较第二季度下降了 4.17 个百分点。统计数据表明，2014 年以来，尽管信托资产仍在继续扩张，但扩张速度明显放缓，且这一趋势还将持续下去，这也意味着行业发展已从高速增长进入低速增长阶段。

表1 2010 年第一季度至 2014 年第三季度信托资产余额及占比

单位：亿元，%

季度	集合类		单一类		财产类		信托总资产
	规模	占比	规模	占比	规模	占比	
2010 年第一季度	2986	12.57	19116	80.51	1643	6.92	23745
2010 年第二季度	3500	12.00	24276	83.27	1377	4.72	29152
2010 年第三季度	4794	16.21	23388	79.09	1388	4.69	29570
2010 年第四季度	6267	20.61	22656	74.53	1477	4.86	30400
2011 年第一季度	7813	23.91	23435	71.71	1432	4.38	32680
2011 年第二季度	9887	26.42	25900	69.21	1632	4.36	37420
2011 年第三季度	11496	28.05	27923	68.14	1558	3.80	40978
2011 年第四季度	13590	28.25	32818	68.21	1706	3.55	48114
2012 年第一季度	14996	28.29	36026	67.95	1995	3.76	53016
2012 年第二季度	15882	28.68	36809	66.46	2691	4.86	55382
2012 年第三季度	16994	26.89	42643	67.47	3565	5.64	63202
2012 年第四季度	18827	25.20	51023	68.30	4856	6.50	74706
2013 年第一季度	20948	23.99	60944	69.81	5421	6.21	87302
2013 年第二季度	22099	23.37	66969	70.83	5480	5.80	94548
2013 年第三季度	23587	23.28	72220	71.28	5508	5.44	101315
2013 年第四季度	27155	24.90	75930	69.62	5986	5.49	109071
2014 年第一季度	29279	24.97	81494	69.49	6507	5.55	117272
2014 年第二季度	32897	26.36	84845	67.99	7040	5.64	124782
2014 年第三季度	37714	29.13	84178	65.01	7591	5.86	129483

资料来源：中国信托业协会。

造成这一现象的原因，一方面是外部经济环境的影响，导致企业经营困难，效益不佳，难以承受10%以上的融资成本；另一方面，监管层明显加大了对以信托为主快速扩张的影子银行的监管力度和风险防范，导致信托业务全面受阻。此外，来自银行、证券、基金和保险的资管业务冲击也是信托业务增长放缓的重要因素。尽管上述理由构成了信托行业扩张的障碍，并使信托行业迎来发展的拐点，但还没有从根本上动摇信托业发展的基础和动力。而随着金融改革的深入，特别是银行业利率市场化、互联网金融的崛起，以及泛资管时代的竞争，信托业发展将面临更大的挑战，早日实现业务转型将成为信托业未来发展的突破口。

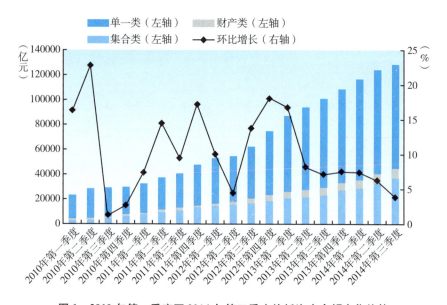

图1　2010年第一季度至2014年第三季度信托资产余额变化趋势

资料来源：中国信托业协会。

从信托资金的来源构成——单一类信托与集合类信托资产的增长来看，出现了两种截然不同的发展态势。以机构投资者为主体的单一类信托业务增长明显放缓，导致其业务占比从2013年第三季度的高点71.28%一路下滑到2014年第二季度的67.99%，而以个人投资者为主的集合类信托业务占比则从2013年第三季度的最低点23.28%上升到2014年第二季度的26.36%。两种完全相反的发展方向显然是由近一年来监管层加大对影子银行的监管力度和其他资管主体的竞争所致。事实上，通道业务一直是信托公司做大信托资产总量的捷径，也是信托公司业务收入的重要来源，但同时也是束缚信托公司创新动力、降低信托公司投资管理能力的主要障碍。

截至 2014 年第三季度，单一类信托资产规模为 8.42 万亿元，环比增长 −0.79%，这是单一类信托资产连续七个季度环比增长低于 10%，也是自 2011 年以来首次出现环比下滑。统计数据显示，最近一年的单一类信托资产平均环比增长率为 3.95%，与前一年 14.21% 的平均环比增长率相比下降了超过 10 个百分点，增速放缓之大令人咋舌。其背后是与通道业务因受到监管部门政策的影响而出现萎缩直接关联。

事实上，近一年来不断发生的风险事件让信托公司通道业务成为人们关注的焦点，已经引起了监管部门的高度警觉。在以往的银信合作中，由于商业银行自身经营风格较保守，加之其对非标准债权资产的风险控制能力较强，一般情况下不会发生重大问题。而自券商、基金公司子公司等金融机构开展资产管理业务以来，信托公司的合作对象拓宽到这些机构及其资产管理子公司。与商业银行不同的是，这些机构在非标债资产的风险控制方面经验并不丰富，加上是新进入资产管理市场，需要与商业银行和信托公司自主管理的产品展开竞争，经营风格不免激进。在这种情况下，项目容易出现问题。

图 2　2010 年第一季度至 2014 年第三季度单一类信托资产存量走势

资料来源：中国信托业协会。

　　尽管近一年来无论是信托资产总量还是单一类信托资产规模都出现了不同程度的增长放缓的趋势，但集合类信托资产规模的扩张不仅没有受到影响，反而逆势上扬。统计数据显示，截至2014年第三季度末，集合类信托资产规模为3.77万亿元，环比增长14.64%，其中最近四个季度的平均环比增长率为12.49%，而前四个季度的平均环比增长为8.57%，提高了3.92个百分点，显然，最近一年的集合类产品规模增速明显加快了。

图3　2010年第一季度至2014年第三季度集合类信托资产存量走势

资料来源：中国信托业协会。

　　集合类信托业务的加速发展，是在单一类信托业务受限下的自然反应还是自身业务的突破？从统计数据来看，集合类信托业务依然集中在传统领域，尽管自2013年以来，信托公司加大了业务创新力度，在家族信托、土地流转信托及消费信托上进行了有益的尝试，但还没有形成稳定的业务模式和规模效应，难以在行业内进行推广。因此，目前集合类信托业务的扩张更多的是单一类信托业务受阻后的一种补偿，但即使是这样，对信托公司的未来发展来说也不是坏事，毕竟集合类信托业务更能发挥信托制度的优势，有利于提高信托公司的资产管理能力和业务开发能力，同时，也能提高整体的盈利水平。

　　伴随着信托业近六年来的快速发展，集合资金信托产品的发展也进入了新阶段。作为一款优秀的金融工具，集合资金信托产品具有旺盛的生命力和强大的市场需求。但在其发展过程中，缺乏市场流动性、信托文化相对较为缺乏、业务投机性导致受监管政策影响明显等都一定程度上影响了集合资金信托产品的发展。基于此，在未来的发展过程中需要在以下几个方面进一步完善：一是建立信托产品二级市场转让平台，以提高信托产品的流动性；二是信托公司必须发挥自身制度优势，推出不同类型、不同层次需求的信托理财产品，以满足社会对投资理财的巨大需求；三是监管部门、行业协会、信托公司等构成多层次的宣传体系，积极推行健康的信托理财理念，破除"刚性兑付"和不切实际的理财观念，不断培育社会的信托意识及信托文化，化解投资者对信托高收益、低风险甚至无风险的误区。

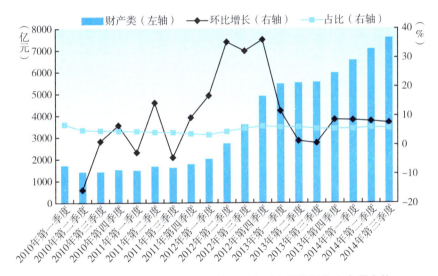

图4 2010年第一季度至2014年第三季度财产类信托资产存量走势

资料来源：中国信托业协会。

财产类信托业务在经历2012年的高速增长后，增速已趋于稳定。统计数据显示，截至2014年第三季度末，财产类信托资产规模为7591亿元，环比增长7.83%，占全部信托总资产的比重为5.86%，较第一季度提高0.31个百分点。与集合类及单一类信托资产不同，由于财产信托业务受政策影响小，故近一年来该类业务起伏并不大。作为非资金类信托业务，由于制度的缺陷，财产类信托业务一直处于边缘地位，难以形成规模优势，但这并不是这类业务应有的地位和作用。事实上，从国外经验来看，该类业务极具发展潜力，只是由于

信托制度的缺陷和信托登记制度的缺失使得该类业务难以有一个根本的改观。自2013年以来，尽管以土地流转信托为代表的财产类信托业务受到了众多信托公司的青睐，有望成为财产类信托业务的突破口，但政策和制度两方面的因素仍是困扰其发展的主要障碍。

图5 2010年第一季度至2014年第三季度信托资产来源构成比例变化

资料来源：中国信托业协会。

从图5可以看出，自2010年以来信托资产来源构成比例在不断变化，但并没有从根本上改变这三类业务的总体布局。统计数据显示，截至2014年第二季度末，单一类信托资产规模占比为67.99%，虽然非常接近2010年以来的历史最低点66.46%，但仍占整个信托资产比重的三分之二强，这充分表明当前信托业务依然严重依赖于银行等金融机构的通道业务，信托资金的主要来源还是机构资金，特别是银行资金。对银行的过度依赖并不是信托业的专利，由于我国金融体系中银行占主导地位，信托公司也划归银监会管辖，因此与银行合作具有得天独厚的优势，然而，这种一行独大的格局并不是未来我国金融体系改革的方向，信托业如何利用好我国金融改革的契机，发挥自身的独特优势，在未来金融体系中占据一席之地，应成为当前信托业转型升级的重要内容。

（二）信托资产增量（新增规模）

观察信托资产的新增规模有助于我们更深入地分析行业发展的趋势及其对信托资产存量的影响程度。从年度新增信托资产规模来看，2008～2012 年的平均年度信托资产新增规模增长率为 48.26%，而到 2013 年，信托资产年度新增规模增长率仅为 12.38%，下降幅度之大出乎意料，且这是否意味着行业发展迎来拐点还在争论和观察中，从 2014 年的数据来看，上半年新增信托资产规模为 2.84 万亿元，低于 2013 年同期的 3.15 万亿元，上半年的增长率为 −9.84%，而这种情况在下半年仍在继续恶化。可以说，2014 年的年度新增信托资产规模远低于 2013 年的水平，显然，一系列的数据充分说明行业真正进入了深度调整期，行业发展的拐点已经出现。

图 6　2005～2013 年的年度新增信托资产趋势

资料来源：用益信托工作室。

从单季新增信托资产规模来看，行业发展拐点的轨迹更加清晰。2013 年第二季度、第三季度，新增信托资产规模开始出现连续 2 个季度的负增长，信托资产规模的季度环比增速也早已出现了连续 3 个季度的下降，这也是高速增长行业出现"经营上拐点"的信号。尽管 2013 年第四季度出现了一定的回调，但 2014 年前两个季度的环比增长率依然不见起色。当然，仅凭业务数据

来判断行业拐点未免过于简单，事实上，日益沉重的兑付大潮的来临，也将给信托公司的管理层面带来更大的压力。

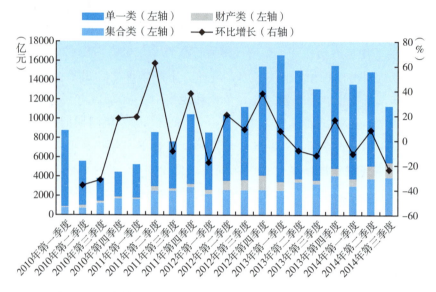

图7　2010年第一季度至2014年第三季度各类信托资产新增趋势

资料来源：中国信托业协会。

据统计，2014年将有8000款以上的信托产品到期，本息合计上万亿元。兑付危机案例让信托业腹背受敌。来自房地产、矿产资源等行业信托的兑付危机，开始撼动近年来信托业呈几何式增长的基石——刚性兑付。显然，能否通过新募资金来填补规模流失，已经成为摆在信托公司面前的一个难题。此外，还有来自政策层面的因素，早在2013年，信托业的高速增长就引起监管部门的关注，信托作为影子银行的作用引发了监管层对信托日益扩张的资产规模的担忧，信托的不透明性、刚性兑付和庞大规模使得爆发金融风险的可能性大增，在此背景一下，新一轮的严格监管将使信托业发展面临前所未有的严峻形势。

面对监管层影子银行去杠杆化的新政，首当其冲的就是以通道业务为主的单一类信托业务。新增资产规模自2013年第一季度达到最高的1.31万亿元后，就一路下滑，到2014年第三季度末，已降至5830亿元，占比也从2013年第一季度的79.35%下降到2014年第三季度的51.68%，降幅达27.67个百分点。

表 2 2010 年第一季度至 2014 年第三季度信托资产新增情况

单位：亿元，%

季度	集合类		单一类		财产类		新增信托资产合计	环比增长
	规模	占比	规模	占比	规模	占比		
2010 年第一季度	739	8.46	7898	90.38	101	1.16	8739	
2010 年第二季度	674	12.13	4589	82.60	293	5.27	5556	-36.42
2010 年第三季度	1257	33.55	2326	62.08	164	4.38	3747	-32.56
2010 年第四季度	1659	37.48	2565	57.95	201	4.54	4426	18.12
2011 年第一季度	1588	30.33	3531	67.44	117	2.23	5236	18.30
2011 年第二季度	2553	29.98	5588	65.63	374	4.39	8515	62.62
2011 年第三季度	2459	32.50	4929	65.16	177	2.34	7565	-11.16
2011 年第四季度	2996	28.72	7236	69.37	199	1.91	10431	37.88
2012 年第一季度	2249	26.51	5881	69.32	354	4.17	8484	-18.67
2012 年第二季度	2636	25.55	6787	65.81	891	8.64	10314	21.58
2012 年第三季度	2617	23.41	7549	67.51	1015	9.08	11181	8.41
2012 年第四季度	2659	17.33	11256	73.34	1432	9.33	15347	37.26
2013 年第一季度	2611	15.81	13103	79.35	798	4.83	16512	7.59
2013 年第二季度	3339	22.22	11229	74.74	457	3.04	15025	-9.01
2013 年第三季度	3138	23.98	9498	72.59	449	3.43	13085	-12.91
2013 年第四季度	3956	25.73	10545	68.59	871	5.67	15373	17.48
2014 年第一季度	3046	22.41	9875	72.66	670	4.93	13591	-11.59
2014 年第二季度	3756	25.31	9762	65.79	1320	8.90	14838	9.17
2014 年第三季度	3915	34.71	5830	51.68	1535	13.61	11281	-23.97

资料来源：中国信托业协会。

通道业务是指委托人自主决定信托设立、信托财产运用对象、信托财产管理运用处分方式等事宜，自行负责前期尽职调查及存续期信托财产管理，自愿承担信托投资风险，受托人仅负责账户管理、清算分配及提供或出具必要文件以配合委托人管理信托财产等事务，不承担积极主动管理职责的信托业务。通道业务可以是单一类、集合类、财产类或财产权信托业务，但主要是单一类信托业务。

2014 年以来暴露出来且影响较大的风险个案都属于通道业务，从 1 月的中诚信托 30 亿元矿产信托兑付风波，到吉林信托 10 亿元信托贷款深陷联盛能源，再到厦门信托 1.63 亿元银信项目违约均是通道业务，即资金端和资产端均非由信托公司发起，而是由银行主导，信托公司扮演"通道"的角色。

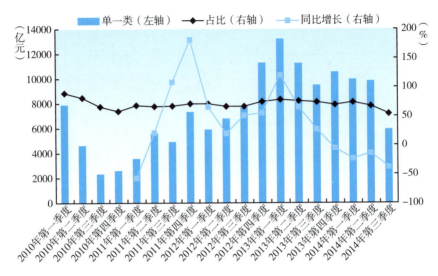

图 8　2010 年第一季度至 2014 年第三季度单一类信托新增规模走势

资料来源：中国信托业协会。

2014 年 1 月，一份旨在厘清影子银行概念、明确影子银行监管责任分工，以及完善监管制度的文件正式下发。虽然该文件并未明确指出信托公司属于"影子银行"，但其中提到运用净资本管理约束信托公司信贷类业务，信托公司不得开展非标准化理财资金池等具有影子银行特征的业务。实际上，在 2012 年底，监管部门就曾对信托公司的资金池业务进行窗口指导，当时主要是出于防范接盘即兑付项目的流动性风险。自 2013 年下半年以来，信托公司的资金池产品发行逐渐升温，并出现一些新的"变种"，资金池产品大有卷土重来之势。2014 年 1 月 6 日，银监会在 2014 年全国银行业监管工作会议上再次强调信托业不开展非标资金池业务。此外，为防范关联交易风险，需要按照相应风险系数额外计提附加资本的，还包括信托公司对资金来自非关联方但用于关联方的单一信托业务。

统计数据显示，2014 年第三季度新增集合类信托资产规模为 3915 亿元，达到单季历史第二高的位置，环比增长 4.24%，占全部新增资产总量的 34.71%，也处于 2010 年以来的次高位置。尽管集合类信托业务代表未来信托业的主流方向，但经过近 12 年的发展演变，集合类信托产品的投资方式、投资领域及管理模式并没有出现大的变化或突破，导致这类业务走势起伏不定、前景不

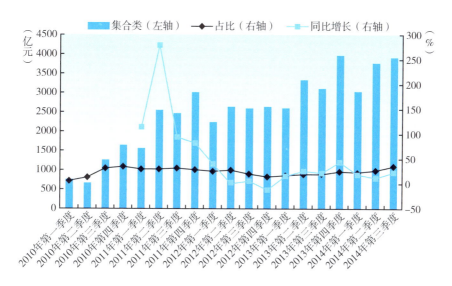

图 9　2010 年第一季度至 2014 年第三季度集合类信托新增规模走势

资料来源：中国信托业协会。

明。从统计数据来看，集合类信托季度新增规模最高出现在 2013 年第四季度，为 3956 亿元，与季度新增 1 万亿元左右的单一类信托业务相比还有相当的距离。束缚集合类信托业务扩张的因素很多，如投资管理能力、产品销售能力、创新能力及产品的市场竞争力等，但归根结底还是业务模式过于固化，在产品结构、收益水平及投资便利性上不能满足客户多样化的需求。

客户对信托服务的需求日益多样化、复杂化，同时随着信托公司业务品种的不断丰富，传统意义上的集合类结资金信托业务产品在流动性、期限、资金运用方式等方面会逐步表现出一些局限性。类基金型集合类结信托作为一种最大限度地将产业投资与金融投资进行资源配置的制度性安排，通过产品设计将募集资金与项目进行循环匹配并滚动操作，可以运用定期开放赎回等方式来满足客户在流动性方面的需求。该种产品的特性，一方面决定了其可以成为衡量信托公司主动管理能力的一种标志；另一方面，在突破资金募集与项目需求阶段性不匹配、资金使用期限等方面具有较强优势。

集合类信托产品作为一种金融理财产品，应该成为信托公司打造专业投资管理优势、提升竞争能力的有效载体。长久以来由于多种因素的共同影响，各信托公司逐步专注于某一个或某几个领域来发展集合类信托产品，产品专注度

不断提高。目前，许多信托公司在房地产、基础设施、新能源等领域不断精耕细作，初步显现出品牌化、标准化、系列化的趋势。未来随着市场竞争的加剧和专业化程度的不断强化，信托业务模式要求产品必须具有高度的可复制性和可组合性，集合产品的品牌化、系列化、标准化程度将不断提升。同时，随着投资者需求的不断细分和扩大，集合类信托产品设计的出发点将由以项目为中心向以客户为中心转变，为客户提供具有不同类型特征的产品线，形成品牌化、标准化、系列化的产品将成为发展趋势。

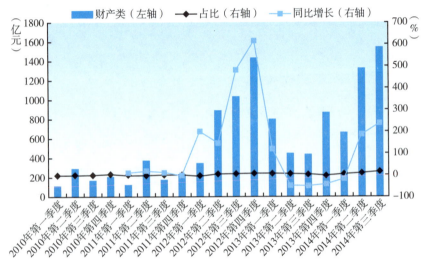

图10　2010年第一季度至2014年第三季度财产类信托新增规模走势

资料来源：中国信托业协会。

与其他信托业务高速增长相比，财产类信托的发展却显得较为滞后。2014年前三季度新增财产信托资产规模为3525亿元，占同期新增信托资产总规模的8.88%，其中第三季度单季新增财产类信托资产规模1535亿元，占当季全部新增信托总规模的13.61%，占比首次超过两位数。而从信托资产存量数据来看，截至2014年第三季度末，财产类信托资产余额为7591亿元，占全部信托资产存量的5.86%。显然，2014年以来，无论是季度新增还是累计新增的财产类信托资产规模的占比都要高于存量的占比，显示出财产类信托资产仍在处于扩张阶段，只是扩张的速度和规模没有引起人们的关注。尽管财产类信托业务处在一个上升阶段，但我们认为，除非有外部环境出现重大变化（如信托制度的完善和政策的支持等），否则财产类信托业务难有一个结构性变革或突破。

财产类信托受到国外高净值人群的普遍欢迎，除了信托公司可以有效打理其资产外，还具有以下三大优势：一是，受益人的信息可以绝对保密，从而很好地隐蔽财富；二是，信托财产的独立性，可以保护信托受益人不受其债权人的追索，免于偿债；三是，财产类信托能够合法有效地规避高额遗产税。而由于国内目前还没有相关的法律或法规对需要办理登记的信托财产种类、范围、手续及登记机关等做出规定，财产类信托在具体业务办理的过程中经常无章可循，这迫切需要完善信托登记制度，规范信托登记行为，同时，提高信托公司的资产管理能力。目前我国信托公司多依靠产品发行等粗放式的经营发展方式，而事实上只有资产管理能力提高了，才会真正赢得客户的信任。相信随着我国高净资产人群资产保护意识的增强，财产类信托一定会迎来广阔的发展空间。

二　信托资产构成多样化

（一）按产品功能分

信托是一种以信任为基础、财产为中心、委托为方式的财产管理制度，在运作上极富灵活性且深具社会及经济优化功能。现代信托已由单纯的财产代管演变成集财产管理、资金融通和社会公益等功能为一体的金融制度安排，以其横跨资本市场、货币市场和产业市场的独特功能，在现代金融体系中占有重要地位。因此，从根本上说，信托业的产生是社会分工的产物，是社会部分群体产生富余资本后产生理财需求的产物。目前，我国的信托制度明确将信托的基本功能定位为"受人之托，代客理财"，信托公司业务的开发和服务都应基于这一宗旨。但因历史和现实的因素，信托公司在自身定位和服务上并没有真正践行这一宗旨，而是从资源和利益方面来设计和规划产品，导致长期以来信托的投资管理能力弱化，而融资功能、平台功能得到强化。

随着信托体量的不断增大，信托的平台功能和融资功能引起了监管层的高度警觉，2013年以来银监会针对银行理财、同业业务和信托公司业务先后发

布《关于规范商业银行理财业务投资运作有关问题的通知》《关于信托公司风险监管的指导意见》和《关于规范金融机构同业业务的通知》。这些监管政策，可以说都是针对信托的平台功能和融资功能而进行的"拨乱反正"，信托公司应该吸取教训，利用自身优势，大力提升信托投资管理能力，降低和限制融资冲动和平台服务功能。

表3　2010年第一季度至2014年第三季度各功能类信托资产余额统计

单位：亿元，%

季度	投资类		融资类		事务管理类		合计
	余额	占比	余额	占比	余额	占比	
2010年第一季度	4222	17.72	14616	61.60	4907	20.68	23745
2010年第二季度	5050	17.47	18589	63.70	5512	18.84	29152
2010年第三季度	6034	20.27	18258	61.82	5278	17.91	29570
2010年第四季度	7256	24.01	17943	58.88	5201	17.11	30400
2011年第一季度	9056	27.74	18774	57.32	4851	14.94	32680
2011年第二季度	12436	33.16	20295	54.28	4689	12.57	37420
2011年第三季度	13827	33.74	21547	52.57	5603	13.69	40978
2011年第四季度	17228	35.76	24751	51.56	6135	12.68	48114
2012年第一季度	20066	37.92	26323	49.62	6627	12.45	53016
2012年第二季度	20933	37.79	27208	49.19	7241	13.02	55382
2012年第三季度	23198	36.71	30976	49.05	9027	14.24	63202
2012年第四季度	26776	35.88	36512	48.86	11418	15.26	74706
2013年第一季度	29476	33.79	42591	48.80	15246	17.41	87313
2013年第二季度	31144	32.91	45878	48.57	17526	18.52	94548
2013年第三季度	33102	32.67	48782	48.15	19431	19.18	101315
2013年第四季度	35491	32.54	52094	47.76	21486	19.70	109071
2014年第一季度	38085	32.47	51536	43.94	27657	23.58	117279
2014年第二季度	41196	33.01	50707	40.64	32879	26.35	124782
2014年第三季度	44836	34.63	49095	37.92	35553	27.46	129483

资料来源：中国信托业协会。

　　统计数据显示，截至2014年第三季度，融资类信托资产余额为4.91万亿元，占全部信托资产总量的37.92%；投资类信托资产余额为4.48万亿元，占比为34.63%；事务管理类信托资产余额为3.56万亿元，占比为27.46%。从三类功能资产的配比来看，融资类资产在不断萎缩，这是一个令人鼓舞的现象，但留下的空缺并没有全部填补在投资类资产上，而是部分转移到事务管理类信托资产中，显然，融资功能的减弱并没有必然带来投资功能的增强，而是将部分转移到平台功能上，实际上，在下文对银信合作业务余额的分析中我们可以看到这种变化的结果。

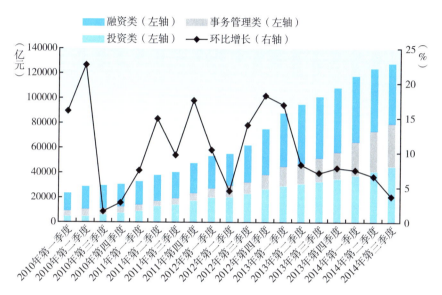

图 11　2010 年第一季度至 2014 年第三季度各功能类信托资产余额变化趋势

资料来源：中国信托业协会。

信托制度是一种财产转移和处置的制度安排，"受人之托，代客理财"是我国信托业的宗旨和定位，因此，我国的信托业本质是一种财产管理机构，信托的功能定位应当是：以财产管理为主，以融通资金、社会投资功能、协调经济关系功能和社会公益服务功能为辅。目前，基于我国金融体系的现实和信托公司所处的环境，融资类和事务管理类信托业务占主导地位的运行模式还将持续相当长的一段时间，投资类信托业务的开发和成熟也不是一朝一夕能实现的，但随着我国中产阶层的快速增加和崛起，以及我国金融体系改革的深入推进，投资类信托业务必将成为信托业未来发展的重点。

近年来信托融资市场不仅规模大，而且风险相对较小，成为我国信托业快速发展的重要推动力。信托融资是信托功能的重要体现，但作为银行规避政策的平台或工具，则有悖于信托融资的初衷，目前，由于信托融资规模庞大，已经影响到金融体系的正常运行和监管，成为影子银行的重要渠道，受到政策约

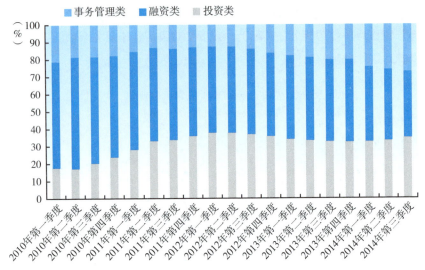

图12　2010年第一季度至2014年第三季度各功能类信托资产占比变化

资料来源：中国信托业协会。

束应在情理之中。近一年来，融资类信托资产增量受到政策的影响处于加速下滑状态，就是监管政策变化的结果。统计数据显示，2014年以来，受到监管层加大对影子银行的监管力度的影响，融资类信托资产新增规模出现了加速下滑的态势，其中，第一季度环比增长 -1.07%，第二季度环比增长 -1.61%，第三季度环比增长 -3.18%，导致第一季度融资类信托资产余额较2013年第四季度减少558亿元，第二季度较第一季度减少829亿元，第三季度较第二季度再减少1612亿元。

目前，融资类信托业务虽然占用净资本较多，但因该类业务一般要求有优质的抵押担保物和较低的质押率，对信托资金的保障程度更高，也更容易得到投资者的认可，仍是信托公司的主要业务和收入来源。但从长远来看，信托公司未来必须回归本源，实现从主要从事信托贷款等债权融资业务的机构向主要依托信托制度、面向高净值客户、向各类资金提供专业服务的资产及财富管理机构转型。在此过程中，融资类信托的作用将会被逐步弱化。

投资类信托业务作为体现信托公司投资管理能力的主要业务，代表了信托业务未来的发展方向。2014年初，银监会下发了《关于信托公司风险监管的指导意见》。该文件除了规范信托公司现有的业务模式外，也为信托公司转型

图13　2010年第一季度至2014年第三季度融资类信托资产存量变化

资料来源：中国信托业协会。

发展指明了方向，即大力发展资产及财富管理类信托业务。信托公司要顺利实现转型，必须做到"两条腿走路"，一方面要继续保持在融资类信托业务方面的优势，另一方面还要努力拓展资产及财富管理类信托业务，实现从"融资型"到"投资型"的转变，成为投资者的"财富管家"。

尽管制度及政策都赋予投资类信托业务更有利的发展基础，但由于投资类信托业务需要信托公司具备专业和经验丰富的投资管理团队，这对于当前习惯了融资项目操作的信托公司来说是一个艰难的转型和调整，且在短时间内难以做到，需要长期的积累和培养高素质的人才队伍才能实现，显然，目前国内大部分信托公司都不具备这个条件。

从统计数据可以看到，尽管受政策影响，融资类信托资产出现了萎缩，但投资类信托资产并没有出现相应的增长，2014年前三个季度的投资类信托资产余额环比增长分别为7.31%、8.13%和8.83%，分别比上个季度增加0.09个、0.86个和0.66个百分点，这样的增速揭示出信托业当前的转型之路依然任重道远，但只要将这种增速保持下去，我们有理由对信托业的未来持乐观的态度。

从中国信托业协会公布的第三季度末的数据来看，虽然行业整体出现增速

图14 2010 年第一季度至 2014 年第三季度投资类信托资产存量变化

资料来源：中国信托业协会。

放缓，甚至下滑趋势已成定局，但比较亮眼的是事务管理类信托资产的规模有所扩张。统计数据显示，2014 年第三季度末事务管理类信托资产余额达到了3.56 万亿元，在全部信托资产中的比重达为 27.46%，创下了自 2010 年以来的新高。相比于上年同期 19.18% 的占比和 2014 年第二季度末 26.35% 的占比，分别提高了 8.28 个和 1.11 个百分点，其余额也同比和环比分别提高了82.97% 和 8.13%，这一增长速度无疑是令人感到惊奇的，而这一比重也使其在信托资产构成中成长为一个不可忽视的部分。

事务管理类信托作为信托服务功能的表现，其增长无疑说明了信托在制度领域创新和转型的逐渐深入，如信托公司在消费信托、土地流转信托领域的突破。事务管理类信托，也是服务类信托，其主要功能不是投资理财，而是利用信托的制度优势为客户提供财产的事务管理和相关服务。尽管目前国内事务管理类信托很大一部分反映在通道业务上，但就成熟的信托理财市场而言，真正的服务信托与理财信托应该是比翼齐飞的形态。

从目前的信托市场来看，单一资金类信托通道业务之所以能被划入事务管理类信托，也与事务管理类信托的定义有关。一般来讲，事务管理类信托主要是指委托人交付资金或财产给信托公司，指令信托公司为完成信托目的，从事

图15 2010 年第一季度至 2014 年第三季度事务管理类信托资产存量变化

资料来源：中国信托业协会。

事务性管理的信托业务。而在 2014 年年中监管层下发的新版《信托公司净资本管理办法》征求意见稿中，已明确了将信托业务分为事务管理类（通道类）和非事务管理类（非通道类）。其中，通道类业务是指委托人自主决定信托设立、信托财产运用对象、信托财产管理运用处分方式等事宜，自行负责前期尽职调查及存续期信托财产管理，自愿承担信托投资风险，受托人仅负责账户管理、清算分配及提供或出具必要文件以配合委托人管理信托财产等事务，不承担积极主动管理职责的信托业务。

受信托业外部环境和监管政策变化的影响，传统信托业务受到的冲击和限制迫使信托公司不得不在信托的其他功能领域寻找出路，而服务功能正是信托产品在国外更为广泛运用的功能，也是信托转型财富管理的重要方向。目前，事务管理类信托受信托登记等相关制度建设不健全的影响，受托品种有限，税收、权属等方面仍存瑕疵，发展受到一定限制，不过土地流转信托等创新品种是事务管理类信托业务发展的典型代表。相信未来这类信托业务会得益于制度和政策的支持而实现快速的发展，信托的服务功能或能更多地左右行业未来发展的生态。

虽然从信托服务功能切入的事务管理类信托目前还未成为主力，但是从2013 年以来业内在家族信托、消费信托、土地流转信托等领域的尝试延伸了信

托服务的空间。在土地流转信托中，土地承包经营权信托即为事务性信托，再辅之以集合类或单一类资金信托，组成土地流转信托；而在消费信托和家族信托中，主要表现为单一类事务管理信托。另外，提供配套服务的事务管理类信托在很多信托传统业务领域也是重要的转型方向，如目前火热的证券投资信托。而其他有发展前景的"通道"业务，如资产证券化等，通过提供配套服务来提升竞争力也成为越来越多的信托公司所认可的事务管理类业务发展方向。

（二）按资金运用方式分

考察信托资产在具体资金运用方式上的分布有助于我们进一步了解信托公司在信托资产管理上的变化及发展脉络。应该说，政策赋予信托公司的资金运用方式是非常宽松和灵活的，这也是与其他金融机构相比信托公司最大的优势之一，但这个优势如果运用得不好，也会成为信托公司的一个软肋。一般情况下，各信托公司都会根据自身的投资特长以及项目资源禀赋来选择最佳资金运用方式，形成自己的投资模式，开发出在市场上有竞争力的信托理财产品，从而在理财市场中占得一席之地。

每种资金运用方式都有其优劣和适用范围，最终产生的收益也不一样，从而可以满足不同风险偏好投资者的需求。信托公司经过这几年对资金信托产品的开发和摸索，已经初步找到了稳定、合适的投资领域和相应的资金运用方式，部分信托公司还推出了一些系列化的信托产品，这为信托公司日后开发和推出长线产品打下了良好的基础。从国内外理财产品的开发经验来看，资金运用方式已经从单一投资方式走向组合运用方式，投资领域也从单一领域走向组合投资，对于长线产品而言，这种趋势尤为明显。

从信托资产存量分布来看，截至 2014 年第三季度，在所有 12.19 万亿元的资金信托资产存量（剔除了财产类信托资产存量）中，贷款类信托资产的余额是 5.17 万亿元，占全部信托资产总量的 42.43%；交易性金融资产投资类信托资产的余额为 1.39 万亿元，占比 11.36%；可供出售及持有至到期投资类信托资产的余额为 2.51 万亿元，占比 20.61%；长期股权投资类信托资产余额为 1.06 万亿元，占比为 8.74%；买入返售类信托资产余额为 3274 亿元，占比 2.69%；存放同业类信托资产余额为 9599 亿元，占比 7.88%；其他投资类信托资产余额为 7620 亿元，占比 6.25%。

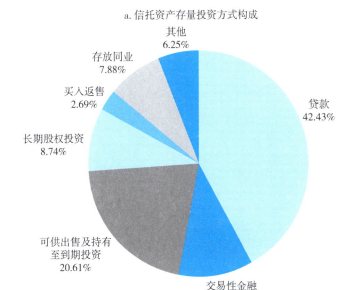

a. 信托资产存量投资方式构成

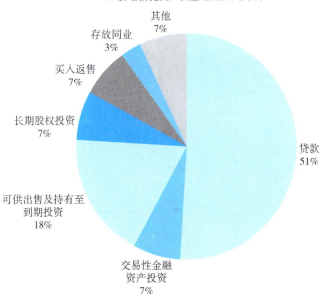

b. 新增信托资产资金运用方式构成

图16　2014年第三季度信托资产投资方式构成

资料来源：中国信托业协会。

表4 2010年第一季度至2014年第三季度按投资方式分信托资产余额统计

单位：亿元，%

季度	贷款		交易性金融资产投资		可供出售及持有至到期投资		长期股权投资		租赁		买入返售		存放同业		其他	
	余额	占比	余额	占比	余额	占比	余额	占比	余额	占比	余额	占比	余额	占比	余额	占比
2010年第一季度	13664	61.82	1181	5.35	1858	8.41	2755	12.47	39	0.17	544	2.46	760	3.44	1300	5.88
2010年第二季度	17400	62.64	1342	4.83	2672	9.62	3309	11.92	36	0.13	261	0.94	872	3.14	1883	6.78
2010年第三季度	16274	57.75	1893	6.72	2834	10.06	4007	14.22	36	0.13	246	0.87	914	3.24	1977	7.02
2010年第四季度	15726	54.37	2416	8.35	2938	10.16	4546	15.72	47	0.16	383	1.32	827	2.86	2041	7.05
2011年第一季度	16001	51.21	2769	8.86	3252	10.41	5003	16.01	76	0.24	288	0.92	1419	4.54	2440	7.81
2011年第二季度	16682	46.61	3040	8.50	4562	12.75	5659	15.81	74	0.21	568	1.59	2563	7.16	2640	7.38
2011年第三季度	16735	42.45	3483	8.84	5484	13.91	6016	15.26	72	0.18	740	1.88	3330	8.45	3560	9.03
2011年第四季度	17354	37.40	3393	7.31	8544	18.41	6542	14.10	84	0.18	943	2.03	4512	9.72	5037	10.85
2012年第一季度	19057	37.35	3863	7.57	8949	17.54	6732	13.19	88	0.17	915	1.79	5896	11.56	5521	10.82
2012年第二季度	20965	39.79	4389	8.33	8438	16.01	6710	12.73	127	0.24	1206	2.29	5639	10.70	5217	9.90
2012年第三季度	24419	40.95	5249	8.80	10108	16.95	6897	11.57	133	0.22	1486	2.49	5680	9.52	5665	9.50
2012年第四季度	29993	42.94	6593	9.44	12249	17.54	6923	9.91	139	0.20	1458	2.09	5419	7.76	7076	10.13
2013年第一季度	37962	46.36	7618	9.30	14206	17.35	7119	8.69	120	0.15	1600	1.95	5408	6.60	7859	9.60
2013年第二季度	42151	47.32	8018	9.00	15473	17.37	7689	8.63	115	0.13	1749	1.96	6766	7.60	7107	7.98
2013年第三季度	46216	48.24	8731	9.11	17321	18.08	8247	8.61	102	0.11	1669	1.74	7082	7.39	6439	6.72
2013年第四季度	48581	47.13	9376	9.10	19089	18.52	9377	9.10	96	0.09	1894	1.84	7025	6.81	7647	7.42
2014年第一季度	51335	46.34	10154	9.17	21162	19.10	10214	9.22	90	0.08	2970	2.68	8280	7.48	6567	5.93
2014年第二季度	52730	44.78	11772	10.00	23983	20.37	10413	8.84	77	0.07	2860	2.43	8899	7.56	7008	5.95
2014年第三季度	51716	42.43	13853	11.36	25117	20.61	10648	8.74	67	0.05	3274	2.69	9599	7.88	7620	6.25

资料来源：中国信托业协会。

表 5　2010 年第一季度至 2014 年第三季度按投资方式分季度新增信托资产规模统计（1）

单位：亿元

季度	贷款			交易性金融资产投资			可供出售及持有至到期投资			长期股权投资			租赁		
	集合	单一	小计	集合	单一	小计	集合	单一	小计	集合	单一	小计	集合	单一	小计
2010 年第一季度	137	6314	6451	39	172	211	152	472	624	139	158	297	0	0	0
2010 年第二季度	138	3041	3179	82	-4	79	46	586	632	213	398	611	0	0	0
2010 年第三季度	250	1365	1615	75	85	160	176	246	422	429	222	650	1	0	1
2010 年第四季度	429	1557	1986	202	165	367	294	394	688	412	140	552	0	10	10
2011 年第一季度	411	2160	2571	166	89	255	279	313	592	353	109	462	0	30	30
2011 年第二季度	601	3659	4260	175	262	437	529	807	1337	641	177	818	0	0	0
2011 年第三季度	618	2274	2892	155	305	460	510	1382	1891	488	150	638	0	5	5
2011 年第四季度	695	2964	3659	87	40	126	908	2380	3288	335	221	556	3	12	15
2012 年第一季度	686	3005	3691	138	110	247	610	733	1343	244	110	354	3	3	6
2012 年第二季度	935	4430	5365	238	154	393	704	1009	1713	227	326	552	0	19	19
2012 年第三季度	812	5133	5945	192	105	297	760	1221	1981	252	343	595	4	5	9
2012 年第四季度	826	7727	8553	198	278	476	549	1570	2119	440	375	814	2	21	23
2013 年第一季度	759	9531	10290	292	231	523	626	1815	2440	286	270	557	0	3	3
2013 年第二季度	1108	7320	8428	259	244	502	782	1720	2502	335	722	1056	2	1	3
2013 年第三季度	1061	6378	7439	147	260	407	667	1807	2474	445	382	827	0	0	0
2013 年第四季度	1008	7198	8206	277	231	508	1235	1519	2754	632	690	1322	3	3	6
2014 年第一季度	918	6770	7688	283	357	640	918	1478	2396	392	446	838	0.5	0	0.5
2014 年第二季度	1227	6735	7962	238	338	576	1036	1864	2899	389	227	616	0.5	6.1	6.6
2014 年第三季度	1366	3648	5014	328	342	670	1005	808	1813	363	312	675	1	0	1

资料来源：中国信托业协会。

表6 2010年第一季度至2014年第三季度按投资方式分季度新增信托资产规模统计（2）

单位：亿元

季度	证券投资			信贷资产			存放同业			其他投资		
	集合	单一	小计	集合	单一	小计	集合	单一	小计	集合	单一	小计
2010年第一季度	5	0	5	0	83	83	144	129	274	123	570	694
2010年第二季度	5	3	9	11	147	158	57	130	188	121	286	406
2010年第三季度	8	0	8	10	40	50	144	229	373	164	139	303
2010年第四季度	22	14	36	8	24	31	153	137	290	140	114	254
2011年第一季度	27	3	30	2	28	30	169	521	690	182	276	459
2011年第二季度	65	19	85	11	13	24	208	380	588	322	270	592
2011年第三季度	80	54	134	13	20	33	168	482	651	428	256	684
2011年第四季度	92	49	141	20	1	22	184	640	824	672	927	1599
2012年第一季度	30	45	75	22	41	63	113	1546	1660	402	288	690
2012年第二季度	67	102	169	56	42	98	99	158	257	309	547	856
2012年第三季度	65	111	176	68	42	110	146	91	237	319	497	817
2012年第四季度	63	78	141	47	69	116	141	216	357	394	922	1316
2013年第一季度	79	37	116	19	40	59	167	175	342	383	1000	1383
2013年第二季度	87	75	161	51	89	140	233	186	419	483	872	1355
2013年第三季度	52	32	83	22	33	55	316	133	448	428	473	902
2013年第四季度	49	27	76	17	62	79	133	229	363	602	585	1187
2014年第一季度	67	169	236	11	26	37	162	195	357	294	435	729
2014年第二季度	161	140	300	33	11	44	172	53	225	500	389	889
2014年第三季度	231	393	624	21	1	22	184	86	270	417	239	656

资料来源：中国信托业协会。

从信托资产增量的分布来看，以 2014 年第二季度数据为例，贷款类信托资产新增 7962 亿元，占当季全部新增信托资产总量的 58.90%；交易性金融资产投资类信托资产新增 576 亿元，占比 4.26%；可供出售及持有至到期投资类信托资产新增了 2899 亿元，占比为 21.45%；长期股权投资类信托资产新增了 616 亿元，占比 4.55%；买入返售类信托资产新增 344 亿元，占比 2.55%；存放同业类信托资产只新增了 255 亿元，占比为 1.66%；其他投资类（含租赁类）信托资产则新增了 896 亿元，占比 6.63%。

通过对比以上两组数据我们看到，按资金运用方式分，信托资产存量的构成比例与信托资产增量的构成比例并不十分吻合，尽管信托业务受季节性等因素影响，但影响存量资金占比的因素还包括新增信托资产的规模、投资期限等。应该说，信托资产增量的变化是信托资产存量变化的前兆是完全正确的。因此，分析信托资产增量的变化有助于我们掌握信托资产存量的变化缘由及趋势。

对比图 17 和图 18 也可以看出，信托资产增量按投资方式的构成比例走势与信托资产存量下的投资方式构成比例变化具有趋同性，表明它们之间的内在关联性。但为什么有些投资方式的存量资产比例会大于增量资产的比例，而有

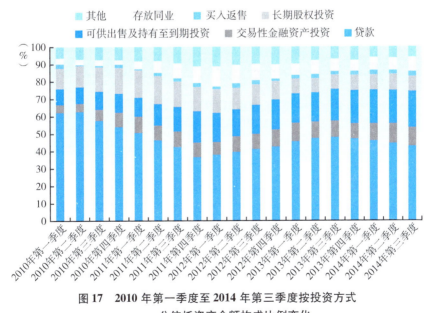

**图 17　2010 年第一季度至 2014 年第三季度按投资方式
分信托资产余额构成比例变化**

资料来源：中国信托业协会。

些却小于增量资产的比例，相信应该与产品的期限有关，一般情况下，平均期限越长，存量构成比例就较增量构成比例越大，否则就越小，如信托贷款类产品的构成比例中，存量的占比要小于增量的占比，这也说明了贷款类信托产品的期限普遍较短。根据我们对2014年1~9月发行的集合类信托产品的平均期限进行的统计，贷款类集合信托产品的平均期限为1.51年，在所有资金运用方式中列倒数第二位，这也印证了上述结论的正确性。

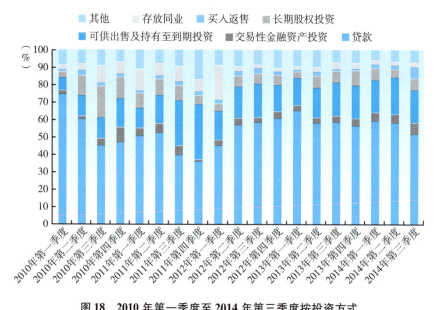

图18　2010年第一季度至2014年第三季度按投资方式
分新增信托产规模构成比例变化

资料来源：中国信托业协会。

由于集合类信托产品无论在信托资产增量还是存量中都处于弱势地位，故其资产规模的变化对各资金运用方式的构成比例没有主导权，从图18和图19可以看出，图18与图19更加接近，而图19与图17则相差较远。虽然各投资方式下的集合类信托产品发行对信托的总量构成比例没有主导权，但对信托业务的发展走向有极高的参考价值。

尽管贷款类信托资产余额的占比已经降至42.43%，但我们不应该就此认为信托资产中信贷类资产的占比已经得到控制。这或许是因政策影响而暂时出现的现象，就像2011年末2012年初受政策影响贷款类信托资产的占比一度下

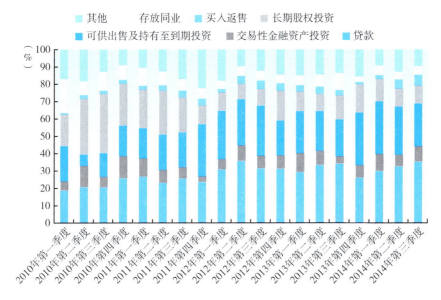

**图19　2010年第一季度至2014年第三季度按投资方式
分新增集合类信托产规模构成比例变化**

资料来源：中国信托业协会。

降到37.35%一样，这或许是信托业务规避政策的一个短暂现象，即使抛开信托贷款本身的占比不谈，贷款类信托资产的实际占比远高于统计数据中的这个比例，因为在其他的资金运用方式中，还有不少是隐性的贷款产品，如带回购条款的长期股权投资类信托业务、买入返售类中的信贷资产转让型业务等，都是变相的融资类信托业务。可以说，贷款类信托资产的统计数据不是一个真正的信贷类资产的真实反映。

从新增贷款类信托资产的构成来看，统计数据显示，2010～2014年，新增的单一类贷款信托业务的平均占比为86.24%，而新增的集合类贷款信托业务的平均占比仅为13.76%。显然，单一类贷款信托业务占比处于绝对优势地位，集合类贷款信托业务由于受到监管30%余额比例限制其规模难以扩张，而单一类贷款信托业务则没有这个限制，另外，通道业务绝大部分都是融资型的，故贷款的比例较大，这也是单一类贷款信托业务占比较大的另一个重要因素。

交易性金融资产投资类信托业务自2010年以来取得了长足的发展，统计数据显示，交易性金融资产类信托资产余额从2010年第一季度的1181亿元增

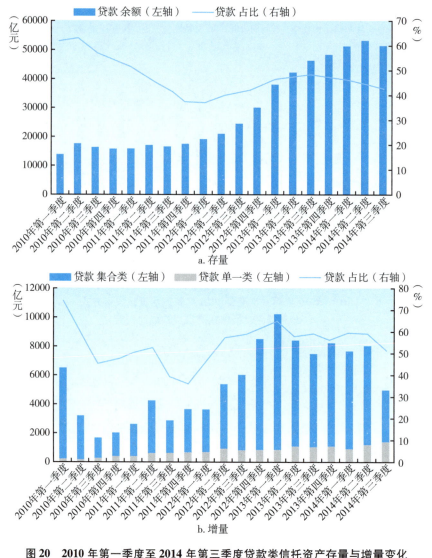

图20　2010年第一季度至2014年第三季度贷款类信托资产存量与增量变化

资料来源：中国信托业协会。

加到2014年第三季度的13853亿元，扩张了10.73倍，占比也从2010年第一季度的5.35%增加到2014年第三季度的11.36%，提高6.01个百分点。随着我国资本市场建设的不断完善和市场人气的逐步回暖，相信这类业务在未来几年中还会有更大的发展。

　　信托公司作为非银行金融机构，横跨货币市场、资本市场和实业领域，交易性金融资产投资作为资本市场的主要业务类型，在信托公司的信托资金运用

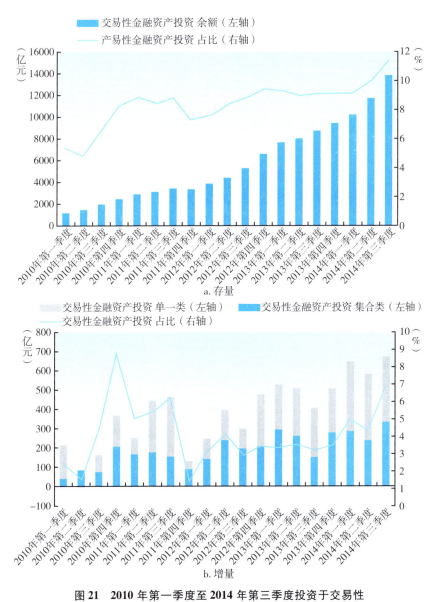

图21　2010年第一季度至2014年第三季度投资于交易性
金融资产的信托资产存量与增量变化

　　资料来源：中国信托业协会。

方式中理应占有一定的地位，但由于我国金融体系实行的分业经营和分业监管模式，信托公司在资本市场的作用已经越来越受到部门利益的影响，尽管如此，信托公司对资本市场的关注度从来就没有下降过，随着我国金融体系改革的深入，相信未来在资本市场上信托公司能得到更加公平的对待，发挥更大的作用，为投资者提供更多的投资选择。

从新增的交易性金融资产投资信托业务来看，在集合与单一类业务构成中，集合类业务略占优势。统计数据显示，2010 年第一季度至 2014 年第二季度，新增的单一类交易性金融资产投资信托业务的平均占比为 47.86%，而新增的集合类交易性金融资产投资信托业务的平均占比为 52.14%。但从 2014 年的情况来看，单一类交易性金融资产投资业务则占据优势，第一、第二季度的占比分别为 55.72% 和 58.75%，表明 2014 年以来，信托公司在开展这类业务时，明显加大了与银行、券商或基金等金融机构的合作力度。

与交易性金融资产信托业务类似，可供出售及持有至到期投资类信托业务发展迅速，业务量不断攀升。统计数据显示，采用可供出售及持有至到期投资的信托资产余额从 2010 年第一季度的 1858 亿元增加到 2014 年第三季度的 25117 亿元，增加了 12.52 倍，其占比也从 2010 年第一季度的 8.41% 上升到 2014 年第三季度的 20.61%，增加了 12.20 个百分点。

可供出售及持有至到期投资是一种容易混淆的投资方式，因为持有至到期投资在一定条件的情况下可以转换为可供出售的金融资产，又与交易性金融资产投资有一定的联系，况且各家信托公司对这三类金融资产投资的划分标准是否完全一致也还不确定，正是这种模糊的划分和定义，使得这类信托业务的开发和创新空间更为广阔，因而这类投资的业务规模在近几年来一直保持着两位数的增长速度。

从新增的可供出售及持有至到期投资信托业务来看，单一类信托的占比优势明显。统计数据显示，2010 年第一季度至 2014 年第二季度，新增的单一类可供出售及持有至到期投资信托业务的平均占比为 66.06%，而新增的集合类可供出售及持有至到期投资信托业务的平均占比仅为 33.94%。显然，投资这类业务的主要资金来源于机构资金，其中理财资金为主要来源。

长期股权投资类信托业务是指信托公司将募集的信托资金，以受让股权、增加资本金等股权投资方式运用于基础设施建设、房地产开发等项目或具有良好成长前景的企业，以持有股权获得的收益（包括通过股权转让和分红等方式获得的）作为信托收益来源。股权投资的对象一般是非上市公司或上市公司非公开发行的股份。

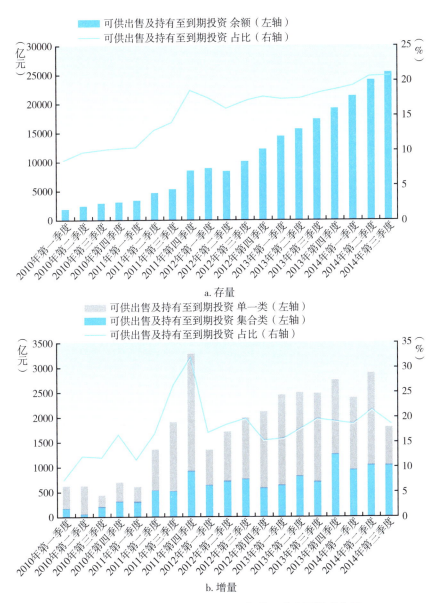

图 22　2010 年第一季度至 2014 年第三季度可供出售及
持有至到期投资类信托资产存量与增量变化

资料来源：中国信托业协会。

统计数据显示，2010～2011 年，长期股权投资类信托资产规模增长迅猛，余额从 2010 年第一季度的 2755 亿元上升到 2011 年第四季度的 6542 亿元。2012 年，由于贷款类信托业务的增加，以股权方式来融资的模式被贷款方式

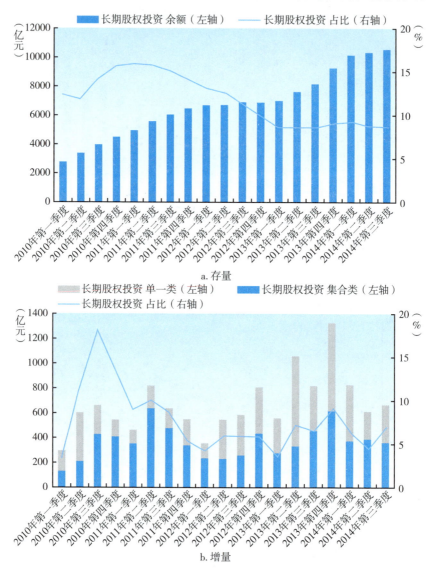

图 23　2010 年第一季度至 2014 年第三季度长期股权
投资类信托资产存量与增量变化

资料来源：中国信托业协会。

所替代，股权投资类信托业务发展放缓，导致该类资产的占比从 2011 年第四季度的 14.1% 下降到 2013 年第二季度的 8.63%。2014 年以来，单一类信托贷款业务的下滑让股权投资业务再次恢复，其资产规模占比下降的势头得到有效遏制，并出现了企稳回升的迹象，但目前股权投资信托业务偏融资、轻投资的倾向让我们对该方式的前景并不乐观。

从新增长期股权投资类信托业务的来源构成来看，集合类长期股权投资信托业务比重明显高于单一类长期股权投资信托业务。统计数据显示，2014 年前三季度，新增的集合类长期股权投资信托业务规模为 1144 亿元，占全部新增长期股权投资信托总量的 53.74%，新增的单一类长期股权投资信托业务规模为 985 亿元，占全部新增长期股权投资信托总量的 46.26%。而从 2010 年初至 2014 年第三季度末，季度新增长期股权投资信托业务中，集合类的平均占比为 56.23%，单一类的占比为 43.77%。显然，这类业务以集合形式出现的比较多。

长期股权投资作为信托资金的传统投资方式，一直以来饱受争议，主要表现为：一是由于该投资方式经常被冠以"名不符实"之名（即假股权、真融资），监管层曾专门针对"股权＋回购"信托融资模式出台相应的政策来规范这类业务的操作方式。二是来自其他行业的监管。如证监会对 PE（私募股权投资）信托业务的限制，则是因为信托资产持有人不是财产所有者无法作为 IPO 发起人而被排斥在 PE 业务之外。尽管出现上述问题和限制，但长期股权投资依然是信托投资中不可或缺的资金运用方式。

2010～2014 年，长期股权投资类信托业务出现过两次快速增长期，一次发生在 2010～2011 年，另一次是 2013 年，2014 年以来，长期股权投资类信托业务新增总量出现持续下降的趋势，但政策方面并没有针对长期股权投资类信托业务的任何新政，相反还出现了对股权信托业务间接利好的政策，如限制融资类信托业务，鼓励投资类信托业务。长期股权投资类信托业务依然走不出传统的业务模式，是这类业务难有大突破的重要原因之一。

受外部经济环境的影响，融资租赁类信托业务继续下降，并彻底被边缘化，成为对信托资产构成无足轻重的业务类型。统计数据显示，截至 2014 年第三季度末，融资租赁类信托资产余额为 67 亿元，较上季度下降 10 亿元，占整个信托总资产的比重降到 0.05%。这也是自 2012 年第四季度以来，连续第七个季度的下降。预计除非出现政策变化或经济转暖，否则这类业务难有起色。

从融资租赁新增业务来看，2014 年前三季度，新增融资租赁信托规模仅 8.10 亿元，其中集合类 2.00 亿元，占比 24.69%，单一类 6.10 亿元，占比 75.31%。融资租赁类信托业务由于客观原因，难以满足信托业务高额的成本费用是导致这类业务发展缓慢的一个重要因素，但融资租赁业务的安全性较其他业务更

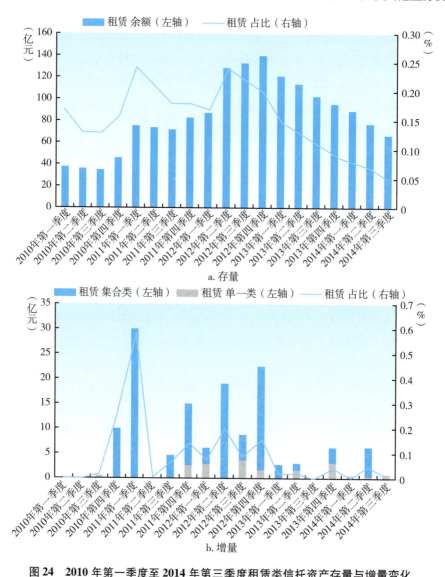

图 24　2010 年第一季度至 2014 年第三季度租赁类信托资产存量与增量变化

资料来源：中国信托业协会。

高，故这类业务对机构资金更具吸引力，这也是这类业务中，单一类占绝对优势的一个重要原因。信托公司应该利用当前经济结构调整的机会，在融资租赁业务上更多地依靠与其他机构的合作，探索融资租赁业务的新模式，以寻求这类业务的突破。

从信托公司买入返售类信托资产增长来看，受证券市场回暖的影响，2014年出现了一次快速上升的走势。统计数据显示，截至2014年第三季度末，买入返售类信托资产余额为3274亿元，与上年同期相比增长96.17%，环比增长14.47%。

2014年5月16日，中国人民银行、银监会、证监会、保监会、外汇局联合发布127号文，对买入返售业务进行了限制和规范。根据127号文的第五条规定，买入返售（卖出回购）相关款项在买入返售（卖出回购）金融资产会计科目核算。三方或以上交易对手之间的类似交易不得纳入买入返售或卖出回购业务管理和核算。买入返售（卖出回购）业务项下的金融资产应当为银行承兑汇票、债券、央票等在银行间市场、证券交易所市场交易的具有合理公允价值和较高流动性的金融资产。卖出回购方不得将业务项下的金融资产从资产负债表中转出。另外，第七条还同时规定，金融机构开展买入返售（卖出回购）和同业投资业务，不得接受和提供任何直接或间接、显性或隐性的第三方金融机构信用担保，国家另有规定的除外。

图25 2010年第一季度至2014年第三季度买入返售类信托资产变化

资料来源：中国信托业协会。

127 号文实际上等于将之前对于通道业务经常操作的买入返售这条路径堵死，这意味着非标资产也需要计提拨备和资金，提高了通道业务或者银行投资

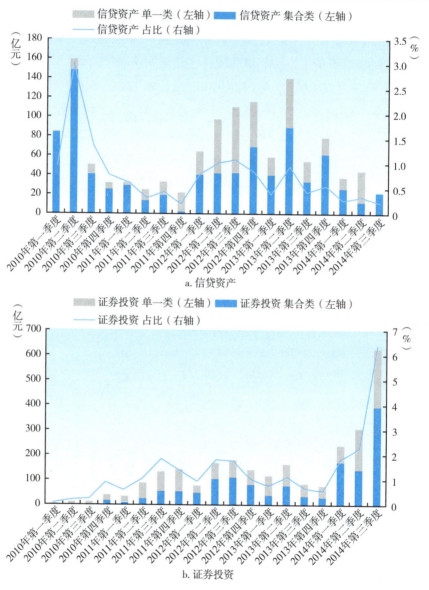

a. 信贷资产

b. 证券投资

**图 26　2010 年第一季度至 2014 年第三季度信贷资产转让与
证券投资信托季度新增规模走势**

资料来源：中国信托业协会。

非标资产的成本，导致银行需要在平衡成本—收益的基础上与信托公司从事这类业务。受此影响，第二季度买入返售类信托资产余额出现了环比下降，但第三季度很快扭转了下降的趋势，未来这类业务的走势依然扑朔迷离，显然，与政策的博弈仍是这类业务最终能否持续发展的关键。

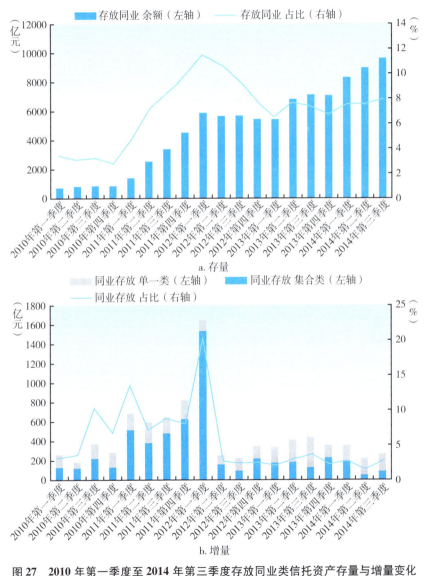

图 27　2010 年第一季度至 2014 年第三季度存放同业类信托资产存量与增量变化

资料来源：中国信托业协会。

从信托公司买入返售的两大主要业务——信贷资产转让和证券投资的季度新增情况来看，信贷资产转让受 2010 年银信合作业务新政的影响，该类业务已经逐渐退出了银信合作的业务范围。统计数据显示，2014 年上半年新增信贷资产转让信托业务 81 亿元，与 2013 年同期相比下降 59.16%，降幅接近 60%。而从买入返售的另一大业务证券投资来看，却出现了截然不同的情况。统计数据显示，2014 年上半年新增证券投资类信托业务 536 亿元，与 2013 年同期相比增长 93.53%。尽管受 127 号文的影响，2014 年第二季度的增长放缓，但在信托行业总体业务都比较艰难的情况下，买入返售业务成为 2014 年业务增长的一个亮点。

自从 2012 年初银监会窗口叫停信托公司同业存款信托业务以来，信托公司这类通道业务就一直处于低速徘徊阶段，但 2014 年以来，同业存款似乎有向上的突破趋势。统计数据显示，截至 2014 年第三季度末，信托业同业存款信托资产余额为 9599 亿元，占同期全部信托资产总额的 7.88%，分别较上季度环比增长 7.86% 和 4.23%，而与上年同期相比，则分别增长 35.54% 和 6.63%。

但从新增情况来看，2014 年前两个季度并没有出现放量增长的情况，统计数据显示，2014 年前两个季度共新增存放同业信托规模 582 亿元，低于 2013 年同期的 761 亿元，也低于 2013 年下半年的 811 亿元，造成这种存量资产增长、增量资产下降的原因应该是 2013 年的增量资金投资续存期（信托投资期限）较以往加长了，存量没有按以往的期限结束。

其他投资类信托资产在经历了 2010～2012 年的扩张后，进入了一个调整期，尽管规模没有出现大的滑坡，但占比已经明显下降了。统计数据显示，截至 2014 年第三季度末，其他投资类信托资产的余额为 7620 亿元，较上季度增加 612 亿元，增长 8.73%，占全部信托总资产的比例为 6.25%，较上季度仅增加 0.30 个百分点，比历史上最高的 2011 年第四季度的 10.85% 低 4.60 个百分点。受到另类投资和整个大环境的影响，其他投资类信托资产的存量已经难以保持以往的增长态势，除非出现新的市场机会，否则这类资产的变化不会太大。

由于其他投资类信托业务不是信托投资的主流业务，故难以吸引大批机构资金的目光。统计数据显示，2010 年第一季度至 2014 年第三季度，在新增的这类业务中，集合类业务的平均占比为 44.25%，单一类业务的平均占比为 55.75%。

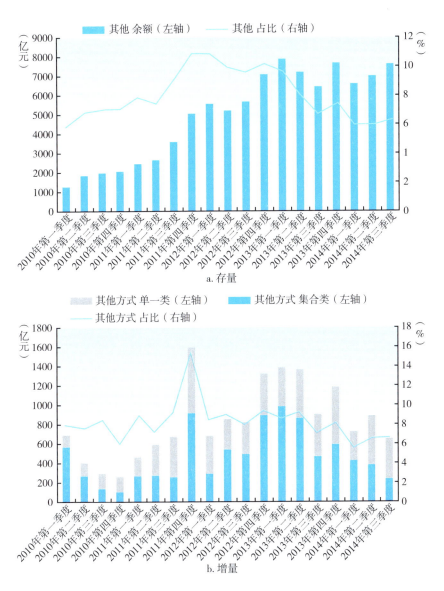

图28　2010 年第一季度至 2014 年第三季度其他投资类信托资产存量与增量变化

资料来源：中国信托业协会。

（三）按投资领域分

中国信托业协会的最新统计数据显示，截至 2014 年第三季度末，在全部

11.77万亿元的资金信托总资产（扣除了0.71万亿元的财产类信托资产）中，投在工商企业的信托资产规模达3.15万亿元，占全部信托总资产的25.82%，列第一位；投向基础产业的信托资产余额为2.66万亿元，占信托总资产的21.80%，位列第二；投在金融机构的信托资产余额为1.92万亿元，占全部信托总资产的15.73%，位列第三；投向证券市场领域的信托资产之和为1.67万亿元，占全部信托总资产的13.68%，列第四位；投在其他领域的信托资产余额为1.53万亿元，占全部信托总资产的12.59%，列第五位；列最后一位的是房地产，投向该领域的信托资产为1.27万亿元，占全部信托总资产的10.38%。2014年以来，受资本市场回暖的影响，投向证券市场的资金增多，其占比也从第五位上升至第四位。相应地，投向其他领域的资金占比则从第四位降至第五位。总体来看，信托资金的投向正在向均衡分布的态势发展。

表7　2010年第一季度至2014年第三季度信托资产存量投向分布

单位：亿元，%

季度	基础产业		房地产		证券市场		金融机构		工商企业		其他	
	余额	占比	余额	占比	余额	占比	余额	占比	余额	占比	余额	占比
2010年第一季度	8877	40.16	2351	10.64	1359	6.15	2160	9.77	3263	14.77	4091	18.51
2010年第二季度	10637	38.29	3154	11.35	1631	5.87	2137	7.69	5191	18.69	5026	18.10
2010年第三季度	10012	35.53	3778	13.41	2359	8.37	1743	6.18	5279	18.73	5011	17.78
2010年第四季度	9946	34.39	4324	14.95	2745	9.49	1509	5.22	5369	18.56	5030	17.39
2011年第一季度	9940	31.81	4869	15.58	3081	9.86	1727	5.53	5692	18.21	5940	19.01
2011年第二季度	10127	28.30	6052	16.91	3579	10.00	2368	6.62	6923	19.34	6739	18.83
2011年第三季度	9771	24.79	6798	17.24	3555	9.01	3438	8.72	8202	20.81	7655	19.42
2011年第四季度	10155	21.88	6882	14.83	4229	9.06	5900	12.71	9471	20.41	9794	21.11
2012年第一季度	11150	21.85	6866	13.46	4596	9.02	7082	13.88	11012	21.58	10315	20.22
2012年第二季度	11918	22.62	6751	12.81	5313	10.08	6362	12.07	12850	24.39	9496	18.02
2012年第三季度	13918	23.34	6765	11.34	6742	11.30	6559	11.00	14942	25.06	10711	17.96
2012年第四季度	16502	23.62	6881	9.85	8065	11.55	7134	10.21	18612	26.65	12656	18.12
2013年第一季度	21115	25.78	7702	9.40	9097	11.11	7720	9.43	22722	27.75	13536	16.53
2013年第二季度	23906	26.84	8119	9.12	9308	10.46	9513	10.68	26189	29.40	12033	13.51
2013年第三季度	24879	25.97	8942	9.33	10325	10.78	10899	11.38	28257	29.49	12504	13.05
2013年第四季度	26029	25.25	10337	10.03	10671	10.35	12370	12.00	29005	28.14	14673	14.23
2014年第一季度	27453	24.78	11522	10.40	12356	11.15	14463	13.06	30847	27.85	14131	12.76
2014年第二季度	27201	23.10	12616	10.72	14081	11.95	16401	13.93	32218	27.36	15225	12.93
2014年第三季度	26577	21.80	12653	10.38	16668	13.68	19178	15.73	31472	25.82	15344	12.59

资料来源：中国信托业协会。

信托业务自 2002 年开展以来，经过 10 多年的发展和演变，信托资金的投向已趋于稳定，主要集中在房地产、基础产业、工商企业、证券市场、金融机构及其他六大领域，且分布也越来越趋向均衡。这对信托业务的发展来说，应该是一个理想的结果。因为任何一个领域的剧烈变化，都不会对信托业的总体业务造成太大的影响。尽管传统业务领域的变化一直在持续，这种业务结构能维持多长时间还有待观察，但面对泛资管时代的竞争和未来财富管理市场的发展，信托业务结构的裂变和重组是迟早的事，因此，观察信托资金投向也是我们考察信托业务发展变化的一个非常重要的视角。

统计数据表明，目前在信托资金的投资领域中，工商企业、房地产和基础产业，都属于实体行业，尽管基础产业中有一些是政信合作项目，但也主要是用于城市基础设施项目，加上其他领域的部分信托资金，信托投在实体项目上的比例至少超过三分之二，即 7.88 万亿元，因此，信托作为非银行金融机构服务于实体经济是名副其实的，并不存在大量的高杠杆业务和套利行为，故不会对国内金融体系的风险造成大的冲击。尽管对于国内的信托公司是否属于"影子银行"，业界一直存在争议，但对信托公司所开展的资金池业务具有"影子银行"的特征，业界基本达成共识。这类业务的规模已经在 2014 年初及后续的监管文件中得到有效的控制，使得信托公司支持实体经济的功能得到进一步的加强。

从 2010～2014 年信托资金投向的变化来看，发生变化最大的是基础产业和工商企业。统计数据显示，投资在基础产业的信托资产余额占比由 2010 年第一季度的 40.16% 下降到 2014 年第三季度的 21.80%，下降了 18.36 个百分点；而投资于工商企业的信托资产余额占比则由 2010 年第一季度的 14.77% 上升到 2014 年第三季度的 25.82%，提高了 11.05 个百分点。而变化幅度超过 5 个百分点以上的是证券市场和其他领域，其中，投资证券市场的信托资产余额占比从 2010 年第一季度的 6.15% 上升到 2014 年第三季度的 13.68%，提高了 7.53 个百分点；而其他领域的信托资产余额占比则在此期间下降了 5.92 个百分点。以上这些变化一方面反映了近五年来信托投向的变化，另一方面也反映了国内经济各行业的发展情况。

尽管信托制度赋予信托业在投资领域多元化方面有其他金融行业不可匹敌的优势，但这种优势并没有像人们预计的那样得到很好的结果，反而四处碰壁，远不如有自留地的银行、证券和保险业，主要原因有以下几个方面。

a. 信托资产存量投向分布

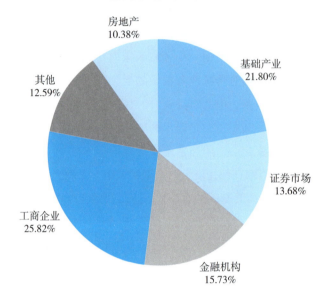

b. 信托资产增量投向分布

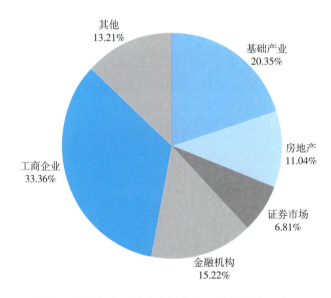

图29 2014年第三季度信托资产存量/增量投向分布

资料来源：中国信托业协会。

表 8　2010 年第一季度至 2014 年第三季度新增信托资金投向统计（1）

单位：亿元，%

季度	基础产业 集合	单一	小计	占比	房地产 集合	单一	小计	占比	证券投资 集合	单一	小计	占比
2010 年第一季度	42.22	2447.17	2489.39	28.48	152.33	479.11	631.44	7.22	64.22	152.44	216.66	2.48
2010 年第二季度	23.69	2006.35	2030.04	36.54	345.27	430.78	776.05	13.97	87.73	65.34	153.07	2.76
2010 年第三季度	93.75	703.02	796.77	21.26	546.95	250.32	797.26	21.27	83.50	102.60	186.10	4.97
2010 年第四季度	134.38	671.52	805.90	18.21	516.30	143.03	659.33	14.90	252.81	187.06	439.87	9.94
2011 年第一季度	131.44	884.45	1015.90	19.40	463.85	247.13	710.98	13.58	180.38	147.97	328.35	6.27
2011 年第二季度	188.78	1634.48	1823.26	21.41	917.49	449.19	1366.68	16.05	252.56	512.63	765.19	8.99
2011 年第三季度	226.94	935.49	1162.43	15.37	715.32	423.70	1139.02	15.06	208.87	171.95	380.82	5.03
2011 年第四季度	309.72	1382.10	1691.82	16.22	290.24	197.66	487.90	4.68	115.34	150.92	266.26	2.55
2012 年第一季度	299.03	1511.04	1810.06	21.34	274.16	167.73	441.89	5.21	166.11	149.93	316.04	3.73
2012 年第二季度	561.84	2070.06	2631.90	25.52	364.10	406.71	770.81	7.47	235.40	176.76	412.15	4.00
2012 年第三季度	540.05	2568.50	3108.55	27.80	383.85	466.39	850.24	7.60	246.88	174.15	421.03	3.77
2012 年第四季度	567.56	3511.58	4079.14	26.58	474.42	625.88	1100.30	7.17	234.40	184.81	419.21	2.73
2013 年第一季度	411.21	3874.37	4285.58	25.96	530.60	1001.57	1532.17	9.28	375.99	142.04	518.03	3.14
2013 年第二季度	565.83	3444.29	4010.12	26.69	723.15	820.48	1543.63	10.27	276.81	194.79	471.60	3.14
2013 年第三季度	391.26	2533.21	2924.47	23.14	800.66	874.51	1675.17	13.26	229.76	144.41	374.17	2.96
2013 年第四季度	507.03	2617.08	3124.11	21.54	986.54	1110.72	2097.25	14.46	244.54	165.19	409.73	2.83
2014 年第一季度	338.60	2747.59	3086.19	23.88	649.22	813.19	1462.41	11.32	402.81	371.15	773.96	5.99
2014 年第二季度	472.50	2816.85	3289.35	24.33	913.51	579.14	1492.65	11.04	262.12	252.90	515.03	3.81
2014 年第三季度	479.17	1504.18	1983.35	20.35	714.71	361.16	1075.88	11.04	375.59	288.39	663.97	6.81

资料来源：中国信托业协会。

信托市场蓝皮书

表9 2010年第一季度至2014年第三季度新增信托资金投向统计（2）

单位：亿元，%

季度	金融机构				工商企业				其他				合计
	集合	单一	小计	占比	集合	单一	小计	占比	集合	单一	小计	占比	
2010年第一季度	103.64	853.77	957.40	10.95	122.89	2590.62	2713.51	31.05	254.64	1375.53	1630.17	18.65	8739.70
2010年第二季度	-1.84	643.76	641.92	11.55	69.11	771.06	840.17	15.12	149.76	671.18	820.94	14.78	5555.60
2010年第三季度	58.85	191.55	250.40	6.68	185.57	631.13	816.70	21.79	288.47	447.51	735.98	19.64	3747.55
2010年第四季度	111.96	268.51	380.47	8.60	294.55	786.64	1081.20	24.43	349.10	508.62	857.73	19.38	4425.33
2011年第一季度	68.09	371.92	440.02	8.40	279.70	913.01	1192.71	22.78	465.03	966.14	1431.17	27.33	5236.54
2011年第二季度	152.55	483.49	636.04	7.47	497.49	1905.70	2403.19	28.22	543.68	603.48	1147.15	13.47	8515.64
2011年第三季度	119.40	851.37	970.76	12.83	519.95	1367.72	1887.68	24.96	668.68	1178.17	1846.85	24.42	7563.59
2011年第四季度	358.31	1535.15	1893.46	18.15	785.85	1931.10	2716.95	26.05	1135.97	2038.83	3174.79	30.44	10430.87
2012年第一季度	174.16	1109.82	1283.98	15.14	670.70	1691.96	2362.66	27.85	664.70	1250.16	1914.86	22.57	8483.51
2012年第二季度	228.59	287.29	515.88	5.00	731.75	2671.25	3403.00	32.99	513.83	1175.27	1689.10	16.38	10314.28
2012年第三季度	170.86	235.00	405.86	3.63	714.60	2839.25	3553.85	31.78	560.92	1265.53	1826.45	16.33	11181.42
2012年第四季度	105.35	755.80	861.15	5.61	699.04	4328.04	5027.08	32.76	578.40	1849.70	2428.10	15.82	15347.09
2013年第一季度	79.41	998.35	1077.75	6.53	601.33	4754.82	5356.14	32.44	612.16	2331.41	2943.57	17.83	16511.52
2013年第二季度	239.29	821.70	1060.99	7.06	809.78	4565.30	5375.08	35.78	724.07	1382.26	2106.33	14.02	15024.53
2013年第三季度	245.55	929.79	1175.34	9.30	782.06	3888.82	4670.89	36.96	688.93	1127.54	1816.46	14.37	13085.06
2013年第四季度	697.13	1036.91	1734.04	11.96	686.31	4374.45	5060.76	34.90	834.88	1240.53	2075.41	14.31	15372.55
2014年第一季度	613.00	840.40	1453.40	11.25	582.49	3988.53	4571.03	35.38	459.94	1114.15	1574.09	12.18	13590.87
2014年第二季度	701.61	883.16	1584.77	11.72	752.54	4211.90	4964.44	36.72	653.93	1017.79	1671.72	12.37	14837.81
2014年第三季度	747.19	735.95	1483.14	15.22	956.53	2294.83	3251.36	33.36	642.17	645.40	1287.57	13.21	11280.61

资料来源：中国信托业协会。

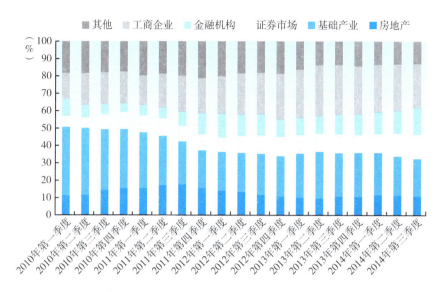

图30　2010年第一季度至2014年第三季度信托资产存量投向分布变化趋势

资料来源：中国信托业协会。

一是行业壁垒。信托公司虽然横跨货币市场、资本市场和实业，有"金融百货公司"之称，但因为没有自己的专属经营区域，需要从其他行业分得利益，这必然会受到该行业壁垒的限制。如资产证券化、私募投资基金、房地产信托基金、企业年金、公益信托等，每一项业务都足以让信托业解决温饱，但这些业务都因涉及其他行业的利益或地盘而难以成为信托业的主营业务。

二是边缘化策略虽然可以为信托业带来短暂的繁荣，但同时也为遭受更严厉的监管埋下了伏笔。为了打开业务局面，信托公司利用自身制度优势，抓住我国金融体系的缺陷或政策空档，积极与银行、政府等机构开展合作，把银信合作业务、政信合作业务做得风生水起，但由于业务的目的都是在利用政策的缺陷或空档的套利行为，当业务规模做大，影响到银行体系的正常监管和地方政府的债务风险时，引起监管层的关注和限制就成了必然结局。这种"猫捉老鼠式"的业务模式虽然一度给信托业带来巨大的业务收入，但同时也为其带来了更为严厉的监管环境。这种边缘化的政策博弈式业务未来的空间将越来越小，信托公司应该回归本业，利用前期的积累，发挥自身的制度优势，积极探索正规化的业务模式，才能真正走出这种业务困境。

三是"金融百货公司"。信托公司到底应该走专业化道路还是做全能型金融机构，显然前者更有利于信托公司未来的发展。信托公司由于制度赋予的优势，可以采用灵活的投资方式，投资范围也很广，但同时也带来了泛而不精的情况。事实上，作为投资理财机构，投资管理能力是信托公司制度优势的具体体现，但目前信托公司普遍采用信托贷款的方式，导致投资效益无法发挥出来，并容易引发信贷风险，从而束缚了信托公司自身投资管理能力的提高，一旦金融改革深化，利率市场化改革全面展开，信托业将面临发展困境。因此，回归本位、发挥自身制度优势、提高投资管理能力是信托公司在未来资产管理和财富管理中占有一席之地的根本。

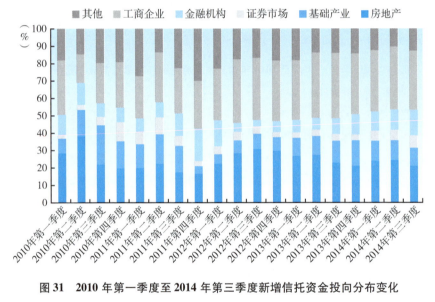

图31　2010年第一季度至2014年第三季度新增信托资金投向分布变化

资料来源：中国信托业协会。

房地产是信托投资的重要领域之一。事实上，在房地产的各个领域、开发的各个阶段都可以看到信托的身影，从住宅到商业楼宇，从旧城改造到经济适用房，从土地储备、项目拿地到中期建设，再到后期装修，信托或长期或短期都有涉足。房地产信托的内容也在不断的更新，从最初的单笔融资，到专业化的房地产基金，信托已成为房地产金融不可或缺的重要工具。2003年6月，央行发布121号文件限制房地产企业向银行融资，但房地产市场的火爆及行业的高利润率使得房地产企业转向信托寻求融资支持，而此时信托行业也迎来了自身发展的黄金期。但随着房地产市场发展的过度集中，为预防系统性风险爆发，银监会从 2011 年 5 月开始针对房地产信托业务进行调控，屡次通过窗口指导的方式减少房地产信托业务，同年 6 月要求由事后报备改为事前报备，以此全面掌握房地产信托业务的风险情况。

从房地产信托存量资产的变化情况来看，如图 32 所示，2010 年第一季度至 2014 年第三季度，房地产信托总共发生了两次大的上涨行情，一次发生在 2010 年第一季度至 2011 年第三季度，第二次发生在 2013 年第一季度至 2014 年第二季度。显然，这两次上涨都与同期的房地产市场发展和宏观金融政策息息相关，但从房地产类信托资产的占比变化来看，两次情况并不完全一样。2010 年第一季度至 2011 年第三季度期间的上涨，其幅度要高于信托总资产的上涨，表现为房地产信托资产的占比增加，从而也拉高了整个信托资产的风险；而第二次上涨是伴随着信托总体规模的扩张而上涨，表现为其占比并没有明显的增加，这样的结果是信托的总体风险程度并没有明显的增加，只是房地产信托自身的风险系数因整个房地产市场的变化而有所增加，从而也拉高了信托业的总体风险。

从房地产信托的增量变化情况来看，统计数据显示，2014 年前两个季度新增房地产信托业务规模 2955 亿元，与 2013 年同期相比减少 121 亿元，降幅

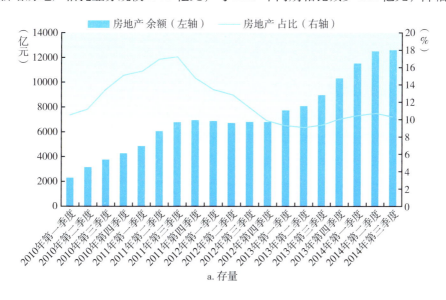

a. 存量

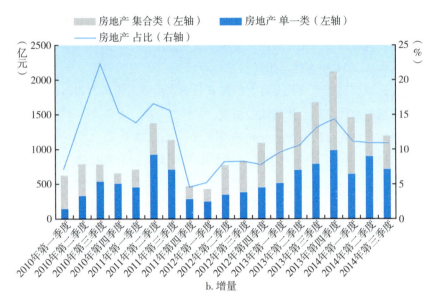

图32 2010 年第一季度至 2014 年第三季度房地产信托资产存量与增量走势

资料来源：中国信托业协会。

3.93%，环比来看，与 2013 年下半年相比减少 817 亿元，降幅达 21.66%。统计数据表明，2014 年以来，受到房地产市场结构性风险累积以及监管政策的影响，房地产信托的新增规模开始下降，但较 2011 年第四季度开始的下降要温和得多，从存量反映来看，就表现为存量仍在继续上涨，占比仍有提高，表明房地产信托的降幅还低于信托业的整体降幅。

2012 年以来，在政信合作业务的带动下，基础产业类信托业务进入了一个快速扩张期，直到 2013 年第二季度末银监会要求严控基建类信托新增规模，这种势头才得以遏制。统计数据显示，基础产业类信托资产存量从 2012 年第一季度的 10155 亿元上升到 2014 年第三季度的 26577 亿元，增长了 161.71%。但从占比来看，并没有相应的增加，其中，2012 年第一季度占比为 21.85%，2014 年第三季度占比为 21.80%，这期间最高点也仅为 26.84%，出现在 2013 年第二季度，远远低于 2010 年第一季度的 40.16%。统计数据表明，自 2012 年以来基础产业类信托得到了快速发展，但从信托业总体发展水平来看，还是低于其他业务的扩张速度，表现为占比下降。尽管未来基础设施建设以及城市化进程还有很长的路要走，但 2014 年以来的矿产资源类信托业务风险的爆发和国家加强对地方政府债务风险的管控，使得未来基础产业类信托业务的发展仍将存在不确定性。

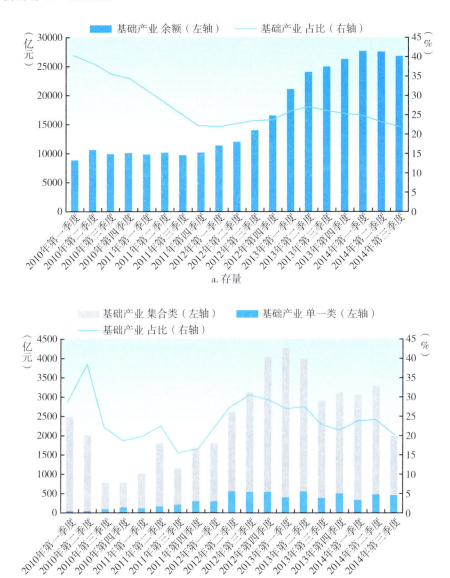

图 33　2010 年第一季度至 2014 年第三季度基础产业类信托资产存量与增量走势

资料来源：中国信托业协会。

从基础产业类信托业务的新增情况来看，统计数据显示，2014年上半年新增基础产业类信托业务6376亿元，环比增加5.41%，同比下降23.15%。统计数据表明，尽管2014年上半年基础产业类信托业务环比有回升的迹象，但还不能确定基础产业类信托业务就已经企稳回升。2014年10月2日，国务院公布了《关于加强地方政府性债务管理的意见》（简称43号文），重申剥离融资平台的政府融资功能，并指出对企事业单位举借的债务，属于政府应当偿还的债务，应纳入预算管理并可申请发行地方政府债券置换。这对于过于依赖地方政府融资平台的政信合作业务来说无疑又是一个打击，而2014年第三季度的数据就验证了该业务的反复性。统计数据显示，2014年第三季度新增基础产业类信托业务规模环比下降了39.70%，同比下降了32.18%。未来基础设施类信托业务的发展将面临艰难抉择，信托公司需要重新审视与地方政府的合作模式。

信托公司作为金融机构，服务于实体经济是其生存和发展的根本。工商企业类信托的资金用途就是为生产、商贸和流通等企业提供并购资金、流动资金及项目资金。一直以来，信托公司就被誉为"实业投行"，为企业提供了一条重要的融资途径，充分服务了实体经济，帮助企业发展壮大。同时，工商企业类信托的发行规模与宏观经济形势紧密相连。国内外经济景气度、宏观大背景的走向、各行业政策都在很大程度上影响着工商企业的经营环境和发展前景；同时，国内财税政策、货币政策及传统融资渠道受抑制程度等，都是影响工商企业类信托市场景气度的重要因素。特别是自2013年以来，我国经济进入了产业结构调整和升级的阶段，企业效益持续下降，导致工商企业类信托发展随之放缓，占比也开始逐步下滑。

统计数据显示，截至2014年第三季度，工商企业类信托资产存量为31472亿元，较上季度减少746亿元，下降2.31%，与上年同期相比增加3215亿元，增长11.38%，而同期信托资产总量的环比与同比增长率分别为6.40%和31.98%，显然，工商企业类信托增长的幅度明显低于总体的增长速度。从占比来看，自2013年第三季度达到最高点29.49%以来，占比逐步下滑，到2014年第三季度末，已经下滑至25.82%。显然，这与当前实体经济的不景气和效益下降密切相关。

事实上，2014年以来，受到宏观经济不景气因素影响，微观企业经营困

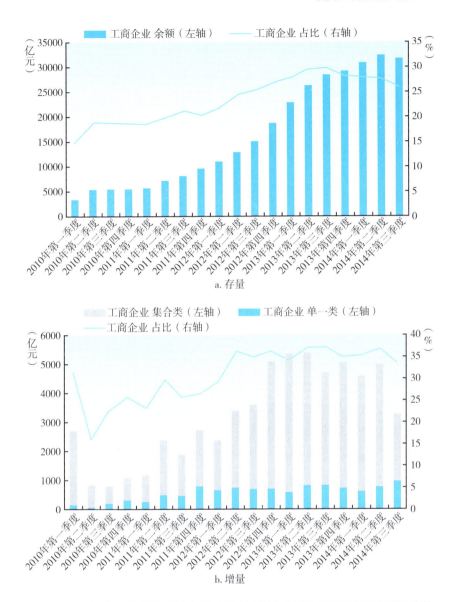

图34 2010年第一季度至2014年第三季度工商企业类信托资产存量与增量走势

资料来源：中国信托业协会。

境压力比较大，导致现金流紧张；同时，银行加强了风险管控手段，惜贷情绪更加浓重，加之对影子银行的监管加强，企业融资难度上升，高负债、高杠杆经营难以持续，很多企业资金链紧张，信用风险进一步上升，导致工商企业类

信托项目违约事件数量有所增加。

当前，对于工商企业类信托项目，需要高度关注四类工商企业可能存在的资金链断裂风险：一是处于行业整体经营困境或者行业发展呈现资金密集型特征的中小企业或者民企，如钢铁、房地产、煤炭等行业；二是企业业务过于多元化且都尚未形成有效现金流的企业，尤其是一些盲目追求规模的大中型企业；三是一直处于高负债、高杠杆经营状态的企业，尤其还涉及民间借贷；四是商业信用管理、财务管理不规范的企业。

证券市场作为资本市场的核心部分，是信托公司投资（无论是自有资金还是信托资金）的三大领域之一，但由于我国金融体系实行的是分业经营、分业监管的模式，出于行业利益和市场竞争的需要，信托公司要想在资本市场上有所作为，除了自身的能力外，政策也是影响其在资本市场上发挥多大作用的重要因素。统计数据显示，截至 2014 年第三季度，证券市场类信托资产余额为 16668 亿元，占全部信托资产总量的 13.68%，分别较上季度增长 2587 亿元和 1.73 个百分点，与上年同期相比则分别增长 6343 亿元和 2.90 个百分点。统计数据表明，受资本市场回暖的影响，2014 年证券市场类信托业务出现了较快的增长势头，占比也稳步提升。

从证券市场类信托新增规模来看也验证了这个变化趋势。统计数据显示，2014 年上半年新增证券市场类信托资产 1289 亿元，与上年同期增加 299 亿元，

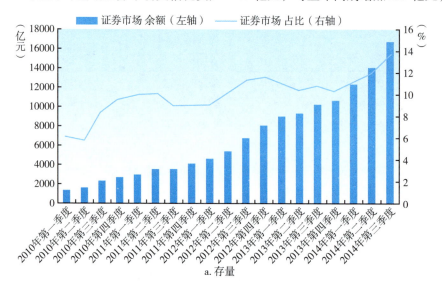

a. 存量

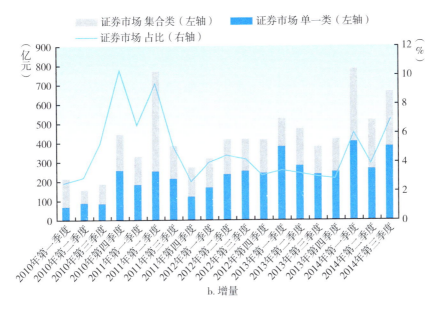

b. 增量

图35　2010年第一季度至2014年第三季度证券市场类信托资产存量与增量走势

资料来源：中国信托业协会。

增长30.20%，与上年下半年相比增加505亿元，增长64.43%。2014年以来证券市场类信托资产增长明显加快，这一方面是实体经济处于结构调整和产能过剩期，信托项目兑付风险明显增加，使得传统领域中的基础产业、房地产和工商企业类信托业务出现了不同程度的萎缩，另一方面证券市场在利好政策及改革红利的驱动下正逐步好转，投资预期增强，导致更多的信托资金涌入。

从证券市场类信托资产的构成来看，截至2014年第三季度，股票类信托资产余额4301亿元，占全部证券类信托资产的25.81%，环比上升1.61个百分点；债券类信托资产余额为11066亿元，占全部证券类信托资产的66.39%，环比下降1.19个百分点；基金类信托资产余额为1300亿元，占全部证券类信托资产的7.80%，环比下降0.43个百分点。统计数据表明，尽管证券类信托资产规模在加速扩张，占比也稳步提升，但各证券品种信托业务的发展并不平衡。其中，债券类信托业务"一枝独秀"，资产余额从2010年第一季度的393亿元增加到2014年第三季度的11066亿元，增长27.16倍，同期占比也从28.93%上升到66.39%，接近三分之二；而股票类信托业务受到行业政策及市场的双重影响，

同期规模仅增长3.89倍，占比也从64.66%下降到25.81%，略高于四分之一，这"一增一减"反映了这几年证券类信托业务的变迁和起伏。

表10　2010年第一季度至2014年第三季度证券市场类信托资产构成统计

单位：亿元，%

季度	股票	占比	基金	占比	债券	占比	合计
2010年第一季度	879	64.66	87	6.41	393	28.93	1359
2010年第二季度	793	48.63	105	6.47	732	44.91	1631
2010年第三季度	1159	49.12	104	4.40	1096	46.48	2359
2010年第四季度	1482	54.00	134	4.86	1129	41.14	2745
2011年第一季度	1753	56.91	176	5.73	1151	37.37	3081
2011年第二季度	1915	53.50	157	4.38	1507	42.11	3579
2011年第三季度	1806	50.81	194	5.47	1554	43.73	3555
2011年第四季度	1717	40.59	248	5.87	2264	53.54	4229
2012年第一季度	1835	39.92	248	5.40	2513	54.68	4596
2012年第二季度	1819	34.24	360	6.78	3134	58.98	5313
2012年第三季度	1850	27.44	408	6.06	4484	66.51	6742
2012年第四季度	2130	26.41	605	7.50	5330	66.09	8065
2013年第一季度	2567	28.21	768	8.44	5762	63.34	9097
2013年第二季度	2554	27.44	592	6.36	6162	66.20	9308
2013年第三季度	3028	29.33	670	6.49	6627	64.18	10325
2013年第四季度	3031	28.40	764	7.16	6876	64.44	10671
2014年第一季度	3140	25.41	1041	8.42	8176	66.17	12356
2014年第二季度	3407	24.20	1158	8.23	9516	67.58	14081
2014年第三季度	4301	25.81	1300	7.80	11066	66.39	16668

资料来源：中国信托业协会。

证券市场作为信托投资的三大主要投资领域（货币市场、资本市场和实业），其业务份额目前却只有全部业务总量的13.68%，在季度新增的业务总量中占比也仅为6.81%，市场的潜力远没有发挥出来。从目前信托公司在证券市场上的业务模式和政策环境来看，信托业要想在证券市场上有一个突破几无可能。唯一的出路在于改变传统的以我为主的业务模式，积极探索与证券公司、基金公司开展业务合作的新思路和新方法，以信证合作模式替代目前的以平台模式为主的模式，或可以拓展出更广阔的市场空间。

金融机构类信托业务是将信托资金投资于银行等金融机构的股权或股权收益权等。自2007年新两规颁布以来，信托公司自有资金是投资金融机构的主

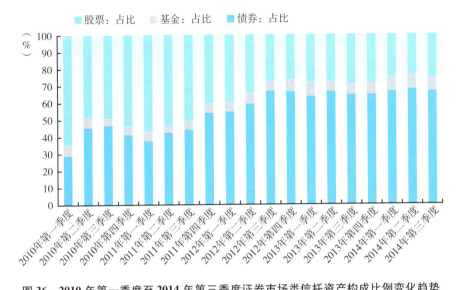

图36 2010年第一季度至2014年第三季度证券市场类信托资产构成比例变化趋势

资料来源：中国信托业协会。

要资金来源，但随着信托业务的迅猛发展，特别是银信合作业务的创新和深入，投资于金融机构的信托资金规模迅速膨胀。统计数据显示，截至2014年第三季度，投资于金融机构类信托业务余额为19178亿元，占全部信托总资产的15.73%，环比来看，分别较上季度增长16.93%和12.92%，同比来看，则分别较上年同期增长75.96%和38.22%。显然，金融机构类信托业务增长速度明显高于同期信托业务及信托总资产的增长速度，表明信托公司与金融机构间的业务合作仍处于上升阶段。

信托资金投资于金融机构，一方面是由于金融机构效益稳定且风险小，另一方面是由于金融机构间的同业业务与合作范围不断扩展，但当金融机构间的合作业务更多的是建立在规避监管和政策套利时，将增大金融体系的系统性风险，不利于国家金融体系的安全。2014年以来，针对金融机构间的合作行为，监管部门分别出台了多项旨在规范金融机构间和同业业务的政策和制度，包括信托99号文细则、基金26号文，以及中国人民银行、银监会、证监会、保监会、外汇局五部门联合下发的《关于规范金融机构同业业务的通知》（通称127号文）。这些文件的出台，表明监管部门对于金融机构间的合作业务政策开始收紧，必然对金融机构类信托业务产生重大影响。但从短期来看，信托公

司与金融机构间的合作还有市场空间和潜力，基于风险因素和业务规模考量，加上投资实业领域的信托业务因风险和政策因素已急剧萎缩，金融机构类信托业务仍将保持较高的增长速度。

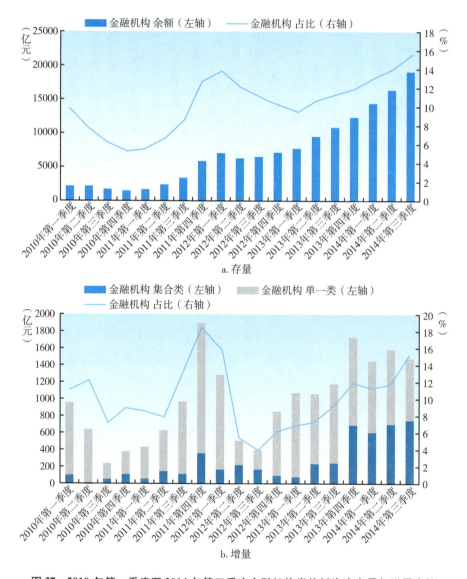

图37 2010年第一季度至2014年第三季度金融机构类信托资产存量与增量走势

资料来源：中国信托业协会。

从金融机构类信托资产新增规模来看，2014 年前三个季度新增金融机构类信托业务规模为 4521 亿元，占全部新增信托资产总规模的比例为 12.50%，其中第三季度新增 1483 亿元，占当季全部新增总量的 15.22%，分别较上季度减少 101.63 亿元和增长 3.50 个百分点。统计数据表明，尽管 2014 年以来金融机构类信托业务的增长势头已有所放缓，但放缓的节奏明显低于其他业务，表现为占比反而快速提高。显然，这种放缓和监管部门加强对影子银行的风险管控有直接的关系，但基于信托公司政策的适应能力及与金融机构合作的惯性，这种业务合作仍会成为当前环境下信托公司的主要业务来源。

另一个值得注意的变化是，自 2013 年第四季度以来，集合类金融机构信托业务占比明显增加。统计数据显示，2010 年第一季度至 2013 年第三季度，在新增的金融机构类信托业务中，集合类的平均占比为 19.81%，单一类的平均占比为 80.19%；而 2013 年第四季度至 2014 年第三季度，集合类的平均占比为 44.26%，单一类占比为 55.74%。但近一年来金融机构类信托业务由单一转向集合并不代表这类业务的投资者由机构变成个人，而是多个不同的机构组成的集合产品，称为“伪集合”产品。不可否认，信托公司的通道业务、同业业务遭到更为严厉的监管是造成集合类和单一类金融机构信托业务构成比例变化的主要原因。

与各主流信托投资领域相比，其他领域类信托业务由于市场规模小、投资面广、统计数据不全，难以做较为全面、准确的分析，只能就总体变化情况作

图38 2010年第一季度至2014年第三季度其他领域信托资产存量与增量走势

资料来源：中国信托业协会。

一个简单的介绍。从该类信托业务规模的走势来看，自2010年以来，与信托总资产的增长基本相当。但从2013年第二季度开始，其资产规模开始逐步萎缩，占比也从前期的平均18.54%下降到目前的13.30%，由于没有其他领域的具体构成和分布数据，无法深入分析规模下降的具体原因，但外部经济环境的恶化及另类投资项目的风险频发是导致该类业务变化的重要原因。

从其他领域类信托业务的新增情况来分析，也可以看出该类信托资产存量变化的一些原因。统计数据显示，自2013年第二季度以来，其他领域信托业务的新增规模开始逐步萎缩，占比也随之下降。统计数据显示，从2013年第一季度到2014年第三季度，其他领域信托业务的新增规模从2944亿元降到1288亿元，其占比也从17.83%下降到13.21%。显然，增量持续的下降必然导致这类业务的存量资产规模及其占比的下降。

三 传统业务面临严格管控，业务转型迫在眉睫

（一）房地产信托业务

房地产信托作为信托业独立业务中最大的一支，无论是信托规模，还是业

务收入，对信托公司来说都有举足轻重的地位。但2014年以来，楼市遇冷，房地产信托频频"踩雷"，从百强房企光耀地产资金链断裂导致多家信托公司涉险到"邯郸房企老板跑路"，各地多处房产项目停工，房地产信托兑付危机不断被曝出。房地产信托已经成为各家信托公司风险防控的重点。尽管央行、银监会联合出台"9·30房贷新政"，全面放松限贷政策，但房地产市场的走势依然低迷，且难以再现往日的盛况，房地产信托融资也面临着转型的压力。

表11　2010年第一季度至2014年第三季度房地产信托存量与增量统计

单位：亿元，%

季度	存量	存量占比	基金化房地产信托	占比	新增集合类	新增单一类	季度增量	增量占比
2010年第一季度	2351.29	10.64			152.33	479.11	631.44	7.31
2010年第二季度	3153.63	11.35			345.27	430.78	776.05	14.75
2010年第三季度	3778.20	13.41	135.83	0.46	546.95	250.32	797.26	22.25
2010年第四季度	4323.68	14.95	168.37	0.55	516.30	143.03	659.33	15.61
2011年第一季度	4868.88	15.58	214.23	0.66	463.85	247.13	710.98	13.89
2011年第二季度	6051.91	16.91	284.09	0.76	917.49	449.19	1366.68	16.79
2011年第三季度	6797.69	17.24	325.84	0.80	715.32	423.70	1139.02	15.42
2011年第四季度	6882.31	14.83	335.34	0.70	290.24	197.66	487.90	4.77
2012年第一季度	6865.70	13.46	373.38	0.70	274.16	167.73	441.89	5.44
2012年第二季度	6751.49	12.81	407.96	0.74	364.10	406.71	770.81	8.18
2012年第三季度	6765.12	11.34	394.67	0.62	383.85	466.39	850.24	8.36
2012年第四季度	6880.69	9.85	298.78	0.40	474.42	625.88	1100.30	7.91
2013年第一季度	7701.79	9.40	256.00	0.29	530.60	1001.57	1532.17	9.75
2013年第二季度	8118.63	9.12	184.42	0.20	723.15	820.48	1543.63	10.60
2013年第三季度	8942.01	9.33	157.44	0.16	800.66	874.51	1675.17	13.26
2013年第四季度	10337.49	10.03	137.95	0.13	986.54	1110.72	2097.25	14.46
2014年第一季度	11521.71	10.40	128.52	0.11	649.22	813.19	1462.41	11.32
2014年第二季度	12616.24	10.72	118.75	0.10	913.51	579.14	1492.65	11.04
2014年第三季度	12653.10	10.38	118.48	0.09	714.71	361.16	1075.88	11.04

资料来源：中国信托业协会。

与房地产信托规模不断扩张相反，基金化房地产信托逐步萎缩，截至2014年第三季度，基金化房地产信托资产存量为118.48亿元，占比也仅0.09%。基金化房地产信托业务的持续低迷，固然与这类产品的投资能力、管理水平相关，但更大的影响来源于政策因素。一直以来，关于房地产信托基金的业务模式及监管模式就存在争议，央行、银监会、证监会有各自的方案和监管模式，而我国房地产金融市场体系的不完善和房地产市场条件的不成熟又使得这类业务发展受到了极大的约束，但随着房地产市场的日趋成熟和我国金融体制改革的深入，房地产信托基金或将迎来新的发展机遇。

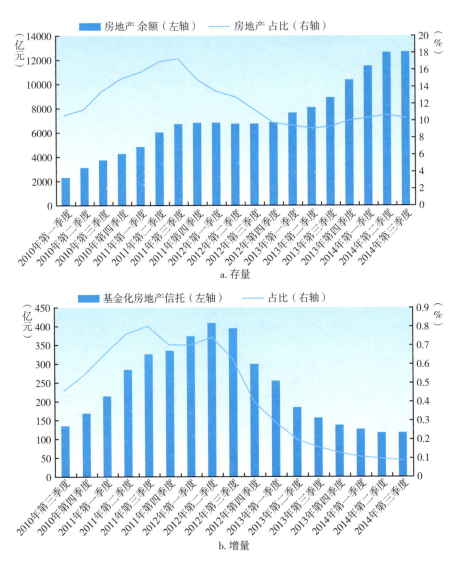

图39 2010年第三季度至2014年第三季度房地产信托与基金存量与增量走势

资料来源：中国信托业协会。

2014 年 9 月 30 日央行和银监会联合出台的《关于进一步做好住房金融服务工作的通知》中，明确提出"积极稳妥开展房地产投资信托基金（REITs）试点"。这对于持续萎靡的基金化房地产信托业务来说无疑是一剂强心剂，理由如下。

首先，我国房地产市场经过 30 年的发展已经趋于饱和，部分城市则严重过剩，无论是住宅市场还是商业地产，都存在不同程度的饱和，而我国经济正处在结构转型的关键时期，对房地产的需求必然呈现稳定甚至下降的趋势，这对于银行及信托机构来说，无疑是风险累积和危机频发的时期，而房地产资产的证券化是解决金融风险的重要途径。在这个过程中，房地产信托基金无疑充当了主要角色的作用，因此，未来房地产信托基金应该具有巨大的需求和广阔的市场空间。

其次，有人担心推行 REITs 会引起住宅价格继续上涨，但从目前国内的情况来看，这种可能性并不大。虽然国外成熟的 REITs 产品主要是以家用住宅为代表的住宅地产、写字楼和零售商场，一般具备一定的税收优惠、良好的流动性、低投资门槛和标准化设计等特征，但从国内的实际情况看，未来 REITs 主力将是商业地产，因为一线城市的住宅地产租金回报率仅 2%，对投资者吸引力太低；商业地产一般毛收益率在 5%~6%，高于部分美国 REITs。因此商业地产具有更大的优势进行资产证券化。

最后，传统的房地产信托业务模式随着市场的发展变化已经走到了尽头，而替代房地产信托未来在房地产金融市场的主要工具只能是基金化房地产信托或房地产信托基金，这两者的差别在于一个是私募型的房地产基金，而另一个是标准化的公募型基金，这两类业务中前者信托公司可以主导，后者信托公司可以参与。因此，信托公司房地产信托业务转型之路或将因此得到加速。

（二）银信合作业务

2014 年 5 月，银监会下发《关于 99 号文的执行细则》，要求信托公司不得开展非标准化理财资金池等具有影子银行特征的业务，为持续高速增长的信托公司通道业务套上了"紧箍咒"。很长一段时间里，银信合作一直是信托业爆发式增长的源泉。就信托公司而言，和银行合作基本无需投入资源而净赚通道费，依靠银行资源扩大资产规模是一个不错的选择。因而，包括银信合作业

务在内的通道业务是信托公司生财的重要途径之一。

统计数据显示，截至 2014 年第三季度，信托公司银信合作业务资产余额为 2.90 万亿元，环比较上季度增长 8.65%，占同期信托资产总量的比例为 22.42%，较上季度增加 1.01 个百分点。统计数据表明，2014 年以来，银信合作业务似乎止住了下滑的趋势，出现了企稳回升的迹象，与政策的趋紧形成了鲜明的反差。造成这一现象的原因，一方面，传统业务因风险事件不断而受到越来越严厉的监管使较为安全可靠的银信合作业务成为信托公司特殊时期的无奈选择；另一方面，银信合作业务的创新为其发展带来新的机遇。事实上，随着信托传统业务空间的不断缩小、政策的驱动，资产证券化将成为信托公司拓宽业务的主要方向，而银信合作为双方在资产证券化领域开展合作赋予了更广阔的空间。

表 12　2010 年第三季度至 2014 年第三季度银信合作业务余额统计

单位：亿元，%

季度	银信合作业务余额	占比	环比增长
2010 年第三季度	18932.20	64.02	
2010 年第四季度	16605.30	54.61	−12.29
2011 年第一季度	15301.94	46.80	−7.85
2011 年第二季度	16113.56	43.06	5.30
2011 年第三季度	16732.26	40.83	3.84
2011 年第四季度	16709.61	34.73	−0.14
2012 年第一季度	17934.32	33.83	7.33
2012 年第二季度	17692.21	31.95	−1.35
2012 年第三季度	18409.61	29.13	4.05
2012 年第四季度	20303.87	27.18	10.29
2013 年第一季度	21126.68	24.20	4.05
2013 年第二季度	20846.84	22.05	−1.32
2013 年第三季度	21675.06	21.39	3.97
2013 年第四季度	21852.33	20.03	0.82
2014 年第一季度	24703.85	21.07	13.05
2014 年第二季度	26715.77	21.41	8.14
2014 年第三季度	29027.55	22.42	8.65

资料来源：中国信托业协会。

银信合作一直是信托公司业务的重点，尽管经历了几轮政策限制，但考虑到涉及的业务量及其可以带来的收入，该类业务依然在信托业务中占据着不小的市场份额。2014 年 5 月，央行、银监会、证监会、保监会及外汇局联合下发"127 号文"（即《关于规范金融机构同业业务的通知》），再次冲击了传统银信合作业务，尤其是单一通道类业务重重受限，这意味着信托公司发展所依赖的通道业务将再次经受考验，预计相关政策出台后，银信合作的资产规模将有可能下滑。

面对监管新政，未来银信合作需要创新合作模式和思路，双方在未来的合作中应深入强化各自的优势，各司其职，确保银信合作业务的风险管控达到规范有效。为此，信托公司应该发挥业务人员精干的优势，将业务方向聚焦资产端，着重寻找收益高且风险可控的优质资产。有了优质资产之后，销售和资金都不是问题，银行能为信托公司提供资金和客户。

图40　2010 年第三季度至 2014 年第三季度银信合作业务存量变化走势

资料来源：中国信托业协会。

银信合作作为影子银行体系的一个重要组成部分，对于影子银行的风险管控具有重要的影响。为了防止经济过热，央行出台了相关政策限制商业银行发放贷款，商业银行通过信托公司来发放贷款，合理的避开了央行政策，满足了不断增加的资金需求。近年来，随着我国经济增速的放缓和产业结构的调整，

银信合作项目的风险也开始逐渐暴露出来。

面对迅速膨胀的影子银行体系，2013 年以来银监会针对银行理财、同业业务和信托公司业务先后发布《关于规范商业银行理财业务投资运作有关问题的通知》《关于信托公司风险监管的指导意见》和《关于规范金融机构同业业务的通知》。这三项监管政策，明确限制了非标准化债权、银行理财规模、银行理财显性或隐性担保，要求每个理财产品单独管理、建账和核算；限制信托公司投资非标准化理财资金池，明确项目风险承担主体，强化信贷类业务风险资本约束；明确同业买入返售业务只能是双方之间的交易，且标的物只能是承兑汇票或高流动性的标准化资产，规定开展买入返售和同业投资业务不能接受或提供第三方机构担保，同业投资要计提相应资本与拨备，并规定同业融入融资期限和规模限制。上述监管政策基本针对影子银行所具有的非标债权、隐形担保、资金池、期限错配、资本计提不足等风险点，制定了相应的规范措施，相信会对银信合作的规范和发展起到一定作用。

（三）政信合作业务

政信合作业务就是信托公司与各级政府在基础设施、民生工程等领域开展的合作业务，是基础产业类信托业务的主要组成部分，该业务的主要投资方向包括城市基础设施建设、保障房建设，以及旧城改造和新区开发建设等。政信合作类信托业务一般是地方城投公司通过信托方式将应收账款债权提前利用，以此增加现金流入。由于宏观经济增长放缓，而地方政府投资冲动不减，城投债、基建类信托等新增表外资金正在替代相当一部分银行表内贷款，逐渐成为地方平台重要的债务组成，同时银行贷款也从全国地方政府性债务中逐步退出。地方债务平台融资表外化，在调整债务结构的同时，有借新还旧的嫌疑。为控制地方政府的财政风险，2012 年底财政部等四部委联合下发了《关于制止地方政府违法违规融资行为的通知》，但该业务的势头直到 2013 年第二季度末在银监会要求严控基建类信托新增规模的情况下才得以遏制。

统计数据显示，截至 2014 年第三季度，信政合作业务规模为 11024 亿元，占整个信托资产总量的 8.51%，占全部基础产业类信托资产的比重为41.48%，从统计数据来看，政信合作业务总量似乎并没有达到外界所宣传的那样，在一个非常高的水平上，在地方政府债务中的占比也不大（仅占地方

表13 2010年第一季度至2014年第三季度基础设施信托业务统计

单位：亿元，%

季度	基础产业余额	占总资产比例	政信合作余额	环比增长	占总资产比例	占基础产业比例
2010年第一季度	8876.54	40.16				
2010年第二季度	10636.50	38.29				
2010年第三季度	10012.30	35.53	3816.05		12.91	38.11
2010年第四季度	9945.97	34.39	3563.27	-6.62	11.72	35.83
2011年第一季度	9939.56	31.81	3239.32	-9.09	9.91	32.59
2011年第二季度	10126.88	28.30	2946.00	-9.05	7.87	29.09
2011年第三季度	9771.42	24.79	2788.32	-5.35	6.80	28.54
2011年第四季度	10155.27	21.88	2536.85	-9.02	5.27	24.98
2012年第一季度	11150.03	21.85	2510.30	-1.16	4.74	22.51
2012年第二季度	11918.45	22.62	3254.32	29.64	5.88	27.30
2012年第三季度	13917.93	23.34	3903.46	19.95	6.18	28.05
2012年第四季度	16501.84	23.62	5015.50	28.49	6.71	30.39
2013年第一季度	21114.77	25.78	6548.14	30.56	7.50	31.01
2013年第二季度	23905.54	26.84	8041.88	22.81	8.51	33.64
2013年第三季度	24879.01	25.97	8238.78	2.45	8.13	33.12
2013年第四季度	26028.55	25.25	9607.37	16.61	8.81	36.91
2014年第一季度	27452.72	24.78	10754.75	11.94	9.17	39.18
2014年第二季度	27200.64	23.10	11079.40	3.02	8.88	40.73
2014年第三季度	26577.47	21.80	11023.73	-0.50	8.51	41.48

资料来源：中国信托业协会。

政府债务总规模30万亿元的3.67%）。基于规避监管，有一部分政信合作类业务并没有划入其中，导致政信合作业务的统计数据与真实数据存在差距。但即使将隐性的政信合作业务算进来，其调整后的规模在地方政府总债务中的比重也不会有太大的改变，因此，对地方债务风险也不会造成实质的影响。

但不能忽视的是，在个别地区，尤其是在一些不发达的地区，由于信托融资比例过高，出现政府偿债风险的可能性加大，应引起信托公司的高度重视。在地方政府性债务中，信托业对政府主导的基础产业配置余额占比13%，直接政信合作占比为4.5%。从数据来看，相较于银行贷款、发行债券，信托融

资的占比并不算太大。从我国当前的情况来看，中央政府债务占比较低，同时拥有庞大的资金储备；全国政府负有偿还责任的债务的负债率、政府外债与GDP 的比率、债务率和逾期债务率均小于国际警戒线，处于比较安全的范围。

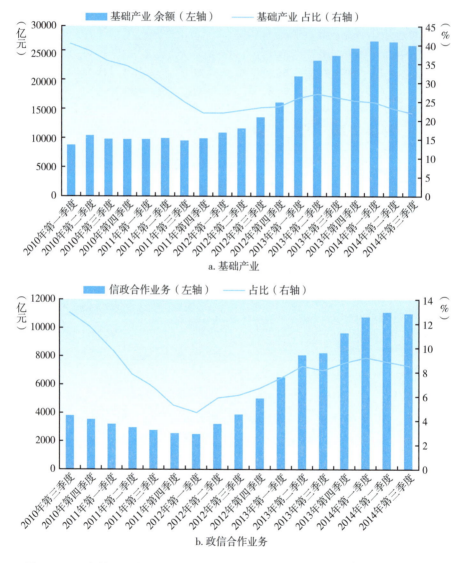

a. 基础产业

b. 政信合作业务

图 41　2010 年第三季度至 2014 年第三季度基础产业信托与政信合作业务存量走势

资料来源：中国信托业协会。

近年来，政信合作规模上涨较快，从 2010 年下半年开始到 2014 年第三季度已达 1.10 万亿元。显然，在当前信托业整体面临压力的背景下，政信合作项目两头"受宠"。与其他信托产品相比，政信合作信托的安全性更有保障，由于项目资质的优越性及背后政府支持等原因，"政信合作"产品成为固定收益信托产品中的黄金高地。而在矿产信托风险频频暴露、房地产信托风险隐忧加重的背景下，政信合作的基建类项目也越来越受到投资者青睐。而当前房地产市场的不景气，地产类信托兑付危机比较集中，信托公司也转向发行合规的政信合作基建项目。

继《预算法》修改明确了地方政府可以以发行债券的方式举债之后，2014 年 10 月 2 日国务院又发布了《关于加强地方政府性债务管理的意见》（下称"43 号文"），将地方政府举债的事项予以阳光化、规范化，这可谓中国政府治理地方政府债务史上具有里程碑意义的事件。对于现行政信合作的操作模式而言，其条款中影响最明显的被认为是"剥离融资平台公司政府融资职能"。以往，政信合作往往是信托公司借助政府融资平台发行信托计划，但此模式将不可为继。

值得注意的是，43 号文已经提出了一种新的业务模式，即政府与社会资本合作模式（PPP）。43 号文表示，鼓励社会资本通过特许经营等方式，参与城市基础设施等有一定收益的公益性事业投资和运营。政府通过特许经营权、合理定价、财政补贴等事先公开的收益约定规则，使投资者有长期稳定的收益。在目前的信政合作业务模式中，绝大多数项目是债务属性，收益固定，期限通常在三年以内，往往还有政府信用背书；而按照 PPP 模式操作，产品没有了政府信用背书，且期限较长，收益亦不固定。由于这两种模式存在较大差异，对信托公司来说，如何以一种可行的方式参与这一业务模式还需要加大业务创新力度。

对于政信合作来说，虽然新增项目遇阻，且新业务模式尚未确定，但是此次 43 号文也专门对存量地方债务和在建项目的融资和风险化解提出方向：对于现有存量债务，可以通过发行债券置换的方式降低融资成本，债务第一偿还来源为项目运营收入，在项目运营收入不足以还本付息时，可通过注入优质资产等多种方式提高偿债能力。对于在建项目，要优先保障其续建和收尾。此外，对于地方政府确实负有偿还责任或担保救助责任的债务，地方政府应依法

履行相关责任和协议约定。可以说，43 号文或将促使存量政信类项目的安全性提高。

（四）其他特色信托业务

作为占比不足 3% 的业务，阳光私募、QDII、PE（私募股权投资）等已经越来越边缘化了，对信托业务的贡献率也就无足轻重。统计数据显示，截至 2014 年第二季度度末，阳光私募型信托资产余额为 2787 亿元，占全部信托总资产的 2.23%；PE 型信托业务资产规模为 597 亿元，占全部信托总资产的比例为 0.48%；QDII 型信托业务资产规模仅为 97 亿元，占全部信托总资产的比例是 0.08%，以上全部业务之和为 3481 亿元，占全部信托总资产的比例不超过 3%，仅为 2.79%，较上季度增加 257 亿元、占比增加 0.04 个百分点。统计数据表明，以上三类业务不仅存量少，增长速度也非常缓慢，除非有特殊的原因（如政策因素或市场因素），否则这些业务仍将难以有所突破。

表 14　2010 年第三季度至 2014 年第三季度其他特色信托业务余额统计

单位：亿元，%

季度	阳光私募	占比	PE	占比	QDII	占比
2010 年第三季度	975.71	3.30	187.06	0.63	0.73	0.00
2010 年第四季度	1263.22	4.15	227.00	0.75	4.43	0.01
2011 年第一季度	1418.58	4.34	231.19	0.71	5.15	0.02
2011 年第二季度	1369.93	3.66	267.09	0.71	4.68	0.01
2011 年第三季度	1442.94	3.52	301.67	0.74	4.13	0.01
2011 年第四季度	1677.82	3.49	380.18	0.79	9.01	0.02
2012 年第一季度	1795.90	3.39	405.46	0.76	8.84	0.02
2012 年第二季度	2015.31	3.64	413.55	0.75	17.82	0.03
2012 年第三季度	2189.96	3.47	363.00	0.57	45.49	0.07
2012 年第四季度	2570.40	3.44	409.55	0.55	73.74	0.10
2013 年第一季度	2705.77	3.10	417.05	0.48	69.73	0.08
2013 年第二季度	2551.87	2.70	455.46	0.48	74.40	0.08
2013 年第三季度	2626.83	2.59	452.34	0.45	75.48	0.07
2013 年第四季度	2543.98	2.33	503.81	0.46	74.65	0.07
2014 年第一季度	2613.27	2.23	528.96	0.45	81.88	0.07
2014 年第二季度	2787.49	2.23	597.16	0.48	96.82	0.08
2014 年第三季度	2871.81	2.22	623.40	0.48	103.36	0.08

资料来源：中国信托业协会。

如同风云变幻的证券市场，信托型阳光私募面对的政策环境和市场环境都发生了根本的变化。如今，信托公司已不再是阳光私募唯一的通道资源，相比2012年证监会发文正式解除对信托产品开立信托专用证券账户的限制之时，涌现了更多的竞争者。现在的格局中，私募除自身渠道之外，还可以借助的通道包括信托、基金、券商、期货，信托的"制度红利"几乎消失殆尽。

2014年初，中国证券投资基金业协会发布了《私募投资基金管理人登记和基金备案方法》，允许经过备案的私募基金开立证券账户。这意味着完成登记备案的私募机构在自己的平台上就能发行阳光私募产品。据统计，目前已有超过4000家私募完成登记。尽管如此，信托公司的客户资源优势和平台优势还是其他渠道难以匹敌的，因此，信托型阳光私募还能够保持一定的比较优势，但单凭这一点，信托公司在未来的市场竞争当中的优势将逐渐消失，信托公司还需要在更多的方面寻求突破，才能够在未来的竞争当中占有一席之地。

首先，信托公司应放下身段，降低通道费用，依靠做大规模积累市场人气。对于信托来说，私募业务的"价格战"2012年就打过一轮，由信托公司之间的竞争所致。现在，面对券商、基金的加入，通道费用已经降至千分之二。在这种情况下，唯有靠做大规模，才能抵消通道费用的缩减。

图42　2010年第三季度至2014年第三季度私募基金合作业务走势

资料来源：中国信托业协会。

其次，随着未来登记备案私募数量的不断增加，信托型阳光私募业务将会缩减。但在结构化证券投资信托产品中，信托公司可以凭借较强的资金募集能力，利用结构化产品设计满足私募基金的配资需求，通过放大杠杆大幅提高投资顾问的收益水平。目前虽然部分私募基金已经形成了一定的客户积累，但能够独立完成优先级募集的机构仍为数不多，因此信托公司结构化产品的市场空间仍然存在。同时，信托公司伞形证券化产品中各结构化子单元的交易对手多为券商大中客户，而非私募机构，所以此项业务也不会因《私募投资基金管理人登记和基金备案方法》的推进而受到剧烈影响。信托公司亦应着手组建证券投资业务团队，提升主动管理能力，加大对 TOF、股指期货等创新型产品的推进力度。

最后，信托公司还可以瞄准证券投资基金的运营服务，并力争做这方面的专业机构，除提供产品创设、份额登记、财产清算、交易执行等基础服务外，同时还要有针对性地提供利益分配安排、绩效分析、定制报告、头寸管理、现金管理、交易管理等增值服务。据悉，外贸信托与多家私募签署战略合作协议，为其提供全方位外包服务。私募的业务外包包括产品设立、注册登记、估值核算、信息披露等。目前，外贸信托为私募基金提供的第三方清算服务业务规模已达到 1200 亿元。

但信托公司分食该外包业务上还会遭遇一个强劲的对手——券商。实际上，对于券商来说，由于其对证券市场熟悉程度更深，可以提供更全面的服务，而信托公司现在获得客户主要依靠过去的积累，未来能否保住优势还要靠自身的努力及其在市场中的地位。

毫无疑问，理论上私人股权投资信托（信托型 PE）作为一种全新的风险收益灵活组合信托，既符合信托行业的功能定位，又能体现出信托制度优势，发挥信托公司运作领域广泛、手段灵活的业务特点，对信托公司来说是一项极具发展前景的创新业务，应当被作为信托业未来发展的重要业务品种。银监会于 2008 年 6 月发布的《信托公司私人股权投资信托业务操作指引》就明确指出将优先支持信托公司开展私募股权投资信托等创新类业务。但信托公司就一直未能走出私人股权投资（PE）信托业务 IPO 方式退出受限的困局。

为规避证监会对信托 PE 的限制，信托公司探索出"信托 PE + 有限合伙"的创新模式。在该模式下，待上市企业的股东将体现为有限合伙企业，而不是

图 43　2010 年第三季度至 2014 年第三季度 PE 信托业务走势

资料来源：中国信托业协会。

信托，旨在以"曲线"方式实现信托 PE 的 IPO。但"信托 PE＋有限合伙"模式存在双重收费的问题，即有限合伙企业的投资管理人会收取一次管理费，信托公司成立信托计划也要收取一次管理费。同时，信托 PE 和有限合伙企业，也会根据业绩报酬提取一定的提成。对于运作成功的 PE 来说，高于 ROE 应该不是一个问题。

尽管信托公司采取"曲线救国"方式顺利规避了政策的限制，但高额的成本、缺乏主动管理的利益驱动、只是作为一个融资平台的信托型 PE 业务难以实现大规模的普及，加上证券市场的持续低迷以及史上最长时间的 IPO 暂停，导致信托 PE 业务受到了重创。统计数据显示，从 2012 年 10 月开始暂停 IPO 到 2014 年 4 月重启，信托 PE 业务的占比从 0.57% 下降至 0.45%，到 2014 年第二季度才开始恢复。

对于信托公司来说，PE 市场无疑是一片"蓝海"。可以肯定的是，目前这种模式的股权投资信托业务也已经得到了信托公司的普遍认可，但信托公司必须有更长远的眼光，不能仅满足于被当作"管道"或是"平台"，否则难以在 PE 业务上获得更大的发展空间和利益。可以认定的是，目前该模式股权投资信托业务已经得到了大多数信托公司的认可，采用这种方式，信托公司可以

在实际运作中锻炼队伍、积累经验，打造属于自己的品牌，这样或许能够在未来的 PE 业务中占有一席之地。

相比银行系和基金系的 QDII 业务，信托型 QDII 业务存在投资门槛高、产品管理经验缺乏的先天不足。而在投资范围上，现有的信托 QDII 产品往往为通道业务，在多元化和灵活性上都缺乏主动管理的话语权。因此，自 2013 年以来，信托型 QDII 业务一直做得不温不火。统计数据显示，2012 年底，信托公司 QDII 业务规模为 73.74 亿元；到 2014 年第三季度末，该业务规模仅 103.36 亿元，环比增长 6.75%；而从占比来看，从 2012 年底的 0.1% 下降到 2014 年第三季度的 0.08%，显然，当前信托型 QDII 业务仍处于待开发的阶段。

事实上，2007 年以来，仅有中诚信托、上海信托、中海信托、平安信托、华信信托、华宝信托、中信信托和新华信托 8 家公司先后获批 QDII 业务牌照。截至 2013 年底，8 家信托公司获批的 QDII 投资额度共计 56 亿美元，而截至 2014 年 7 月 30 日，共有 121 家合格境内机构投资者（QDII）累计获得 807.93 亿美元额度，其中银行类合计 126.90 亿美元，证券基金类 336.00 亿美元，保险类 289.03 亿美元，而 8 家信托公司获批的 56 亿美元额度占整个金融行业的比重仅为 6.93%。

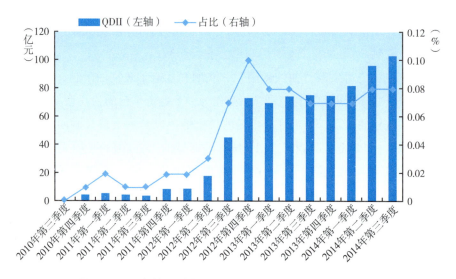

图44 2010 年第三季度至 2014 年第三季度 QDII 业务走势

资料来源：中国信托业协会。

在信托公司已发行的 QDII 产品中，几乎均为单一信托计划，投资者则以机构客户为主，多数为专户理财——因为客户限于跨境投资的金融政策，会通过信托的 QDII 资质和额度到海外投资。但投资的主动权基本掌握在委托人手上，投资标的的遴选和交易时机的选择均由委托人实际操控，这便是最为常见的通道业务。较高级的通道业务还涉及帮助机构客户在海外上市的过程中寻找和撮合基石投资者等，但此类业务基本上被具有资源优势的极少数公司所把持。即便产品以通道为主，信托系 QDII 还面临着投资区域局限的问题。无论是上海信托推出第一只 QDII 产品"上海信托铂金系列信托计划"，还是中诚信托推出的"诚信海外配置系列信托产品"，均是投向中国香港证券市场，H 股投资占比较高。投向美国等西方国家资本市场的产品则相对较少，这也与国内委托人对海外资本市场的认知程度和信息成本有关。

信托型 QDII 业务的竞争优势并不明显，尽管如此，2014 年以来，仍有兴业信托、中融信托等多家信托公司向监管层申请 QDII 牌照。显然，信托公司是基于希望透过 QDII 资质进行海外资产配置，以期实现在财富管理方向的转型。事实上，在大资管背景下，信托业原有的主导业务模式受到了巨大挑战，迫使信托公司不断挖掘新的市场空间，加快转型步伐。而高净值人群有着越来越强烈的海外资产配置需求，这也反过来要求信托公司不断提高自身管理海外资产的资质和能力。因此，资产配置的多元化和国际化成为必然，手握 QDII 牌照有利于信托业通道业务的多元化。

总体来看，信托公司的 QDII 业务仍处于萌芽状态，机遇与挑战并存。但从长远来看，发展 QDII 能够补充信托产品序列，提高公司的资产管理能力和抗风险能力。在信托行业寻求变革的十字路口，率先布局 QDII 业务，将有助于信托公司加速企业转型，为公司未来的发展提供新的动力。

B.3
固有资产扩张乏力，资金效率有待提高

摘　要：　从 2012 年第三季度到 2014 年第三季度，信托资产的总体增长幅度为 125.31%，季度平均增幅达到了 15.66%；而同期固有资产的总体增长幅度只有 52.66%，季度平均增幅仅为 6.58%。可以看出，信托业固有资产的扩张速度与信托资产的发展速度之间的差距越来越大，导致行业信托杠杆率迅速提升，信托业整体风险加速累计。

截至 2014 年第三季度末，信托业所有者权益余额为 2882.43 亿元，与上季度相比，净增 132.82 亿元，增长 4.83%，与上年同期相比，净增 526.87 亿元，增长 22.37%。统计数据表明，尽管 2014 年以来信托公司净资产仍保持了一定的增长，但增长的速度有所放缓。

关键词：　固有资产　净资产　未分配利润

一　固有资产

与信托资产相比，信托业固有资产的投资与管理似乎没有得到信托公司的重视。随着信托业固有资产的不断扩增，其投资管理效率的意义将越来越重要。固有资产不仅能给信托公司带来资产收益，也是信托公司开展信托业务、实行净资本管理、抵御各类风险的重要支撑。因此，对信托公司来说，扩大资本实力、管理运用好固有资产有着举足轻重的意义。

总体来看，尽管信托公司固有资产一直都在稳步增长，但与信托资产增长的速度相比，特别是在 2012 年下半年之后，已经大幅落后于信托资产的增长速度。统计数据显示，从 2010 年第二季度至 2012 年第二季度，固有资产的总体增长幅度是 61.69%，其中季度平均增幅为 7.71%；同期信托资产的总体增长幅度是 89.98%，其中季度平均增幅为 11.25%，说明这一时期两类资产的增长速度是基本匹配的。但从 2012 年第三季度到 2014 年第三季度，信托资产的总体增长幅度为 125.31%，季度平均增幅达到了 15.66%；而同期固有资产的总体增长幅度只有 52.66%，季度平均增幅仅为 6.58%。对比前后两个 2 年的增速，可以看出信托业固有资产的扩张速度与信托资产的发展速度之间的差距越来越大，导致行业信托杠杆率迅速提升，信托业整体风险加速累计。

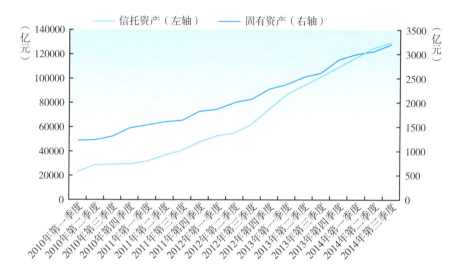

图 1　2010 年第一季度至 2014 年第三季度信托公司固有资产及信托资产规模走势

资料来源：中国信托业协会。

信托公司固有资产的增长来源主要有两个：一个是信托公司注册资本的增加，另一个是存量固有资产的经营管理。与信托资产单纯依靠拓展信托业务不同，固有资产的增加受到众多因素的制约，但信托公司重信托业务、轻固有业务已是一个普遍的现象，这或许是找到解决固有资产经营效率的重要思路。

考察固有资产的构成比例有助于我们了解信托公司固有资产的经营情况，进而找到提高信托公司固有资产经营管理效率的办法或途径。统计数据显示，截至 2014 年第三季度，信托业固有资产存量规模 3198.91 亿元，较上季度增加 140.34 亿元，增长 4.59%。若扣除第三季度新增的 104.59 亿元注册资本，

第三季度信托业固有资产的新增量仅为 35.75 亿元，固有资产的季度经营效益为 1.25%，年化收益为 4.98%，显然，这样的投资管理效益表明信托公司在固有资产的经营管理上仍有亟待改善和提高的地方。

表1　2010 第一季度至 2014 年第三季度信托公司固有资产经营情况

单位：亿元，%

季度	固有资产	环比增长	货币资产	占比	贷款	占比	投资	占比	其他占比
2010 年第一季度	1231.10	2.96	246.70	20.04	179.00	14.54	697.54	56.66	8.76
2010 年第二季度	1239.10	0.65	247.43	19.97	184.76	14.91	669.56	54.04	11.08
2010 年第三季度	1314.25	6.06	205.13	15.61	217.70	16.56	628.87	47.85	19.98
2010 年第四季度	1483.44	12.87	233.12	15.71	237.88	16.04	852.49	57.47	10.78
2011 年第一季度	1535.18	3.49	250.42	16.31	255.46	16.64	897.25	58.45	8.60
2011 年第二季度	1614.00	5.13	264.15	16.37	259.07	16.05	956.59	59.27	8.31
2011 年第三季度	1645.26	1.94	261.71	15.91	273.82	16.64	962.60	58.51	8.94
2011 年第四季度	1825.08	10.93	393.25	21.55	269.84	14.79	1021.67	55.98	7.68
2012 年第一季度	1867.35	2.32	371.24	19.88	277.84	14.88	1049.98	56.23	9.01
2012 年第二季度	2003.51	7.29	409.71	20.45	297.06	14.83	1099.89	54.90	9.82
2012 年第三季度	2082.93	3.96	431.63	20.72	294.10	14.12	1138.83	54.67	10.49
2012 年第四季度	2282.08	9.56	474.10	20.78	307.93	13.49	1301.42	57.03	8.70
2013 年第一季度	2377.43	4.18	438.01	18.42	330.00	13.88	1399.41	58.86	8.84
2013 年第二季度	2517.29	5.88	476.20	18.92	343.04	13.63	1397.93	55.53	11.92
2013 年第三季度	2621.80	4.15	465.41	17.75	317.69	12.12	1541.52	58.80	11.33
2013 年第四季度	2871.41	9.52	528.49	18.41	322.58	11.23	1698.24	59.14	11.22
2014 年第一季度	2985.00	3.96	425.56	14.26	395.97	13.27	624.49	20.92	51.55
2014 年第二季度	3058.57	2.46	436.20	14.26	380.07	12.43	2013.89	65.84	7.47
2014 年第三季度	3198.91	4.59	429.56	13.43	386.81	12.09	1907.54	59.63	14.85

资料来源：中国信托业协会。

从信托公司固有资产构成比例来看，统计数据显示，截至 2014 年第三季度末，在信托业全部 3198.91 亿元的固有资产中，货币资产余额 429.56 亿元，占比为 13.43%，分别较上季度下降 6.64 亿元和 0.83 个百分点；贷款余额 386.81 亿元，占比 12.09%，分别较上季度增加 6.74 亿元和降低 0.34 个百分点；投资金额为 1907.54 亿元，占比 59.63%，分别较上季度下降了 106.35 亿元和 6.21 个百分点；其他用途资金 475.00 亿元，占比 14.85%，分别较上季度增加了 246.59 亿元和 7.38 个百分点。

统计数据表明，2014 年以来，信托公司明显提高了固有资产的投资比例，并降低货币资产、贷款资金的比例，且突破了前三年的最低和最高值。这是一个值得关注的变化，说明信托公司在固有资产经营管理上有了新突破。但这种变化到底是源自市场因素（金融市场的改革深化及资本市场、货币市场的走好）还是经营理念的转变，现在下结论还为时过早。但可以肯定的是，这个调整将会反映在年底信托业固有资产的增长上。

从 2010 年至 2013 年固有资产的构成变化来看，信托业固有资产的构成及其比例基本是比较稳定的。统计数据显示，从 2010 年初至 2013 年末，在信托公司固有资产的构成比例中，货币资产的平均占比为 18.55%，最高值为 21.55%，最低值为 15.61%，波动幅度为 [−15.85%，+16.17%]；贷款的平均占比为 14.65%，最高值为 16.64%，最低值为 11.23%，波动幅度为 [−23.34%，+13.58%]；而投资的平均占比为 56.46%，最高值为 59.27%，最低值为 47.85%，波动幅度为 [−15.25%，+4.98%]；其他用途的平均占比为 10.34%，最高值为 19.98%，最低值为 7.68%，波动幅度为 [−25.73%，+93.23%]。统计数据表明，前 4 年中，除其他用途占比波动幅度超过 100%

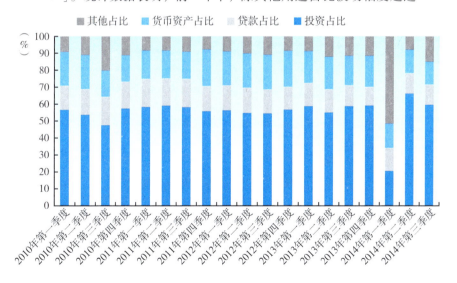

图 2　2010 年第一季度至 2014 年第三季度信托公司固有资产构成比例变化趋势

资料来源：中国信托业协会。

以外，其余的波动幅度都在40%以内，这说明固有资产的构成比例相对来说较为稳定，2014年的突破或许是一个新的开端，但这是否预示着信托公司固有资产经营管理迎来变革还有待于进一步的观察。

信托公司的货币资产功能主要是为维持公司正常的生产经营活动提供流动资金。统计数据显示，截至2014年第三季度末，信托公司的货币资产余额为429.56亿元，占全部固有资产的13.43%，与上个季度相比，余额下降1.52%，占比下降5.82%；与上年同期相比，余额下降7.70%，占比下降24.34%。统计数据表明，货币资产占比在2014年出现了一个重大的变化，即脱离了原来的震荡区域，并向下移动。

图3　2010年第一季度至2014年第三季度信托公司货币资产规模走势

资料来源：中国信托业协会。

由于信托公司的主营业务——信托业务是独立财务核算，且与信托公司的固有资产在财务上是隔离的，货币资产的多少和占比对主营业务并没有直接的影响。同时，信托公司作为金融服务行业，其正常经营活动所需的流动资金与其他行业相比要低得多，故信托公司货币资产占其固有资产的比例可以维持在一个较低的水平。至少在一定时期内，保持一个更低的比例，既能保证公司的正常运转，又能腾出更多的资金用于投资以获取更大的收益。但这个比例到底是多少比较合适，由各公司具体的经营情况及外部环境而定。

贷款是信托公司自有资金运用的主要方式之一，但由于信托公司固有资产规模不大，且固有资产新增贷款受到央行的严格限制，故贷款规模和比例难以有所突破。统计数据显示，截至 2014 年第三季度末，信托公司自有资金贷款余额为 386.81 亿元，占全部固有资产的比例为 12.09%，与上个季度相比，贷款余额增加 6.74 亿元，增长 1.77%，占比下降 0.34 个百分点，降幅 2.74%；与上年同期相比，贷款余额增加 69.12 亿元，增长 21.76%，占比下降 0.03 个百分点，降幅 0.25%。显然，尽管 2014 年以来信托公司固有资产的贷款余额还在继续增加，但增幅放缓，导致占比缩减。

图 4　2010 年第一季度至 2014 年第三季度信托公司自有资金贷款规模走势

资料来源：中国信托业协会。

与银行相比，信托公司在贷款方面并无突出优势，且规模有限、受到严格的监管，难以形成规模效益，因此，贷款在信托公司自有资金运用中并不是一个主流的工具。事实上，早在 2011 年 5 月，央行就对信托公司自有资金的新增贷款进行限制，要求后者把新增贷款额的 150% 存入央行的特种存款账户。而近几年来，随着银行货币政策的趋紧，以及控制社会融资规模的要求，监管层对信托行业的管控也越来越严格。

投资作为信托公司固有资产运作的重要手段，对提高信托公司的盈利水平、壮大资本实力都有举足轻重的作用。一直以来，信托公司在固有资产运用中用于投资的比例保持在 50% ~ 60%，但这个比例在 2014 年取得了突破。统计数据显示，截至 2014 年第二季度末，信托公司固有资产的投资总额为 2013.89 亿元，占全部固有资产的比例达到了 65.84%，与上年同期相比，净增 615.96 亿元，增长 44.06%，从占比来看，则增加了 10.31 个百分点，增幅为 18.57%。统计数据表明，2014 年以来，信托公司审时度势，加大了固有资产的投资力度，为公司盈利水平的提高和实力的壮大奠定了坚实的基础，其中的原因主要有以下几个方面。

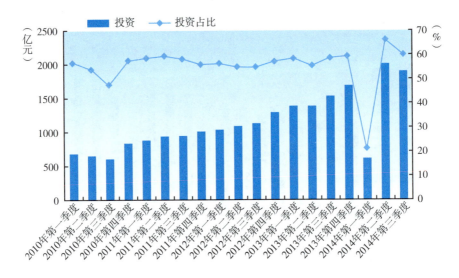

图 5　2010 年第一季度至 2014 年第三季度信托公司自有资金投资规模走势

资料来源：中国信托业协会。

　　首先，从外部环境来看，2014 年以来，随着金融改革的深化，资本市场迎来发展的良机，同时，连续六年的调整使证券市场的估值处于较低的水平，投资于证券市场的盈利机会大增。此外，国家经济处于转型升级的关键时期，一些行业发展面临转型和升级的压力，投资的机会也增加。因此，增加新兴行业和资本市场的投资是一个明智的选择。

　　其次，信托业务连续六年的高速增长使得信托风险累积，加上外部环境的变化，市场风险已经传导到信托计划的项目上，同时，券商和基金子公司的低价竞争，银行、保险资管的强势介入，信托公司主营业务的盈利水平开始下降，而寻找新的盈利增长点成为信托公司面临转型升级的重要任务之一，而自有资金的运作自然成为信托公司寻找突破的选择。

二 净资产（所有者权益）

净资产（即所有者权益）是信托公司资本实力及抗风险能力的直接体现。随着信托公司信托资产规模接近 13 万亿元，信托项目的风险也在不断累积。而净资产作为信托公司净资本管理的一个重要指标，对信托产品的风险管理起着至关重要的作用。统计数据显示，截至 2014 年第三季度末，信托业所有者权益余额为 2882.43 亿元，与上季度相比，净增 132.82 亿元，增长 4.83%，与上年同期相比，净增 526.87 亿元，增长 22.37%。统计数据表明，尽管 2014 年以来信托公司净资产仍保持了一定的增长，但增长的速度有所放缓，从环比增长率来看，2013 年第四季度为 8.47%，2014 年第一季度下降到 5.04%，第二季度又下降到 2.44%，已接近历史最低点，虽然第三季度增长回到 4.83%，其中有一个因素是中信信托注册资本从 12 亿元猛增长 100 亿元，注册资本净增 88 亿元，带动了行业总体净资产的回升。

图6 2010 年第一季度至 2014 年第三季度信托公司所有者权益走势

资料来源：中国信托业协会。

应该说，这几年信托公司所有者权益的快速增长也是得益于多年来行业利润的累积，这种全行业赢利的现象即使在改革开放三十多年来的金融市场上也不多见。但随着我国经济发展进入次增长时代，以及面临泛资管时代的竞争，信托公司的盈利水平必将逐步下滑，未来信托业净资产的增长更多的还是靠高效的资产经营管理。

从信托公司所有者权益的构成来看，统计数据显示，截至 2014 年第三季度末，在信托业全部 2882.43 亿元的净资产中，实收资本为 1293.25 亿元，较上季度净增 104.59 亿元，占行业净资产的 44.87%，较上季度增加 1.64 个百分点；用于信托赔偿的准备金为 99.33 亿元，与上季度持平，占比为 3.45%，较上季度减少 0.16 个百分点；未分配利润余额为 938.22 亿元，较上季度净增 10.46 亿元，占比为 32.55%，较上季度减少 1.19 个百分点。总体来看，信托公司所有者权益的构成比例保持了相对稳定的状态，没有出现大的变化。

表2　2010 年第一季度至 2014 年第三季度信托公司净资产及组成情况

单位：亿元，%

季度	所有者权益	环比增长	实收资本	占比	信托赔偿准备	占比	未分配利润	占比	其他占比
2010 年第一季度	1086.60	1.14	652.88	60.08	24.54	2.26	192.94	17.76	19.90
2010 年第二季度	1090.50	0.36	675.22	61.92	25.44	2.33	197.71	18.13	17.62
2010 年第三季度	1142.20	4.74	675.22	59.12	25.03	2.19	226.79	19.86	18.83
2010 年第四季度	1320.20	15.58	737.82	55.89	28.60	2.17	272.04	20.61	21.33
2011 年第一季度	1394.70	5.64	776.97	55.71	31.25	2.24	287.77	20.63	21.42
2011 年第二季度	1445.40	3.64	789.49	54.62	31.99	2.21	329.98	22.83	20.34
2011 年第三季度	1492.80	3.28	814.84	54.59	33.87	2.27	368.01	24.65	18.49
2011 年第四季度	1632.80	9.38	871.50	53.38	42.79	2.62	423.51	25.94	18.06
2012 年第一季度	1698.10	4.00	873.50	51.44	50.24	2.96	444.61	26.18	19.42
2012 年第二季度	1806.83	6.40	913.56	50.56	50.28	2.78	486.35	26.92	19.74
2012 年第三季度	1892.15	4.72	934.94	49.41	50.01	2.64	549.85	29.06	18.89
2012 年第四季度	2032.00	7.39	980.00	48.23	61.84	3.04	611.99	30.12	18.61
2013 年第一季度	2145.09	5.57	1002.21	46.72	69.05	3.22	650.39	30.32	19.74
2013 年第二季度	2248.72	4.83	1014.78	45.13	72.78	3.24	726.81	32.32	19.31
2013 年第三季度	2355.56	4.75	1053.03	44.70	74.54	3.16	790.42	33.56	18.58
2013 年第四季度	2555.18	8.47	1116.55	43.70	90.60	3.55	849.42	33.24	19.51
2014 年第一季度	2684.00	5.04	1144.66	42.65	96.18	3.58	906.31	33.77	20.00
2014 年第二季度	2749.61	2.44	1188.66	43.23	99.33	3.61	927.76	33.74	19.42
2014 年第三季度	2882.43	4.83	1293.25	44.87	99.33	3.45	938.22	32.55	19.13

资料来源：中国信托业协会。

统计数据显示，自 2010 年以来，行业未分配利润从 192.94 亿元增加到 2014 年第三季度的 938.22 亿元，增长了 3.86 倍；占比也从 2010 年初的 17.76% 增加到 2014 年第三季度的 32.55%，增加了 14.79 个百分点。未来随着行业盈利水平的下滑，未分配利润的增长及占比将进一步下降。

从信托赔偿准备金的提取情况来看，与行业的赢利水平存在一定差距。统计数据显示，自 2010 年以来，行业提取的信托赔偿准备金仅从 24.54 亿元增加到 2014 年第三季度的 99.33 亿元，仅增长 3.05 倍；占比则从 2010 年初的 2.26% 增加到 2014 年第三季度的 3.45%，仅增加 1.19 个百分点。

尽管信托公司的实收资本在不断增加，但其增长的幅度明显落后于行业资产规模及利润的增长速度，导致其在信托公司所有者权益中的占比不断下降。统计数据显示，自 2010 年以来，信托公司的实收资本从 652.88 亿元增加到 2014 年第三季度的 1293.25 亿元，增长 98.08%，占比则从 60.08% 下降到 2014 年第三季度的 44.87%，减少了 15.21 个百分点。

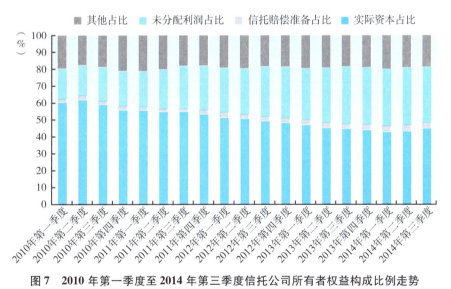

图 7　2010 年第一季度至 2014 年第三季度信托公司所有者权益构成比例走势

资料来源：中国信托业协会。

增加注册资本金是信托公司提高资本实力最直接和最有效的手段。尽管这些年信托公司没有停止过增资扩股，但与信托资产的扩张速度相比仍有相当的差距，就是与信托公司固有资产的增长相比也稍显逊色，表现为信托公司实收

资本在净资产中的占比不断下滑。统计数据显示，从 2010 年起，信托公司实收资本的占比从 60.08% 下降到 2014 年初的 42.65%，下降了 17.43 个百分点，但 2014 年第二季度以来，这种下滑的势头得到了遏制。

统计数据显示，2014 年第二季度末信托业实收资本为 1188.66 亿元，占信托公司整个所有者权益的比例为 43.23%；而第三季度数据显示，信托业的实收资本为 1293.25 亿元，占比则进一步回升至 44.87%。随着信托业发展进入"新常态"，未来泛资管时代的市场竞争将是信托公司实力的竞争。现在，信托公司纷纷加大增资扩股的步伐，以期在未来市场竞争中占得先机。

图 8　2010 年第一季度至 2014 年第三季度信托公司实收资本规模走势

资料来源：中国信托业协会。

信托风险赔偿准备金是信托公司抵御信托风险的重要手段，尽管《信托公司管理办法》已明确规定信托公司每年需提取净利润的 5% 作为信托风险赔偿准备金，但由于缺乏具体操作指导细则和监督机制，信托公司的风险赔偿金提取并没有被严格的执行。统计数据显示，截至 2014 年第三季度末，信托公司提取的信托风险赔偿准备金余额为 99.33 亿元，占信托公司注册资本的比例为 7.68%，与规定的占注册资本 20% 的比例上限还有相当的距离。面对近 13 万亿元的资产规模和越来越多的信托项目出现兑付危机，不到 100 亿元的风险准备金显然是杯水车薪，况且各公司的风险准备金只能单独使用，不能形成合力，迫切需要建立一个行业性的风险防范和处理机制与之互为补充，才能真正解决信托业面临的风险问题。而这个机制，就是建立信托行业稳定（或保障）基金。

2014 年 9 月初，《中国信托业保障基金管理办法》（征求意见稿）已下发到各信托公司，而征求意见提交反馈工作也于下发后两周内完成。按照征求意见稿的所述，将设立中国信托业保障基金有限责任公司，由信托业协会联合信托公司等机构发起设立，银行业监督管理机构推荐，报国务院备案。

而根据最新的进展，中国信托业保障基金已经募得实际资本金共计 120 亿元，高于原先拟定的 100 亿元，其中中融、平安、重庆和中信信托各出资 15 亿元；中诚、中航信托各出资 10 亿元；上海国际、中海、华宝、五矿、华能、中铁、英大及昆仑信托各出资 5 亿元。

中国信托业保障基金是中国信托业协会拟联合各家信托公司根据自愿原则共同出资发起设立的公司，目的是建立信托行业有效化解和处置风险、维护稳健运行的长效机制，由信托业协会联合各家信托公司根据自愿原则共同出资，每家公司出资下限为 1 亿元，可以以 1 亿元整数倍增加，投资方向"主要限于银行存款、购买政府债券、中央银行债券（票据）、金融机构发行的金融债券、货币市场基金"。

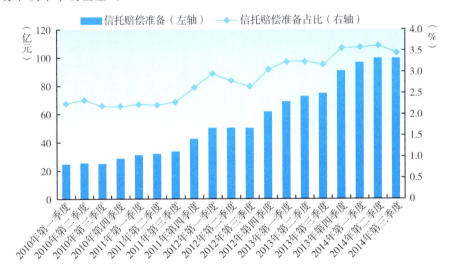

图 9   2010 年第一季度至 2014 年第三季度信托公司信托赔偿准备金提取情况

资料来源：中国信托业协会。

该基金将集多项职责于一身，包括筹集、管理和运作基金，负责基金的保值增值；监测信托公司风险，向银行业监督管理机构提出监管和处置意见；负责基金认购者的权益保护和基金的清算偿付。除此之外，接受国务院银行业监督管理机构的委托，托管被停业整顿、撤销或关闭的信托公司，依法参与其资产处置和机构重组等也在职责范围内。基金的筹集方式包括三部分：信托公司按净资产余额的1%认购，资金信托按新发行金额的1%认购，财产信托按其收益的一定比例认购。而根据防范和处置信托业风险的需要，基金公司也可以采取向商业银行借款、同业拆借和发行金融债券及其他市场工具融资。

总体来看，建立中国信托业保障基金，就是用于防范信托行业系统风险和处置单体信托机构风险的资金，主要用于信托公司的机构重组和短期流动性救助。若该基金顺利运作，将有助于发挥行业互助功能，为信托公司提供临时流动性支持，进行信托公司救助，避免个别机构破产倒闭对整个行业和社会造成的冲击。而这种风险处置也不再是过去常用的行政化手段，而是更趋于市场化的管理方式。

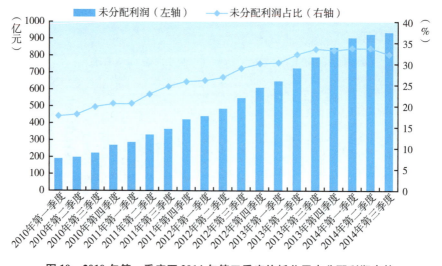

图10 2010年第一季度至2014年第三季度信托公司未分配利润走势

资料来源：中国信托业协会。

信托公司未分配利润的增加，一方面反映了信托业的整体盈利状况，另一方面也为信托公司未来的增资扩股创造了有利的条件。统计数据显示，截至

2014 年第三季度，信托公司未分配利润余额为 938.22 亿元，占信托业全部所有者权益的 32.55%，与上季度相比，未分配利润增加 10.46 亿元，增长 1.13%，占比则下降 1.19 个百分点，降幅为 3.53%；与上年同期相比，未分配利润增加 147.80 亿元，增长 18.70%，占比则下降 1.01 个百分点，降幅为 3.01%。

统计数据表明，尽管信托业未分配利润一直在增长，但增长的速度已明显趋缓。事实上，自 2013 年下半年以来，未分配利润的占比就基本停止了上升的步伐，而截至 2014 年第三季度末，未分配利润占信托公司所有者权益的比重由最高位的 33.77% 逐步回落到 32.55%。这也印证当前信托业的盈利水平已经开始由盛转衰。

B.4
行业竞争日趋激烈，盈利水平难以持续

摘　要： 　　随着我国经济发展进入调整期，我国金融体系也面临着紧迫的改革任务，面对来自银行、证券、基金等资管业务的竞争，信托的制度优势正在逐步减弱，同时，过快的发展速度同样导致不少信托公司在公司治理结构、风险控制上的严重不足；在创新业务上，信托公司进展不足，土地流转信托、家族信托等业务"雷声大雨点小"，信托对通道类和融资类业务的依赖并没有消失。

　　截至2014年第三季度末，信托业年度累积实现利润434.43亿元，与上年同期相比，净增44.59亿元，增长11.44%。其中，第三季度行业净增利润144.74亿元，与上年同期相比增长9.59%。相比以往同比30%以上的增长速度，目前行业的盈利水平尽管还处于增长通道，但增速已明显放缓，且这种放缓态势还将持续。

关键词： 市场竞争　营业收入　盈利水平

得益于制度红利、政策空间及我国经济高速发展等因素，信托业自2007年以来取得了长足的发展，信托业的资产规模从2008年初的不到1万亿元，增加到2014年的近13万亿元，7年之间扩张了12倍。然而，随着我国经济发展进入调整期，我国金融体系也面临着紧迫的改革任务，面对来自银行、证券、基金等资管业务的竞争，所有这些有利于信托业快速发展的因素的效力正在逐步减弱，甚至变成了不利因素；同时，过快的发展速度同样导致不少信托公司在公司治理结构、风险控制上的严重不足；在创新业务上，信托公司进展不足，土地流转信托、家族信托等业务"雷声大雨点小"，信托对通道类和融资类业务的依赖并没有消失。在这形势下，信托业的发展速度将必然放缓，盈利水平也将下滑。

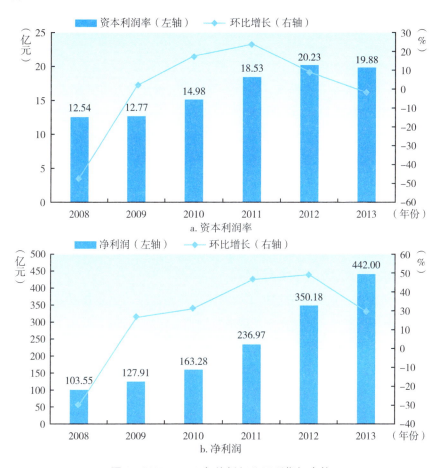

图 1　2008～2013 年信托行业盈利指标走势

资料来源：信托公司年度报告。

事实上，从信托公司两个重要的年度盈利指标的变化中已经明显地反映了这个趋势的到来比我们预计得要早。统计数据显示，2013 年信托业资本利润率为 19.88%，较上年度下降 0.35 个百分点，从环比增长来看，则是连续两个年度处于下滑的状态；从信托公司的行业净利润来看，2013 年实现行业净利

润442亿元，较上年度净增近92亿元，但环比增长率为26.22%，较上年度下降21.55个百分点，降幅达45.11%。显然，这两个重要指标同时在2013年度出现放缓，预示着持续了近5年的高速发展迎来终结。

一　营业收入增速放缓

伴随着信托资产规模的不断增长，信托公司的营业收入也不断攀升。统计数据显示，2014年前三个季度，信托公司共实现营业收入608.60亿元，与上年同期相比净增69.21亿元，增幅为12.83%。其中，第三季度营业收入为209.81亿元，与上年同期相比净增21.21亿元，增幅为11.25%。从统计数据来看，2014年信托业营业收入依然保持了两位数的增长，但与往年相比，则是明显处于最低时期。统计数据显示，2011年季度营业收入的平均同比增长率为61.61%，2012年降到47.26%，降幅为23.29%；2013年增长率进一步下降到32.48%，降幅为31.27%；而2014年前三个季度营业收入的平均增长率仅为13.14%，降幅达59.54%。统计数据表明，信托业的营业收入增幅不仅逐年下滑，而且呈加速下滑的态势。

2014年以来，导致信托业营业收入增速放缓的原因主要有以下两个：一是信托资产年度新增量同比出现持续的负增长，导致增量业务收入下滑；二是在券商、基金子公司资管业务的竞争下信托报酬率呈现下降趋势，信托报酬的价值贡献下滑。这说明面对经济环境恶化、监管政策趋紧和行业竞争压力，信托业出现发展速度放缓和效益下降，这是一个正常的反映。同时也表明，信托业转型发展所需的内涵式增长方式还远未成型，新增长方式下的业务还没有形成规模效应，也没有成为信托业的共识，信托业转型发展尚处于伴随着诸多隐忧和挑战艰难前行阶段。

也应该看到，在信托公司业绩下滑的同时，信托产品受益人的收益率却"稳中有升"，这说明信托公司在追求自身利益与受益人利益之间，信托公司作为受托人恪守了信托的本质，忠实于受益人的最大利益，以受益人利益为先，信托业作为专业的信托机构在经营理念上已经整体成熟，受益人利益为先、为大的信托文化已经根植于信托行业。

信托公司的营业收入构成主要分为信托业务收入和自有资金业务收入。其

图2　2010年第一季度至2014年第三季度单季度营业收入走势

资料来源：中国信托业协会。

中信托业务收入是受托人（信托公司）通过管理和运作信托财产而获取的报酬，也是衡量信托公司信托业务盈利能力的重要指标。而自有资金业务收入则是通过管理和运作自有资金而获取的收益，其中包括利息收入、投资收益及其他业务收入。

统计数据显示，截至2014年第三季度末，在当年全部608.60亿元的营业收入中，信托业务收入为422.96亿元，占比69.50%，较上季度下降1.48个百分点；其次是自有资金投资业务收入为115.94亿元，占比19.05%，较上季度增加0.91个百分点；而利息收入为47.23亿元，占比7.76%，较上季度下降0.18个百分点。2013年以来，尽管信托业务收入在信托公司的营业收入中占据主导地位，但随着信托业发展速度放缓、信托报酬率下降，信托业务收入的占比已出现持续下滑态势，而固有资产的业务收入随着资产规模的增大、投资市场（主要是资本市场）的回暖而增长加速，占比也扩大。

从信托公司主要业务收入的变化来看，主营业务收入经历了一个从起步到高潮，再由盛转回到正常发展轨道的过程。统计数据显示，从2010年初到2014年第三季度末，信托公司的主营业务收入占比从初期的平均55%，到中

表1 2010 年第一季度至 2014 年第三季度信托公司经营收入及构成

单位：亿元，%

季度	经营收入	单季营收	利息收入	占比	投资收益	占比	信托业务收入	占比	其他收入占比
2010 年第一季度	38.80	38.80	5.31	13.70	9.29	23.97	21.71	55.93	6.40
2010 年第二季度	96.28	57.48	11.36	11.80	30.76	31.95	53.86	55.93	0.32
2010 年第三季度	109.42	13.14	15.31	14.00	31.18	28.50	58.33	53.31	4.19
2010 年第四季度	283.95	174.53	29.80	10.49	81.88	28.84	166.86	58.76	1.91
2011 年第一季度	70.67	70.67	8.07	11.42	10.77	15.23	53.79	53.31	20.04
2011 年第二季度	172.72	102.05	19.41	11.55	31.25	18.62	123.82	73.76	-3.93
2011 年第三季度	265.85	93.13	29.95	11.27	41.89	15.76	201.47	53.31	19.66
2011 年第四季度	439.29	173.44	45.14	10.28	62.04	14.12	346.06	78.78	-3.18
2012 年第一季度	106.17	106.17	10.64	10.02	14.62	13.77	52.42	49.38	26.83
2012 年第二季度	259.00	152.83	23.09	8.92	44.44	17.16	180.99	69.88	4.04
2012 年第三季度	400.39	141.39	37.12	9.27	58.17	14.53	292.52	73.06	3.14
2012 年第四季度	638.42	238.03	53.23	8.34	90.94	14.24	471.93	73.92	3.50
2013 年第一季度	152.41	152.41	11.97	7.85	17.80	11.68	119.05	78.11	2.36
2013 年第二季度	350.79	198.38	26.52	7.56	48.40	13.80	267.76	76.33	2.31
2013 年第三季度	539.39	188.60	43.12	7.99	77.88	14.44	398.71	73.92	3.65
2013 年第四季度	832.60	293.21	60.10	7.22	134.37	16.14	611.43	73.44	3.20
2014 年第一季度	178.65	178.65	15.72	8.80	23.75	13.29	136.72	76.53	1.38
2014 年第二季度	398.79	220.14	31.68	7.94	72.35	18.14	283.05	70.98	2.94
2014 年第三季度	608.60	209.81	47.23	7.76	115.94	19.05	422.96	69.50	3.69

资料来源：中国信托业协会。

期的平均67%，再到高峰时期的平均76%，主营业务收入已经占到了全部业务收入的四分之三多。尽管难以对合理的主营业务收入构成比例定一个统一的标准，但一个行业的发展，过度依赖单一业务这并不是一个理想的状态。"两条腿"，甚至"多条腿"走路对信托业的发展更为有利。而提高信托公司自有资金的数量和投资管理效益是信托公司业务收入结构优化的必由之路。

图3 2010年第一季度至2014年第三季度信托公司业务收入结构变化

资料来源：中国信托业协会。

统计数据显示，截至2014年第三季度末，信托公司主营（即信托）业务收入为422.96亿元，与上年同期相比净增24.25亿元，增长6.08%，与往年30%~40%的同比增长率相比，下滑极为明显。影响信托公司主营业务收入的因素包括信托报酬率、新增信托资产规模、存量信托资产规模等。从信托资产存量规模和增量规模的同比增长率来看，截至2014年第三季度末的数据分别是27.80%和-11.01%，而第二季度的数据分别为31.98%和-9.85%，第一季度的数据分别为34.33%和-17.69%。统计数据表明，进入2014年，信托资产的新增量出现了负增长，资产存量则出现了逐季下滑的态势，这必然会影响到信托业务收入的增长。而这种下滑的态势还将持续，信托业务增长将继续放缓，甚至可能会出现负增长。

图4 2010年第一季度至2014年第三季度信托公司主营业务收入走势

资料来源：中国信托业协会。

与信托业务收入增长放缓不同，信托公司自有资金的投资管理收益却出现了增长加速的趋势。统计数据显示，截至2014年第三季度末，信托公司自有资金的累计投资收入为115.94亿元，同比增长48.87%。投资收益的增长，带来其占比的增加，数据显示，截至2014年第三季度末，投资收益占信托公司营业收入的比例上升到19.05%，与第二季度相比提高了0.91个百分点，创下了近四年来的新高。投资收入的增长，一方面得益于信托公司固有资产用于投资的金额和比例的增加，统计数据显示，截至2014年第二季度末，信托公司固有资产用于投资的资金为2013.89亿元，同比增长44.06%，在固有资产中的占比也增加到65.84%，创下了历史新高。同时，投资管理能力的增强也是一个不可忽视的因素。

信托公司的利息收入主要来自其固有资金的贷款。统计数据显示，截至2014年第三季度末，信托公司自有资金的利息收入为47.23亿元，与上年同期相比净增4.11亿元，增长9.53%，而同期信托公司自有资金贷款余额为386.81亿元，同比增长21.76%。

利息收入虽然不是信托公司的主要收入，但从企业自有资金的使用效率来看，这部分收入应该越少越好。从目前情况来看，信托公司的货币资产和贷款

图5　2010年第一季度至2014年第三季度信托公司自有资金投资收益

资料来源：中国信托业协会。

图6　2010年第一季度至2014年第三季度信托公司利息收入走势

资料来源：中国信托业协会。

占比都在逐步缩小，利息收入的占比减小也就成为必然的结果。统计数据显示，截至2014年第三季度末，信托公司利息收入占整个业务的比例为7.76%，与上季度相比下降0.18个百分点，维持在一个较低的水平上。

信托市场蓝皮书

二 行业利润不断摊薄，将直面微利时代

2007 年以来，得益于主营业务的高速增长，信托业的净利润也大幅提高。但随着信托资产规模增长的放缓，券商资管、基金子公司的费率竞争，信托业的盈利水平开始下滑。统计数据显示，截至 2014 年第三季度末，信托业年度累积实现利润 434.43 亿元，与上年同期相比，净增 44.59 亿元，增长 11.44%。其中，第三季度行业净增利润 144.74 亿元，与上年同期相比增长 9.59%。相比以往同比 30% 以上的增长速度，目前行业的盈利水平尽管还处于增长通道，但增速已明显放缓，且这种放缓趋势还将持续。

表 2 2010 年第一季度至 2014 年第三季度信托公司营业利润统计

单位：亿元，%

季度	利润累计	单季利润	同比增长	人均利润	单季人均利润	同比增长
2010 年第一季度	26.10	26.10		35	35	
2010 年第二季度	65.47	39.37		82	47	
2010 年第三季度	76.00	10.53		134	52	
2010 年第四季度	158.76	82.76		212	78	
2011 年第一季度	47.19	47.19	80.80	54	54	54.29
2011 年第二季度	119.10	71.91	82.65	111	57	21.28
2011 年第三季度	184.77	65.67	62.03	165	54	3.85
2011 年第四季度	298.57	113.80	115.69	250	85	8.97
2012 年第一季度	77.18	77.18	63.55	62	62	14.81
2012 年第二季度	189.96	112.78	56.83	143	81	42.11
2012 年第三季度	288.05	98.09	49.37	202	59	9.26
2012 年第四季度	441.40	153.35	34.75	291	89	5.06
2013 年第一季度	110.68	110.68	43.41	71	71	15.00
2013 年第二季度	257.76	147.08	30.41	156	84	4.15
2013 年第三季度	389.84	132.08	34.65	217	61	4.07
2013 年第四季度	568.61	178.77	16.58	306	89	−0.80
2014 年第一季度	126.61	126.61	14.39	66	66	−6.94
2014 年第二季度	289.69	163.08	10.88	147	81	−4.45
2014 年第三季度	434.43	144.74	9.59	210	63	3.22

资料来源：中国信托业协会。

从反映信托公司赢利趋势的单季利润和单季人均利润走势可以看出，尽管2010年以来信托业的利润及人均利润均保持着增长，但两者增长的速度并不相同，其中人均利润的增长速度要低于行业利润的增长速度。而2014年以来，利润和人均利润均在趋势线以下运行则说明这两个指标在进一步放缓或恶化，且行业的整体盈利状况已开始走下坡路。

从行业季度利润来看，2014年第三季度的利润为144.74亿元，环比减少18.34亿元，负增长11.25%。尽管每年的第三季度都是业务淡季，较第二季度利润下降属于正常情况，但通过对比分析可以看到，自2010年以来，增长的速度一直处于下降的态势，表明行业盈利水平一直处于下降趋势，而2014年第三季度更是创下了有史以来的新低。统计数据表明，尽管一直以来信托行业的资产规模和盈利水平都在高速增长，但行业盈利水平的增长幅度较资产规模的增长幅度要小得多。

图7　2010年第一季度至2014年第三季度信托公司季度利润走势

资料来源：中国信托业协会。

与行业利润相比，行业人均利润的增长则是在2013年开始走下坡路的。统计数据显示，2013年以来，信托行业季度人均利润同比增长速度就从15%下降到2014年第一季度的－6.94%，尽管第二、第三季度有所回升，

但依旧在低位徘徊，其中，第二季度同比增长为 - 4.45%，第三季度为
3.22%。

图8　2010年第一季度至2014年第三季度信托公司季度人均利润走势

资料来源：中国信托业协会。

　　信托公司未来的盈利能力不仅取决于主营信托业务的收入水平，自有资金
的投资管理也大有可为。由于目前信托公司的自有资金投资方式单一、投资管
理队伍缺乏，需要通过一段时间的积累和调整来改变自有资金的投资效率，我
们相信未来信托公司的赢利能力还是具备较大的发展潜力。

信托业风险状况不断加大

摘　要：　　从信托行业净资产的走势来看，通过对各年年报披露的数据统计，信托行业平均净资产稳步增长，从2005年的8.99亿元上升至2013年的37.48亿元，增长了3.2倍，但增速较2012年有所放缓。从整个行业来看，2013年不良资产率均值为2.21%，较上年度有所上升。这说明随着信托资产规模的不断扩大，不良资产规模也在扩大，行业风险不断加大。

2013年68家信托公司计提的信托风险赔偿准备金余额为86.19亿元，占行业注册资本的7.58%，与20%的上限还相差12.42个百分点，缺口达141.34亿元。

截至2013年底，全行业信托杠杆率高达47.8倍，是2004年（杠杆率为3.9倍）的12.26倍，短短十年间增长超过11倍。不过随着2013年信托行业增速放缓，行业信托杠杆率增速也出现回落。

关键词：　净资产　不良资产率　风险赔偿准备金　信托杠杆率

风险是一把悬挂在每个市场主体头上的"达摩克利斯之剑"，尤其是经营风险业务的金融机构。随着信托资产规模的极速扩张，信托公司面临的风险也逐渐积聚，而信托市场不断爆出的兑付风险案例，使得包括监管层、信托公司和投资者在内的各大市场主体对信托公司抗风险能力都给予了高度关注。在本节中我们将根据68家信托公司年报披露的数据，通过以下指标来着重分析信托公司在运营过程中存在的风险问题，分别是净资产和净资本、风险资本、不

良资产率、风险准备金、《信托公司净资本管理办法》中规定的三大风险控制指标和信托杠杆率。

一 净资产与净资本：整体保持20%以上增幅

信托公司净资产是指信托公司自有资产减去负债后的所有者权益。信托公司的净资产体现了信托公司的真正资本实力，其增量则体现了信托公司的经营效益。虽然信托公司自有资产与信托资产是严格分开的，但自有资产的数量和质量仍然会对信托资产的安全性起到积极作用。

年报统计数据显示，2013年末68家信托公司净资产余额2548.58亿元，平均每家公司37.48亿元，分别较上年增长24.54%和24.54%。从各信托公司的净资产排名来看，2013年净资产排名（数据取自信托公司年报母公司表）前三甲的公司分别是平安信托、中信信托和华润信托，净资产都已过百亿元，尤其是平安信托以171.34亿元遥遥领先，继续占据第一的位置。另外，净资产规模超过百亿元的公司还包括中诚信托，为110.44亿元。2013年净资产增量最大的是中信信托，净增30.82亿元。另外，吉林信托2013年净资产出现负增长，较上年减少了2617.63万元。

表1 2013年信托公司净资产排名

单位：万元，个位次

排名	信托公司	2013年	2012年	2012年排名	增量	排名升降
1	平安信托	1713394.33	1514666.45	1	198727.88	0
2	中信信托	1301920.65	993690.53	4	308230.12	2
3	华润信托	1215027.82	1015545.85	2	199481.97	−1
4	中诚信托	1104436.03	1004628.72	3	99807.31	−1
5	重庆信托	919540.18	811757.81	5	107782.37	0
6	中融信托	755827.54	482927.12	12	272900.43	6
7	江苏信托	709466.06	619290.68	6	90175.38	−1
8	上海信托	673891.14	582472.71	7	91418.43	−1
9	建信信托	626912.15	529040.96	9	97871.19	0
10	华信信托	587822.67	547358.95	8	40463.72	−2

续表

排名	信托公司	2013 年	2012 年	2012 年排名	增量	排名升降
11	昆仑信托	544827. 25	506121. 68	11	38705. 57	0
12	华能信托	538733. 37	325056. 10	21	213677. 27	9
13	外贸信托	531394. 19	515596. 13	10	15798. 06	-3
14	兴业信托	499878. 86	391542. 66	13	108336. 20	-1
15	交银信托	494292. 78	266011. 20	29	228281. 58	14
16	五矿信托	422237. 08	193689. 70	45	228547. 38	29
17	国元信托	412038. 92	368839. 73	15	43199. 19	-2
18	华宝信托	407133. 58	338828. 16	16	68305. 42	-2
19	北京信托	389439. 14	328099. 40	19	61339. 74	0
20	中铁信托	388503. 29	279936. 48	24	108566. 80	4
21	英大信托	387017. 23	336150. 76	17	50866. 47	-4
22	中航信托	383871. 97	244930. 24	32	138941. 73	10
23	中海信托	380800. 66	380021. 89	14	778. 77	-9
24	中江信托	375343. 31	284989. 96	23	90353. 35	-1
25	中建投信托	354380. 57	271955. 44	27	82425. 13	2
26	陕西国投	350943. 22	326282. 59	20	24660. 63	-6
27	吉林信托	329978. 73	332596. 36	18	-2617. 63	-9
28	华融信托	325845. 66	286476. 99	22	39368. 67	-6
29	四川信托	323707. 77	218529. 69	39	105178. 08	10
30	金谷信托	323345. 97	202357. 69	42	120988. 28	12
31	中粮信托	321772. 36	221358. 78	37	100413. 58	6
32	新时代信托	320155. 63	169757. 11	47	150398. 52	15
33	粤财信托	319302. 58	270736. 83	28	48565. 75	-5
34	渤海信托	318792. 59	274155. 27	26	44637. 31	-8
35	爱建信托	315450. 45	278734. 55	25	36715. 90	-10
36	山东信托	315256. 53	258022. 08	31	57234. 45	-5
37	华鑫信托	310331. 41	259458. 20	30	50873. 21	-7
38	长安信托	309027. 14	220454. 06	38	88573. 08	0
39	百瑞信托	306519. 88	238174. 52	34	68345. 36	-5
40	东莞信托	278187. 17	96001. 11	59	182186. 06	19
41	北方信托	274109. 11	221887. 19	36	52221. 92	-5
42	国投信托	271928. 47	227368. 65	35	44559. 82	-7
43	国联信托	264339. 00	239505. 00	33	24834. 00	-10
44	新华信托	262780. 70	207371. 55	40	55409. 15	-4
45	天津信托	258883. 11	206784. 52	41	52098. 59	-4
46	中原信托	237212. 99	197735. 71	44	39477. 28	-2

续表

排名	信托公司	2013 年	2012 年	2012 年排名	增量	排名升降
47	厦门信托	235223.00	167413.00	48	67810.00	1
48	苏州信托	228537.86	198771.97	43	29765.89	−5
49	方正信托	217893.19	148434.84	51	69458.34	2
50	中泰信托	209088.66	191607.78	46	17480.88	−4
51	湖南信托	200176.00	132627.00	53	67549.00	2
52	山西信托	175597.90	154889.28	49	20708.62	−3
53	国民信托	169246.28	149636.02	50	19610.26	−3
54	西部信托	150769.34	134684.10	52	16085.24	−2
55	甘肃信托	145562.10	126017.76	55	19544.34	0
56	紫金信托	141312.73	65420.13	62	75892.60	6
57	云南信托	140032.65	116098.59	56	23934.06	−1
58	万向信托	137196.87	130176.51	54	7020.36	−4
59	陆家嘴信托	135903.14	114634.28	57	21268.86	−2
60	杭州信托	120907.00	97493.00	58	23414.00	−2
61	民生信托	106504.59	23859.98	68	82644.62	7
62	华宸信托	87499.21	84007.59	60	3491.62	−2
63	华澳信托	86512.88	74811.43	61	11701.45	−2
64	安信信托	86476.45	63057.37	63	23419.08	−1
65	大业信托	82889.01	57462.86	65	25426.15	0
66	西藏信托	75587.29	59613.43	64	15973.86	−2
67	浙金信托	60389.34	54453.82	66	5935.52	−1
68	长城信托	36446.72	31236.64	67	5210.07	−1
	行业总计	25485753.45	20463305.14		5022448.31	
	行业均值	374790.49	300930.96		73859.53	

资料来源：根据母公司财务报表数据用益信托工作室整理、制作。

从信托行业净资产的走势来看，通过对各年年报披露的数据进行统计，信托行业平均净资产稳步增长，从 2005 年的 8.99 亿元上升至 2013 年的 37.48 亿元，增长了 3.2 倍，但增速较 2012 年有所放缓。

根据《信托公司净资本管理办法》，信托公司净资本是指根据信托公司的业务范围和公司资产结构的特点，在净资产的基础上对各固有资产项目、表外项目和其他有关业务进行风险调整后得出的综合性风险控制指标。对信托公司实施净资本管理的目的，是确保信托公司固有资产充足并保持必要的流动性，以满足抵御各项业务不可预期损失的需要。

图1 2005～2013年信托公司平均净资产走势

资料来源：信托公司年报。

根据年报数据披露，2013年68家信托公司中，有44家披露了净资本，22家公司因各种原因没有披露该信息，为更加真实地反映2013年全行业的净资本状况，根据《信托公司净资本管理办法》和信托公司披露的相关数据进行了初步核算得出，全行业净资本余额约为2039.82亿元，平均每家信托公司净资本为30亿元，分别较上年增长22.64%和19.05%。

从各信托公司净资本排名来看，平安信托以129.37亿元的净资本遥遥领先，也是唯一净资本超过百亿元的公司，比排名第二位的华润信托（94.2亿元）高出35.17亿元，净资本实力雄厚。长城信托的净资本最少，只有3.63亿元，可见与平安信托差距之大。另外，2013年新近成立的民生信托和万向信托的净资本规模分别为9.98亿元和12.13亿元，低于行业平均值。2013年净资本增量排名前五的信托公司分别为中融信托、五矿信托、华能信托、交银信托和新时代信托，分别净增26.07亿元、22.72亿元、19.33亿元、18.72亿元和14.86亿元；而净资本出现负增长的有3家，分别为外贸信托、中诚信托和昆仑信托，其中外贸信托从2012年的48.59亿元下降至2013年的46.25亿元，减少了2.34亿元；中诚信托从2012年的72.02亿元下降至2013年的69.16亿元，减少了2.86亿元；昆仑信托从2012年的47.02亿元下降至2013年的43.82亿元，减少了3.2亿元。

表2 2013年信托公司净资本排名

单位：万元，个位次

排名	信托公司	2013年	2012年	2012年排名	增量	排名升降
1	平安信托	1293667.00	1241162.00	1	52505.00	0
2	华润信托	942027.29	855829.90	2	86197.39	0
3	中融信托	694800.00	434100.00	11	260700.00	8
4	中诚信托	691600.00	720200.00	3	-28600.00	-1
5	中信信托	685438.00	625928.42	4	59509.58	-1
6	重庆信托	610074.65	577745.63	5	32329.02	-1
7	江苏信托	600499.53	520419.58	6	80079.95	-1
8	华信信托	539374.49	498066.96	7	41307.53	-1
9	上海信托	532100.00	450000.00	10	82100.00	1
10	建信信托	514712.96	407923.92	12	106789.04	2
11	外贸信托	462525.03	485930.78	8	-23405.75	-3
12	兴业信托	443300.00	347800.00	13	95500.00	1
13	昆仑信托	438161.00	470165.33	9	-32004.33	-4
14	华能信托	438082.10	244779.79	22	193302.31	8
15	交银信托	436283.16	249131.95	21	187151.21	6
16	五矿信托	412900.00	185677.50	39	227222.50	23
17	国元信托	368875.40	323494.65	14	45380.75	-3
18	中江信托	344414.14	261169.91	18	83244.23	0
19	英大信托	335700.00	298900.00	16	36800.00	-3
20	中航信托	333300.00	214600.00	31	118700.00	11
21	中海信托	317287.09	312324.43	15	4962.66	-6
22	北京信托	314616.00	274179.00	17	40437.00	-5
23	中铁信托	309373.61	234880.71	26	74492.90	3
24	华宝信托	300336.50	249204.25	20	51132.25	-4
25	新时代信托	299731.20	151167.12	45	148564.08	20
26	中粮信托	297946.77	203507.25	33	94439.52	7
27	华融信托	289000.00	256300.00	19	32700.00	-8
28	四川信托	288900.00	191800.00	38	97100.00	10
29	山东信托	286644.18	235633.24	24	51010.94	-5
30	中建投信托	281164.89	195369.36	36	85795.53	6
31	金谷信托	274981.37	169061.00	41	105920.37	10
32	粤财信托	271798.59	229266.75	28	42531.84	-4
33	陕西国投	269148.19	236392.31	23	32755.88	-10
34	长安信托	264900.00	200843.71	34	64056.29	0

续表

排名	信托公司	2013 年	2012 年	2012 年排名	增量	排名升降
35	华鑫信托	258814.54	223383.95	30	35430.59	−5
36	渤海信托	258439.49	230301.80	27	28137.69	−9
37	百瑞信托	247300.00	194600.00	37	52700.00	0
38	吉林信托	246350.00	234951.00	25	11399.00	−13
39	爱建信托	242535.21	224813.36	29	17721.84	−10
40	国联信托	238448.00	213328.00	32	25120.00	−8
41	国投信托	233238.45	198232.00	35	35006.45	−6
42	北方信托	219392.41	159389.32	43	60003.08	1
43	新华信托	203367.73	171515.09	40	31852.64	−3
44	东莞信托	196968.31	69249.79	59	127718.51	15
45	厦门信托	184963.22	125889.14	51	59074.08	6
46	天津信托	183200.00	161400.00	42	21800.00	−4
47	中原信托	178100.00	149800.00	46	28300.00	−1
48	苏州信托	171546.79	139109.04	48	32437.75	0
49	中泰信托	168900.00	158569.66	44	10330.34	−5
50	方正信托	160631.75	131898.04	50	28733.72	0
51	山西信托	151600.00	141800.00	47	9800.00	−4
52	国民信托	148893.95	132386.33	49	16507.62	−3
53	湖南信托	142865.82	97983.50	55	44882.32	2
54	西部信托	133318.04	115541.84	52	17776.20	−2
55	陆家嘴信托	121576.14	95977.41	56	25598.73	1
56	万向信托	121345.83	0.00	67	121345.83	11
57	云南信托	120236.20	105839.40	53	14396.80	−4
58	甘肃信托	117117.10	99279.25	54	17837.85	−4
59	紫金信托	109579.35	50021.11	64	59558.24	5
60	民生信托	99800.00	0.00	68	99800.00	8
61	杭州信托	98276.00	80289.00	57	17987.00	−4
62	大业信托	78987.49	55870.94	62	23116.56	0
63	华宸信托	74224.74	73109.21	58	1115.53	−5
64	西藏信托	72369.69	58746.49	60	13623.20	−4
65	安信信托	69524.62	48218.50	65	21306.11	0
66	华澳信托	67815.49	57764.32	61	10051.17	−5
67	浙金信托	58493.70	52120.73	63	6372.97	−4
68	长城信托	36329.97	27866.80	66	8463.17	−2
	行业总计	20398213.15	16632200.48		3766012.67	
	行业均值	299973.72	252003.04		47970.69	

资料来源：根据信托公司年报用益信托工作室整理、制作。

113

二 风险资本：行业风险资本超千亿元

根据银监会《信托公司净资本管理办法》第三条、第十二条和第十三条规定，信托公司风险资本是指信托公司按照一定标准计算并配置给某项业务用于应对潜在风险的资本。由于信托公司开展的各项业务存在一定风险并可能导致资本损失，应当按照各项业务规模的一定比例计算风险资本并与净资本建立对应关系，确保各项业务的风险资本有相应的净资本来支撑。信托公司开展固有业务、信托业务和其他业务，应当计算风险资本。该值越小越好。

下面根据2013年68家信托公司的年报数据，经过相关公式的核算得出该指标的初步数据。2013年全行业风险资本余额约为1239.53亿元，平均每家信托公司18.23亿元，分别较上年增长44.39%和40.14%。从各家公司的情况来看，平安信托的风险资本规模最大，高达64.03亿元，较2012年净增16.39亿元。风险资本规模前五的信托公司还包括中融信托、华润信托、中信信托和外贸信托，均在37亿元以上。2013年风险资本增量最大的是昆仑信托，从2012年的8.99亿元上升至35.71亿元，净增26.72亿元，说明该信托公司在2013年的业务风格较为激进；另外有4家信托公司的风险资本出现负增长，分别为北京信托、华宸信托、中粮信托和吉林信托。

表3 2013年信托公司风险资本排名

单位：万元，个位次

排名	信托公司	2013 年	2012 年	2012 年排名	增量	排名升降
1	平安信托	640253.00	476394.00	1	163859.00	0
2	中融信托	483100.00	261100.00	8	222000.00	6
3	华润信托	387582.92	265953.83	6	121629.09	3
4	中信信托	376233.00	297239.17	3	78993.83	-1
5	外贸信托	375326.83	268360.96	4	106965.87	-1
6	中诚信托	375115.26	341052.00	2	34063.26	-4
7	昆仑信托	357072.00	89865.42	42	267206.58	35
8	山东信托	351955.03	214742.46	10	137212.57	2
9	重庆信托	331374.64	206825.85	12	124548.78	3
10	华能信托	307913.54	236815.72	9	71097.82	-1

排名	信托公司	2013 年	2012 年	2012 年排名	增量	排名升降
11	上海信托	298500.00	267000.00	5	31500.00	-6
12	江苏信托	291693.00	190452.33	14	101240.67	2
13	兴业信托	290100.00	264100.00	7	26000.00	-6
14	渤海信托	272883.09	138526.63	27	134356.45	13
15	国元信托	268544.75	172090.45	19	96454.30	4
16	中航信托	268100.00	190500.00	13	77600.00	-3
17	交银信托	264765.07	179253.86	17	85511.21	0
18	建信信托	264261.59	210279.99	11	53981.60	-7
19	北方信托	264233.35	174511.95	18	89721.40	-1
20	粤财信托	256139.54	182411.10	16	73728.43	-4
21	中铁信托	248134.84	164878.92	20	83255.92	-1
22	华宝信托	230848.55	142829.99	25	88018.57	3
23	中江信托	223486.83	185632.10	15	37854.73	-8
24	国投信托	197424.52	151329.63	23	46094.89	-1
25	长安信托	192000.00	161454.73	21	30545.27	-4
26	英大信托	187542.00	118600.00	33	68942.00	7
27	中海信托	182437.70	143461.48	24	38976.23	-3
28	中建投信托	176723.27	84623.12	43	92100.15	15
29	安信信托	167563.53	55470.14	54	112093.39	25
30	新华信托	166764.97	111328.09	34	55436.88	4
31	百瑞信托	165400.00	125300.00	30	40100.00	-1
32	五矿信托	163900.00	93230.23	39	70669.77	7
33	华鑫信托	159643.46	110868.44	35	48775.02	2
34	新时代信托	157980.43	95001.25	38	62979.18	4
35	北京信托	155329.00	156929.00	22	-1600.00	-13
36	华融信托	149740.93	126881.19	29	22859.74	-7
37	四川信托	149300.00	123500.00	32	25800.00	-5
38	厦门信托	149055.91	140436.26	26	8619.65	-12
39	方正信托	147059.28	74335.56	48	72723.73	9
40	中原信托	144300.00	103500.00	36	40800.00	-4
41	华信信托	142929.07	123544.28	31	19384.79	-10
42	西藏信托	140436.33	72046.69	49	68389.64	7
43	金谷信托	130695.20	129696.00	28	999.20	-15
44	湖南信托	114905.25	81650.38	45	33254.87	1
45	山西信托	100158.56	84029.63	44	16128.93	-1

排名	信托公司	2013 年	2012 年	2012 年排名	增量	排名升降
46	陕西国投	98742.75	90928.41	41	7814.34	−5
47	东莞信托	98730.54	52671.46	55	46059.08	8
48	天津信托	98600.00	77900.00	46	20700.00	−2
49	苏州信托	90434.49	58306.14	51	32128.35	2
50	爱建信托	86752.14	38155.24	57	48596.90	7
51	陆家嘴信托	86212.44	41709.86	56	44502.58	5
52	吉林信托	85845.00	98934.00	37	−13089.00	−15
53	中粮信托	83103.13	92271.52	40	−9168.39	−13
54	国联信托	82702.00	62166.00	50	20536.00	−4
55	西部信托	82172.82	56848.30	52	25324.52	−3
56	甘肃信托	76083.97	75551.80	47	532.17	−9
57	中泰信托	74599.18	55472.79	53	19126.39	−4
58	国民信托	70447.96	21898.34	63	48549.62	5
59	华澳信托	67707.04	10961.59	65	56745.44	6
60	大业信托	57353.88	33533.46	58	23820.42	−2
61	紫金信托	49372.79	28755.47	60	20617.31	−1
62	万向信托	47285.29		67	47285.29	5
63	杭州信托	46633.77	32767.00	59	13866.77	−4
64	云南信托	45861.63	26651.80	61	19209.83	−3
65	浙金信托	29426.67	13024.32	64	16402.35	−1
66	民生信托	28800.00		68	28800.00	2
67	长城信托	19942.63	4135.91	66	15806.73	−1
68	华宸信托	19574.67	23949.46	62	−4374.80	−6
	行业总计	12395291.03	8584625.73		3810665.29	
	行业均值	182283.69	130070.09		56039.20	

资料来源：根据信托公司年报用益信托工作室整理、制作。

三　不良资产率：行业不良资产率上升

　　不良资产率为不良信用风险资产与信用风险资产之比。信用风险资产是指承担信用风险的各项资产，包括各项贷款、拆放同业、买入返售资产、存放同业、银行账户债券投资、应收利息、其他应收款和不可撤销的承诺及或有负债等。不良信用风险资产是指五级分类结果为次级类、可疑类、损失类的信用风险资产。

不良资产率一般有以下意义：①不良资产率着重从企业不能正常循环周转以谋取收益的资产角度反映了企业资产的质量，揭示了企业在资产管理和使用上存在的问题，用以对企业资产的营运状况进行补充修正；②该指标在用于评价工作的同时，也有利于企业发现自身不足，改善管理，提高资产利用效率；③一般情况下，该指标越高，表明企业沉积下来、不能正常参加经营运转的资金越多，资金利用率越差。该指标越小越好，0 是最优水平。

从表 4 可以看出，截至 2013 年末已披露相关信息的信托公司中，有 41 家信托公司的不良资产率为 0，也就是说这 41 家公司的不良资产率已达最优水平，较 2012 年减少 1 家。从各家信托公司的情况来看，新时代信托的不良资产率最高，达 55.82%，较 2012 年上升了 39.07 个百分点，处于一个非常危险的境地，需要引起足够的重视。其次是中泰信托，2013 年不良资产率仍然高达 25.52%，但较 2012 年的 80.29% 下降了 54.77 个百分点，说明中泰信托在努力的处理不良资产，提高资产质量，不过其远高于行业均值的不良资产率仍需提高警惕，谨慎处置不良资产。另外，不良资产率超过 5% 的有 7 家，较 2012 年增加 3 家。2013 年度有 15 家信托公司的不良资产率有所下降，其中降幅最大的是中泰信托；有 15 家信托公司的不良资产率有所上升，其中上升幅度最大的是新时代信托。

从整个行业来看，2013 年不良资产率均值为 2.21%，较上年度有所上升。这说明随着信托资产规模的不断扩大，不良资产规模也在扩大，行业风险不断加大。

表 4　2013 年信托公司不良资产率排名

单位：%，个百分点，个位次

排名	信托公司	2013 年	2012 年	2012 年排名	增幅	排名升降
1	新时代信托	55.82	16.75	2	39.07	1
2	中泰信托	25.52	80.29	1	−54.77	−1
3	新华信托	12.22	0.00	28	12.22	25
4	中信信托	7.93	7.77	3	0.16	−1
5	金谷信托	6.41	0.00	29	6.41	24
6	五矿信托	6.20	0.00	30	6.20	24
7	江苏信托	5.57	0.20	26	5.36	19

排名	信托公司	2013 年	2012 年	2012 年排名	增幅	排名升降
8	华能信托	4.06	7.37	4	-3.32	-4
9	安信信托	3.89	2.96	7	0.93	-2
10	长安信托	3.21	0.87	15	2.33	5
11	百瑞信托	2.89	1.09	11	1.80	0
12	西部信托	2.28	3.32	6	-1.03	-6
13	中诚信托	2.18	0.00	31	2.18	18
14	华宝信托	2.03	1.06	12	0.98	-2
15	平安信托	1.73	0.21	25	1.52	10
16	陕西国投	1.65	0.94	13	0.71	-3
17	山东信托	1.57	2.46	8	-0.89	-9
18	中铁信托	1.18	1.83	10	-0.65	-8
19	华宸信托	0.88	0.41	22	0.47	3
20	爱建信托	0.57	0.66	18	-0.09	-2
21	甘肃信托	0.50	0.50	20	0.00	-1
22	昆仑信托	0.49	1.95	9	-1.46	-13
23	华润信托	0.42	0.92	14	-0.50	-9
24	国元信托	0.40	0.53	19	-0.13	-5
25	英大信托	0.38	0.72	17	-0.34	-8
26	粤财信托	0.06	0.00	32	0.06	6
27	中江信托	0.01	0.42	21	-0.41	-6
28	外贸信托	0.00	0.00	33	0.00	5
29	陆家嘴信托	0.00	0.00	27	0.00	-2
30	山西信托	0.00	4.15	5	-4.15	-25
31	杭州信托	0.00	0.84	16	-0.84	-15
32	天津信托	0.00	0.32	23	-0.32	-9
33	华融信托	0.00	0.25	24	-0.25	-9
34	北方信托	0.00	0.00	34	0.00	0
35	北京信托	0.00	0.00	35	0.00	0
36	渤海信托	0.00	0.00	36	0.00	0
37	大业信托	0.00	0.00	37	0.00	0
38	东莞信托	0.00	0.00	38	0.00	0
39	方正信托	0.00	0.00	39	0.00	0
40	国联信托	0.00	0.00	40	0.00	0
41	国民信托	0.00	0.00	41	0.00	0
42	国投信托	0.00	0.00	42	0.00	0
43	湖南信托	0.00	0.00	43	0.00	0

续表

排名	信托公司	2013 年	2012 年	2012 年排名	增幅	排名升降
44	华澳信托	0.00	0.00	44	0.00	0
45	华鑫信托	0.00	0.00	45	0.00	0
46	华信信托	0.00	0.00	46	0.00	0
47	吉林信托	0.00	0.00	47	0.00	0
48	建信信托	0.00	0.00	48	0.00	0
49	交银信托	0.00	0.00	49	0.00	0
50	民生信托	0.00	0.00	50	0.00	0
51	厦门信托	0.00	0.00	51	0.00	0
52	上海信托	0.00	0.00	52	0.00	0
53	四川信托	0.00	0.00	53	0.00	0
54	苏州信托	0.00	0.00	54	0.00	0
55	万向信托	0.00	0.00	55	0.00	0
56	西藏信托	0.00	0.00	56	0.00	0
57	兴业信托	0.00	0.00	57	0.00	0
58	云南信托	0.00	0.00	58	0.00	0
59	长城信托	0.00	0.00	59	0.00	0
60	浙金信托	0.00	0.00	60	0.00	0
61	中海信托	0.00	0.00	61	0.00	0
62	中航信托	0.00	0.00	62	0.00	0
63	中建投信托	0.00	0.00	63	0.00	0
64	中粮信托	0.00	0.00	64	0.00	0
65	中融信托	0.00	0.00	65	0.00	0
66	中原信托	0.00	0.00	66	0.00	0
67	重庆信托	0.00	0.00	67	0.00	0
68	紫金信托	0.00	0.00	68	0.00	0
	行业均值	2.21	2.04		0.17	

资料来源：根据信托公司年报用益信托工作室整理、制作。

四 风险准备金行业缺口加大

风险准备金通常是指盈余公积、一般风险准备和信托赔偿准备 3 项的余额之和。一般情况下，每年可分配利润的 10% 计提盈余公积，5% 计提信托赔偿准备（累计总额达到公司注册资本的 20% 时，可不再提取），一般风险

准备按照信用风险资产的一定比例计提。因此风险准备金余额主要和历年的净利润相关。

年报数据显示，2013 年 68 家信托公司计提的一般风险准备金余额为 87.74 亿元，较上年增加 23 亿元，增幅为 35.53%。另外，2013 年减少一般风险准备金的信托公司有 3 家，分别是中海信托从 2012 年的 8.97 亿元减少 1.34 亿元至 7.63 亿元；中泰信托从 3397 万元减少 722 万元至 2675 万元；甘肃信托从 2012 年的 1678 万元减少 29 万元至 1649 万元。另外，除未披露相关数据的长城信托、浙金信托和中江信托外，还有 4 家信托公司 2013 年未计提一般风险准备金，包括吉林信托、天津信托、爱建信托和国民信托。

表5　2013 年信托公司一般风险准备金排名

单位：万元

排名	信托公司	2013 年	2012 年	增量
1	中信信托	82503.87	61817.68	20686.19
2	中海信托	76253.21	89665.24	-13412.03
3	平安信托	64845.80	49357.46	15488.34
4	五矿信托	45197.94	6680.94	38517.00
5	中诚信托	43272.82	34022.63	9250.19
6	华宝信托	42382.83	35099.91	7282.92
7	中融信托	33458.72	20479.92	12978.80
8	外贸信托	32968.93	24746.62	8222.31
9	中铁信托	23593.07	14755.86	8837.21
10	华融信托	20783.59	16777.84	4005.75
11	华润信托	19526.15	17653.20	1872.95
12	华能信托	19117.92	11549.58	7568.34
13	百瑞信托	16989.94	10450.55	6539.39
14	山西信托	16919.96	13835.31	3084.65
15	北方信托	16695.51	12552.75	4142.76
16	英大信托	16456.76	13033.28	3423.48
17	昆仑信托	15330.05	11192.75	4137.30
18	国元信托	15191.95	11697.15	3494.80
19	中航信托	14546.39	4746.49	9799.90
20	四川信托	14089.25	6759.59	7329.66
21	粤财信托	13628.11	10705.90	2922.21
22	国投信托	12689.04	10717.01	1972.03

续表

排名	信托公司	2013 年	2012 年	增量
23	中粮信托	12456.12	9886.55	2569.57
24	重庆信托	12216.75	9626.48	2590.27
25	西藏信托	11227.15	7161.81	4065.34
26	江苏信托	10558.04	8670.51	1887.53
27	华鑫信托	9773.52	6469.43	3304.09
28	中原信托	9276.58	6487.88	2788.70
29	上海信托	9257.40	7262.20	1995.20
30	建信信托	8941.15	7333.18	1607.97
31	方正信托	8926.79	2422.66	6504.14
32	杭州信托	8786.00	6158.00	2628.00
33	华信信托	8683.37	8266.17	417.20
34	金谷信托	8490.50	6283.35	2207.15
35	兴业信托	7168.83	5688.21	1480.62
36	北京信托	5452.15	5059.84	392.31
37	渤海信托	5380.00	4710.41	669.59
38	华宸信托	5364.91	4359.61	1005.30
39	吉林信托	5002.82	5002.82	0.00
40	交银信托	4957.52	1772.98	3184.54
41	新华信托	4702.60	3820.29	882.31
42	山东信托	4665.41	3607.10	1058.31
43	安信信托	4540.98	2814.33	1726.65
44	陕西国投	4462.93	3942.15	520.78
45	新时代信托	4366.33	478.54	3887.79
46	东莞信托	4239.66	1147.20	3092.46
47	长安信托	4125.85	1956.28	2169.57
48	国联信托	3651.00	3422.00	229.00
49	厦门信托	3620.00	2587.00	1033.00
50	中建投信托	2885.09	2874.57	10.52
51	湖南信托	2872.00	1080.00	1792.00
52	中泰信托	2675.09	3397.48	-722.39
53	大业信托	2644.45	1373.14	1271.31
54	西部信托	2635.47	2298.89	336.58
55	万向信托	2436.22	158.86	2277.36

续表

排名	信托公司	2013 年	2012 年	增量
56	云南信托	2420.54	1913.89	506.65
57	苏州信托	2334.82	1636.94	697.87
58	紫金信托	2156.32	974.52	1181.80
59	天津信托	2100.00	2100.00	0.00
60	陆家嘴信托	1758.02	1316.77	441.25
61	甘肃信托	1648.84	1678.29	−29.45
62	爱建信托	842.04	842.04	0.00
63	华澳信托	831.84	677.75	154.10
64	国民信托	368.34	368.34	0.00
65	民生信托	11.17		11.17
66	长城信托			
67	浙金信托			
68	中江信托			
行业总计		877356.44	647386.12	229970.32
行业均值		13497.79	10115.41	3381.92

资料来源：根据信托公司年报用益信托工作室整理、制作。

年报数据显示，2013 年 68 家信托公司计提的信托风险赔偿准备金余额为
86.19 亿元，占行业注册资本的 7.58%，与 20% 的上限还相差 12.42 个百分
点，缺口达 141.34 亿元。目前大部分信托公司都存在一定的信托风险赔偿准
备金缺口，除未披露该数据的信托公司（包括昆仑信托、中海信托、中诚信
托、英大信托和国投信托）外，缺口规模最大的是平安信托，将近 10 亿元；
缺口率最高的为民生信托，缺口率高达 98.59%。另外，除未披露相关数据的
信托公司外，中江信托的信托风险赔偿准备金较 2012 年减少了 1204 万元；有
5 家信托公司 2013 年未计提信托风险赔偿准备金，分别为国元信托、平安信
托、上海信托、华润信托和北京信托，其中上海信托、华润信托和北京信托的
信托风险赔偿准备金余额达到其注册资本的 20% 上限，不存在缺口；而平安
信托和国元信托则分别存在 9.86 亿元和 3.18 亿元的缺口。统计数据表明，尽
管 2013 年信托公司的信托赔偿准备金计提较 2012 年有约 22.79 亿元的提高，
但缺口在扩大，这对信托业抵御风险的能力是一个严峻的考验。

表6　2013年信托公司信托风险赔偿准备金排名

单位：万元

排名	信托公司	2013年	2012年	增量	注册资本的20%	缺口
1	江苏信托	59302	50153	9149	53680	5622
2	中信信托	57659	41982	15678	24000	33659
3	华润信托	52600	52600	0	52600	0
4	上海信托	50000	50000	0	50000	0
5	平安信托	41132	41132	0	139760	−98628
6	北京信托	33000	33000	0	28000	5000
7	中融信托	32000	13811	18189	32000	0
8	吉林信托	31932	11169	20763	31920	12
9	华宝信托	29970	23179	6792	40000	−10030
10	交银信托	28205	10446	17759	75300	−47095
11	重庆信托	25860	19476	6384	48760	−22900
12	外贸信托	24638	18157	6481	44000	−19362
13	华融信托	20784	16778	4006	30340	−9556
14	华信信托	20320	14426	5893	66000	−45680
15	五矿信托	20214	4214	16000	40000	−19786
16	湖南信托	17564	15100	2464	24000	−6436
17	中铁信托	15073	9819	5254	24000	−8927
18	山东信托	12839	9255	3584	29340	−16501
19	北方信托	12839	8925	3914	20020	−7181
20	天津信托	12357	9783	2573	34000	−21644
21	兴业信托	11961	6458	5503	100000	−88039
22	国联信托	11860	10292	1568	24600	−12740
23	粤财信托	11364	8731	2633	30000	−18636
24	四川信托	11035	5776	5259	40000	−28965
25	长安信托	10850	6232	4617	25178	−14328
26	厦门信托	10517	8228	2289	32000	−21483
27	新时代信托	10387	5821	4567	24000	−13613
28	新华信托	10282	7630	2653	24000	−13718
29	华能信托	10181	6002	4179	60000	−49819
30	建信信托	9788	6592	3196	30540	−20752
31	中建投信托	9008	6347	2661	33315	−24307
32	中原信托	8995	6206	2789	30000	−21005
33	中航信托	8444	4746	3697	33730	−25286
34	国元信托	8244	8244	0	40000	−31756

续表

排名	信托公司	2013 年	2012 年	增量	注册资本的 20%	缺口
35	东莞信托	7726	5743	1983	24000	−16274
36	中泰信托	7648	5819	1829	10320	−2672
37	中粮信托	7490	6227	1263	46000	−38510
38	渤海信托	7053	4509	2543	40000	−32947
39	苏州信托	6888	5093	1795	24000	−17112
40	杭州信托	6742	5055	1687	10000	−3258
41	西藏信托	6218	5419	799	10000	−3782
42	方正信托	5932	2423	3510	24000	−18068
43	云南信托	5901	4704	1197	20000	−14099
44	金谷信托	5895	4534	1361	44000	−38105
45	百瑞信托	5595	2339	3257	24000	−18405
46	陕西国投	5203	3638	1565	24293	−19090
47	西部信托	4733	3785	948	12400	−7667
48	国民信托	4718	3745	973	20000	−15282
49	华鑫信托	4633	2089	2544	44000	−39367
50	山西信托	4541	3513	1028	27140	−22599
51	华宸信托	4024	3965	59	11440	−7416
52	安信信托	3736	2338	1398	9080	−5344
53	大业信托	2644	1373	1271	6000	−3356
54	甘肃信托	2626	1649	977	20360	−17734
55	华澳信托	2126	991	1135	12000	−9874
56	陆家嘴信托	1958	391	1567	21360	−19402
57	中江信托	1910	3114	−1204	23120	−21210
58	爱建信托	1825	0	1825	60000	−58175
59	紫金信托	1460	526	935	24000	−22540
60	浙金信托	519	220	300	10000	−9481
61	长城信托	347	62	285	6000	−5653
62	万向信托	342	0	342	13000	−12658
63	民生信托	282		282	20000	−19718
64	国投信托	0	0	0	60000	−60000
65	昆仑信托	0	0	0	49140	−49140
66	英大信托	0	0	0	36440	−36440
67	中诚信托	0	0	0	24100	−24100
68	中海信托			0	50000	−50000
	行业总计	861920	633973	227947	2275275	−1413355
	行业均值	12864	9606	3352	33460	−20785

资料来源：根据信托公司年报用益信托工作室整理、制作。

根据信托公司年报数据统计核算得出，2013 年 68 家信托公司计提的风险准备金余额为 352.05 亿元，较上年增加 96.14 亿元，增幅为 37.57％。从各信托公司风险准备金的计提情况来看，中信信托 2013 年度的风险准备金计提规模最大，累计达 26.18 亿元，其中信托风险赔偿准备金累计计提 5.77 亿元，远远超过其注册资本金的 20％；紧随其后的是 2013 年增量最大的江苏信托，累计计提风险准备金达 21.11 亿元；上海信托和平安信托分别排在第三和第四位，累计计提的风险准备均超过了 18 亿元；而排名最末的是民生信托，由于该公司于 2013 年成立，业务刚刚起步，计提的风险准备金仅为 857.87 万元。

表7　2013 年信托公司风险准备金排名

单位：万元

排名	信托公司	2013 年	2012 年	增量
1	中信信托	261819.67	194100.39	67719.28
2	江苏信托	211092.26	135191.43	75900.83
3	上海信托	190795.93	155870.38	34925.55
4	平安信托	188261.02	153628.35	34632.67
5	华润信托	177527.21	157708.29	19818.92
6	中诚信托	143881.88	116131.31	27750.57
7	中融信托	123962.68	71879.50	52083.18
8	华宝信托	119016.34	98149.74	20866.60
9	中海信托	116852.93	121685.58	-4832.65
10	外贸信托	111126.26	83460.74	27665.52
11	重庆信托	86825.74	65083.16	21742.58
12	五矿信托	81321.07	19347.91	61973.16
13	北京信托	78342.82	69771.09	8571.73
14	华信信托	72303.05	54205.92	18097.13
15	中铁信托	70058.00	26663.58	43394.42
16	华融信托	66439.44	50416.46	16022.98
17	山东信托	57794.71	42400.93	15393.78
18	北方信托	48977.80	35703.33	13274.47
19	华能信托	48766.85	28661.93	20104.92
20	粤财信托	48635.59	37813.70	10821.89
21	四川信托	47195.41	24089.04	23106.38
22	昆仑信托	46439.78	34027.88	12411.90

续表

排名	信托公司	2013 年	2012 年	增量
23	吉林信托	46050.04	44506.07	1543.97
24	国元信托	45335.42	36428.44	8906.98
25	交银信托	44831.19	18819.93	26011.26
26	兴业信托	43273.08	25284.17	17988.91
27	百瑞信托	41879.13	25661.28	16217.85
28	英大信托	39936.29	30828.12	9108.17
29	中航信托	39877.12	18985.95	20891.17
30	建信信托	39124.07	27929.24	11194.83
31	中原信托	36378.34	25223.34	11155.00
32	厦门信托	35788.00	27887.00	7901.00
33	新华信托	35785.11	26944.93	8840.18
34	长安信托	34825.58	18803.55	16022.03
35	国联信托	32148.00	27214.00	4934.00
36	湖南信托	31936.00	22753.00	9183.00
37	天津信托	31365.34	23645.16	7720.18
38	国投信托	31346.33	25449.07	5897.26
39	中建投信托	29909.03	21914.36	7994.67
40	杭州信托	29393.00	21704.00	7689.00
41	东莞信托	28324.68	19284.09	9040.59
42	方正信托	26723.45	9690.63	17032.82
43	中泰信托	26685.99	21921.80	4764.19
44	西藏信托	26542.65	20081.23	6461.42
45	新时代信托	25748.78	14250.11	11498.67
46	中粮信托	24837.68	18960.28	5877.40
47	苏州信托	24032.07	17949.20	6082.88
48	华鑫信托	23672.67	12737.22	10935.45
49	山西信托	23517.46	23929.60	-412.14
50	渤海信托	23140.13	14840.28	8299.85
51	金谷信托	22984.52	16693.15	6291.37
52	陕西国投	21271.18	16054.27	5216.92
53	云南信托	20122.82	16026.07	4096.75
54	华宸信托	17435.49	16254.66	1180.83

续表

排名	信托公司	2013 年	2012 年	增量
55	中江信托	16988.15	12644.21	4343.94
56	西部信托	16833.31	13652.49	3180.82
57	国民信托	15870.71	12951.18	2919.53
58	安信信托	12286.64	6365.95	5920.69
59	大业信托	10577.80	5492.57	5085.23
60	爱建信托	9531.27	7706.23	1825.04
61	甘肃信托	8875.59	5973.39	2902.20
62	华澳信托	7208.77	3649.46	3559.31
63	陆家嘴信托	7195.02	2488.52	4706.50
64	紫金信托	6537.45	2551.76	3985.69
65	万向信托	3497.95	176.51	3321.44
66	浙金信托	1558.40	659.80	898.60
67	长城信托	1041.21	185.50	855.71
68	民生信托	857.87	0.00	857.87
行业总计		3520517.23	2559142.40	961374.83
行业均值		51772.31	37634.45	14137.87

资料来源：根据信托公司年报用益信托工作室整理、制作。

五 风险管理指标：五家公司不达标

根据银监会《信托公司净资本管理办法》第十五条以及第十六条的净资本管理指标规定：

（1）信托公司净资本不得低于人民币 2 亿元；

（2）净资本不得低于各项风险资本之和的 100%；

（3）净资本不得低于净资产的 40%。

首先，从第一个指标来看，根据表 8 的数据可知已披露信息的 68 家信托公司全部达标，且行业平均值是 2 亿元的 15 倍，较 2012 年增长了 22.64%，可见在这一指标上的风险控制是合格的。分析数据发现，有 3 家信托公司该指标较 2012 年有所下降，包括昆仑信托、中诚信托和外贸信托，不过这 3 家公司 2013 年该指标值都在 20 倍以上，高于行业平均值，指标回落并无大碍。

表8　2013年信托公司风险管理指标（净资本/2亿元）情况

单位：%

排名	信托公司	2013年	2012年	增幅
1	平安信托	6468.34	6205.81	4.23
2	华润信托	4710.14	4279.15	10.07
3	中融信托	3474.00	2170.50	60.06
4	中诚信托	3458.00	3601.00	-3.97
5	中信信托	3427.19	3129.64	9.51
6	重庆信托	3050.37	2888.73	5.60
7	江苏信托	3002.50	2602.10	15.39
8	华信信托	2696.87	2490.33	8.29
9	上海信托	2660.50	2250.00	18.24
10	建信信托	2573.56	2039.62	26.18
11	外贸信托	2312.63	2429.65	-4.82
12	兴业信托	2216.50	1739.00	27.46
13	昆仑信托	2190.81	2350.83	-6.81
14	华能信托	2190.41	1223.90	78.97
15	交银信托	2181.42	1245.66	75.12
16	五矿信托	2064.50	928.39	122.37
17	国元信托	1844.38	1617.47	14.03
18	中江信托	1722.07	1305.85	31.87
19	英大信托	1678.50	1494.50	12.31
20	中航信托	1666.50	1073.00	55.31
21	中海信托	1586.44	1561.62	1.59
22	北京信托	1573.08	1370.90	14.75
23	中铁信托	1546.87	1174.40	31.72
24	华宝信托	1501.68	1246.02	20.52
25	新时代信托	1498.66	755.84	98.28
26	中粮信托	1489.73	1017.54	46.41
27	华融信托	1445.00	1281.50	12.76
28	四川信托	1444.50	959.00	50.63
29	山东信托	1433.22	1178.17	21.65
30	中建投信托	1405.82	976.85	43.91
31	金谷信托	1374.91	845.31	62.65
32	粤财信托	1358.99	1146.33	18.55
33	陕西国投	1345.74	1181.96	13.86
34	长安信托	1324.50	1004.22	31.89

续表

排名	信托公司	2013 年	2012 年	增幅
35	华鑫信托	1294.07	1116.92	15.86
36	渤海信托	1292.20	1151.51	12.22
37	百瑞信托	1236.50	973.00	27.08
38	吉林信托	1231.75	1174.76	4.85
39	爱建信托	1212.68	1124.07	7.88
40	国联信托	1192.24	1066.64	11.78
41	国投信托	1166.19	991.16	17.66
42	北方信托	1096.96	796.95	37.65
43	新华信托	1016.84	857.58	18.57
44	东莞信托	984.84	346.25	184.43
45	厦门信托	924.82	629.45	46.93
46	天津信托	916.00	807.00	13.51
47	中原信托	890.50	749.00	18.89
48	苏州信托	857.73	695.55	23.32
49	中泰信托	844.50	792.85	6.51
50	方正信托	803.16	659.49	21.78
51	山西信托	758.00	709.00	6.91
52	国民信托	744.47	661.93	12.47
53	湖南信托	714.33	489.92	45.81
54	西部信托	666.59	577.71	15.39
55	陆家嘴信托	607.88	479.89	26.67
56	万向信托	606.73	0.00	
57	云南信托	601.18	529.20	13.60
58	甘肃信托	585.59	496.40	17.97
59	紫金信托	547.90	250.11	119.07
60	民生信托	499.00	0.00	
61	杭州信托	491.38	401.45	22.40
62	大业信托	394.94	279.35	41.37
63	华宸信托	371.12	365.55	1.53
64	西藏信托	361.85	293.73	23.19
65	安信信托	347.62	241.09	44.19
66	华澳信托	339.08	288.82	17.40
67	浙金信托	292.47	260.60	12.23
68	长城信托	181.65	139.33	30.37
	行业均值	1499.869	1222.96	22.64

资料来源：根据信托公司年报用益信托工作室整理、制作。

其次，观察第二个指标，同样根据表9的数据可知，包括渤海信托、北方信托、山东信托、西藏信托和安信信托在内的5家信托公司是不达标的，比2012年多1家。而北方信托、西藏信托和安信信托在经过一年之后仍然没有达标，且情况更趋恶化，其中安信信托的缺口率接近60%，而西藏信托缺口率也接近50%，亟须通过调整业务结构、增资扩股等方式来提高公司抗风险能力，提升自身实力。另外，有44家信托公司该指标同2012年相比出现负增长，信托公司净资本扩张速度跟不上风险资本的扩张速度，说明随着信托资产规模的不断扩大，行业风险也在逐步显现。

表9　2013年信托公司风险管理指标（净资本/风险资本）情况

单位：%

排名	信托公司	2013 年	2012 年	增幅
1	华宸信托	379.19	305.26	24.22
2	华信信托	377.37	403.15	− 6.39
3	中粮信托	358.53	220.55	62.56
4	民生信托	346.53	0.00	
5	国联信托	288.32	343.16	− 15.98
6	吉林信托	286.97	237.48	20.84
7	爱建信托	279.57	589.21	− 52.55
8	陕西国投	272.58	259.98	4.85
9	云南信托	262.17	397.12	− 33.98
10	万向信托	256.62	0.00	
11	五矿信托	251.92	199.16	26.49
12	华润信托	243.05	321.80	− 24.47
13	中泰信托	226.41	285.85	− 20.79
14	紫金信托	221.94	173.95	27.59
15	国民信托	211.35	604.55	− 65.04
16	杭州信托	210.74	245.03	− 13.99
17	金谷信托	210.40	130.35	61.41
18	江苏信托	205.87	273.25	− 24.66
19	北京信托	202.55	174.72	15.93
20	平安信托	202.06	260.53	− 22.45
21	东莞信托	199.50	131.47	51.74
22	浙金信托	198.78	400.18	− 50.33
23	建信信托	194.77	193.99	0.40

排名	信托公司	2013 年	2012 年	增幅
24	四川信托	193.50	155.30	24.60
25	华融信托	193.00	202.00	− 4.46
26	新时代信托	189.73	159.12	19.23
27	苏州信托	189.69	238.58	− 20.49
28	天津信托	185.80	207.19	− 10.32
29	中诚信托	184.37	211.17	− 12.69
30	重庆信托	184.10	279.34	− 34.09
31	中信信托	182.18	210.58	− 13.48
32	长城信托	182.17	673.78	− 72.96
33	英大信托	179.00	252.02	− 28.97
34	上海信托	178.26	168.54	5.77
35	中海信托	173.92	217.71	− 20.11
36	交银信托	164.78	138.98	18.56
37	西部信托	162.24	203.25	− 20.18
38	华鑫信托	162.12	201.49	− 19.54
39	中建投信托	159.10	230.87	− 31.09
40	中江信托	154.11	140.69	9.54
41	甘肃信托	153.93	131.41	17.14
42	兴业信托	152.81	131.69	16.03
43	山西信托	151.36	168.75	− 10.31
44	百瑞信托	149.52	155.31	− 3.73
45	中融信托	143.82	166.26	− 13.50
46	华能信托	142.27	103.36	37.65
47	陆家嘴信托	141.02	230.11	− 38.72
48	长安信托	137.97	124.40	10.91
49	大业信托	137.72	166.61	− 17.34
50	国元信托	137.36	187.98	− 26.93
51	华宝信托	130.10	174.48	− 25.43
52	中铁信托	124.68	142.46	− 12.48
53	湖南信托	124.33	120.00	3.61
54	中航信托	124.32	112.65	10.36
55	厦门信托	124.09	89.64	38.43
56	中原信托	123.42	144.73	− 14.72
57	外贸信托	123.23	181.07	− 31.94
58	昆仑信托	122.71	523.19	− 76.55

续表

排名	信托公司	2013 年	2012 年	增幅
59	新华信托	121.95	154.06	-20.84
60	国投信托	118.14	130.99	-9.81
61	方正信托	109.23	177.44	-38.44
62	粤财信托	106.11	125.69	-15.57
63	华澳信托	100.16	526.97	-80.99
64	渤海信托	94.71	166.25	-43.03
65	北方信托	83.03	91.33	-9.09
66	山东信托	81.44	109.73	-25.78
67	西藏信托	51.53	81.54	-36.80
68	安信信托	41.49	86.93	-52.27
	行业均值	180.26	216.86	-16.88

资料来源：根据信托公司年报用益信托工作室整理、制作。

最后，从第三个指标来看，从表 10 的数据可知，所有信托公司全部达标，即已披露信息公司的净资本都高于净资产的 40%，该项指标的风险控制也都合格。另外，有 35 家信托公司该指标同 2012 年相比出现负增长，说明这些信托公司净资本扩张速度跟不上净资产规模的扩张速度。不过 2013 年的行业平均值较 2012 年略有上升，该指标总体情况略有好转。

表 10　2013 年信托公司风险管理指标〔净资本/（净资产×40%）〕情况

单位：%

排名	信托公司	2013 年	2012 年	增幅
1	长城信托	249.20	223.03	11.73
2	五矿信托	244.47	239.66	2.01
3	浙金信托	242.15	239.29	1.20
4	西藏信托	239.36	246.36	-2.84
5	大业信托	238.23	243.07	-1.99
6	民生信托	234.26	0.00	
7	新时代信托	234.05	222.62	5.13
8	中融信托	231.49	229.84	0.72
9	中泰信托	229.81	224.72	2.27
10	中粮信托	229.40	229.10	0.13
11	华信信托	229.40	227.49	0.84

续表

排名	信托公司	2013 年	2012 年	增幅
12	山东信托	227.31	228.31	-0.44
13	国联信托	225.51	222.68	1.27
14	国元信托	223.81	219.27	2.07
15	陆家嘴信托	223.64	209.31	6.85
16	四川信托	223.12	219.42	1.68
17	华融信托	221.73	223.67	-0.86
18	兴业信托	221.70	222.07	-0.17
19	万向信托	221.12	0.00	
20	西部信托	221.06	214.47	3.07
21	交银信托	220.66	234.14	-5.76
22	国民信托	219.94	221.18	-0.56
23	外贸信托	217.60	235.62	-7.65
24	中航信托	217.06	219.04	-0.90
25	英大信托	216.85	222.30	-2.45
26	山西信托	215.83	228.87	-5.70
27	云南信托	214.66	227.91	-5.81
28	国投信托	214.43	217.96	-1.62
29	长安信托	214.30	227.76	-5.91
30	粤财信托	212.81	211.71	0.52
31	金谷信托	212.61	208.86	1.79
32	华宸信托	212.07	217.57	-2.53
33	江苏信托	211.60	210.09	0.72
34	华鑫信托	208.50	215.24	-3.13
35	中海信托	208.30	205.46	1.38
36	建信信托	205.26	192.77	6.48
37	华能信托	203.29	188.26	7.99
38	杭州信托	203.21	205.88	-1.30
39	渤海信托	202.67	210.01	-3.49
40	北京信托	201.97	208.91	-3.33
41	中铁信托	201.95	206.89	-2.39
42	百瑞信托	201.70	204.26	-1.25
43	甘肃信托	201.15	195.13	3.08
44	昆仑信托	201.06	232.24	-13.43
45	安信信托	200.99	191.17	5.14
46	北方信托	200.10	179.58	11.42
47	中投信托	199.08	209.76	-5.09
48	中江信托	198.35	179.60	10.44
49	上海信托	197.40	193.14	2.20

续表

排名	信托公司	2013 年	2012 年	增幅
50	厦门信托	196.58	187.99	4.57
51	华澳信托	195.97	193.03	1.52
52	紫金信托	193.86	191.15	1.42
53	华润信托	193.83	210.68	-8.00
54	新华信托	193.48	206.77	-6.43
55	爱建信托	192.21	201.64	-4.67
56	陕西国投	191.73	181.13	5.86
57	平安信托	188.76	204.86	-7.86
58	中原信托	187.70	189.39	-0.89
59	苏州信托	187.66	174.96	7.26
60	吉林信托	186.64	177.82	4.96
61	华宝信托	184.42	183.87	0.30
62	方正信托	184.30	222.15	-17.04
63	湖南信托	178.43	184.70	-3.40
64	东莞信托	177.01	180.34	-1.84
65	天津信托	176.91	195.13	-9.34
66	重庆信托	165.86	177.93	-6.78
67	中诚信托	156.55	179.22	-12.65
68	中信信托	131.62	157.48	-16.42
行业均值		207.50	202.73	2.35

资料来源：根据信托公司年报用益信托工作室整理、制作。

总体来讲，除个别信托公司以外，基本上信托公司都能满足《信托公司净资本管理办法》的净资本及风险控制指标。但现有的信托公司也不能仅仅停留在满足这些数字指标，而应该尽可能的全面控制风险。那些未达标的信托公司应加快增资扩股步伐，加大业务转型力度，严控风险；而个别指标出现负增长的信托公司也应敲响警钟。

六　信托杠杆率持续走高，增速放缓

信托杠杆率是一定时期信托资产余额与信托公司净资产的比率。尽管信托杠杆率不能完全衡量一个行业或一家信托公司的抗风险能力，但可以从一个侧面反映出信托行业或信托公司的风险水平。显然，信托杠杆率越大，其信托风险就越高。

随着信托公司管理的信托资产规模的不断增长，信托行业的信托杠杆率也在持续走高，根据 2013 年 68 家信托公司披露的年报数据统计得出，截至 2013 年底，全行业信托杠杆率高达 47.8 倍，是 2004 年（杠杆率为 3.9 倍）的 12.26 倍，短短十年间增长超过了 11 倍。不过随着 2013 年信托行业增速放缓，行业信托杠杆率增速也出现回落。从信托资产构成来看，到 2013 年底，集合信托资产余额为 2.72 万亿元，其信托杠杆率为 10.65 倍，同样高于上年同期 9.27 倍的杠杆率，风险加大，但仍在可控的范围内。

图 2　2004～2013 年信托行业杠杆率及增长率走势

资料来源：根据信托公司年报用益信托工作室整理、制作。

从 2013 年 68 家信托公司的信托杠杆率来看，超过行业平均值的信托公司有 29 家，较 2012 年减少 4 家，说明行业风险开始向部分信托公司积聚，风险集中度提高。其中排在前五的信托公司分别是：西藏信托（170.81 倍）、云南信托（160.78 倍）、安信信托（133.93 倍）、兴业信托（113.03 倍）和北方信托（107.34 倍），这五家公司的杠杆率均超过 100 倍，杠杆风险很大，亟须提高资产质量，提升公司自身实力以抵御风险，尤其是排在首位的西藏信托，其杠杆率是行业均值的 3.57 倍。另外，2013 年表现最好的 5 家信托公司分别是：重庆信托（13.74 倍）、华信信托（12.99 倍）、吉林信托（12.78 倍）、爱建信托（12.32 倍）和万向信托（11.67 倍）。

从各信托公司信托杠杆率的变化来看，恶化最严重的 5 家信托公司分别是云南信托从 2012 年的 67.2 倍提高到 2013 年的 160.78 倍，上升了 93.58 倍；西藏信托从 2012 年的 98.15 倍提高到 2013 年的 170.81 倍，上升了 72.66 倍；安信信托从 2012 年的 73.01 倍提高到 2013 年的 133.93 倍，上升了 60.92 倍；民生信托 2012 年杠杆率为 0，2013 年为 36.64 倍，低于行业平均值；北方信托从 2012 年的 72.39 倍提高到 2013 年的 107.34 倍，上升了 34.95 倍。这 5 家信托公司中，除民生信托外，其余四家均上榜杠杆率最差的前五家公司名单中。往好方向转变的信托公司共有 19 家，比 2012 年多 4 家。其中向好转变最大的 5 家信托公司分别是：中融信托、长安信托、新时代信托、金谷信托和东莞信托，其杠杆率分别较 2012 年减少 39.52 倍、29.03 倍、25.06 倍、21.31 倍和 18.89 倍。

表11　2012～2013 年信托公司信托杠杆率排名

单位：倍，个位次

排名	信托公司	2013 年	2012 年	2012 年排名	杠杆率涨跌	排名升降
1	西藏信托	170.81	98.15	2	72.66	1
2	云南信托	160.78	67.20	9	93.58	7
3	安信信托	133.93	73.01	6	60.92	3
4	兴业信托	113.03	85.83	3	27.20	-1
5	北方信托	107.34	72.39	7	34.95	2
6	山东信托	94.98	73.52	5	21.46	-1
7	粤财信托	71.86	61.13	16	10.73	9
8	长安信托	70.17	99.20	1	-29.03	-7
9	国投信托	67.89	52.03	24	15.86	15
10	四川信托	67.55	62.59	13	4.96	3
11	华宝信托	66.69	62.73	12	3.96	1
12	中泰信托	63.31	62.01	14	1.30	2
13	新华信托	63.15	45.48	28	17.67	15
14	大业信托	63.10	52.03	23	11.06	9
15	外贸信托	59.73	41.74	29	17.99	14
16	华澳信托	59.16	24.98	45	34.18	29
17	渤海信托	59.03	36.61	34	22.42	17
18	中航信托	57.62	56.97	20	0.64	2
19	交银信托	56.63	59.38	19	-2.75	0
20	厦门信托	56.30	67.44	8	-11.14	-12
21	中信信托	56.04	59.51	18	-3.47	-3

续表

排名	信托公司	2013 年	2012 年	2012 年排名	杠杆率涨跌	排名升降
22	华能信托	55.42	53.42	22	2.00	0
23	英大信托	54.33	60.18	17	−5.85	−6
24	甘肃信托	53.49	63.19	11	−9.70	−13
25	建信信托	51.97	66.30	10	−14.33	−15
26	方正信托	51.32	49.29	26	2.03	0
27	中原信托	50.23	40.64	30	9.58	3
28	陆家嘴信托	49.71	24.19	47	25.52	19
29	新时代信托	49.48	74.54	4	−25.06	−25
30	华鑫信托	47.81	32.98	39	14.83	9
31	中海信托	46.60	33.12	38	13.48	7
32	五矿信托	46.44	61.96	15	−15.53	−17
33	国元信托	46.24	30.93	41	15.31	8
34	中粮信托	44.62	47.77	27	−3.15	−7
35	长城信托	39.77	8.33	63	31.43	28
36	中投信托	38.75	37.74	32	1.01	−4
37	山西信托	38.53	30.89	42	7.63	5
38	天津信托	38.43	33.29	37	5.14	−1
39	百瑞信托	37.27	30.72	43	6.56	4
40	民生信托	36.64	0.00	67	36.64	27
41	浙金信托	36.27	19.05	51	17.22	10
42	西部信托	33.92	23.13	48	10.79	6
43	湖南信托	33.19	38.81	31	−5.62	−12
44	中诚信托	32.34	27.01	44	5.33	0
45	北京信托	31.93	37.68	33	−5.75	−12
46	昆仑信托	30.92	18.53	52	12.39	6
47	华润信托	29.98	18.37	53	11.62	6
48	华融信托	29.97	24.79	46	5.18	−2
49	中铁信托	29.74	16.49	54	13.25	5
50	金谷信托	29.01	50.32	25	−21.31	−25
51	上海信托	28.53	20.65	49	7.88	−2
52	苏州信托	27.94	15.70	56	12.25	4
53	中江信托	27.71	16.13	55	11.58	2
54	紫金信托	27.66	35.14	35	−7.48	−19
55	陕西国投	25.84	30.99	40	−5.15	−15
56	国民信托	25.12	4.06	66	21.06	10
57	杭州信托	18.72	15.22	57	3.50	0

续表

排名	信托公司	2013 年	2012 年	2012 年排名	杠杆率涨跌	排名升降
58	国联信托	16.97	12.91	60	4.06	2
59	平安信托	16.94	14.00	58	2.95	−1
60	中融信托	16.50	56.02	21	−39.52	−39
61	东莞信托	14.86	33.75	36	−18.89	−25
62	江苏信托	14.57	12.30	61	2.27	−1
63	华宸信托	14.53	19.64	50	−5.11	−13
64	重庆信托	13.74	7.86	65	5.88	1
65	华信信托	12.99	10.31	62	2.68	−3
66	吉林信托	12.78	13.53	59	−0.75	−7
67	爱建信托	12.32	8.33	64	4.00	−3
68	万向信托	11.67	0.00	68	11.67	0
行业均值		47.84	39.62		8.22	

资料来源：根据信托公司年报用益信托工作室整理、制作。

七 2013～2014年信托风险事件回顾

目前信托产品的信用风险正处于逐渐爆发的高危时期。从当前宏观经济运行的情况来看，房地产行业的下行无疑是最大的隐忧，而房地产类信托在信托产品总规模中的重要地位，也意味着对房地产类信托进行甄别的重要性和紧迫性。

2014 年以来，多家信托公司风险案例频繁暴露，矿产类的主要有中诚信托的"诚至金开 1 号"和"诚至金开 2 号"、吉林信托的"松花江 77 号 5 期"和"松花江 77 号 6 期"、华融信托的"融丰宏盛聚德"等产品。银监会近期召开内部会议，提示信托公司风险，并内部通报了 11 家信托公司风险情况，包括中信信托、华融信托、新华信托、金谷信托、安信信托、中原信托、长安信托、陕西国投、中泰信托、中江信托和五矿信托，风险资产以能源和矿产类项目居多。

信托业协会近日发布《中国信托业发展报告（2013～2014）》显示，截至2013 年末全国房地产信托产品（"单一＋集合"）有 2613 个，业务存量为10337.49 亿元。其中 1～6 个月（2014 年上半年）到期的产品有 13.70%，7～12 个月（2014 年下半年）到期的产品有 19.79%。目前，可确定有风险的项目 397 个，涉及信托资金 823.51 亿元。

但从实际爆出风险的信托产品来看，自 2013 年开始，信托产品风险事件已经从前期主要集中在矿产资源和房地产领域，逐步蔓延至其他领域，如金谷信托涉及的台州地区中小企业、陕西国投涉及的南方林业项目、山东信托涉及的塑料管材企业、西藏信托涉及的上海中发电气以及多家信托银行涉及的广西丰浩糖业。

信托产品风险的蔓延态势揭示了随着经济结构的调整中国经济增长中枢下移。从风险角度来看，当前，信用风险已经由潜伏期和偶发期进入危险期和高发期，信用风险事件频发将是未来投资者和信托公司需要面对的新常态。信用风险事件由矿产资源、房地产领域向传统产能过剩领域蔓延的态势说明，信用风险溢价在下半年继续上升应较为确定。

从企业经营情况来看，传统产能过剩行业的盈利情况仍在不断恶化，相对而言，符合"调结构"方向的战略性新兴产业正呈现较快的发展势头，行业选择的重要性不言而喻。不过，数据显示，1~6 月成立的集合类信托产品中，房地产类融资规模占据首位，成立的 591 个产品共募集资金 1192.26 亿元，占总规模的 27.76%；工商企业类规模占比仅为 13.77%，基础产业领域融资占比回升至 19.83%，较上月同期占比上升了 1.68 个百分点。

不过，就房地产信托而言，信托公司已经规避三、四线城市和资质较差房地产公司发行的产品，重点关注一线城市和实力雄厚地商开发的项目。而对于工商企业类信托，传统产能过剩行业的产品也已经不是最好的选择，战略性新兴产业的项目受到青睐。就基础产业类信托而言，有政府信用背书的基础产业类信托仍将是较为稀缺的标的。

表 12　2014 年部分风险信托产品一览

单位：亿元

到期日	信托公司	项目简称	融资方	规模	问题原因	目前状况
1 月 10 日	新华信托	录润置业股权投资	上海录润置业	8.50	牵扯高利贷，老板跑路	信托公司已兜底
1 月 30 日	中诚信托	诚至金开1 号	山西振富集团	30.30	外借 30 亿元高利贷	神秘方接盘，本金兑付，第三期利息未付
2 月 19 日	吉林信托	松花江 77号 5 期	山西联盛集团	1.09	债务问题严重	计划重组，延期

续表

到期日	信托公司	项目简称	融资方	规模	问题原因	目前状况
3月11日	吉林信托	松花江77号6期	山西联盛集团	1.00	债务问题严重	计划重组,延期
3月31日	中信信托	乾景套利	麦吉可地产	1.96	资金链紧张,抵押物多,次抵押并已被出售	预计开发商和信托公司共同支付
5月14日	中江信托	山西联盛集团	山西联盛集团	15.00	债务问题严重	计划重组,延期
5月30日	中诚信托	农戈山铅锌矿	农戈山多金属矿业	1.96	破坏环境,长期停工	已提前终止
6月24日	山东信托	远投7号	宜昌弘新材料	0.60	工厂停工,濒临破产	信托公司已兜底
7月25日	中诚信托	诚至金开2号	山西新北方集团	13.00	经营陷于困境	可能延期
7月27日	华融信托	融丰宏盛聚德	山西宏盛能源	3.19	金融杠杆断裂	可能延期
9月7日	建信信托	证大金牛增长1期	证大投资	4.00	证券投资亏损20%~30%	可能信托公司与投资顾问共同承担
11月15日	长安信托	煤炭基金3号1期	山西联盛集团	2.00	债务问题严重	可能延期
11月20日	中建投信托	联盛集团	山西联盛集团	6.00	债务问题严重	可能延期
12月14日	中铁信托	中都百货	浙江中都百货	1.30	中都董事长杨定国跑路,9家银行被套5.2亿元	被警方找到,可能存在风险
12月23日	华润信托	炎金2号	山西孝义德威煤业	11.00	煤改进度缓慢	已延期1年,可能违约
2015年1月	长城信托	财富5号中都青山	浙江临安中都置业	0.50	中都董事长杨定国跑路,9家银行被套5.2亿元	被警方找到,可能存在风险
2015年1月	五矿信托	宏盛能源	宏盛能源实际控制人	12.00	融资频繁,规模较大	可能存在风险,密切关注
2015年1月	中铁信托	优债1304期	普提金旗下武汉铁机	5.00	普提金、凯旋门部分资金被查封	可能存在风险,密切关注

资料来源:公开新闻报道。

表 13　未来一年信托产品到期情况

单位：个，万元

时间	个数	规模	其中：集合	单一	财产权
2014 年 10 月	1096	19726843	4504390	17306804	484019
2014 年 11 月	1164	28940730	6177333	15151059	613802
2014 年 12 月	1525	41345013	9336959	31329894	1319675
2015 年 1 月	1214	34121378	6955159	20690242	953065
2015 年 2 月	925	24716040	5344909	20961099	1821793
2015 年 3 月	1788	52613129	9793460	25949853	2192474
2015 年 4 月	1328	43437294	10100927	19027120	2346260
2015 年 5 月	1454	40937165	9021586	17034971	1087611
2015 年 6 月	1428	42325009	10722051	28060123	1972893
2015 年 7 月	1074	27097356	8872365	18910891	1059305
2015 年 8 月	1092	28353399	8759031	19704865	1879167
2015 年 9 月	1351	39766099	12371083	41545586	3917120

资料来源：中国信托业协会。

信托公司分析

Trust Company

B.6
2013年国内68家信托公司运行状况分析

一 爱建信托

（一）基本情况

1. 公司沿革

上海爱建信托有限责任公司（简称爱建信托或公司）前身是1986年7月26日成立的上海爱建金融信托投资公司。1992年11月，公司以"上海爱建信托投资公司"的名称进行重新登记，2012年3月公司更名为上海爱建信托有限责任公司。公司注册及主要办公地均在上海，法定代表人是周伟忠，注册资本30亿元。

2. 股东背景

表1 排前三的股东

单位：%

股东名称	持股比例	股东背景
上海爱建股份有限公司	99.33	非国资
上海爱建纺织品有限公司	0.33	非国资
上海爱建进出口有限公司	0.33	非国资

资料来源：信托公司年报，用益信托工作室整理制作。

（二）主要指标及排名

表2　2013年度主要经营指标及排名

经营指标		行业情况		排名情况		
名称	值	平均值	最高值	2013年	2012年	升降
注册资本（万元）	300000.00	167300.00	698800.00	5	2	-3
固有总资产（万元）	330270.73	423730.81	1856313.75	38	29	-9
固有净资产（万元）	315450.45	374790.49	1713394.33	35	25	-10
信托总资产（万元）	3887838.89	16030212.26	72966079.78	63	60	-3
人均信托资产（万元）	25082.83	86131.35	314912.50	63	59	-4
集合信托资产占比（%）	40.49	28.60	88.10	15	7	-8
主动管理型占比（%）	58.49	58.93	100.00	34	27	-7
信托清算平均收益（%）	8.19	7.59	12.92	23	6	-17
年度新增信托规模（万元）	2670046.61	10090662.73	44143364.00	61	59	-2
新增单一信托规模（万元）	1490837.00	7274564.58	41304986.00	61	60	-1
新增集合信托规模（万元）	1094209.61	2460672.83	14709086.46	44	47	3
总收入（万元）	65774.95	122186.63	547823.36	50	50	0
信托业务收入（万元）	42000.79	90494.73	454205.00	54	51	-3
总利润（万元）	49442.48	83319.01	418590.74	43	49	6
净利润（万元）	36508.56	65000.38	313553.98	45	51	6
人均净利润（万元）	270.43	380.05	1520.01	40	45	5
资本利润率（%）	12.29	19.76	54.06	56	47	-9
信托报酬率（%）	1.08	0.68	2.63	6	4	-2
净资本（万元）	242535.21	299973.72	1293667.00	39	29	-10
风险资本（万元）	86752.14	182283.69	640253.00	50	57	7
信托杠杆率（倍）	12.32	47.82	170.81	67	63	-4

资料来源：信托公司年报，用益信托工作室整理制作。

表3　2013年用益-信托公司综合实力排名

指标		行业情况		排名情况		
名称	值	平均值	最高值	2013年	2012年	升降
资本实力	91.77	100.00	444.22	27	16	-11
业务能力	50.87	95.17	308.72	50	35	-15
盈利能力	79.70	98.96	272.74	43	39	-4
理财能力	69.12	99.96	194.14	64	42	-22
抗风险能力	135.52	104.40	238.82	14	17	3
综合实力	89.63	100.16	253.52	33	27	-6

资料来源：用益信托工作室。

（三）资产管理状况

1. 信托资产

爱建信托作为国内第一单集合信托计划发行的公司，在信托业务发展初期曾是行业的标杆和领军企业，但受刘顺新案的影响，[①] 爱建信托业务基本停顿近五年，其间爱建信托重组一波三折，最后无果而终，导致爱建信托在行业几乎销声匿迹很长一段时间，尽管近几年爱建信托在逐步恢复，但业务恢复往日局面几无可能，进入行业平均水平也需时日，目前公司信托业务没有明显的特点，仍处在调整和磨合中。

表 4　2013 年信托资产运用方式及投向

单位：万元，%

资产运用	金额	占比	资产分布	金额	占比
货币资产	21078.84	0.54	基础产业	2046680.76	52.64
贷款	1809561.20	46.55	房地产	628309.00	16.16
交易性金融资产	185473.55	4.77	证券市场	203771.51	5.24
可供出售金融资产	123984.25	3.19	实业	849028.42	21.84
持有至到期投资	11984.70	0.31	金融机构	0.00	0.00
长期股权投资	401860.22	10.34	其他	160049.20	4.12
其他	1333896.13	34.30			
信托资产总计	3887838.89	100.00	信托资产总计	3887838.89	100.00

资料来源：信托公司年报。

以上数据表明，爱建信托的信托资金运用方式主要是贷款、其他投资和长期股权投资，而公司信托资金的投向则主要集中在基础产业、实业（工商企业）和房地产。

2013 年爱建信托明显加大了单一类信托业务的发行力度，而集合类信托产品的发行节奏则有所放缓。尽管近几年爱建信托对其信托业务结构进行了调整，但与行业的总体水平相比还有相当的距离。这对爱建信托来说未必是一件坏事，因为增加单一类信托业务的比重虽然可以迅速做大信托资产规模，但同

---

① 注：原爱建股份副总、爱建证券董事长刘顺新违规融资，并将资金转移至香港炒股。

时也减少了信托业务收入的比重，降低了主动管理型业务的比重，导致整个信托业务风险系数上升。

表5　2013年信托资产管理情况

单位：万元，%

信托资产	2012年	占比	2013年	占比	增长率
集合类	834211.00	54.19	1094209.61	40.98	31.17
单一类	344450.00	22.37	1490837.00	55.84	332.82
财产权类	360878.76	23.44	85000.00	3.18	-76.45
主动管理型	1142546.16	74.21	1297760.61	48.60	13.58
被动管理型	396993.60	25.79	1372286.00	51.40	245.67

资料来源：信托公司年报。

显然，单一类信托业务比重的增加是导致其主动管理型业务占比下降的主要原因。

表6　2013年信托项目清算收益情况

单位：个，万元，%

已清算项目类型	项目个数	实际信托合计金额	加权平均实际年化收益率	行业平均实际年化收益率
集合类	19	495310.00	9.68	8.36
单一类	20	320150.00	7.88	7.63
财产管理类	1	78160.40		6.78
合　计	40	893620.40	8.19	7.59

资料来源：信托公司年报。

从2013年清算来看，其收益水平普遍高于同期行业的平均值，尤其在集合类信托产品方面，高出行业平均水平1.32个百分点，表明爱建信托的理财能力在行业具有一定的竞争优势。

2. 固有资产

从资金运用方式来看，主要以贷款及应收款为主，从投向来看，主要集中在房地产、证券市场、实业（工商企业）和金融机构。值得注意的是，爱建信托固有资产投向中没有基础产业，显然，固有资金投向房地产的比重过大是

一个非常危险的信号。目前房地产业处于调整期，市场下行风险加大，这对公司固有资产的整体安全构成了潜在的威胁。

表7　2013年自营资产运用方式及投向

单位：万元，%

资产运用	金额	占比	资产分布	金额	占比
货币资产	18907.81	5.72	基础产业	0.00	0.00
贷款及应收款	173139.15	52.42	房地产	129303.40	39.15
交易性金融资产	12779.26	3.87	证券市场	76895.06	23.28
可供出售金融资产	484.91	0.15	实业	67119.59	20.32
持有至到期投资	22130.89	6.70	金融机构	55628.07	16.84
长期股权投资	4837.53	1.47	其他	1324.61	0.41
其他	97991.18	29.67			
资产总计	330270.73	100.00	资产总计	330270.73	100.00

资料来源：信托公司年报。

（四）风险管理情况

1. 风险指标

爱建信托2013年固有资产不良率为0.57%，较2012年下降0.09个百分点，固有资产质量进一步提高。另外，爱建信托2013年提取信托风险赔偿准备金1825.04万元，占注册资本的0.6%，累计提取信托风险赔偿准备金1825.04万元，占注册资本的0.6%；没有提取一般风险准备金，累计风险准备金也为零。

由于爱建信托的信托资产规模不大，且刚增资扩股至30亿元不久，公司的自身整体资产质量和抗风险能力较强。根据爱建信托年报数据披露，2013年爱建信托净资本为24.25亿元，远高于监管最低标准2亿元；风险资本为8.68亿元，净资本与风险资本的比值为279.57%，高于监管层的100%；净资产为31.55亿元，净资本与净资产的比值为76.89%，也高于监管层最低标准40%。以上风险指标表明爱建信托的抗风险能力仍处在较安全的区域内。

2. 风险事件

2013年爱建信托无任何信托产品兑付风险事件发生。

二　安信信托

（一）基本情况

1. 公司沿革

安信信托股份有限公司（简称安信信托或公司）前身是 1987 年设立的鞍山市信托投资公司，1992 年更名为鞍山市信托投资股份有限公司（简称"鞍山信托"）。2004 年 8 月注册地址变更为上海市杨浦区控江路 1553 ～ 1555 号 A座 3 楼 301 室，同时更名为安信信托投资股份有限公司。2014 年 2 月 13 日，公司更名为安信信托股份有限公司，同时变更了公司业务范围。公司注册及主要办公地均在上海，法定代表人是王少钦，注册资本 45411 万元。

2. 股东背景

表 8　排前三的股东

单位：%

股东名称	持股比例	股东背景
上海国之杰投资发展有限公司	32.96	非国资
海通证券股份有限公司约定购回式证券交易专用证券账户	1.12	证券
高扬瑜	1.10	自然人

资料来源：信托公司年报，用益信托工作室整理制。

（二）主要指标及排名

表 9　2013 年度主要经营指标及排名

经营指标		行业情况		排名情况		
名称	值	平均值	最高值	2013 年	2012 年	升降
注册资本（万元）	45400.00	167300.00	698800.00	66	60	- 6
固有总资产（万元）	160046.15	423730.81	1856313.75	56	60	4
固有净资产（万元）	86476.45	374790.49	1713394.33	64	64	0
信托总资产（万元）	11581461.69	16030212.26	72966079.78	37	49	12

续表

经营指标		行业情况		排名情况		
名称	值	平均值	最高值	2013 年	2012 年	升降
人均信托资产（万元）	71051.91	86131.35	314912.50	32	42	10
集合信托资产占比（%）	20.47	28.60	88.10	48	21	-27
主动管理型占比（%）	30.97	58.93	100.00	55	56	1
信托清算平均收益（%）	9.63	7.59	12.92	4	18	14
年度新增信托规模（万元）	9793546.00	10090662.73	44143364.00	27	43	16
新增单一信托规模（万元）	8206338.75	7274564.58	41304986.00	23	37	14
新增集合信托规模（万元）	1550259.00	2460672.83	14709086.46	36	54	18
总收入（万元）	83762.64	122186.63	547823.36	40	48	8
信托业务收入（万元）	78929.94	90494.73	454205.00	32	46	14
总利润（万元）	12202.52	83319.01	418590.74	63	64	1
净利润（万元）	27960.17	65000.38	313553.98	51	58	7
人均净利润（万元）	210.23	380.05	1520.01	50	51	1
资本利润率（%）	37.40	19.76	54.06	4	30	26
信托报酬率（%）	0.68	0.68	2.63	30	17	-13
净资本（万元）	69524.62	299973.72	1293667.00	65	65	0
风险资本（万元）	167563.53	182283.69	640253.00	29	54	25
信托杠杆率（倍）	133.93	47.82	170.81	3	6	3

资料来源：信托公司年报，用益信托工作室整理制作。

表10　2013 年用益－信托公司综合实力排名

指标		行业情况		排名情况		
名称	值	平均值	最高值	2013 年	2012 年	升降
资本实力	26.44	100.00	444.22	62	61	-1
业务能力	62.08	95.17	308.72	45	55	10
盈利能力	81.6	98.96	272.74	38	51	13
理财能力	86.89	99.96	194.14	45	54	9
抗风险能力	40.48	104.40	238.82	68	66	-2
综合实力	58.42	100.16	253.52	62	63	1

资料来源：用益信托工作室。

（三）资产管理状况

1. 信托资产

表 11　2013 年信托资产运用方式及投向

单位：万元，%

资产运用	金额	占比	资产分布	金额	占比
货币资产	18408.39	0.16	基础产业	0.00	0.00
贷款	6485038.21	55.99	房地产	1084025.00	9.36
交易性金融资产	0.00	0.00	证券市场	0.00	0.00
可供出售金融资产	0.00	0.00	实业	7427191.00	64.13
持有至到期投资	846868.44	7.31	金融机构	0.00	0.00
长期股权投资	590769.00	5.10	其他	0.00	0.00
其他	0.00	0.00			
信托资产总计	11581461.69	100.00	信托资产总计	11581461.69	100.00

资料来源：信托公司年报。

以上数据表明，2013 年安信信托的信托资金运用方式主要是贷款、持有至到期投资和长期股权投资。

表 12　2013 年信托资产管理情况

单位：万元，%

信托资产	2012 年	2013 年	占比	增长率
集合类	688191.00	1550259.00	15.83	125.27
单一类	2726945.00	8206338.75	83.79	200.94
财产权类		36948.25	0.38	
主动管理型	719101.00	2923207.00	29.85	306.51
被动管理型	2696035.00	6870339.00	70.15	154.83

资料来源：信托公司年报，用益信托工作室整理制作。

2013 年安信信托明显加大了单一类信托业务的发行力度，而集合类信托产品的发行节奏则有所放缓。虽然安信信托对其信托业务结构进行了调整，但与行业的总体水平相比还有相当的距离，而增加单一类信托业务的比重虽然可

以迅速做大信托资产规模，但同时也减少了信托业务收入的比重，降低了主动管理型业务的比重，导致整个信托业务风险系数上升。

显然，单一类信托业务比重的增加是导致其主动管理型业务占比下降的主要原因。

表13 2013年信托项目清算收益情况

单位：个，万元，%

已清算项目类型	项目个数	实际信托合计金额	加权平均实际年化收益率	行业平均实际年化收益率
集合类	13	630744.40	10.50	8.36
单一类	52	1326310.00	9.22	7.63
财产管理类				6.78
合　计	65	1957054.40	9.63	7.59

资料来源：信托公司年报。

从2013年产品清算来看，其收益水平普遍高于同期行业的平均值，尤其在集合类信托产品方面，高出行业平均水平2.14个百分点，表明安信信托的理财能力在行业具有一定的竞争优势。

2.固有资产

表14 2013年自营资产运用方式及投向

单位：万元，%

资产运用	金额	占比	资产分布	金额	占比
货币资产	1.29	0.00	基础产业		
贷款及应收款	52500.00	32.80	房地产		
交易性金融资产	60091.21	37.55	证券市场		
可供出售金融资产	0.00	0.00	实业		
持有至到期投资	0.00	0.00	金融机构		
长期股权投资	0.00	0.00	其他		
其他	47453.65	29.65			
资产总计	160046.15	100.00	资产总计	160046.15	100.00

资料来源：信托公司年。

从资金运用方式来看，主要以交易性金融资产、贷款及应收款和其他投资为主，从投资分布来看，自营资金的投向一般分为基础产业、房地产、证券市场、实业（工商企业）、金融机构及其他，但2013年安信信托年报并未披露相关信息。

（四）风险管理

1. 风险指标

安信信托2013年固有资产不良率为3.89%，较2012年下降0.93个百分点，固有资产质量进一步提高。另外，安信信托2013年风险赔偿准备金为3736.36万元，占注册资本的8.23%，累计提取信托风险赔偿准备金3736.36万元，占注册资本的8.23%；一般风险准备金为4540.98万元，累计风险准备金4540.98万元。

由于安信信托注册资本较低，固有业务经营能力较弱，公司的整体资产质量和抗风险能力较弱。2013年安信信托净资本为6.95亿元，高于监管最低标准2亿元；风险资本为16.77亿元，净资本与风险资本的比值为41.49%，远低于监管层的100%；净资产为8.65亿元，净资本与净资产的比值为80.68%，高于监管层最低标准40%。以上风险指标表明安信信托的抗风险能力还有待加强。

2. 风险事件

2013年3月，安信信托 – 昆山·联邦国际资产收益财产权信托计划：融资方资金周转困难，且由于存在多处法律法规争议，融资方拒绝还款付息。

2013年4月，安信信托 – 温州"泰宇花苑"项目开发贷款集合资金信托计划：项目楼盘停工近一年，融资方过度民间借贷，公司负责人逃离出境。

三 百瑞信托

（一）基本情况

1. 公司沿革

百瑞信托有限责任公司（简称百瑞信托或公司）前身是1986年4月15

日成立的郑州信托投资公司；2002 年更名为百瑞信托投资有限责任公司；2007 年 11 月，经银监会批准，更名为百瑞信托有限责任公司；2010 年 12 月公司引入中电投财务有限公司为新股东，2011 年 10 月和 2012 年 3 月，公司又相继引入中国电力投资集团公司、JPMorgan Chase & Co.（摩根大通）为公司新股东。注册及办公地均为河南郑州，法定代表人是马宝军，注册资本 12 亿元。

2. 股东背景

表 15　排前三的股东

单位：%

股东名称	持股比例	股东背景
中国电力投资集团公司	25.33	央企
中电投财务有限公司	24.91	央企
摩根大通	19.99	外资

资料来源：信托公司年报，用益信托工作室整理制作。

（二）主要指标及排名

表 16　2013 年度主要经营指标及排名

经营指标		行业情况		排名情况		
名称	值	平均值	最高值	2013 年	2012 年	升降
注册资本（万元）	120000.00	167300.00	698800.00	41	34	-7
固有总资产（万元）	339415.46	423730.81	1856313.75	35	35	0
固有净资产（万元）	306519.88	374790.49	1713394.33	39	34	-5
信托总资产（万元）	11424669.83	16030212.26	72966079.78	38	41	3
人均信托资产（万元）	66422.50	86131.35	314912.50	38	41	3
集合信托资产占比（%）	32.11	28.60	88.10	25	25	0
主动管理型占比（%）	44.73	58.93	100.00	45	47	2
信托清算平均收益（万元）	7.16	7.59	12.92	43	29	-14
年度新增信托规模（万元）	7576367.93	10090662.73	44143364.00	35	36	1
新增单一信托规模（万元）	5277096.56	7274564.58	41304986.00	35	33	-2
新增集合信托规模（万元）	1999271.37	2460672.83	14709086.46	29	30	1

经营指标		行业情况		排名情况		
名称	值	平均值	最高值	2013 年	2012 年	升降
总收入（万元）	116453.93	122186.63	547823.36	26	30	4
信托业务收入（万元）	89717.51	90494.73	454205.00	26	26	0
总利润（万元）	86015.31	83319.01	418590.74	24	29	5
净利润（万元）	64216.88	65000.38	313553.98	25	28	3
人均净利润（万元）	396.40	380.05	1520.01	26	34	8
资本利润率（%）	23.58	19.76	54.06	18	23	5
信托报酬率（%）	0.79	0.68	2.63	22	22	0
净资本（万元）	247300.00	299973.72	1293667.00	37	37	0
风险资本（万元）	165400.00	182283.69	640253.00	31	30	-1
信托杠杆率（倍）	37.27	47.82	170.81	39	43	4

资料来源：信托公司年报，用益信托工作室整理制作。

表 17　2013 年用益－信托公司综合实力排名

指标		行业情况		排名情况		
名称	值	平均值	最高值	2013 年	2012 年	升降
资本实力	80.57	100.00	444.22	39	33	-6
业务能力	84.31	95.17	308.72	35	41	6
盈利能力	108.85	98.96	272.74	24	32	8
理财能力	82.96	99.96	194.14	50	47	-3
抗风险能力	91.26	104.40	238.82	39	33	-6
综合实力	89.94	100.16	253.52	31	40	9

资料来源：用益信托工作室。

（三）资产管理状况

1. 信托资产

表 18 表明，百瑞信托的信托资金运用方式主要是贷款、长期股权投资和其他投资，而公司信托资金的投向则主要集中在基础产业、其他投资和实业（工商企业）。

表18 2013年信托资产运用方式及投向

单位：万元，%

资产运用	金额	占比	资产分布	金额	占比
货币资产	112304.00	0.98	基础产业	4359541.40	38.16
贷款	5568216.78	48.74	房地产	1487660.12	13.02
交易性金融资产	6816.50	0.06	证券市场	396.40	0.00
可供出售金融资产	522702.78	4.58	实业	2465504.93	21.58
持有至到期投资	30000.00	0.26	金融机构	593547.14	5.20
长期股权投资	2915505.45	25.52	其他	2518019.85	22.04
其他	2269124.33	19.86			
信托资产总计	11424669.84	100.00	信托资产总计	11424669.84	100.00

资料来源：信托公司年报。

表19 2013年信托资产管理情况

单位：万元，%

信托资产	2012年	2013年	占比	增长率
集合类	1525579.24	1999271.37	26.39	31.05
单一类	3263752.40	5277096.56	69.65	61.69
财产权类	60000.00	300000.00	3.96	400.00
主动管理型	2843261.24	2281958.37	30.12	-19.74
被动管理型	2006070.40	5294409.55	69.88	163.92

资料来源：信托公司年报，用益信托工作室整理制作。

2013年百瑞信托加大了单一类信托业务的发行力度，而集合类信托产品的发行节奏则有所放缓。单一类信托业务的比重增加虽然可以迅速做大信托资产规模，但同时也减少了信托业务收入的比重，降低了主动管理型业务的比重，导致整个信托业务风险系数上升。

从2013年百瑞信托产品清算情况来看，其总体收益水平低于同期行业的平均值，但在集合类信托产品方面，高出行业平均水平0.85个百分点，表明百瑞信托的理财能力在行业具有一定的竞争优势。

2.固有资产

从资金运用方式来看，主要以贷款及应收款为主，从投向来看，主要集中在实业（工商企业）、房地产和其他。显然，固有资金投向房地产的比重过大

表 20　2013 年信托项目清算收益情况

单位：个，万元，%

已清算项目类型	项目个数	实际信托合计金额	加权平均实际年化收益率	行业平均实际年化收益率
集合类	38	784550.00	9.21	8.36
单一类	39	2144661.83	6.41	7.63
财产管理类				6.78
合　计	77	2929211.83	7.16	7.59

资料来源：信托公司年报。

是一个非常危险的信号。目前房地产业处于调整期，市场下行风险加大，这对公司固有资产的整体安全构成了潜在的威胁。

表 21　2013 年自营资产运用方式及投向

单位：万元，%

资产运用	金额	占比	资产分布	金额	占比
货币资产	22012.64	6.49	基础产业	15400.00	4.54
贷款及应收款	111548.78	32.86	房地产	89620.01	26.40
交易性金融资产	17992.61	5.30	证券市场	8135.86	2.40
可供出售金融资产	106326.11	31.33	实业	115184.33	33.94
持有至到期投资	0.00	0.00	金融机构	30886.82	9.10
长期股权投资	57072.14	16.81	其他	80188.44	23.63
其他	24463.17	7.21			
资产总计	339415.46	100.00	资产总计	339415.46	100.00

资料来源：信托公司年报。

（四）风险管理

1. 风险指标

百瑞信托 2013 年固有资产不良率为 2.89%，较 2012 年上升 1.80 个百分点，固有资产质量有所下降。另外，百瑞信托 2013 年提取信托风险赔偿准备金 5595.42 万元，占注册资本的 4.67%，累计提取信托风险赔偿准备金

5595.42 万元，占注册资本的 4.67%；提取一般风险准备金 16989.94 万元，累计风险准备金也为 16989.94 万元。

由于百瑞信托的信托资产规模不大，且对自身业务风险的控制较好，公司的整体资产质量和抗风险能力较强。根据百瑞信托年报数据披露，2013 年百瑞信托净资本为 24.73 亿元，远高于监管最低标准 2 亿元；风险资本为 16.54 亿元，净资本与风险资本的比值为 149.52%，高于监管层的 100%；净资产为 30.65 亿元，净资本与净资产的比值为 80.68%，也高于监管层最低标准 40%。以上风险指标表明百瑞信托的抗风险能力仍处在较安全的区域内。

2. 风险事件

2013 年百瑞信托无任何信托产品兑付风险事件发生。

四 北方信托

（一）基本情况

1. 公司沿革

北方国际信托股份有限公司（简称北方信托或公司）前身为 1987 年 10 月成立的天津经济技术开发区信托投资公司，1994 年更名为天津北方国际信托投资公司，2005 年 12 月，注册资本变更为 10 多亿元。2008 年 10 月，名称变更为"北方国际信托股份有限公司"。注册及办公地为天津，法定代表人是刘惠文，注册资本 10 亿元。

2. 股东背景

表 22　排前两位的股东

单位：%

股东名称	持股比例	股东背景
天津泰达投资控股有限公司	32.33	国资
津联集团有限公司	11.21	国资

资料来源：信托公司年报，用益信托工作室整理制作。

（二）主要指标及排名

表23　2013年度主要经营指标及排名

经营指标		行业情况		排名情况		
名称	值	平均值	最高值	2013年	2012年	升降
注册资本（万元）	101000.00	167300.00	698800.00	54	49	−5
固有总资产（万元）	321467.17	423730.81	1856313.75	41	36	−5
固有净资产（万元）	274109.11	374790.49	1713394.33	41	36	−5
信托总资产（万元）	29423228.00	16030212.26	72966079.78	10	15	5
人均信托资产（万元）	241174.00	86131.35	314912.50	2	6	4
集合信托资产占比（%）	6.23	28.60	88.10	63	57	−6
主动管理型占比（%）	14.48	58.93	100.00	65	58	−7
信托清算平均收益（万元）	7.11	7.59	12.92	44	54	10
年度新增信托规模（万元）	15441130.00	10090662.73	44143364.00	14	10	−4
新增单一信托规模（万元）	13342745.00	7274564.58	41304986.00	11	5	−6
新增集合信托规模（万元）	894603.00	2460672.83	14709086.46	50	26	−24
总收入（万元）	113806.46	122186.63	547823.36	28	28	0
信托业务收入（万元）	87606.11	90494.73	454205.00	28	20	−8
总利润（万元）	69131.63	83319.01	418590.74	32	30	−2
净利润（万元）	52181.24	65000.38	313553.98	34	30	−4
人均净利润（万元）	395.31	380.05	1520.01	27	21	−6
资本利润率（%）	21.04	19.76	54.06	30	22	−8
信托报酬率（%）	0.30	0.68	2.63	60	58	−2
净资本（万元）	219392.41	299973.72	1293667.00	42	43	1
风险资本（万元）	264233.35	182283.69	640253.00	19	18	−1
信托杠杆率（倍）	107.34	47.82	170.81	5	7	2

资料来源：信托公司年报，用益信托工作室整理制作。

表24　2013年用益–信托公司综合实力排名

指标		行业情况		排名情况		
名称	值	平均值	最高值	2013年	2012年	升降
资本实力	72.35	100.00	444.22	42	43	−1
业务能力	119.70	95.17	308.72	18	17	−1
盈利能力	84.46	98.96	272.74	36	36	0
理财能力	115.52	99.96	194.14	14	19	5
抗风险能力	71.39	104.40	238.82	57	42	−15
综合实力	90.27	100.16	253.52	30	29	−1

资料来源：用益信托工作室。

（三）资产管理状况

1. 信托资产

北方国际信托是一家业务本土化较为严重的信托公司，在其发展的初期，主要信托业务和产品都集中在天津，并且发行的项目多数融资方为当地政府和企业单位。随着信托业的快速发展，北方信托早已走出天津，不过要实现业务的全国化，北方信托还有很长的一段路要走。北方信托的综合实力排名依然靠后，在抗风险和盈利能力方面还有待进一步提高。

表 25　2013 年信托资产运用方式及投向

单位：万元，%

资产运用	金额	占比	资产分布	金额	占比
货币资产	3479631.00	11.83	基础产业	6970786.00	23.69
贷款	12381987.00	42.08	房地产	680981.00	2.31
交易性金融资产	6273875.00	21.32	证券市场	6487999.00	5.24
可供出售金融资产	20281.00	0.07	实业	4613372.00	22.05
持有至到期投资	5513435.00	18.74	金融机构	1255911.00	4.27
长期股权投资	1420821.00	4.83	其他	9414179.00	32.00
其他	333198.00	1.13			
信托资产总计	29423228.00	100.00	信托资产总计	29423228.00	100.00

资料来源：信托公司年报。

表 25 的数据显示，2013 年北方信托的信托资金主要运用方式是贷款、交易性金融资产、持有至到期投资以及货币资产，而公司信托资金的投向则主要集中在其他、基础产业和实业。

表 26　2013 年信托资产管理情况

单位：万元，%

信托资产	2012 年	占比	2013 年	占比	增长率
集合类	1763260.00	9.94	894603.00	5.79	-49.26
单一类	15280497.38	86.10	13342745.00	86.41	-12.68
财产权类	702860.00	3.96	1203782.00	7.80	71.27
主动管理型	3927968.51	22.13	2334248.00	15.12	-40.57
被动管理型	13818648.87	77.87	13106882.00	84.88	-5.15

资料来源：信托公司年报，用益信托工作室整理制作。

从信托资金来源看，2013年北方信托单一类和集合类信托产品的发行节奏明显放缓，与上年同期相比，单一类占比依然很高，而集合类产品本年度继续下降，并且财产权类信托增长显著。这无疑会增加公司的信托资金风险系数。从前面的数据我们可以看到，北方信托在抗风险能力方面并不强，这与其信托业务的结构有很大的关系。

北方信托主动管理型业务下滑明显的主要原因是公司中财产权类信托的快速增长。

表27　2013年信托项目清算收益情况

单位：个，万元，%

已清算项目类型	项目个数	实际信托合计金额	加权平均实际年化收益率	行业平均实际年化收益率
集合类	54	749636.00	9.01	8.36
单一类	210	6888808.00	7.20	7.63
财产管理类	10	416300.00	2.31	6.78
合　计	274	8054744.00	7.11	7.59

资料来源：信托公司年报。

从2013年清算来看，其收益水平普遍低于行业平均水平，除占比较少的集合类产品收益率较高外，其他产品的收益率普遍较低，在行业内没有明显的竞争力，并且在盈利能力方面缺失较为严重。

2. 固有资产

表28　2013年自营资产运用方式及投向

单位：万元，%

资产运用	金额	占比	资产分布	金额	占比
货币资产	113074.26	35.17	基础产业	209.00	0.07
贷款及应收款	131987.73	41.06	房地产	52152.94	16.22
交易性金融资产	16135.99	5.02	证券市场	28139.35	8.75
可供出售金融资产	816.20	0.25	实业	0.00	0.00
持有至到期投资	0.00	0.00	金融机构	36702.09	11.42
长期股权投资	38577.09	12.00	其他	204263.79	63.54
其他	20875.90	6.49			
资产总计	321467.17	100.00	资产总计	321467.17	100.00

资料来源：信托公司年报。

从资金运用方式来看，以贷款及应收款为主，从投向来看，主要集中在其他、房地产和金融机构。特别值得注意的是，北方信托的固有资产投向中没有实业，并且基础产业占比极小，显然，固有资金投向房地产的比重过高是一个风险信号。由于目前房地产业正处于调整期，市场行情不明，这给北方信托的公司业务结构带来了潜在风险。

（四）风险管理

1. 风险指标

北方信托 2013 年不良（固有）资产率为零，与 2012 年相同，固有资产质量良好。另外，北方信托 2013 年信托赔偿准备金为 12839.01 万元，占注册资本的比例为 12.71%，一般风险准备金为 16695.51 万元，占注册资本的比例为16.68%；两项风险准备金合计规模为 29534.52 万元。

2013 年北方信托净资本为 21.94 亿元，远高于监管最低标准 2 亿元；风险资本为 26.42 亿元，净资本与风险资本的比值为 83.04%，低于监管层的100%；净资产为 27.41 亿元，净资本与净资产的比值为 80.04%，高于监管层最低标准 40%。以上风险指标表明北方信托的抗风险能力较弱，在风险资本方面还有待改进。

2. 风险事件

2013 年北方信托无任何信托产品兑付风险事件发生。

五　北京信托

（一）基本情况

1. 公司沿革

据 2013 年年报披露显示，北京国际信托有限公司（简称北京信托或公司）成立于 1984 年 10 月，2000 年 3 月增资改制为多家企业参股的非银行金融机构。2002 年 3 月，经中国人民银行批准重新登记。2007 年，经中国银行业监督管理委员会批准，公司实施了引进境外战略投资人的股权重组，同时按照信托新规的要求换发了新的《金融许可证》。公司注册及办公地为北京，法定代表人是李民吉，注册资本 14 亿元。

2. 股东背景

表 29　排前三的股东

单位：%

股东名称	持股比例	股东背景
北京市国有资产经营有限责任公司	34.30	政府
威益投资有限公司	19.99	非国资
中国石油化工股份有限公司北京石油分公司	14.29	央企

资料来源：信托公司年报，用益信托工作室整理制作。

（二）主要指标及排名

表 30　2013 年度主要经营指标及排名

经营指标		行业情况		排名情况		
名称	值	平均值	最高值	2013 年	2012 年	升降
注册资本（万元）	140000.00	167300.00	698800.00	59	56	-3
固有总资产（万元）	421777.00	423730.81	1856313.75	50	32	-18
固有净资产（万元）	389439.14	374790.49	1713394.33	50	32	-18
信托总资产（万元）	12434795.38	16030212.26	72966079.78	50	32	-18
人均信托资产（万元）	63768.18	86131.35	314912.50	45	32	-13
集合信托资产占比（%）	40.97	28.60	88.10	57	56	-1
主动管理型占比（%）	87.56	58.93	100.00	50	7	-43
信托清算平均收益（%）	9.07	7.59	12.92	45	60	15
年度新增信托规模（万元）	3882062.60	10090662.73	44143364.00	57	56	-1
新增单一信托规模（万元）	1588810.00	7274564.58	41304986.00	57	56	-1
新增集合信托规模（万元）	1932287.34	2460672.83	14709086.46	50	22	-28
总收入（万元）	151979.83	122186.63	547823.36	50	22	-28
信托业务收入（万元）	122704.00	90494.73	454205.00	45	22	-23
总利润（万元）	111490.49	83319.01	418590.74	50	32	-18
净利润（万元）	81794.20	65000.38	313553.98	50	32	-18
人均净利润（万元）	445.00	380.05	1520.01	45	56	11
资本利润率（%）	22.84	19.76	54.06	45	32	-13
信托报酬率（%）	0.99	0.68	2.63	57	60	3
净资本（万元）	314616.00	299973.72	1293667.00	50	32	-18
风险资本（万元）	155329.00	182283.69	640253.00	50	32	-18
信托杠杆率（倍）	31.93	47.82	170.81	45	32	-13

资料来源：信托公司年报，用益信托工作室整理制作。

表31　2013年用益－信托公司综合实力排名

指标			行业情况		排名情况		
名称	值		平均值	最高值	2013年	2012年	升降
资本实力	101.21		100.00	444.22	23	22	-1
业务能力	76.74		95.17	308.72	38	26	-12
盈利能力	119.19		98.96	272.74	18	20	2
理财能力	89.84		99.96	194.14	39	12	-27
抗风险能力	117.06		104.40	238.82	19	14	-5
综合实力	102.82		100.16	253.52	23	20	-3

资料来源：用益信托工作室。

（三）资产管理状况

1. 信托资产

北京信托早先的各项能力排名均靠前，但是随着近几年信托行业的快速发展，北京信托逐渐被新兴的信托公司和老牌强者丢在了后面。尤其是近两年来，北京信托的业务能力和理财能力排名不断下滑，其综合实力在最新的一期排名中处于中游水平。北京信托想重新回归第一梯队还有很长的一段路要走，尤其是在信托报酬率方面，其与行业平均水平相比差距较大。

表32　2013年信托资产运用方式及投向

单位：万元，%

资产运用	金额	占比	资产分布	金额	占比
货币资产	338167.81	2.72	基础产业	3047562.23	24.51
贷款	1529183.37	12.30	房地产	2407347.74	19.36
交易性金融资产	3450852.33	27.75	证券市场	3831514.55	30.81
可供出售金融资产	558386.12	4.49	实业	1965239.56	15.80
持有至到期投资	2870163.34	23.08	金融机构	378673.25	3.05
长期股权投资	2659152.27	21.38	其他	804458.05	6.47
其他	1028890.14	8.27			
信托资产总计	12434795.38	100.00	信托资产总计	12434795.38	100.00

资料来源：信托公司年报。

表 32 的数据表明，北京信托的信托资金运用方式主要是持有至到期投资、长期股权投资和交易性金融资产，而公司信托资金的投向则主要集中在证券市场、基础产业和房地产。

表 33　2013 年信托资产管理情况

单位：万元，%

信托资产	2012 年	2013 年	占比	增长率
集合类	2615639. 30	1932287. 34	49. 77	− 26. 13
单一类	2331049. 85	1588810. 00	40. 93	− 31. 84
财产权类	520000. 00	360965. 26	9. 30	− 30. 58
主动管理型	5264125. 60	3165087. 34	81. 53	− 39. 87
被动管理型	202563. 55	716975. 26	18. 47	253. 95

资料来源：信托公司年报，用益信托工作室整理制作。

2013 年北京信托明显放缓了信托产品的发行速度，集合类、单一类和财产权类的发行速度都明显减缓，并且在发行规模方面下降较多。另外，被动管理型的信托产品占比增长明显，导致其理财能力明显下降。

统计数据表明，北京信托 2013 年主动管理资产规模下滑与其信托资产运用方式有很大的关系。

表 34　2013 年信托项目清算收益情况

单位：个，万元，%

已清算项目类型	项目个数	实际信托合计金额	加权平均实际年化收益率	行业平均实际年化收益率
集合类	45	2085841. 70	9. 99	8. 36
单一类	16	3178125. 09	8. 98	7. 63
财产管理类	5	874868. 85	7. 23	6. 78
合　计	66	6138835. 64	9. 07	7. 59

资料来源：信托公司年报。

从 2013 年北京信托的产品清算情况来看，其收益水平普遍高于同期行业的平均值，尤其在集合类信托产品方面，高出行业平均水平 1. 63 个百分点，表明北京信托的理财能力在行业中具有较强的竞争优势。

2. 固有资产

表35 2013年自营资产运用方式及投向

单位：万元，%

资产运用	金额	占比	资产分布	金额	占比
货币资产	130805.00	31.01	基础产业	0.00	0.00
贷款及应收款	93708.00	22.22	房地产	0.00	0.00
交易性金融资产	30940.00	7.34	证券市场	61386.00	14.55
可供出售金融资产	53721.00	12.74	实业	109515.00	25.97
持有至到期投资	52300.00	12.40	金融机构	233917.00	55.46
长期股权投资	32283.00	7.65	其他	16959.00	4.02
其他	2808.00	0.67			
资产总计	421777.00	100.00	资产总计	421777.00	100.00

资料来源：信托公司年报。

从资金运用方式来看，以货币资产为主；从投向来看，主要集中在金融机构、实业（工商企业）和证券市场。特别值得注意的是，北京信托的固有资产投向中没有基础产业和房地产，显然，固有资金的投向中没有基建类产品对于公司固有资产的整体安全而言有很大的优势。

（四）风险管理

1. 风险指标

2013年北京信托不良（固有）资产率未发生改变，依然为0，说明北京信托的资产控制能力较强。另外，北京信托2013年风险赔偿准备金为33000.00万元，占注册资本的比例为0.24%，一般风险准备金为5452.15万元，占注册资本的比例为3.89%；两项风险准备金合计规模为38452.15万元。

2013年北京信托净资本为31.46亿元，远高于监管最低标准2亿元；风险资本为15.53亿元，净资本与风险资本的比值为202.58%，高于监管层的100%；净资产为38.94亿元，净资本与净资产的比值为80.79%，也高于监管层最低标准40%。以上风险指标表明北京信托的抗风险能力仍处在较安全的区域内，并且由于北京信托的信托资产规模并不是很大，其自身整体资产质量和抗风险能力较好。

2. 风险事件

2013年北京信托无任何信托产品兑付风险事件发生。

六　渤海信托

（一）基本情况

1. 公司沿革

渤海国际信托有限公司（简称渤海信托或公司）前身是1982年10月成立的河北省国际信托投资有限责任公司，2004年1月获准重新登记，2006年12月完成重组，2007年2月增资扩股。2007年11月变更为渤海国际信托有限公司，2009年3月再次增资7000万元，2011年6月海航资本控股增资120435万元。至此，公司注册资本为20亿元，注册及办公地均为河北石家庄，法定代表人是金平。

2. 股东背景

表36　排前三的股东

单位：%

股东名称	持股比例	股东背景
海航资本控股有限公司	60.22	国资
海口美兰国际机场有限责任公司	15.51	国资
海航酒店控股集团有限公司	14.20	非国资

资料来源：信托公司年报，用益信托工作室整理制作。

（二）主要指标及排名

表37　2013年度主要经营指标及排名

经营指标		行业情况		排名情况		
名称	值	平均值	最高值	2013年	2012年	升降
注册资本（万元）	200000.00	167300.00	698800.00	22	16	-6
固有总资产（万元）	326763.53	423730.81	1856313.75	40	30	-10
固有净资产（万元）	318792.59	374790.49	1713394.33	34	26	-8
信托总资产（万元）	18817904.08	16030212.26	72966079.78	23	32	9

续表

经营指标		行业情况		排名情况		
名称	值	平均值	最高值	2013年	2012年	升降
人均信托资产（万元）	140432.12	86131.35	314912.50	13	16	3
集合信托资产占比（%）	5.23	28.60	88.10	65	63	-2
主动管理型占比（%）	93.94	58.93	100.00	7	24	17
信托清算平均收益（%）	7.96	7.59	12.92	26	14	-12
年度新增信托规模（万元）	15390752.50	10090662.73	44143364.00	15	27	12
新增单一信托规模（万元）	14228766.30	7274564.58	41304986.00	9	22	13
新增集合信托规模（万元）	1005066.20	2460672.83	14709086.46	47	62	15
总收入（万元）	100598.50	122186.63	547823.36	33	35	2
信托业务收入（万元）	90657.24	90494.73	454205.00	25	27	2
总利润（万元）	66729.11	83319.01	418590.74	36	32	-4
净利润（万元）	50868.38	65000.38	313553.98	37	32	-5
人均净利润（万元）	442.33	380.05	1520.01	18	17	-1
资本利润率（%）	17.16	19.76	54.06	37	39	2
信托报酬率（%）	0.48	0.68	2.63	42	47	5
净资本（万元）	258439.49	299973.72	1293667.00	36	27	-9
风险资本（万元）	272883.09	182283.69	640253.00	14	27	13
信托杠杆率（倍）	59.03	47.82	170.81	17	33	16

资料来源：信托公司年报，用益信托工作室整理制作。

表38　2013年用益-信托公司综合实力排名

指标		行业情况		排名情况		
名称	值	平均值	最高值	2013年	2012年	升降
资本实力	87.14	100.00	444.22	35	23	-12
业务能力	81.30	95.17	308.72	37	43	6
盈利能力	85.80	98.96	272.74	35	38	3
理财能力	119.61	99.96	194.14	11	17	6
抗风险能力	70.92	104.40	238.82	59	47	-12
综合实力	88.43	100.16	253.52	37	34	-3

资料来源：用益信托工作室。

（三）资产管理状况

1. 信托资产

表39 2013年信托资产运用方式及投向

单位：万元，%

资产运用	金额	占比	资产分布	金额	占比
货币资产	65678.03	0.35	基础产业	3341376.40	17.76
贷款	14328203.05	76.14	房地产	1993840.00	10.59
交易性金融资产	0.00	0.00	证券市场	10000.00	0.05
可供出售金融资产	80000.00	0.42	实业	12498750.70	66.42
持有至到期投资	3042166.04	16.17	金融机构	714785.60	3.80
长期股权投资	1301856.96	6.92	其他	259151.38	1.38
其他	0.00	0.00			
信托资产总计	18817904.08	100.00	信托资产总计	18817904.08	100.00

资料来源：信托公司年报。

表39的数据表明，渤海信托的信托资金运用方式主要是贷款、持有至到期投资和长期股权投资，而公司信托资金的投向则主要集中在实业（工商企业）、基础产业和房地产。

表40 2013年信托资产管理情况

单位：万元，%

信托资产	2012年	2013年	占比	增长率
集合类	236660.00	1005066.20	6.53	324.69
单一类	6264655.30	14228766.30	92.45	127.13
财产权类	460437.00	156920.00	1.02	-65.92
主动管理型	5623222.30	15301028.40	99.42	172.10
被动管理型	1338530.00	89724.10	0.58	-93.30

资料来源：信托公司年报，用益信托工作室整理制作。

2013年渤海信托明显加大了信托业务的发行力度，其集合类和单一类信托产品的发行均呈现显著的增长态势，但与行业的总体水平相比仍有相当的差

距，集合类占比仍处于较低的水平，这不利于对信托业务风险的控制。单一类信托业务比重的增加虽然可以迅速做大信托资产规模，但同时也减少了信托业务收入的比重，降低了主动管理型业务的比重，导致整个信托业务风险系数上升。

显然，集合类信托业务比重的增加是导致其主动管理型业务占比上升的主要原因。

表41　2013年信托项目清算收益情况

单位：个，万元，%

已清算项目类型	项目个数	实际信托合计金额	加权平均实际年化收益率	行业平均实际年化收益率
集合类	22	794515.50	8.56	8.36
单一类	191	5643597.80	8.01	7.63
财产管理类	9	174600.00	3.78	6.78
合　计	222	6612713.30	7.96	7.59

资料来源：信托公司年报。

从2013年清算来看，其收益水平总体上高于同期行业的平均值，尤其在单一类信托产品方面，高出行业平均水平0.38个百分点，表明渤海信托的理财能力在行业中具有一定的竞争优势。

2. 固有资产

表42　2013年自营资产运用方式及投向

单位：万元，%

资产运用	金额	占比	资产分布	金额	占比
货币资产	122788.44	37.58	基础产业	0.00	0.00
贷款及应收款	36864.46	11.28	房地产	0.00	0.00
交易性金融资产	2097.56	0.64	证券市场	122770.91	37.57
可供出售金融资产	118063.32	36.13	实业	34500.00	10.56
持有至到期投资	0.00	0.00	金融机构	162693.44	49.79
长期股权投资	39905.00	12.21	其他	6799.18	2.08
其他	7044.75	2.16			
资产总计	326763.53	100.00	资产总计	326763.53	100.00

资料来源：信托公司年报。

从资金运用方式来看，以货币资产、可供出售金融资产和贷款及应收款为主，从投向来看，主要集中在金融机构、证券市场和实业（工商企业）。特别值得注意的是，渤海信托的固有资产投向中没有基础产业和房地产。

（四）风险管理

1. 风险指标

渤海信托2013年固有资产不良率仍为0，固有资产运用水平较高。另外，渤海信托2013年提取信托风险赔偿准备金7052.61万元，占注册资本的3.53%，累计提取信托风险赔偿准备金7052.61万元，占注册资本的3.53%；提取一般风险准备金5380万元，累计风险准备金5380万元。

由于渤海信托的信托资产规模较大，但其资本实力排名稍微偏后，公司的整体资产质量和抗风险能力偏弱。根据渤海信托年报数据披露，2013年渤海信托净资本为25.84亿元，远高于监管最低标准2亿元；风险资本为27.29亿元，净资本与风险资本的比值为94.71%，略低于监管层的100%；净资产为31.88亿元，净资本与净资产的比值为81.07%，高于监管层最低标准40%。以上风险指标表明渤海信托的抗风险能力偏弱，还处在较为危险的区域内。

2. 风险事件

2013年渤海信托无任何信托产品兑付风险事件发生。

七 大业信托

（一）基本情况

1. 公司沿革

大业信托有限责任公司（简称大业信托或公司）前身是广州科技信托投资公司，重组后更名为大业信托有限责任公司。公司在2011年3月10日获取《金融许可证》，并在2011年3月16日换取新的营业执照正式开业。注册及主要办公地为广州，法定代表人为沈柏年，注册资本3亿元。

2. 股东背景

表 43　排前三的股东

单位：%

股东名称	持股比例	股东背景
中国东方资产管理公司	41.67	国资
广州金融控股集团有限公司	38.33	国资
广东京信电力集团有限公司	20.00	国资

资料来源：信托公司年报，用益信托工作室整理制作。

（二）主要指标及排名

表 44　2013 年度主要经营指标及排名

经营指标		行业情况		排名情况		
名称	值	平均值	最高值	2013 年	2012 年	升降
注册资本（万元）	30000.00	167300.00	698800.00	67	63	-4
固有总资产（万元）	132706.00	423730.81	1856313.75	62	62	0
固有净资产（万元）	82889.01	374790.49	1713394.33	65	64	-1
信托总资产（万元）	5228599.72	16030212.26	72966079.78	54	57	3
人均信托资产（万元）	53353.06	86131.35	314912.50	42	48	6
集合信托资产占比（%）	54.62	28.60	88.10	4	9	5
主动管理型占比（%）	50.00	58.93	100.00	39	39	0
信托清算平均收益（%）	9.11	7.59	12.92	11	2	-9
年度新增信托规模（万元）	4936300.00	10090662.73	44143364.00	43	48	5
新增单一信托规模（万元）	1597500.00	7274564.58	41304986.00	58	57	-1
新增集合信托规模（万元）	3103100.00	2460672.83	14709086.46	19	22	3
总收入（万元）	53919.20	122186.63	547823.36	55	53	-2
信托业务收入（万元）	48706.30	90494.73	454205.00	47	47	0
总利润（万元）	33934.18	83319.01	418590.74	53	53	0
净利润（万元）	25426.15	65000.38	313553.98	54	53	-1
人均净利润（万元）	256.83	380.05	1520.01	44	41	-3
资本利润率（%）	36.23	19.76	54.06	5	4	-1
信托报酬率（%）	0.93	0.68	2.63	16	15	-1
净资本（万元）	78987.49	299973.72	1293667.00	62	62	0
风险资本（万元）	57353.88	182283.69	640253.00	60	58	-2
信托杠杆率（倍）	63.08	47.82	170.81	14	21	7

资料来源：信托公司年报，用益信托工作室整理制作。

表45　2013年用益-信托公司综合实力排名

指标		行业情况		排名情况		
名称	值	平均值	最高值	2013年	2012年	升降
资本实力	24.38	100.00	444.22	65	65	0
业务能力	49.43	95.17	308.72	52	56	4
盈利能力	89.74	98.96	272.74	31	33	2
理财能力	77.78	99.96	194.14	55	40	-15
抗风险能力	62.94	104.40	238.82	65	62	-3
综合实力	61.53	100.16	253.52	59	59	0

资料来源：用益信托工作室。

（三）资产管理状况

1. 信托资产

表46　2013年信托资产运用方式及投向

单位：万元，%

资产运用	金额	占比	资产分布	金额	占比
货币资产	0.00	0.00	基础产业	500000.00	9.56
贷款	1790000.00	34.23	房地产	1410000.00	26.95
交易性金融资产	0.00	0.00	证券市场	0.00	0.00
可供出售金融资产	1550000.00	29.64	实业	980000.00	18.74
持有至到期投资	0.00	0.00	金融机构	470000.00	8.99
长期股权投资	840000.00	16.06	其他	1870000.00	35.76
其他	1050000.00	20.07			
信托资产总计	5230000.00	100.00	信托资产总计	5230000.00	100.00

资料来源：信托公司年报。

表46的数据表明，2013年大业信托的信托资金运用方式主要是贷款、可供出售金融资产、其他及长期股权投资，而公司信托资金的投向则较为分散，除证券市场无涉猎外，包括房地产、实业在内的各领域均有投资。

从信托资金来源看，2013年大业信托单一类、集合类信托产品的发行规模均有所增长，另外，财产权类信托新增规模较上年同期相比，下降明显。不

表 47　2013 年信托资产管理情况

单位：万元，%

信托资产	2012 年	占比	2013 年	占比	增长率
集合类	1972600.00	63.68	3103100.00	62.86	57.31
单一类	656200.00	21.18	1597500.00	32.36	143.45
财产权类	468800.00	15.13	235700.00	4.77	−49.72
主动管理型					
被动管理型					

资料来源：信托公司年报，用益信托工作室整理制作。

过从行业平均水平来看，该公司主动管理型业务占比仍高于行业平均水平。
2013 年，大业信托年报未披露新增主动及被动管理型信托资产规模。

表 48　2013 年信托项目清算收益情况

单位：个，万元，%

已清算项目类型	项目个数	实际信托合计金额	加权平均实际年化收益率	行业平均实际年化收益率
集合类	41	886516.00	8.57	8.36
单一类	35	829978.00	10.30	7.63
财产管理类	6	82141.42	3.02	6.78
合　计	82	1798635.42	9.11	7.59

资料来源：信托公司年报。

从 2013 年清算来看，其收益水平普遍高于同期行业的平均值，尤其在单
一类信托产品方面，高于行业平均水平 2.67 个百分点，表明大业信托的理财
能力在行业中具有一定的竞争优势。

2. 固有资产

从资金运用方式来看，主要集中在持有至到期投资和货币资产上，从投向
来看，2013 年大业信托固有资产投向最大的领域是房地产，其次是金融机构，
显然，固有资金投向房地产的比重过大是一个非常危险的信号。目前房地产业
处于调整期，市场下行风险加大，这对公司固有资产的整体安全构成了潜在的
威胁。

表49 2013年自营资产运用方式及投向

单位：万元，%

资产运用	金额	占比	资产分布	金额	占比
货币资产	53021.00	39.95	基础产业	0.00	0.00
贷款及应收款	11814.00	8.90	房地产	54495.00	41.06
交易性金融资产	0.00	0.00	证券市场	0.00	0.00
可供出售金融资产	0.00	0.00	实业	0.00	0.00
持有至到期投资	64095.00	48.30	金融机构	53016.00	39.95
长期股权投资	0.00	0.00	其他	25195.00	18.99
其他	3776.00	2.85			
资产总计	132706.00	100.00	资产总计	132706.00	100.00

资料来源：信托公司年报。

（四）风险管理

1. 风险指标

大业信托 2013 年固有资产不良率延续上年态势，依然为 0，固有资产质量良好。另外，大业信托 2013 年提取风险赔偿准备金 1271.31 万元，累计提取风险赔偿准备金为 2644.45 万元，占注册资本的比例为 8.81%；提取一般风险准备金为 1271.31 万元，累计提取一般风险准备金 2644.45 万元。

2013 年大业信托净资本为 7.9 亿元，高于监管最低标准 2 亿元；风险资本为 5.74 亿元，净资本与风险资本的比值为 137.72%，高于监管层的 100%；净资产为 8.29 亿元，净资本与净资产的比值为 95.29%，也高于监管层最低标准 40%。以上风险指标表明大业信托的抗风险能力仍处在较安全的区域内。

2. 风险事件

2013 年大业信托无任何信托产品兑付风险事件发生。

八　东莞信托

（一）基本情况

1. 公司沿革

东莞信托有限公司（简称东莞信托或公司）前身是 1987 年 3 月 13 日成立

的东莞市财务发展公司，1990 年 10 月 20 日更名为东莞市信托投资公司，2001 年注册资本增至 5 亿元，并更名为东莞信托投资有限公司。2002 年 4 月 18 日进行了重新登记。2007 年 7 月 27 日公司更名为东莞信托有限公司。2013 年 4 月公司注册资本增至 12 亿元。注册及办公地为广东东莞，法定代表人是何锦成。

2. 股东背景

表 50　排前三的股东

单位：%

股东名称	持股比例	股东背景
东莞市财信发展有限公司	43.50	政府
东莞市财政局	30.00	政府
东莞市经济贸易总公司	6.00	国资

资料来源：信托公司年报，用益信托工作室整理制作。

（二）主要指标及排名

表 51　2013 年度主要经营指标及排名

经营指标		行业情况		排名情况		
名称	值	平均值	最高值	2013 年	2012 年	升降
注册资本（万元）	120000.00	167300.00	698800.00	41	56	15
固有总资产（万元）	291277.11	423730.81	1856313.75	42	59	17
固有净资产（万元）	278187.17	374790.49	1713394.33	40	58	18
信托总资产（万元）	4132508.62	16030212.26	72966079.78	60	52	−8
人均信托资产（万元）	29945.71	86131.35	314912.50	58	51	−7
集合信托资产占比（%）	66.25	28.60	88.10	2	8	6
主动管理型占比（%）	87.99	58.93	100.00	15	15	0
信托清算平均收益（%）	7.57	7.59	12.92	38	17	−21
年度新增信托规模（万元）	1909510.00	10090662.73	44143364.00	63	57	−6
新增单一信托规模（万元）	409750.00	7274564.58	41304986.00	66	56	−10
新增集合信托规模（万元）	1499760.00	2460672.83	14709086.46	37	38	1
总收入（万元）	69903.11	122186.63	547823.36	45	49	4

经营指标		行业情况		排名情况		
名称	值	平均值	最高值	2013年	2012年	升降
信托业务收入（万元）	47800.99	90494.73	454205.00	49	48	−1
总利润（万元）	53200.79	83319.01	418590.74	42	46	4
净利润（万元）	39654.22	65000.38	313553.98	42	47	5
人均净利润（万元）	321.08	380.05	1520.01	37	43	6
资本利润率（%）	19.58	19.76	54.06	31	20	−11
信托报酬率（%）	1.16	0.68	2.63	5	11	6
净资本（万元）	196968.31	299973.72	1293667.00	44	59	15
风险资本（万元）	98730.54	182283.69	640253.00	47	55	8
信托杠杆率（倍）	14.86	47.82	170.81	61	36	−25

资料来源：信托公司年报，用益信托工作室整理制作。

表52　2013年用益–信托公司综合实力排名

指标		行业情况		排名情况		
名称	值	平均值	最高值	2013年	2012年	升降
资本实力	71.17	100.00	444.22	44	59	15
业务能力	45.14	95.17	308.72	56	59	3
盈利能力	94.43	98.96	272.74	29	41	12
理财能力	75.14	99.96	58	64	50	−14
抗风险能力	115.07	104.40	238.82	21	61	30
综合实力	83.68	100.16	253.52	44	57	13

资料来源：用益信托工作室。

（三）资产管理状况

1.信托资产

表53的数据表明，东莞信托的信托资金运用方式主要是贷款、其他投资和长期股权投资，而公司信托资金的投向则主要集中在其他投资、实业（工商企业）和房地产。

表 53　2013 年信托资产运用方式及投向

单位：万元，%

资产运用	金额	占比	资产分布	金额	占比
货币资产	74863.62	1.81	基础产业	429040.71	10.38
贷款	1743014.31	42.18	房地产	441565.85	10.69
交易性金融资产	503275.57	12.18	证券市场	141640.60	3.43
可供出售金融资产	8000.00	0.19	实业	1398955.00	33.85
持有至到期投资	0.00	0.00	金融机构	0.00	0.00
长期股权投资	507049.55	12.27	其他	1721306.46	41.65
其他	1296305.57	31.37			
信托资产总计	4132508.62	100.00	信托资产总计	4132508.62	100.00

资料来源：信托公司年报。

表 54　2013 年信托资产管理情况

单位：万元，%

信托资产	2012 年	2013 年	占比	增长率
集合类	1218335.00	1499760.00	78.54	23.10
单一类	673290.20	409750.00	21.46	-39.14
财产权类	50000.00			
主动管理型	1941625.20	1909510.00	100.00	1.65
被动管理型				

资料来源：信托公司年报，用益信托工作室整理制作。

　　2013 年东莞信托减小了单一类信托业务的发行力度，而集合类信托产品的发行节奏则有所放快。集合类信托业务的增加有利于该公司对信托业务风险的控制，提高了主动管理型比重，降低了整个信托业务风险系数。

　　年报数据显示，集合类信托业务比重的增加是使其主动管理型业务占比上升的主要原因。

　　从 2013 年清算来看，其平均收益水平略低于同期行业的平均值，这主要是由于单一类信托收益率较低，较行业平均水平低了 2.21 个百分点；而在集合类信托产品方面，则高出行业平均水平 1.32 个百分点，总体来看，东莞信托的理财能力在行业内还处于较弱水平。

表55　2013年信托项目清算收益情况

单位：个，万元，%

已清算项目类型	项目个数	实际信托合计金额	加权平均实际年化收益率	行业平均实际年化收益率
集合类	67	780460.00	9.68	8.36
单一类	19	773056.90	5.42	7.63
财产管理类	1	1307.00	21.39	6.78
合　计	87	1554823.90	7.57	7.59

资料来源：信托公司年报。

2. 固有资产

表56　2013年自营资产运用方式及投向

单位：万元，%

资产运用	金额	占比	资产分布	金额	占比
货币资产	12821.59	4.40	基础产业	0.00	0.00
贷款及应收款	32346.48	11.11	房地产	0.00	0.00
交易性金融资产	0.00	0.00	证券市场	35283.50	12.11
可供出售金融资产	221114.88	75.91	实业	7705.56	2.65
持有至到期投资	0.00	0.005	金融机构	8655.41	2.97
长期股权投资	16360.97	5.62	其他	239632.64	82.27
其他	8633.19	2.96			
资产总计	291277.11	100.00	资产总计	291277.11	100.00

资料来源：信托公司年报。

从资金运用方式来看，以可供出售金融资产为主；从投向来看，主要集中在其他投资、证券市场和金融机构。特别值得注意的是，东莞信托的固有资产投向中没有基础产业，也没有房地产。

（四）风险管理

1. 风险指标

东莞信托2013年固有资产不良率为4.49%，较2012年下降7.05个百分点，固有资产质量有了很大的提高。另外，东莞信托2013年提取信托风险赔偿准备金1982.71万元，占注册资本的1.65%，累计提取信托风险赔偿准备金

1982.71万元，占注册资本的1.65%；提取一般风险准备金3092.46万元，累计风险准备金为3092.46万元。

由于东莞信托的资金使用较为充分，盈利能力较强，公司的整体资产质量和抗风险能力较强。根据东莞信托年报数据披露，2013年东莞信托净资本为19.70亿元，远高于监管最低标准2亿元；风险资本为9.87亿元，净资本与风险资本的比值为199.50%，远高于监管层的100%；净资产为27.82亿元，净资本与净资产的比值为70.80%，也高于监管层最低标准40%。以上风险指标表明东莞信托的抗风险能力仍处在较安全的区域内。

2. 风险事件

2013年东莞信托无任何信托产品兑付风险事件发生。

九　方正信托

（一）基本情况

1. 公司沿革

方正东亚信托有限责任公司（简称方正信托或公司）的前身为武汉国际信托投资公司，2010年1月23日获准重组，2010年9月2日重新登记，并更名为方正东亚信托有限责任公司；2011年12月30日，注册资本由3亿元增至6亿元，2012年12月26日注册资本增至10亿元，2013年12月30日注册资本增至12亿元。注册地为武汉，主要办公地有武汉、北京、上海、郑州、青岛、广州、重庆、苏州、杭州和宁波。法定代表人是余丽。

2. 股东背景

表57　排前三的股东

单位：%

股东名称	持股比例	股东背景
北大方正集团有限公司	70.01	国资
东亚银行有限公司	19.99	外资
武汉经济发展投资(集团)有限公司	10.00	国资

资料来源：信托公司年报，用益信托工作室整理制作。

（二）主要指标及排名

表 58   2013 年度主要经营指标及排名

经营指标		行业情况		排名情况		
名称	值	平均值	最高值	2013 年	2012 年	升降
注册资本（万元）	120000.00	167300.00	698800.00	41	46	5
固有总资产（万元）	252284.89	423730.81	1856313.75	49	47	−2
固有净资产（万元）	217893.19	374790.49	1713394.33	49	51	2
信托总资产（万元）	11181569.47	16030212.26	72966079.78	39	41	2
人均信托资产（万元）	69884.81	86131.35	314912.50	34	30	−4
集合信托资产占比（%）	33.53	28.60	88.10	24	38	−14
主动管理型占比（%）	73.10	58.93	100.00	27	29	2
信托清算平均收益（%）	8.78	7.59	12.92	15	3	−12
年度新增信托规模（万元）	8376236.00	10090662.73	44143364.00	33	31	−2
新增单一信托规模（万元）	5351342.00	7274564.58	41304986.00	33	31	−2
新增集合信托规模（万元）	3013294.00	2460672.83	14709086.46	20	29	−9
总收入（万元）	127888.87	122186.63	547823.36	23	32	9
信托业务收入（万元）	111255.78	90494.73	454205.00	16	23	7
总利润（万元）	96375.54	83319.01	418590.74	21	34	13
净利润（万元）	70191.26	65000.38	313553.98	23	34	11
人均净利润（万元）	438.70	380.05	1520.01	19	30	11
资本利润率（%）	38.25	19.76	54.06	3	7	4
信托报酬率（%）	0.99	0.68	2.63	11	31	20
净资本（万元）	160631.75	299973.72	1293667.00	50	50	0
风险资本（万元）	147059.28	182283.69	640253.00	39	48	9
信托杠杆率（倍）	51.32	47.82	170.81	26	25	−1

资料来源：信托公司年报，用益信托工作室整理制作。

表 59   2013 年用益−信托公司综合实力排名

指标		行业情况		排名情况		
名称	值	平均值	最高值	2013 年	2012 年	升降
资本实力	58.86	100.00	444.22	49	47	−2
业务能力	88.03	95.17	308.72	31	38	7
盈利能力	143.22	98.96	272.74	13	23	10
理财能力	94.14	99.96	194.14	33	20	−13
抗风险能力	68.99	104.40	238.82	62	59	−3
综合实力	89.7	100.16	253.52	32	37	5

资料来源：用益信托工作室。

（三）资产管理状况

1. 信托资产

表60　2013 年信托资产运用方式及投向

单位：万元，%

资产运用	金额	占比	资产分布	金额	占比
货币资产	44001.84	0.39	基础产业	3619330.00	32.37
贷款	4656095.12	41.64	房地产	1151730.62	10.30
交易性金融资产	0.00	0.005	证券市场	26480.00	0.24
可供出售金融资产	434074.00	3.88	实业	3972801.50	35.53
持有至到期投资	4324319.30	38.67	金融机构	743980.00	6.65
长期股权投资	1100564.00	9.84	其他	1667247.35	14.91
其他	622515.21	5.57			
信托资产总计	11181569.47	100.00	信托资产总计	11181569.47	100.00

资料来源：信托公司年报。

以上数据表明，方正信托的信托资金运用方式主要是贷款、持有至到期投资和长期股权投资，而公司信托资金的投向则主要集中在实业（工商企业）、基础产业和其他投资。

表61　2013 年信托资产管理情况

单位：万元，%

信托资产	2012 年	2013 年	占比	增长率
集合类	1537734.00	3013294.00	35.97	95.96
单一类	4071309.00	5351342.00	63.89	31.44
财产权类	656119.47	11600.00	0.14	-98.23
主动管理型	5410162.47	5420284.00	64.71	0.19
被动管理型	855000.00	2955952.00	35.29	245.73

资料来源：信托公司年报，用益信托工作室整理制作。

2013 年方正信托明显加大了集合类信托业务的发行力度，而单一类信托产品的发行节奏则有所放缓。尽管近几年方正信托对其信托业务结构进行了调整，但与行业的总体水平相比还有相当的距离。单一类信托业务的比重过大，虽然可以迅速做大信托资产规模，但同时也减少了信托业务收入的比重，降低了主动管理型业务的比重，导致整个信托业务风险系数上升。

年报数据显示单一类信托业务比重的减少是导致其主动管理型业务占比上升的主要原因。

表62　2013年信托项目清算收益情况

单位：个，万元，%

已清算项目类型	项目个数	实际信托合计金额	加权平均实际年化收益率	行业平均实际年化收益率
集合类	32	844927.00	9.40	8.36
单一类	103	3485148.00	8.67	7.63
财产管理类	3	74600.00	6.71	6.78
合　计	138	4404675.00	8.78	7.59

资料来源：信托公司年报。

从2013年清算来看，其收益水平普遍高于同期行业的平均值，尤其在集合类信托产品方面，高出行业平均水平1.04个百分点，表明方正信托的理财能力在行业中具有一定的竞争优势。

2. 固有资产

从资金运用方式来看，以贷款及应收款为主；从投向来看，主要集中在其他投资、金融机构和房地产。特别值得注意的是，方正信托的固有资产投向中没有基础产业，这表明公司在资金投向方面还有一定的改进空间，以便公司固有资产的整体安全更能得到保证。

表63　2013年自营资产运用方式及投向

单位：万元，%

资产运用	金额	占比	资产分布	金额	占比
货币资产	44710.59	17.72	基础产业	0.00	0.00
贷款及应收款	186865.81	74.07	房地产	40385.00	16.01
交易性金融资产	1257.20	0.50	证券市场	6122.20	2.43
可供出售金融资产	4865.00	1.93	实业	10234.53	4.06
持有至到期投资	0.00	0.00	金融机构	44710.59	17.72
长期股权投资	0.00	0.00	其他	150832.57	59.79
其他	14586.29	5.78			
资产总计	252284.89	100.00	资产总计	252284.89	100.00

资料来源：信托公司年报。

（四）风险管理

1. 风险指标

方正信托 2013 年固有资产不良率依然为 0，固有资产质量仍保持较好。另外，方正信托 2013 年提取信托风险赔偿准备金 3509.56 万元，占注册资本的 2.92%，累计提取信托风险赔偿准备金 3509.56 万元，占注册资本的 2.92%；提取一般风险准备金 2994.57 万元，累计风险准备金 2994.57 万元。

2013 年方正信托净资本为 16.06 亿元，远高于监管最低标准 2 亿元；风险资本为 14.71 亿元，净资本与风险资本的比值为 109.23%，高于监管层的 100%；净资产为 21.79 亿元，净资本与净资产的比值为 73.72%，也高于监管层最低标准 40%。以上风险指标表明方正信托的抗风险能力仍处在较安全的区域内。

2. 风险事件

2013 年方正信托无任何信托产品兑付风险事件发生。

十　甘肃信托

（一）基本情况

1. 公司沿革

甘肃省信托有限责任公司前身是 1980 年 3 月成立的甘肃省投资信托公司，1996 更名为"甘肃省投资信托公司"；2002 年 4 月 28 日合并重组，2009 年 2 月更名为"甘肃省信托有限责任公司"。公司注册及主要办公地为甘肃省兰州市，法定代表人是马江河，2010 年 5 月公司注册资本变更为 10.18 亿元。

2. 股东背景

表 64　排前三的股东

单位：%

股东名称	持股比例	股东背景
甘肃省国有资产投资集团有限公司	92.58	政府
天水市财政局	4.00	政府
白银市财政局	4.32	政府

资料来源：信托公司年报，用益信托工作室整理制作。

（二）主要指标及排名

表 65　2013 年度主要经营指标及排名

经营指标		行业情况		排名情况		
名称	值	平均值	最高值	2013 年	2012 年	升降
注册资本（万元）	101800.00	167300.00	698800.00	53	57	4
固有总资产（万元）	155076.51	423730.81	1856313.75	57	54	-3
固有净资产（万元）	145562.10	374790.49	1713394.33	55	54	-1
信托总资产（万元）	7757159.94	16030212.26	72966079.78	46	37	-9
人均信托资产（万元）	85243.52	86131.35	314912.50	28	22	-6
集合信托资产占比（%）	3.04	28.60	88.10	68	64	-4
主动管理型占比（%）	3.04	58.93	100.00	68	66	-2
信托清算平均收益（%）	7.95	7.59	12.92	27	21	-6
年度新增信托规模（万元）	3460859.56	10090662.73	44143364.00	55	20	-35
新增单一信托规模（万元）	3344370.56	7274564.58	41304986.00	44	20	-24
新增集合信托规模（万元）	116489.00	2460672.83	14709086.46	68	55	-13
总收入（万元）	36849.48	122186.63	547823.36	62	63	1
信托业务收入（万元）	25560.10	90494.73	454205.00	62	57	-5
总利润（万元）	26212.60	83319.01	418590.74	58	59	1
净利润（万元）	19544.34	65000.38	313553.98	59	61	2
人均净利润（万元）	214.77	380.05	1520.01	49	55	6
资本利润率（%）	14.43	19.76	54.06	50	56	6
信托报酬率（%）	0.33	0.68	2.63	58	48	-10
净资本（万元）	117117.10	299973.72	1293667.00	58	54	-4
风险资本（万元）	76083.97	182283.69	640253.00	56	47	-9
信托杠杆率（倍）	53.29	47.82	170.81	24	12	-12

资料来源：信托公司年报，用益信托工作室整理制作。

表 66　2013 年用益－信托公司综合实力排名

指标		行业情况		排名情况		
名称	值	平均值	最高值	2013 年	2012 年	升降
资本实力	40.63	100.00	444.22	55	50	-5
业务能力	35	95.17	308.72	64	49	-15
盈利能力	48.81	98.96	272.74	59	61	2
理财能力	72.01	99.96	194.14	62	35	-27
抗风险能力	67.62	104.40	238.82	63	64	1
综合实力	54.44	100.16	253.52	65	54	-11

资料来源：用益信托工作室。

（三）资产管理状况

1. 信托资产

甘肃公司是较早成立的信托公司之一，在业内并不活跃，其项目以单一类信托为主，在其官网上公布的集合类信托大多集中在江浙沿海一带。

表67的数据表明，甘肃信托的信托资金运用方式主要是贷款、其他投资和长期股权投资，而公司信托资金的投向则主要集中在实业（工商企业）、房地产和金融机构。

表67　2013年信托资产运用方式及投向

单位：万元，%

资产运用	金额	占比	资产分布	金额	占比
货币资产	31572.47	0.41	基础产业	339436.29	4.36
贷款	5556219.16	71.36	房地产	1065147.00	13.68
交易性金融资产	12144.72	0.16	证券市场	15000.00	0.19
可供出售金融资产	0.00	0.00	实业	5123271.97	65.80
持有至到期投资	230188.50	2.96	金融机构	795837.50	10.22
长期股权投资	512790.74	6.59	其他	447596.83	5.75
其他	1443374.00	18.54			
信托资产总计	7786289.59	100.00	信托资产总计	7786289.59	100.00

资料来源：信托公司年报。

2013年甘肃信托集合类信托业务、单一类信托业务的发行均下降明显，尽管近几年甘肃信托对其信托业务结构进行了调整，但与行业的平均水平相比还有相当的距离。这对甘肃信托来说未必是一件坏事，因为增加单一类信托业务的比重虽然可以迅速做大信托资产规模，但同时也减少了信托业务收入的比重，降低了主动管理型业务的比重，导致整个信托业务风险系数上升。

年报数据显示，单一类信托业务比重的增加是导致其主动管理型业务占比下降的主要原因。

表68　2013年信托资产管理情况

单位：万元，%

信托资产	2012 年	占比	2013 年	占比	增长率
集合类	657162.00	8.55	116489	3.37	-82.27
单一类	7029991.44	91.45	3344370.56	96.63	-52.43
财产权类	0.00	0.00	0.00	0.00	0.00
主动管理型	655351.00	8.53	116489	3.37	-82.22
被动管理型	7031802.44	91.47	3344370.56	96.63	-52.44

资料来源：信托公司年报。

表69　2013年信托项目清算收益情况

单位：个，万元，%

已清算项目类型	项目个数	实际信托合计金额	加权平均实际年化收益率	行业平均实际年化收益率
集合类	37	227537.00	8.65	8.36
单一类	117	3407689.28	7.90	7.63
财产管理类	0	0.00	0.00	6.78
合　计	154	3635226.28	7.95	7.59

资料来源：信托公司年报。

从2013年清算来看，其收益水平普遍高于同期行业的平均值，表明甘肃信托的理财能力在行业中具有一定的竞争优势。

2.固有资产

表70　2013年自营资产运用方式及投向

单位：万元，%

资产运用	金额	占比	资产分布	金额	占比
货币资产	23980.27	15.46	基础产业	0.00	0.00
贷款及应收款	43578.72	28.10	房地产	11000.00	7.09
交易性金融资产	27930.76	18.01	证券市场	27930.76	18.01
可供出售金融资产	0.00	0.00	实业	39739.23	25.63
持有至到期投资	25456.05	16.42	金融机构	35040.85	22.60
长期股权投资	25217.35	16.26	其他	41365.67	26.67
其他	8913.36	5.75			
资产总计	155076.51	100.00	资产总计	155076.51	100.00

资料来源：信托公司年报。

从资金运用方式来看，以贷款及应收款为主，从投向来看，主要集中在其他投资、实业（工商企业）、金融机构和证券市场。特别值得注意的是，甘肃信托的固有资产投向中没有基础产业。

（四）风险管理

1. 风险指标

甘肃信托 2013 年固有不良资产率为 0.50%，与 2012 年的 0.50% 相比，维持不变。另外，甘肃信托 2013 年风险赔偿准备金为 977.22 万元，占注册资本的比例为 0.9%，累计提取信托风险赔偿准备金 2626.06 万元，占注册资本的 2.58%；一般风险准备金为 1648.84 万元，占注册资本的 1.62%；两项风险准备金合计规模为 2626.06 万元。

2013 年甘肃信托净资本为 11.71 亿元，远高于监管最低标准 2 亿元；风险资本为 7.61 亿元，净资本与风险资本的比值为 153.93%，高于监管层的100%；净资产为 14.56 亿元，净资本与净资产的比值为 80.46%，也高于监管层最低标准 40%。以上风险指标表明甘肃信托的抗风险能力仍处在较安全的区域内。

2. 风险事件

2013 年甘肃信托无任何信托产品兑付风险事件发生。

十一　国联信托

（一）基本情况

1. 公司沿革

国联信托股份有限公司（简称国联信托或公司）前身为 1987 年 1 月创立的无锡市信托投资公司；2003 年 1 月公司重新登记并更名为国联信托投资有限责任公司；2007 年 6 月公司更名为国联信托有限责任公司，2007 年 9 月公司注册资本由 6.15 亿元增至 12.3 亿元；2008 年 7 月公司更名为国联信托股份有限公司。注册及办公地为江苏无锡市，法定代表人是吕建一。

2. 股东背景

表71 排前三的股东

单位：%

股东名称	持股比例	股东背景
无锡市国联发展(集团)有限公司	65.85	国资
无锡国联环保能源集团有限公司	9.76	国资
无锡市地方电力公司	8.13	国资

资料来源：信托公司年报，用益信托工作室整理制作。

（二）主要指标及排名

表72 2013年度主要经营指标及排名

经营指标		行业情况		排名情况		
名称	值	平均值	最高值	2013年	2012年	升降
注册资本(万元)	123000.00	167300.00	698800.00	38	32	-6
固有总资产(万元)	268332.00	423730.81	1856313.75	45	37	-8
固有净资产(万元)	264339.00	374790.49	1713394.33	43	33	-10
信托总资产(万元)	4485387.00	16030212.26	72966079.78	57	56	-1
人均信托资产(万元)	78691.00	86131.35	314912.50	29	39	10
集合信托资产占比(%)	51.06	28.60	88.10	6	19	13
主动管理型占比(%)	72.28	58.93	100.00	28	46	18
信托清算平均收益(%)	8.78	7.59	12.92	14	4	-10
年度新增信托规模(万元)	2672141.00	10090662.73	44143364.00	60	54	-6
新增单一信托规模(万元)	1504641.00	7274564.58	41304986.00	60	43	-17
新增集合信托规模(万元)	1167500.00	2460672.83	14709086.46	43	50	7
总收入(万元)	44237.00	122186.63	547823.36	57	55	-2
信托业务收入(万元)	28428.00	90494.73	454205.00	58	52	-6
总利润(万元)	38365.00	83319.01	418590.74	50	50	0
净利润(万元)	31358.00	65000.38	313553.98	48	49	1
人均净利润(万元)	550.15	380.05	1520.01	12	16	4
资本利润率(%)	12.45	19.76	54.06	54	60	6
信托报酬率(%)	0.63	0.68	2.63	33	29	-4
净资本(万元)	238448.00	299973.72	1293667.00	40	32	-8
风险资本(万元)	82702.00	182283.69	640253.00	54	50	-4
信托杠杆率(倍)	16.97	47.82	170.81	58	58	0

资料来源：信托公司年报，用益信托工作室整理制作。

表73　2013年用益－信托公司综合实力排名

指标		行业情况		排名情况		
名称	值	平均值	最高值	2013年	2012年	升降
资本实力	71.18	100.00	444.22	43	34	−9
业务能力	51.64	95.17	308.72	49	54	9
盈利能力	76.54	98.96	272.74	46	47	1
理财能力	83.62	99.96	194.14	49	48	−1
抗风险能力	131.66	104.40	238.82	15	20	5
综合实力	86.93	100.16	253.52	39	44	5

资料来源：用益信托工作室。

（三）资产管理状况

1. 信托资产

表74　2013年信托资产运用方式及投向

单位：万元，%

资产运用	金额	占比	资产分布	金额	占比
货币资产	66254.00	1.48	基础产业	882559.00	19.68
贷款	1819247.00	40.56	房地产	364339.00	8.12
交易性金融资产	94569.00	2.11	证券市场	94569.00	2.11
可供出售金融资产	681644.00	15.20	实业	693926.00	15.47
持有至到期投资	1333106.00	29.72	金融机构	300.00	0.01
长期股权投资	455103.00	10.15	其他	2449694.00	54.61
其他	35464.00	0.79			
信托资产总计	4485387.00	100.00	信托资产总计	4485387.00	100.00

资料来源：信托公司年报。

　　表74的数据表明，国联信托的信托资金运用方式主要是贷款、持有至到期投资和可供出售金融资产，而公司信托资金的投向则主要集中在其他投资、基础产业和实业（工商企业）。

　　2013年国联信托明显加大了集合类信托业务的发行力度，而单一类信托产品的发行节奏则有所放缓。尽管近几年国联信托对其信托业务结构进行了调整，但与行业的总体水平相比还有相当的距离。这对国联信托来说未必是一件

表75 2013年信托资产管理情况

单位：万元，%

信托资产	2012年	2013年	占比	增长率
集合类	724287.00	1167500.00	43.69	61.19
单一类	1541204.00	1504641.00	56.31	-2.37
财产权类				
主动管理型	1034956.00	1885000.00	70.54	82.13
被动管理型	1230535.00	787141.00	29.46	-36.03

资料来源：信托公司年报，用益信托工作室整理制作。

坏事，因为减少单一类信托业务的比重虽然使得信托资产规模有所减少，但同时也增加了信托业务收入的比重，提升了主动管理型业务的比重，有助于降低整个信托业务的风险系数。

年报数据显示，集合类信托业务比重的增加是导致其主动管理型业务占比上升的主要原因。

表76 2013年信托项目清算收益情况

单位：个，万元，%

已清算项目类型	项目个数	实际信托合计金额	加权平均实际年化收益率	行业平均实际年化收益率
集合类	22	450090.00	4.48	8.36
单一类	67	1446938.00	10.12	7.63
财产管理类				6.78
合计	89	1897028.00	8.78	7.59

资料来源：信托公司年报。

从2013年清算来看，其平均收益水平略高于同期行业的平均值，这主要是由于其单一类产品收益较高，高出行业平均水平2.49个百分点，但其在集合类信托方面还是较为弱势，收益水平较行业平均水平低了3.88个百分点，整体上国联信托的理财能力在行业中仍偏弱。

2. 固有资产

从资金运用方式来看，以长期股权投资为主，从投向来看，主要集中在金融机构、其他投资、证券市场和实业（工商企业）。值得注意的是，国联信托

表 77　2013 年自营资产运用方式及投向

单位：万元，%

资产运用	金额	占比	资产分布	金额	占比
货币资产	24938.00	9.29	基础产业	0.00	0.00
贷款及应收款	18276.00	6.81	房地产	2000.00	0.75
交易性金融资产	3010.00	1.12	证券市场	46091.00	17.18
可供出售金融资产	49066.00	18.29	实业	15400.00	5.74
持有至到期投资	20797.00	7.75	金融机构	151665.00	56.52
长期股权投资	151865.00	56.60	其他	53176.00	19.82
其他	380.00	0.14			
资产总计	268332.00	100.00	资产总计	268332.00	100.00

资料来源：信托公司年报。

的固有资产投向中没有基础产业，房地产占比也很少，这对于公司整体资金的安全而言显然是有利的。

（四）风险管理

1. 风险指标

国联信托 2013 年固有资产不良率依然为 0，固有资产质量仍保持在较高水平。另外，国联信托 2013 年提取信托风险赔偿准备金 1568 万元，占注册资本的 1.27%，累计提取信托风险赔偿准备金 1568 万元，占注册资本的 1.27%；提取一般风险准备金 229 万元，累计风险准备金 229 万元。

由于国联信托的信托资产规模不大，且不断调整自身的业务结构，公司的整体资产质量和抗风险能力较强。2013 年国联信托净资本为 23.84 亿元，远高于监管最低标准 2 亿元；风险资本为 8.27 亿元，净资本与风险资本的比值为 288.32%，远高于监管层的 100%；净资产为 26.43 亿元，净资本与净资产的比值为 90.21%，也高于监管层最低标准 40%。以上风险指标表明国联信托的抗风险能力仍处在很安全的区域内。

2. 风险事件

2013 年国联信托无任何信托产品兑付风险事件发生。

十二 国民信托

（一）基本情况

1. 公司沿革

国民信托有限公司（简称国民信托或公司）成立于1987年1月，并于2004年1月经中国银行业监督管理委员会批准迁址北京并获重新登记。注册及办公地为北京，法定代表人是杨小阳，注册资本10亿元。

2. 股东背景

表78 排前三的股东

单位：%

股东名称	持股比例	股东背景
上海丰益股权投资基金优先公司	31.73	非国资
璟安股权投资有限公司	27.55	非国资
上海创信资产管理有限公司	24.16	非国资

资料来源：信托公司年报，用益信托工作室整理制作。

（二）主要指标及排名

表79 2013年度主要经营指标及排名

经营指标		行业情况		排名情况		
名称	值	平均值	最高值	2013年	2012年	升降
注册资本（万元）	100000.00	167300.00	698800.00	55	46	-9
固有总资产（万元）	200132.89	423730.81	1856313.75	52	37	-15
固有净资产（万元）	169246.28	374790.49	1713394.33	53	33	-20
信托总资产（万元）	4251543.51	16030212.26	72966079.78	58	56	-2
人均信托资产（万元）	31966.49	86131.35	314912.50	57	39	-18
集合信托资产占比（%）	23.62	28.60	88.10	42	19	-23
主动管理型占比（%）	27.38	58.93	100.00	59	46	-13
信托清算平均收益（%）	6.84	7.59	12.92	51	4	-47

续表

经营指标		行业情况		排名情况		
名称	值	平均值	最高值	2013 年	2012 年	升降
年度新增信托规模(万元)	3599303.16	10090662.73	44143364.00	53	54	1
新增单一信托规模(万元)	2760043.16	7274564.58	41304986.00	52	43	−9
新增集合信托规模(万元)	839160.00	2460672.83	14709086.46	52	50	−2
总收入(万元)	41062.30	122186.63	547823.36	59	55	−4
信托业务收入(万元)	26990.53	90494.73	454205.00	61	52	−9
总利润(万元)	26105.64	83319.01	418590.74	59	50	−9
净利润(万元)	19463.57	65000.38	313553.98	60	49	−11
人均净利润(万元)	202.75	380.05	1520.01	51	16	−35
资本利润率(%)	12.21	19.76	54.06	57	60	3
信托报酬率(%)	0.63	0.68	2.63	32	29	−4
净资本(万元)	148893.95	299973.72	1293667.00	52	32	−20
风险资本(万元)	70447.96	182283.69	640253.00	58	50	−8
信托杠杆率(倍)	25.12	47.82	170.81	56	58	−2

资料来源：信托公司年报，用益信托工作室整理制作。

表 80　2013 年用益－信托公司综合实力排名

指标		行业情况		排名情况		
名称	值	平均值	最高值	2013 年	2012 年	升降
资本实力	47.93	100.00	444.22	53	49	−5
业务能力	44.30	95.17	308.72	58	58	0
盈利能力	37.95	98.96	272.74	64	35	−29
理财能力	51.40	99.96	194.14	66	66	0
抗风险能力	94.22	104.40	238.82	35	16	−19
综合实力	57.66	100.16	253.52	63	51	−12

资料来源：用益信托工作室。

（三）资产管理状况

1. 信托资产

以上数据表明，国民信托的信托资金运用方式主要是贷款、其他投资和可供出售金融资产，而公司信托资金的投向则主要集中在实业（工商企业）、基础产业和房地产。

表81　2013年信托资产运用方式及投向

单位：万元，%

资产运用	金额	占比	资产分布	金额	占比
货币资产	38761.84	0.91	基础产业	1305065.00	30.70
贷款	2263545.20	53.24	房地产	588170.00	13.83
交易性金融资产	10803.38	0.25	证券市场	90701.45	2.13
可供出售金融资产	369728.23	8.70	实业	1542607.00	36.28
持有至到期投资	0.00	0.00	金融机构	283710.16	6.67
长期股权投资	116950.00	2.75	其他	441289.90	10.38
其他	1451754.86	27.48			
信托资产总计	4251543.51	100.00	信托资产总计	4251543.51	100.00

资料来源：信托公司年报。

表82　2013年信托资产管理情况

单位：万元，%

信托资产	2012年	2013年	占比	增长率
集合类	125798.00	839160.00	23.31	567.07
单一类	126500.00	2760043.16	76.68	2081.85
财产权类		100.00	0.00	100.00
主动管理型	246298.00	815160.00	22.65	230.96
被动管理型	6000.00	2784143.16	77.35	46302.39

资料来源：信托公司年报，用益信托工作室整理制作。

　　2013年国民信托明显加大了单一类信托业务的发行力度，而集合类信托产品的发行节奏有所放缓。该公司单一类信托业务的比重增加虽然可以迅速做大信托资产规模，但同时也减少了信托业务收入的比重，降低了主动管理型业务的比重，导致整个信托业务风险系数上升。

　　年报数据显示，单一类信托业务比重的增加是导致其主动管理型业务占比下降的主要原因。

　　从2013年清算来看，其收益水平普遍低于同期行业的平均值，尤其在集合类信托产品方面，出现负收益率，拉低了整个行业的平均水平，这表明国民信托的理财能力较弱，还有待加强。

表 83   2013 年信托项目清算收益情况

单位：个，万元，%

已清算项目类型	项目个数	实际信托合计金额	加权平均实际年化收益率	行业平均实际年化收益率
集合类	2	9206.00	－2.19	8.36
单一类	3	146200.00	7.41	7.63
财产管理类				6.78
合　计	5	155406.00	6.84	7.59

资料来源：信托公司年报。

2. 固有资产

从资金运用方式来看，以其他投资为主；从投向来看，主要集中在金融机构、其他投资和证券市场。值得注意的是，国民信托的固有资产投向中没有基础产业，也没有房地产。显然，目前房地产业处于调整期，市场下行风险加大，使得该公司对其自身业务进行了调整，避开高风险项目，这对于公司固有资产的整体安全而言是有利的。

表 84   2013 年自营资产运用方式及投向

单位：万元，%

资产运用	金额	占比	资产分布	金额	占比
货币资产	19715.43	9.85	基础产业	0.00	0.00
贷款及应收款	22163.90	11.07	房地产	0.00	0.00
交易性金融资产	0.00	0.00	证券市场	22115.05	11.05
可供出售金融资产	22115.05	11.05	实业	0.00	0.00
持有至到期投资	0.00	0.00	金融机构	129038.48	64.48
长期股权投资	0.00	0.00	其他	48979.36	24.47
其他	136138.51	68.03			
资产总计	200132.89	100.00	资产总计	200132.89	100.00

资料来源：信托公司年报。

（四）风险管理

1. 风险指标

国民信托 2013 年固有资产不良率依然为 0，固有资产质量仍保持在良好水平。另外，国民信托 2013 年提取信托风险赔偿准备金 973.18 万元，占注册资本的 0.97%，累计提取信托风险赔偿准备金 973.18 万元，占注册资本的 0.97%；没有提取一般风险准备金，累计风险准备金也为零。

由于国民信托的信托资产规模不大，及其对自身业务结构的调整，公司的整体资产质量和抗风险能力较强。2013 年国民信托净资本为 14.89 亿元，远高于监管最低标准 2 亿元；风险资本为 7.04 亿元，净资本与风险资本的比值为 211.35%，远高于监管层的 100%；净资产为 16.92 亿元，净资本与净资产的比值为 87.97%，也高于监管层最低标准 40%。以上风险指标表明国民信托的抗风险能力仍处在较安全的区域内。

2. 风险事件

2013 年国民信托无任何信托产品兑付风险事件发生。

十三　国投信托

（一）基本情况

1. 公司沿革

国投信托有限公司（简称国投信托或公司）注册及办公地为北京，法定代表人是钱蒙，公司注册资本 12.05 亿元。

2. 股东背景

表 85　排前两位的股东

单位：%

股东名称	持股比例	股东背景
国投资本控股有限公司	95.45	央企
国投高科技投资有限公司	4.55	国资

资料来源：信托公司年报，用益信托工作室整理制作。

（二）主要指标及排名

表86　2013年度主要经营指标及排名

经营指标		行业情况		排名情况		
名称	值	平均值	最高值	2013年	2012年	升降
注册资本（万元）	120500.00	167300.00	698800.00	40	33	-7
固有总资产（万元）	282918.32	423730.81	1856313.75	43	40	-3
固有净资产（万元）	271928.47	374790.49	1713394.33	42	35	-7
信托总资产（万元）	18462290.12	16030212.26	72966079.78	24	26	2
人均信托资产（万元）	160541.65	86131.35	314912.50	9	13	8
集合信托资产占比（%）	6.85	28.60	88.10	62	61	-1
主动管理型占比（%）	91.69	58.93	100.00	9	16	7
信托清算平均收益（%）	6.55	7.59	12.92	58	57	-1
年度新增信托规模（万元）	14154296.40	10090662.73	44143364.00	19	18	-1
新增单一信托规模（万元）	12093055.40	7274564.58	41304986.00	13	14	1
新增集合信托规模（万元）	807900.00	2460672.83	14709086.46	53	45	-8
总收入（万元）	62169.05	122186.63	547823.36	51	52	1
信托业务收入（万元）	43666.68	90494.73	454205.00	53	55	2
总利润（万元）	48614.57	83319.01	418590.74	44	48	4
净利润（万元）	39252.24	65000.38	313553.98	43	45	2
人均净利润（万元）	400.53	380.05	1520.01	24	58	34
资本利润率（%）	15.72	19.76	54.06	46	50	4
信托报酬率（%）	0.24	0.68	2.63	65	61	-4
净资本（万元）	233238.45	299973.72	1293667.00	41	35	-6
风险资本（万元）	197424.52	182283.69	640253.00	24	23	-1
信托杠杆率（倍）	67.89	47.82	170.81	9	26	17

资料来源：信托公司年报，用益信托工作室整理制作。

表87　2013年用益-信托公司综合实力排名

指标		行业情况		排名情况		
名称	值	平均值	最高值	2013年	2012年	升降
资本实力	72.38	100.00	444.22	41	39	-2
业务能力	87.31	95.17	308.72	32	30	-2
盈利能力	72.23	98.96	272.74	50	60	10
理财能力	108.77	99.96	194.14	20	45	25
抗风险能力	72.44	104.40	238.82	55	43	-12
综合实力	81.88	100.16	253.52	46	45	-1

资料来源：用益信托工作室。

（三）资产管理状况

1. 信托资产

表88 的数据表明，国投信托的信托资金运用方式主要是贷款、其他投资和可供出售金融资产，而公司信托资金的投向则主要集中在实业（工商企业）、其他投资和基础产业。

表88　2013 年信托资产运用方式及投向

单位：万元，%

资产运用	金额	占比	资产分布	金额	占比
货币资产	28889.23	0.16	基础产业	3503088.50	18.97
贷款	10366688.88	56.15	房地产	888999.00	4.82
交易性金融资产	375034.99	2.03	证券市场	891199.39	4.83
可供出售金融资产	1336078.16	7.24	实业	7841562.71	42.47
持有至到期投资	325000.00	1.76	金融机构	255013.77	1.38
长期股权投资	1165020.00	6.31	其他	5082426.75	27.53
其他	4865578.86	26.35			
信托资产总计	18462290.12	100.00	信托资产总计	18462290.12	100.00

资料来源：信托公司年报。

表89　2013 年信托资产管理情况

单位：万元，%

信托资产	2012 年	2013 年	占比	增长率
集合类	865478.00	807900.00	5.71	－6.65
单一类	9826748.79	12093055.40	85.44	23.06
财产权类	154893.50	1253341.00	8.85	709.16
主动管理型	10667777.29	13321574.00	94.12	24.88
被动管理型	179343.00	832722.40	5.88	364.32

资料来源：信托公司年报，用益信托工作室整理制作。

2013 年国投信托加大了单一类信托业务的发行力度，而集合类信托产品的发行节奏则有所放缓，该公司单一类信托业务的比重增加虽然可以迅速做大信托资产规模，但同时也减少了信托业务收入的比重，降低了主动管理型业务的比重，导致整个信托业务风险系数上升。

年报数据显示，单一类信托业务比重的增加是导致其主动管理型业务占比下降的主要原因。

从 2013 年清算来看，其平均收益水平低于同期行业的平均值，但其集合类信托产品的收益，高出行业平均水平 0.03 个百分点，表明国投信托的理财能力在行业中具有一定的竞争优势。

表 90　2013 年信托项目清算收益情况

单位：个，万元，%

已清算项目类型	项目个数	实际信托合计金额	加权平均实际年化收益率	行业平均实际年化收益率
集合类	45	598405.46	8.39	8.36
单一类	187	5308093.34	6.37	7.63
财产管理类	1	25466.40		6.78
合　计	223	5931965.20	6.55	7.59

资料来源：信托公司年报。

2. 固有资产

表 91　2013 年自营资产运用方式及投向

单位：万元，%

资产运用	金额	占比	资产分布	金额	占比
货币资产	5661.52	2.00	基础产业	0.00	0.00
贷款及应收款	4999.32	1.77	房地产	0.00	0.00
交易性金融资产	65034.64	22.99	证券市场	25034.64	8.85
可供出售金融资产	122969.84	43.46	实业	4432.50	1.57
持有至到期投资	0.00	0.00	金融机构	80860.09	28.58
长期股权投资	80860.09	28.58	其他	172591.09	61.00
其他	3392.91	1.20			
资产总计	282918.32	100.00	资产总计	282918.32	100.00

资料来源：信托公司年报。

从资金运用方式来看，以可供出售金融资产为主；从投向来看，主要集中在其他投资、金融机构、证券市场和实业（工商企业）。值得注意的是，国投信托的固有资产投向中没有基础产业，也没有房地产市场。

（四）风险管理

1. 风险指标

国投信托 2013 年固有资产不良率依然为 0，固有资产质量仍保持在良好水平。另外，国投信托 2013 年没有提取信托风险赔偿准备金；提取一般风险准备金 1972.03 万元，累计风险准备金也为 1972.03 万元。

由于国投信托的信托资产规模较大，且自身业务结构还不够合理，公司的整体资产质量和抗风险能力较好。2013 年国投信托净资本为 23.32 亿元，远高于监管最低标准 2 亿元；风险资本为 19.74 亿元，净资本与风险资本的比值为 118.14%，高于监管层的 100%；净资产为 27.19 亿元，净资本与净资产的比值为 85.77%，也高于监管层最低标准 40%。以上风险指标表明国投信托的抗风险能力仍处在较安全的区域内。

2. 风险事件

2013 年国投信托无任何信托产品兑付风险事件发生。

十四 国元信托

（一）基本情况

1. 公司沿革

安徽国元信托有限责任公司（简称国元信托或公司）创立于 2001 年 12 月 20 日，注册及办公地为安徽合肥市，法定代表人是过仕刚，报告期内，经公司 2012 年度股东会审议同意，公司注册资本由 12 亿元变更为 20 亿元。

2. 股东背景

表 92 排前三的股东

单位：%

股东名称	持股比例	股东背景
安徽国元控股(集团)有限责任公司	49.6875	国资
深圳中海投资管理有限公司	40.375	非国资
安徽皖投资产管理有限公司	9.00	国资

资料来源：信托公司年报，用益信托工作室整理制作。

（二）主要指标及排名

表93　2013年度主要经营指标及排名

经营指标		行业情况		排名情况		
名称	值	平均值	最高值	2013年	2012年	升降
注册资本（万元）	200000.00	167300.00	698800.00	18	34	16
固有总资产（万元）	431794.99	423730.81	1856313.75	21	18	-3
固有净资产（万元）	412038.92	374790.49	1713394.33	17	15	-2
信托总资产（万元）	19053303.14	16030212.26	72966079.78	22	27	5
人均信托资产（万元）	118343.50	86131.35	314912.50	19	23	4
集合信托资产占比（%）	10.84	28.60	88.10	58	54	-4
主动管理型占比（%）	28.54	58.93	100.00	56	51	-5
信托清算平均收益（%）	7.78	7.59	12.92	32	25	-7
年度新增信托规模（万元）	20368349.55	10090662.73	44143364.00	8	16	8
新增单一信托规模（万元）	18133719.55	7274564.58	41304986.00	4	12	8
新增集合信托规模（万元）	1981630.00	2460672.83	14709086.46	30	31	1
总收入（万元）	86936.89	122186.63	547823.36	39	37	-2
信托业务收入（万元）	63639.51	90494.73	454205.00	37	38	1
总利润（万元）	68223.74	83319.01	418590.74	33	35	2
净利润（万元）	54121.84	65000.38	313553.98	30	33	3
人均净利润（万元）	363.23	380.05	1520.01	33	35	2
资本利润率（%）	14.38	19.76	54.06	49	51	2
信托报酬率（%）	0.33	0.68	2.63	56	50	-6
净资本（万元）	368875.40	299973.72	1293667.00	17	14	-3
风险资本（万元）	268544.75	182283.69	640253.00	15	19	4
信托杠杆率（倍）	46.24	47.82	170.81	33	41	8

资料来源：信托公司年报，用益信托工作室整理制作。

表94　2013年用益-信托公司综合实力排名

指标		行业情况		排名情况		
名称	值	平均值	最高值	2013年	2012年	升降
资本实力	111.90	100.00	444.22	17	20	3
业务能力	104.65	95.17	308.72	20	27	7
盈利能力	78.49	98.96	272.74	44	44	0
理财能力	106.76	99.96	194.14	22	30	8
抗风险能力	95.82	104.40	238.82	33	18	-15
综合实力	99.08	100.16	253.52	26	28	2

资料来源：用益信托工作室。

（三）资产管理状况

1. 信托资产

表95　2013年信托资产运用方式及投向

单位：万元，%

资产运用	金额	占比	资产分布	金额	占比
货币资产	66169.33	0.35	基础产业	6821503.63	35.80
贷款	9385695.80	49.26	房地产	870881.00	4.57
交易性金融资产	265445.32	1.39	证券市场	265445.32	1.39
可供出售金融资产	0.00	0.00	实业	8736231.76	45.85
持有至到期投资	5724785.00	30.05	金融机构	1445323.00	7.59
长期股权投资	2670207.70	14.01	其他	913918.44	4.80
其他	941000.00	4.94			
信托资产总计	19053303.15	100.00	信托资产总计	19053303.15	100.00

资料来源：信托公司年报。

表95的数据表明，国元信托的信托资金运用方式主要是贷款、持有至到期投资和长期股权投资，而公司信托资金的投向则主要集中在实业（工商企业）、基础产业和金融机构。

表96　2013年信托资产管理情况

单位：万元，%

信托资产	2012年	2013年	占比	增长率
集合类	1516782.06	1981630.00	9.73	30.65
单一类	10514529.30	18133719.55	89.03	72.46
财产权类	11.00	253000.00	1.24	2299900.00
主动管理型	6344377.56	6519375.60	32.01	2.76
被动管理型	5908970.60	13848973.95	67.99	134.37

资料来源：信托公司年报，用益信托工作室整理制作。

2013年国元信托明显加大了单一类信托业务的发行力度，而集合类信托产品的发行节奏则有所放缓。尽管近几年国元信托对其信托业务结构进行了调

整，但与行业的总体水平相比还有相当的距离，该公司单一类信托业务比重的增加虽然可以迅速做大信托资产规模，但同时也减少了信托业务收入的比重，降低了主动管理型业务的比重，导致整个信托业务风险系数上升。

年报数据显示，单一类信托业务比重的增加是导致其主动管理型业务占比下降的主要原因。

表 97　2013 年信托项目清算收益情况

单位：个，万元，%

已清算项目类型	项目个数	实际信托合计金额	加权平均实际年化收益率	行业平均实际年化收益率
集合类	49	419711.00	8.63	8.36
单一类	221	4950232.00	7.71	7.63
财产管理类	3	70000.00	7.39	6.78
合　计	273	5439943.00	7.78	7.59

资料来源：信托公司年报。

从 2013 年清算来看，其收益水平普遍高于同期行业的平均值，尤其在集合类信托产品方面，高出行业平均水平 0.27 个百分点，表明国元信托的理财能力在行业中具有一定的竞争优势。

2. 固有资产

表 98　2013 年自营资产运用方式及投向

单位：万元，%

资产运用	金额	占比	资产分布	金额	占比
货币资产	47336.36	10.96	基础产业	57200.00	13.25
贷款及应收款	75418.93	17.47	房地产	12640.00	2.93
交易性金融资产	0.04	0.00	证券市场	5073.25	1.17
可供出售金融资产	5073.21	1.17	实业	10500.00	2.43
持有至到期投资	0.00	0.00	金融机构	335966.61	77.81
长期股权投资	294070.25	68.10	其他	10415.13	2.41
其他	9896.20	2.29			
资产总计	431794.99	100.00	资产总计	431794.99	100.00

资料来源：信托公司年报。

从资金运用方式来看，以长期股权投资为主，从投向来看，主要集中在金融机构、基础产业和房地产。该公司这种投向分布相对来说，风险较为可控；房地产比重仅为2.93%，这也是对于当下房地产市场下行风险加大的规避，有利于提高公司固有资产的整体安全。

（四）风险管理

1. 风险指标

国元信托2013年固有资产不良率为0.40%，较2012年下降0.13个百分点，固有资产质量进一步提高。另外，国元信托2013年没有提取信托风险赔偿准备金；提取一般风险准备金3494.80万元，累计风险准备金也为3494.80万元。

由于国元信托的信托资产规模不大，且刚增资扩股至20亿元不久，公司的整体资产质量和抗风险能力较强。2013年国元信托净资本为36.89亿元，远高于监管最低标准2亿元；风险资本为26.85亿元，净资本与风险资本的比值为137.36%，高于监管层的100%；净资产为41.20亿元，净资本与净资产的比值为89.52%，也高于监管层最低标准40%。以上风险指标表明国元信托的抗风险能力仍处在较安全的区域内。

2. 风险事件

2013年国元信托无任何信托产品兑付风险事件发生。

十五　杭州信托

（一）基本情况

1. 公司沿革

据2013年年报披露显示，杭州工商信托股份有限公司（简称杭州信托或公司）是杭州市首家股份制金融企业，公司前身成立于1986年。2003年3月经中国人民银行核准，增资扩股后公司完成重新登记。注册及办公地为杭州，法定代表人是虞利明，注册资本5亿元。

2.股东背景

表99 排前三的股东

单位：%

股东名称	持股比例	股东背景
杭州市金融投资集团有限公司	57.99	国资
摩根士丹利国际控股公司	19.90	外资
浙江新安化工集团股份有限公司	6.26	非国资

资料来源：信托公司年报，用益信托工作室整理制作。

（二）主要指标及排名

表100 2013年度主要经营指标及排名

经营指标		行业情况		排名情况		
名称	值	平均值	最高值	2013年	2012年	升降
注册资本（万元）	50000.00	167300.00	698800.00	67	65	-2
固有总资产（万元）	143584.00	423730.81	1856313.75	67	65	-2
固有净资产（万元）	120907.00	374790.49	1713394.33	67	65	-2
信托总资产（万元）	2263260.00	16030212.26	72966079.78	67	65	-2
人均信托资产（万元）	16166.14	86131.35	314912.50	67	65	-2
集合信托资产占比（%）	88.10	28.60	88.10	5	7	2
主动管理型占比（%）	90.59	58.93	100.00	5	22	17
信托清算平均收益（%）	12.92	7.59	12.92	5	7	2
年度新增信托规模（万元）	1425970.00	10090662.73	44143364.00	67	65	-2
新增单一信托规模（万元）	56400.00	7274564.58	41304986.00	67	65	-2
新增集合信托规模（万元）	1369570.00	2460672.83	14709086.46	57	65	8
总收入（万元）	68556.00	122186.63	547823.36	65	63	-2
信托业务收入（万元）	59447.00	90494.73	454205.00	65	63	-2
总利润（万元）	45132.00	83319.01	418590.74	65	63	-2
净利润（万元）	33737.00	65000.38	313553.98	65	63	-2
人均净利润（万元）	257.53	380.05	1520.01	59	65	6
资本利润率（%）	30.89	19.76	54.06	5	22	17
信托报酬率（%）	2.63	0.68	2.63	5	7	2
净资本（万元）	98276.00	299973.72	1293667.00	65	67	-2
风险资本（万元）	46633.77	182283.69	640253.00	67	65	-2
信托杠杆率（倍）	18.72	47.82	170.81	57	56	-1

资料来源：信托公司年报，用益信托工作室整理制作。

表101　2013年用益－信托公司综合实力排名

指标			行业情况		排名情况		
名称	值		平均值	最高值	2013年	2012年	升降
资本实力	32.45		100.00	444.22	60	57	-3
业务能力	37.28		95.17	308.72	62	62	0
盈利能力	128.48		98.96	272.74	16	30	14
理财能力	88.16		99.96	194.14	42	29	-13
抗风险能力	104.80		104.40	238.82	26	48	22
综合实力	81.61		100.16	253.52	47	50	3

资料来源：用益信托工作室。

（三）资产管理状况

1. 信托资产

杭州信托是一家房地产项目偏向型的信托公司，其房地产投向占比一度在七成以上。近几年杭州信托一直保持产品高收益率、高信托回报率，很大层面的因素是因为其房地产信托主要是纯投资类的，信托资金直接入股项目。不过房地产行业前景不明，杭州信托的后续发展必然需要进行一定的调整。

表102　2013年信托资产运用方式及投向

单位：万元，%

资产运用	金额	占比	资产分布	金额	占比
货币资产	33387.00	1.48	基础产业	205647.00	9.09
贷款	434920.00	19.22	房地产	1707300.00	75.44
交易性金融资产	0.00	0.00	证券市场	0.00	0.00
可供出售金融资产	0.00	0.00	实业	60870.00	2.69
持有至到期投资	0.00	0.00	金融机构	0.00	0.00
长期股权投资	424450.00	18.75	其他	289443.00	12.78
其他	1370503.00	60.55			
信托资产总计	2263260.00	100.00	信托资产总计	2263260.00	100.00

资料来源：信托公司年报。

表 102 的数据表明，杭州信托的信托资金运用方式主要是其他投资、贷款和长期股权投资，而公司信托资金的投向则主要集中在房地产和其他。

表 103　2013 年信托资产管理情况

单位：万元，%

信托资产	2012 年	2013 年	占比	增长率
集合类	716140.00	1369570.00	96.04	91.24
单一类	217947.00	56400.00	55.84	-74.12
财产权类	0.00	0.00	0.00	0.00
主动管理型	934087.00	1425970.00	100.00	52.66
被动管理型	0.00	0.00	0.00	0.00

资料来源：信托公司年报，用益信托工作室整理制作。

2013 年杭州信托加大了集合类信托产品的发行力度。杭州信托的主动管理能力一直较强，而从最近的发展趋势来看，其在信托收益率方面依然处于行业前列。同时单一类信托产品的减少也提升了公司主动管理型业务的占比，降低了公司整个信托业务风险系数。

年报数据显示，杭州信托主要从事主动管理型信托，而其 2013 年主动管理资产能力继续加强，未来发展趋势向好。

表 104　2013 年信托项目清算收益情况

单位：个，万元，%

已清算项目类型	项目个数	实际信托合计金额	加权平均实际年化收益率	行业平均实际年化收益率
集合类	22	589372.00	12.88	8.36
单一类	6	46218.00	13.42	7.63
财产管理类				6.78
合　计	28	635590.00	12.92	7.59

资料来源：信托公司年报。

从 2013 年清算来看，其收益水平明显高于行业平均水平，尤其是在单一类信托产品方面，高出行业平均水平 5.79 个百分点，表明杭州信托在信托项目盈利方面具有极强的竞争力。

2. 固有资产

表105　2013年自营资产运用方式及投向

单位：个，万元，%

资产运用	金额	占比	资产分布	金额	占比
货币资产	19021.00	13.25	基础产业	0.00	0.00
贷款及应收款	25120.00	17.50	房地产	10000.00	6.96
交易性金融资产	0.00	0.00	证券市场	249.00	0.17
可供出售金融资产	78813.00	54.89	实业	250.00	0.18
持有至到期投资	0.00	0.00	金融机构	19021.00	13.25
长期股权投资	3250.00	2.26	其他	114064.00	79.44
其他	17380.00	12.10			
资产总计	143584.00	100.00	资产总计	143584.00	100.00

资料来源：信托公司年报。

从资金运用方式来看，以可供出售金融资产为主，从投向来看，主要集中在其他、金融机构和房地产。特别值得注意的是，杭州信托的固有资产投向中没有基础产业，显然，杭州信托在固有资产使用方面较为谨慎，其房地产投向占比并不高，这对于杭州信托固有资产整体安全而言是较为有利的。

（四）风险管理

1. 风险指标

2013年杭州信托不良（固有）资产率为0，与2012年的0.63%相比，下滑0.63个百分点。这表明杭州信托在固有资产质量方面有所提高，安全性更加优化。另外，杭州信托2013年风险赔偿准备金为6742.00万元，占注册资本的比例为13.48%，一般风险准备金为8786.00万元，占注册资本的比例为14.57%；两项风险准备金合计规模为15528.00万元。

2013年杭州信托净资本为9.83亿元，高于监管最低标准2亿元；风险资本为4.66亿元，净资本与风险资本的比值为210.94%，高于监管层的100%；净资产为12.09亿元，净资本与净资产的比值为81.31%，也高于监管层最低标准40%。以上风险指标表明杭州信托的抗风险能力处在较为安全的区域。

2. 风险事件

2013 年杭州信托无任何信托产品兑付风险事件发生。

十六　湖南信托

（一）基本情况

1. 公司沿革

湖南省信托有限责任公司（简称湖南信托或公司）前身是 1985 年成立的湖南省信托投资公司，2002 年 12 月 4 日公司重新登记更名为湖南省信托投资有限责任公司，2008 年 10 月 23 日公司更名为湖南省信托有限责任公司，经 2013 年注册资本由人民币 7 亿元增加到人民币 12 亿元。注册及办公地为湖南长沙，法定代表人是朱德光。

2. 股东背景

表 106　排前两位的股东

单位：%

股东名称	持股比例	股东背景
湖南财信投资控股有限责任公司	96.00	政府
湖南省国有投资经营有限公司	4.00	政府

资料来源：信托公司年报，用益信托工作室整理制作。

（二）主要指标及排名

表 107　2013 年度主要经营指标及排名

经营指标		行业情况		排名情况		
名称	值	平均值	最高值	2013 年	2012 年	升降
注册资本（万元）	120000.00	167300.00	698800.00	41	52	11
固有总资产（万元）	244151.00	423730.81	1856313.75	50	52	2
固有净资产（万元）	200176.00	374790.49	1713394.33	51	53	2
信托总资产（万元）	6643824.00	16030212.26	72966079.78	50	47	-3

经营指标		行业情况		排名情况		
名称	值	平均值	最高值	2013 年	2012 年	升降
人均信托资产(万元)	55365.20	86131.35	314912.50	41	38	-3
集合信托资产占比(%)	27.53	28.60	88.10	34	33	-1
主动管理型占比(%)	83.36	58.93	100.00	18	6	-12
信托清算平均收益(%)	9.27	7.59	12.92	9	36	27
年度新增信托规模(万元)	4208926.00	10090662.73	44143364.00	48	37	-11
新增单一信托规模(万元)	3421072.00	7274564.58	41304986.00	42	32	-10
新增集合信托规模(万元)	787854.00	2460672.83	14709086.46	54	40	-14
总收入(万元)	87432.00	122186.63	547823.36	38	38	0
信托业务收入(万元)	70918.00	90494.73	454205.00	35	30	-5
总利润(万元)	62648.00	83319.01	418590.74	39	38	-1
净利润(万元)	49275.00	65000.38	313553.98	39	37	-2
人均净利润(万元)	463.00	380.05	1520.01	16	24	8
资本利润率(%)	30.18	19.76	54.06	9	12	3
信托报酬率(%)	1.07	0.68	2.63	7	16	9
净资本(万元)	142865.82	299973.72	1293667.00	53	55	2
风险资本(万元)	114905.25	182283.69	640253.00	44	45	1
信托杠杆率(倍)	33.19	47.82	170.81	43	31	-12

资料来源：信托公司年报，用益信托工作室整理制作。

表108　2013 年用益 - 信托公司综合实力排名

指标		行业情况		排名情况		
名称	值	平均值	最高值	2013 年	2012 年	升降
资本实力	54.93	100.00	444.22	50	54	4
业务能力	56.64	95.17	308.72	47	47	0
盈利能力	115.64	98.96	272.74	19	26	7
理财能力	93.85	99.96	194.14	34	37	3
抗风险能力	80.13	104.40	238.82	49	57	8
综合实力	81.41	100.16	253.52	48	46	-2

资料来源：用益信托工作室。

（三）资产管理状况

1. 信托资产

表 109　2013 年信托资产运用方式及投向

单位：万元，%

资产运用	金额	占比	资产分布	金额	占比
货币资产	56151.00	0.85	基础产业	2408650.00	36.25
贷款	5325289.00	80.15	房地产	651135.00	9.80
交易性金融资产	3072.00	0.05	证券市场	3072.00	0.05
可供出售金融资产	0.00	0.00	实业	2135026.00	32.14
持有至到期投资	1010954.00	15.22	金融机构	222679.00	3.35
长期股权投资	191908.00	2.89	其他	1223262.00	18.41
其他	56450.00	0.85			
信托资产总计	6643824.00	100.00	信托资产总计	6643824.00	100.00

资料来源：信托公司年报。

表 109 的数据表明，湖南信托的信托资金运用方式主要是贷款、持有至到期投资和长期股权投资，而公司信托资金的投向则主要集中在基础产业、实业（工商企业）和其他投资。

表 110　2013 年信托资产管理情况

单位：万元，%

信托资产	2012 年	2013 年	占比	增长率
集合类	1152682.00	787854.00	18.72	−31.65
单一类	3289252.00	3421072.00	81.28	4.01
财产权类				
主动管理型	4441934.00	3004556.00	71.39	13.58
被动管理型		1204370.00	28.61	100.00

资料来源：信托公司年报，用益信托工作室整理制作。

2013 年湖南信托单一类信托业务的发行力度略有加强，而集合类信托产品的发行节奏则变得缓慢。虽然湖南信托对其信托业务结构进行了调整，但与行业的总体水平相比还有相当的距离。单一类信托业务比重的增加虽然可以迅速做大信托资产规模，但同时也减少了信托业务收入的比重，降低了主动管理型业务的比重，导致整个信托业务风险系数上升。

年报数据显示，单一类信托业务比重的增加是导致其主动管理型业务占比下降的主要原因。

表 111　2013 年信托项目清算收益情况

单位：个，万元，%

已清算项目类型	项目个数	实际信托合计金额	加权平均实际年化收益率	行业平均实际年化收益率
集合类	98	548699.00	8.12	8.36
单一类	76	2156054.00	9.57	7.63
财产管理类	3	3114.00	0.34	6.78
合　计	177	2707867.00	9.27	7.59

资料来源：信托公司年报。

从 2013 年清算来看，其平均收益水平高于同期行业的平均值，尤其在单一类信托产品方面，高出行业平均水平 1.94 个百分点，表明湖南信托的理财能力在行业中具有一定的竞争优势。

2. 固有资产

表 112　2013 年自营资产运用方式及投向

单位：万元，%

资产运用	金额	占比	资产分布	金额	占比
货币资产	38491.00	15.77	基础产业	63863.00	26.16
贷款及应收款	54224.00	22.21	房地产	0.00	0.00
交易性金融资产	10963.00	4.49	证券市场	10963.00	4.49
可供出售金融资产	0.00	0.00	实业	19923.00	8.16
持有至到期投资	73287.00	30.02	金融机构	81970.00	33.57
长期股权投资	60683.00	24.85	其他	67432.00	27.62
其他	6503.00	2.66			
资产总计	244151.00	100.00	资产总计	244151.00	100.00

资料来源：信托公司年报。

从资金运用方式来看，以持有至到期投资为主，从投向来看，主要集中在金融机构、其他投资和基础产业。值得注意的是，湖南信托的固有资产投向中没有房地产市场。

（四）风险管理

1. 风险指标

湖南信托 2013 年固有资产不良率依然为 0，固有资产质量仍保持在良好水平。另外，湖南信托 2013 年提取信托风险赔偿准备金 2464 万元，占注册资本的 2.05%，累计提取信托风险赔偿准备金 2464 万元，占注册资本的 2.05%；提取一般风险准备金为 1792 万元，累计风险准备金也为 1792 万元。

由于湖南信托的信托资产规模不大，且刚增资扩股至 12 亿元不久，故公司的整体资产质量和抗风险能力较强。2013 年湖南信托净资本为 14.29 亿元，远高于监管最低标准 2 亿元；风险资本为 11.49 亿元，净资本与风险资本的比值为 124.33%，高于监管层的 100%；净资产为 20.02 亿元，净资本与净资产的比值为 71.37%，也高于监管层最低标准 40%。以上风险指标表明湖南信托的抗风险能力仍处在较安全的区域内。

2. 风险事件

2014 年 7 月，"华宸未来 – 湖南信托志高集团专项资产管理计划"在到期付息日没能正常付息，2014 年 7 月 2 日，华宸未来资产公告称，该资管计划的借款人淮南志高所建设的"淮南志高动漫文化产业园"项目因故停工，项目运作出现风险。这导致资管计划无法于 2014 年 7 月按期支付 3298.9 万元的利息。"华宸未来 – 湖南信托志高集团专项资产管理计划"共有两期，一期成立于 2013 年 7 月 16 日，二期成立于 2013 年 7 月 31 日，合计融资规模达 3 亿元，存续期为 24 个月。两期产品均定向投资于湖南信托发起设立的"淮南志高动漫文化产业园项目贷款单一资金信托"，向融资淮南志高动漫文化科技发展有限公司发放信托贷款。

十七 华澳信托

（一）基本情况

1. 公司沿革

华澳国际信托有限公司（简称华澳信托或公司）原名昆明国际信托投资

公司（昆国投），成立于1992年；2008年10月24日银监会批复了昆国投重组整体方案并同意其迁往上海，2009年5月27日公司更名为华澳国际信托有限公司，2009年8月31日公司住所变更。公司注册地在上海，办公地主要在上海、北京、南京、深圳、昆明、郑州和成都，法定代表人是余建平，公司注册资本为6亿元。

2. 股东背景

表113　排前三的股东

单位：%

股东名称	持股比例	股东背景
北京融达投资有限公司	50.01	国资
北京三吉利能源股份有限公司	30.00	国资
麦格理资本证券股份有限公司	19.99	外资

资料来源：信托公司年报，用益信托工作室整理制作。

（二）主要指标及排名

表114　2013年度主要经营指标及排名

经营指标		行业情况		排名情况		
名称	值	平均值	最高值	2013年	2012年	升降
注册资本（万元）	60000.00	167300.00	698800.00	60	63	3
固有总资产（万元）	110301.00	423730.81	1856313.75	64	61	-3
固有净资产（万元）	86512.88	374790.49	1713394.33	63	60	-3
信托总资产（万元）	5117844.00	16030212.26	72966079.78	55	61	6
人均信托资产（万元）	32597.73	86131.35	314912.50	55	62	7
集合信托资产占比（%）	30.70	28.60	88.10	27	4	-23
主动管理型占比（%）	37.58	58.93	100.00	50	28	-22
信托清算平均收益（%）	9.17	7.59	12.92	10	8	-2
年度新增信托规模（万元）	4646856.00	10090662.73	44143364.00	46	61	15
新增单一信托规模（万元）	3598998.00	7274564.58	41304986.00	39	59	20
新增集合信托规模（万元）	999075.00	2460672.83	14709086.46	48	52	4

经营指标		行业情况		排名情况		
名称	值	平均值	最高值	2013 年	2012 年	升降
总收入(万元)	56974.62	122186.63	547823.36	53	54	1
信托业务收入(万元)	52135.00	90494.73	454205.00	44	62	18
总利润(万元)	29478.71	83319.01	418590.74	55	61	6
净利润(万元)	22701.45	65000.38	313553.98	56	60	4
人均净利润(万元)	160.00	380.05	1520.01	57	60	3
资本利润率(%)	28.00	19.76	54.06	11	33	22
信托报酬率(%)	1.02	0.68	2.63	9	27	18
净资本(万元)	67815.49	299973.72	1293667.00	66	61	−5
风险资本(万元)	67707.04	182283.69	640253.00	59	65	6
信托杠杆率(倍)	59.16	47.82	170.81	16	45	29

资料来源：信托公司年报，用益信托工作室整理制作。

表 115　2013 年用益－信托公司综合实力排名

指标		行业情况		排名情况		
名称	值	平均值	最高值	2013 年	2012 年	升降
资本实力	24.86	100.00	444.22	63	62	−1
业务能力	45.58	95.17	308.72	55	63	8
盈利能力	79.94	98.96	272.74	41	56	15
理财能力	74.06	99.96	194.14	60	55	−5
抗风险能力	53.21	104.40	238.82	66	32	−34
综合实力	55.91	100.16	253.52	64	61	−3

资料来源：用益信托工作室。

（三）资产管理状况

1. 信托资产

　　表 116 的数据表明，华澳信托的信托资金运用方式主要是贷款、其他投资和可供出售金融资产，而公司信托资金的投向则主要集中在实业（工商企业）、基础产业和其他投资。

表116 2013年信托资产运用方式及投向

单位：万元，%

资产运用	金额	占比	资产分布	金额	占比
货币资产	48684.91	0.95	基础产业	1495210.13	29.22
贷款	3382661.64	66.10	房地产	162513.28	3.18
交易性金融资产	0.00	0.00	证券市场	12798.06	0.25
可供出售金融资产	612646.80	11.97	实业	3010230.69	58.82
持有至到期投资	0.00	0.00	金融机构	105757.47	2.07
长期股权投资	233865.00	4.57	其他	331334.82	6.47
其他	839986.10	16.41			
信托资产总计	5117844.45	100.00	信托资产总计	5117844.45	100.00

资料来源：信托公司年报。

表117 2013年信托资产管理情况

单位：万元，%

信托资产	2012年	2013年	占比	增长率
集合类	709020.00	999075.00	21.50	40.91
单一类	439500.00	3598998.00	77.45	718.88
财产权类		48783.00	1.05	
主动管理型	709020.00	1126858.00	24.25	58.93
被动管理型	439500.00	3519998.00	75.75	700.91

资料来源：信托公司年报，用益信托工作室整理制作。

2013年华澳信托明显加大了单一类信托业务的发行力度，而集合类信托产品的发行节奏则有所放缓。该公司单一类信托业务比重的增加虽然可以迅速做大信托资产规模，但同时也减少了信托业务收入的比重，降低了主动管理型业务的比重，导致整个信托业务风险系数上升。

年报数据显示，单一类信托业务比重的增加是导致其主动管理型业务占比下降的主要原因。

从2013年清算来看，其收益水平普遍高于同期行业的平均值，尤其在集合类信托产品方面，高出行业平均水平1.02个百分点，表明华澳信托的理财能力在行业中具有一定的竞争优势。

表 118　2013 年信托项目清算收益情况

单位：个，万元，%

已清算项目类型	项目个数	实际信托合计金额	加权平均实际年化收益率	行业平均实际年化收益率
集合类	21	888832.00	9.38	8.36
单一类	21	481290.00	8.78	7.63
财产管理类				6.78
合　计	42	1370122.00	9.17	7.59

资料来源：信托公司年报。

2. 固有资产

表 119　2013 年自营资产运用方式及投向

单位：万元，%

资产运用	金额	占比	资产分布	金额	占比
货币资产	43187.00	39.15	基础产业	0.00	0.00
贷款及应收款	15000.00	13.60	房地产	0.00	0.00
交易性金融资产	0.00	0.00	证券市场	0.00	0.00
可供出售金融资产	29350.00	26.61	实业	15000.00	13.60
持有至到期投资	0.00	0.00	金融机构	80437.00	72.92
长期股权投资	0.00	0.00	其他	14864.00	13.48
其他	22764.00	20.64			
资产总计	110301.00	100.00	资产总计	110301.00	100.00

资料来源：信托公司年报。

截至 2013 年底，从资金运用方式来看，以货币资产为主，从投向来看，主要集中在金融机构、实业（工商企业）和其他投资。值得注意的是，华澳信托的固有资产投向中没有基础产业和房地产，显然，房地产市场风险的加大，使得该公司对其采取了规避措施，以保证公司固有资产的整体安全。

（四）风险管理

1. 风险指标

华澳信托 2013 年固有资产不良率依然为 0，固有资产质量仍保持在良好水平。另外，华澳信托 2013 年提取信托风险赔偿准备金 1135 万元，占注册资本的 1.89%，累计提取信托风险赔偿准备金 1135 万元，占注册资本的 1.89%；提取一般风险准备金为 154 万元，累计风险准备金也为 154 万元。

由于华澳信托的信托资产规模不大，及其对自身业务结构的不断调整，公司的整体资产质量和抗风险能力较强。2013 年华澳信托净资本为 6.78 亿元，远高于监管最低标准 2 亿元；风险资本为 6.77 亿元，净资本与风险资本的比值为 100.16%，高于监管层的 100%；净资产为 8.65 亿元，净资本与净资产的比值为 78.39%，也高于监管层最低标准 40%。以上风险指标表明华澳信托的抗风险能力仍处在较安全的区域内。

2. 风险事件

2013 年华澳信托无任何信托产品兑付风险事件发生。

十八　华宝信托

（一）基本情况

1. 公司沿革

华宝信托有限责任公司成立于 1998 年 6 月 5 日。2011 年 1 月 14 日，公司完成增资工作，注册资本由人民币 10 亿元增加到人民币 20 亿元。注册及办公地均为上海，法定代表人是郑安国。

2. 股东背景

表 120　排前两位的股东

单位：%

股东名称	持股比例	股东背景
宝钢集团有限公司	98.00	央企
浙江省舟山市财政局	2.00	政府

资料来源：信托公司年报，用益信托工作室整理制作。

（二）主要指标及排名

表121　2013年度主要经营指标及排名

经营指标		行业情况		排名情况		
名称	值	平均值	最高值	2013年	2012年	升降
注册资本（万元）	200000.00	167300.00	698800.00	18	20	2
固有总资产（万元）	462149.03	423730.81	1856313.75	18	13	-5
固有净资产（万元）	407133.58	374790.49	1713394.33	18	16	-2
信托总资产（万元）	27151685.52	16030212.26	72966079.78	13	8	-5
人均信托资产（万元）	96282.57	86131.35	314912.50	25	21	-4
集合信托资产占比（%）	26.06	28.60	88.10	37	39	2
主动管理型占比（%）	43.66	58.93	100.00	47	57	10
信托清算平均收益（%）	5.91	7.59	12.92	64	64	0
年度新增信托规模（万元）	6314473.43	10090662.73	44143364.00	39	47	8
新增单一信托规模（万元）	4261983.97	7274564.58	41304986.00	37	53	16
新增集合信托规模（万元）	1762989.46	2460672.83	14709086.46	32	24	-8
总收入（万元）	132724.24	122186.63	547823.36	21	25	4
信托业务收入（万元）	91469.45	90494.73	454205.00	24	25	1
总利润（万元）	90107.26	83319.01	418590.74	23	24	1
净利润（万元）	67918.41	65000.38	313553.98	25	24	-1
人均净利润（万元）	262.23	380.05	1520.01	42	36	-6
资本利润率（%）	18.21	19.76	54.06	33	42	9
信托报酬率（%）	0.34	0.68	2.63	56	7	-49
净资本（万元）	300336.50	299973.72	1293667.00	24	20	-4
风险资本（万元）	230848.55	182283.69	640253.00	22	25	3
信托杠杆率（倍）	66.69	47.82	170.81	11	24	13

资料来源：信托公司年报，用益信托工作室整理制作。

表122　2013年用益–信托公司综合实力排名

指标		行业情况		排名情况		
名称	值	平均值	最高值	2013年	2012年	升降
资本实力	108.11	100.00	444.22	20	15	-5
业务能力	99.53	95.17	308.72	25	31	6
盈利能力	85.81	98.96	272.74	34	22	-8
理财能力	110.89	99.96	194.14	18	15	-3
抗风险能力	112.41	104.40	238.82	23	11	-12
综合实力	103.99	100.16	253.52	22	17	-5

资料来源：用益信托工作室。

（三）资产管理状况

1. 信托资产

华宝信托的业务范围包括资产管理和信托服务两大领域。公司在资产管理领域一直处于行业领先地位。自公司成立以来，一直把证券市场投资作为主要的信托财产运用方式。同时，公司70%以上的自有资产也投资于资本市场。

表123　2013年信托资产运用方式及投向

单位：万元，%

资产运用	金额	占比	资产分布	金额	占比
货币资产	8944662.83	32.94	基础产业	5779231.24	21.28
贷款	6519121.10	24.01	房地产	313709.00	1.16
交易性金融资产	5458510.29	20.10	证券市场	5670491.71	20.88
可供出售金融资产	4176488.89	15.38	实业	1403565.71	5.17
持有至到期投资	0.00	0.00	金融机构	8888698.25	32.74
长期股权投资	853930.63	3.15	其他	5095989.61	18.77
其他	1198971.78	4.42			
信托资产总计	27151685.52	100.00	信托资产总计	27151685.52	100.00

资料来源：信托公司年报。

数据显示，2013年华宝信托各运用方式下的信托资产规模总计为2715.17亿元，货币资产为主要运用方式。

2013年华宝信托资产中投向最大的领域是金融机构，基础产业次之，证券市场紧随其后。

表124　2013年信托资产管理情况

单位：万元，%

信托资产	2012年	占比	2013年	占比	增长率
集合类	1926580.00	59.15	1762989.46	27.92	-8.49
单一类	1048963.51	32.21	4261983.97	67.50	306.30
财产权类	281400.00	8.64	289500.00	4.58	2.88
主动管理型	1911100.71	58.68	1814117.67	28.73	-5.07
被动管理型	1345842.80	41.32	4500355.75	71.27	234.39

资料来源：信托公司年报，用益信托工作室整理制作。

2013 年华宝信托加大了单一类信托业务的发行力度，而集合类信托产品的发行节奏则有所放缓，增加单一类信托业务的比重虽然可以迅速做大信托资产规模，但也可能导致整个信托业务风险系数上升。

从 2013 年清算来看，其收益水平普遍低于同期行业的平均值，尤其在集合类信托产品方面，低于行业平均水平 0.39 个百分点，表明华宝信托的理财能力在行业内处于劣势。

表 125　2013 年信托项目清算收益情况

单位：个，万元，%

已清算项目类型	项目个数	实际信托合计金额	加权平均实际年化收益率	行业平均实际年化收益率
集合类	44	902558.12	7.97	8.36
单一类	26	1710508.40	4.76	7.63
财产管理类	6	130985.74	6.80	6.78
合　计	76	2744052.26	5.91	7.59

资料来源：信托公司年报。

2. 固有资产

表 126　2013 年自营资产运用方式及投向

单位：万元，%

资产运用	金额	占比	资产分布	金额	占比
货币资产	24914.70	5.39	基础产业	0.00	0.00
贷款及应收款	3919.54	0.85	房地产	102.94	0.02
交易性金融资产	712.30	0.15	证券市场	40949.43	8.86
可供出售金融资产	311055.03	67.31	实业	0.00	0.00
持有至到期投资	0.00	0.00	金融机构	368957.34	79.84
长期股权投资	73224.75	15.84	其他	52139.32	11.28
其他	48322.71	10.46			
资产总计	462149.03	100.00	资产总计	462149.03	100.00

资料来源：信托公司年报。

2013 年华宝信托各运用方式下的自营资产规模总计为 46.21 亿元，如表 126 所示，可供售出金融资产为主要运用方式，没有实业投资和基础产业投资。

（四）风险管理

1. 风险指标

据年报披露显示，2013 年华宝信托固有资产不良率为 2.03%，较 2012 年下降 0.98 个百分点，固有资产质量有所提升。

另外，华宝信托 2013 年提取信托赔偿准备金 6791.84 万元，累计信托赔偿准备金余额为 29970.48 万元，占注册资本的比例为 14.99%；2013 年度提取一般风险准备金 393.10 万元，累计一般风险准备金余额为 42382.83 万元。

2013 年华宝信托净资本为 30.03 亿元，远高于监管最低标准 2 亿元；风险资本为 23.08 亿元，净资本与风险资本的比值为 130.10%，高于监管层的 100%；净资产为 40.71 亿元，净资本与净资产的比值为 73.77%，也高于监管层最低标准 40%。以上风险指标表明华宝信托的抗风险能力仍处在较安全的区域内。

2. 风险事件

2013 年 6 月，"华宝泰石 1 号集合资金信托计划"项下融资方违约，华宝信托对融资方以及担保方提起了诉讼。目前，本案已经通过调解结案，华宝信托的诉讼请求全部得到法院支持，并已经进入执行阶段。

十九　华宸信托

（一）基本情况

1. 公司沿革

华宸信托有限责任公司（简称华宸信托或公司）前身是 1988 年成立的内蒙古信托投资有限责任公司，2007 年更名为华宸信托有限责任公司，2013 年公司完成了股权结构调整工作。注册及办公地为内蒙古呼和浩特市，法定代表人是刘晓兵，公司注册资本 5.72 亿元。

2. 股东背景

表 127 排前三的股东

单位：%

股东名称	持股比例	股东背景
包头钢铁(集团)有限责任公司	36.50	国资
中国大唐集团资本控股有限公司	32.45	央企
内蒙古自治区人民政府国有资产监督管理委员会	30.20	政府

资料来源：信托公司年报，用益信托工作室整理制作。

（二）主要指标及排名

表 128 2013 年度主要经营指标及排名

经营指标		行业情况		排名情况		
名称	值	平均值	最高值	2013 年	2012 年	升降
注册资本(万元)	57200.00	167300.00	698800.00	61	54	−7
固有总资产(万元)	98164.00	423730.81	1856313.75	66	57	−9
固有净资产(万元)	87499.21	374790.49	1713394.33	62	59	−3
信托总资产(万元)	1271354.91	16030212.26	72966079.78	68	62	−6
人均信托资产(万元)	12343.25	86131.35	314912.50	68	63	−5
集合信托资产占比(%)	43.50	28.60	88.10	10	20	10
主动管理型占比(%)	76.41	58.93	100.00	24	23	−1
信托清算平均收益(%)	8.93	7.59	12.92	13	5	−8
年度新增信托规模(万元)	581668.00	10090662.73	44143364.00	68	63	−5
新增单一信托规模(万元)	346023.00	7274564.58	41304986.00	67	58	−9
新增集合信托规模(万元)	235645.00	2460672.83	14709086.46	67	61	−6
总收入(万元)	21550.02	122186.63	547823.36	64	59	−5
信托业务收入(万元)	19670.57	90494.73	454205.00	64	59	−5
总利润(万元)	231.74	83319.01	418590.74	68	57	−11
净利润(万元)	1170.19	65000.38	313553.98	68	55	−13
人均净利润(万元)	11.36	380.05	1520.01	68	52	−16
资本利润率(%)	1.36	19.76	54.06	67	32	−35
信托报酬率(%)	1.55	0.68	2.63	3	19	16
净资本(万元)	74224.74	299973.72	1293667.00	63	58	−5
风险资本(万元)	19574.67	182283.69	640253.00	68	62	−6
信托杠杆率(倍)	14.53	47.82	170.81	63	49	−14

资料来源：信托公司年报，用益信托工作室整理制作。

表129 2013年用益－信托公司综合实力排名

指标		行业情况		排名情况		
名称	值	平均值	最高值	2013年	2012年	升降
资本实力	24.67	100.00	444.22	64	58	-6
业务能力	14.68	95.17	308.72	68	65	-3
盈利能力	27.28	98.96	272.74	67	54	-13
理财能力	77.56	99.96	194.14	56	46	-10
抗风险能力	137.85	104.40	238.82	13	45	32
综合实力	62.57	100.16	253.52	58	60	2

资料来源：用益信托工作室。

（三）资产管理状况

1. 信托资产

表130 2013年信托资产运用方式及投向

单位：万元，%

资产运用	金额	占比	资产分布	金额	占比
货币资产	23586.00	1.86	基础产业	133210.00	10.48
贷款	698395.00	54.93	房地产	340835.00	26.81
交易性金融资产	0.00	0.00	证券市场	0.00	0.00
可供出售金融资产	0.00	0.00	实业	334160.00	26.28
持有至到期投资	50000.00	3.93	金融机构	85490.00	6.72
长期股权投资	39000.00	3.07	其他	377660.00	29.71
其他	460374.00	36.21			
信托资产总计	1271355.00	100.00	信托资产总计	1271355.00	100.00

资料来源：信托公司年报。

表130的数据表明，华宸信托的信托资金运用方式主要是贷款、其他投资和持有至到期投资，而公司信托资金的投向则主要集中在其他投资、房地产和实业（工商企业）。

表131　2013年信托资产管理情况

单位：万元，%

信托资产	2012 年	2013 年	占比	增长率
集合类	282700.00	235645.00	40.51	−16.64
单一类	557943.28	346023.00	59.49	−37.98
财产权类				
主动管理型	762228.28	451735.00	77.66	−40.73
被动管理型	78415.00	129933.00	22.34	65.70

资料来源：信托公司年报，用益信托工作室整理制作。

2013年华宸信托整体放缓了信托业务的发行速度，尤其是单一类信托产品的发行节奏。单一类信托业务比重的减少对于华宸信托来说，未必不是一件好事，因为单一类信托业务比重的增加虽然可以迅速做大信托资产规模，但同时也减少了信托业务收入的比重，降低了主动管理型业务的比重，导致整个信托业务风险系数上升。

年报数据显示，虽然单一类信托业务比重下降了，但主动管理型业务比重也减少了，这主要是由于整体业务的减少，尤其是集合类信托业务的减少。

表132　2013年信托项目清算收益情况

单位：个，万元，%

已清算项目类型	项目个数	实际信托合计金额	加权平均实际年化收益率	行业平均实际年化收益率
集合类	19	219655.00	10.41	8.36
单一类	80	661477.03	8.44	7.63
财产管理类				6.78
合　计	99	881132.03	8.93	7.59

资料来源：信托公司年报。

从2013年清算来看，其收益水平普遍高于同期行业的平均值，尤其在集合类信托产品方面，高出行业平均水平2.05个百分点，表明华宸信托的理财能力在行业中具有较强的竞争优势。

2. 固有资产

表 133   2013 年自营资产运用方式及投向

单位：万元，%

资产运用	金额	占比	资产分布	金额	占比
货币资产	1913.00	1.95	基础产业	0.00	0.00
贷款及应收款	23839.00	24.28	房地产	0.00	0.00
交易性金融资产	0.00	0.00	证券市场	47553.00	48.44
可供出售金融资产	53853.00	54.86	实业	13100.00	13.35
持有至到期投资	0.00	0.00	金融机构	11901.00	12.12
长期股权投资	11901.00	12.12	其他	25610.00	26.09
其他	6658.00	6.78			
资产总计	98164.00	100.00	资产总计	98164.00	100.00

资料来源：信托公司年报。

截至 2013 年底，从资金运用方式来看，以可供出售金融资产为主，从投向来看，主要集中在证券市场、其他投资和实业（工商企业）。值得注意的是，华宸信托的固有资产投向中没有基础产业和房地产，显然是为了规避当下房地产市场不断加大的下行风险，以保证公司固有资产的整体安全。

（四）风险管理

1. 风险指标

华宸信托 2013 年固有资产不良率为 0.88%，较 2012 年上升 0.47 个百分点，固有资产质量有所下降。另外，华宸信托 2013 年提取信托风险赔偿准备金 58.51 万元，占注册资本的 0.1%，累计提取信托风险赔偿准备金 58.51 万元，占注册资本的 0.1%；没有提取一般风险准备金，累计风险准备金也为零。

由于华宸信托的信托资产规模不大，且对自身业务风险的控制较好，公司的整体资产质量和抗风险能力较强。2013 年华宸信托净资本为 7.42 亿元，远高于监管最低标准 2 亿元；风险资本为 1.96 亿元，净资本与风险资本的比值为 379.19%，远高于监管层的 100%；净资产为 8.75 亿元，净资本与净资产的比值为 84.83%，也高于监管层最低标准 40%。以上风险指标表明华宸信托

的抗风险能力仍处在较安全的区域内。

2. 风险事件

2013 年华宸信托无任何信托产品兑付风险事件发生。

二十 华能信托

（一）基本情况

1. 公司沿革

华能贵诚信托有限公司成立于 2002 年，2008 年 12 月 29 日由华能资本服务有限公司增资扩股重组而成。2009 年 2 月，经中国银监会批准，公司换发新的《金融许可证》，目前公司注册资本金为 30 亿元，法定代表人是李进，注册及办公地为贵阳。

2. 股东背景

表 134　排前两位的股东

单位：%

股东名称	持股比例	股东背景
华能资本服务有限公司	67.58	央企
贵州产业投资（集团）有限责任公司	31.45	国资

资料来源：信托公司年报，用益信托工作室整理制作。

（二）主要指标及排名

表 135　2013 年度主要经营指标及排名

经营指标		行业情况		排名情况		
名称	值	平均值	最高值	2013 年	2012 年	升降
注册资本（万元）	300000.00	167300.00	698800.00	6	16	10
固有总资产（万元）	602561.10	423730.81	1856313.75	12	19	7
固有净资产（万元）	538733.37	374790.49	1713394.33	12	13	1
信托总资产（万元）	29856830.62	16030212.26	72966079.78	9	12	3

经营指标		行业情况		排名情况		
名称	值	平均值	最高值	2013 年	2012 年	升降
人均信托资产(万元)	113957.37	86131.35	314912.50	20	12	−8
集合信托资产占比(%)	21.22	28.60	88.10	46	48	2
主动管理型占比(%)	100.00	58.93	100.00	1	1	0
信托清算平均收益(%)	7.55	7.59	12.92	39	24	−15
年度新增信托规模(万元)	22814213.89	10090662.73	44143364.00	5	9	−4
新增单一信托规模(万元)	15515188.67	7274564.58	41304986.00	7	13	6
新增集合信托规模(万元)	6391536.14	2460672.83	14709086.46	5	5	0
总收入(万元)	145120.03	122186.63	547823.36	18	20	2
信托业务收入(万元)	114798.09	90494.73	454205.00	15	16	1
总利润(万元)	111533.61	83319.01	418590.74	15	21	6
净利润(万元)	83577.27	65000.38	313553.98	16	22	6
人均净利润(万元)	407.94	380.05	1520.01	23	19	−4
资本利润率(%)	22.19	19.76	54.06	25	28	3
信托报酬率(%)	0.38	0.68	2.63	51	42	−9
净资本(万元)	438082.10	299973.72	1293667.00	14	22	8
风险资本(万元)	307913.54	182283.69	640253.00	10	9	−1
信托杠杆率(倍)	55.42	47.82	170.81	22	20	−2

资料来源:信托公司年报,用益信托工作室整理制作。

表 136　2013 年用益－信托公司综合实力排名

指标		行业情况		排名情况		
名称	值	平均值	最高值	2013 年	2012 年	升降
资本实力	147.45	100.00	444.22	12	17	5
业务能力	170.08	95.17	308.72	8	11	3
盈利能力	113.22	98.96	272.74	20	24	4
理财能力	143.61	99.96	194.14	7	7	0
抗风险能力	101.04	104.40	238.82	29	37	8
综合实力	131.63	100.16	253.52	12	18	6

资料来源:用益信托工作室。

（三）资产管理状况

1. 信托资产

表 137　2013 年信托资产运用方式及投向

单位：万元，%

资产运用	金额	占比	资产分布	金额	占比
货币资产	327734.63	1.10	基础产业	10998466.00	36.84
贷款	12401370.01	41.54	房地产	1284923.97	4.30
交易性金融资产	100.00	0.00	证券市场	0.00	0.00
可供出售金融资产	365190.00	1.22	实业	7141035.00	23.92
持有至到期投资	2613670.00	8.75	金融机构	998894.00	3.35
长期股权投资	2279070.00	7.63	其他	9433511.65	31.60
其他	11869695.98	39.76			
信托资产总计	29856830.62	100.00	信托资产总计	29856830.62	100.00

资料来源：信托公司年报。

表 137 的数据表明，华能信托的信托资金运用方式主要是贷款、其他投资和持有至到期投资，而公司信托资金的投向则主要集中在基础产业、其他投资和实业（工商企业）。

表 138　2013 年信托资产管理情况

单位：万元，%

信托资产	2012 年	占比	2013 年	占比	增长率
集合类	4508834.82	25.11	6391536.14	28.02	31.17
单一类	10325768.70	57.51	15515188.67	68.01	332.82
财产权类	3121277.70	17.38	907489.08	3.98	-76.45
主动管理型	17955881.22	100.00	22814213.89	100.00	13.58
被动管理型					

资料来源：信托公司年报，用益信托工作室整理制作。

2013 年华能信托明显加大了单一类信托产品的发行力度，而集合类信托产品的发行节奏也有所加快，另外，财产权类信托新增规模与上年同期相比，下滑明显。总体来看，2013年华能信托的信托资产规模保持增长态势，虽然增加单一类信托业务的比重可以迅速做大信托资产规模，但同时也减少了信托业务收入的比重，降低了主动管理型业务的比重，导致整个信托业务风险系数上升。

统计数据表明，华能信托主动管理资产能力强，连续两年均没有被动管理型信托资产，这在业内也是难能可贵的。

从2013年清算来看，除集合类信托外，其收益水平普遍低于同期行业的平均值，在集合类信托产品方面，高出行业平均水平0.19个百分点，整体来看，华能信托的理财能力在行业中并不具有竞争优势。

表139　2013年信托项目清算收益情况

单位：个，万元，%

已清算项目类型	项目个数	实际信托合计金额	加权平均实际年化收益率	行业平均实际年化收益率
集合类	26	3452034.00	8.55	8.36
单一类	131	5832614.03	7.18	7.63
财产管理类	26	1121345.05	6.39	6.78
合　计	183	10405993.08	7.55	7.59

资料来源：信托公司年报。

2. 固有资产

表140　2013年自营资产运用方式及投向

单位：万元，%

资产运用	金额	占比	资产分布	金额	占比
货币资产	63892.18	10.60	基础产业	0.00	0.00
贷款及应收款	49500.00	8.21	房地产	0.00	0.00
交易性金融资产	59770.83	9.92	证券市场	59770.83	9.92
可供出售金融资产	405104.06	67.23	实业	0.00	0.00
持有至到期投资	0.00	0.00	金融机构	468996.24	77.83
长期股权投资	0.00	0.00	其他	73794.03	12.25
其他	24294.03	4.03			
资产总计	602561.10	100.00	资产总计	602561.10	100.00

资料来源：信托公司年报。

从资金运用方式来看，以可供出售金融资产为主，从投向来看，主要集中在金融机构、其他投资和证券市场。特别值得注意的是，华能信托的固有资产未投向基础产业、房地产、实业（工商企业）三大领域，固有资金投向金融机构的比重过大是一个较危险的信号，容易受市场波动影响，资产投向过于集中，对资产安全构成潜在威胁。

（四）风险管理情况

1. 风险指标

华能信托 2013 年固有资产不良率为 4.06%，与 2012 年的 7.37% 相比，下降 3.31 个百分点，固有资产质量进一步提高。另外，华能信托 2013 年提取信托风险赔偿准备金 4178.86 万元，累计提取信托风险赔偿准备金 10180.95 万元，占注册资本的比例为 3.39%；提取一般风险准备金 3389.48 万元，累计一般风险准备金为 19117.92 万元。

由于华能信托的信托资产规模较大，公司的整体资产质量和抗风险能力还有待进一步加强。根据华能信托年报数据披露，2013 年华能信托净资本为 43.81 亿元，远高于监管最低标准 2 亿元；风险资本为 30.79 亿元，净资本与风险资本的比值为 142.27%，高于监管层的 100%；净资产为 53.87 亿元，净资本与净资产的比值为 81.32%，也高于监管层最低标准 40%。以上风险指标表明华能信托的抗风险能力仍处在较安全的区域内。

2. 风险事件

2013 年华能信托无任何信托产品兑付风险事件发生。

二十一　华融信托

（一）基本情况

1. 公司沿革

华融信托注册及办公地为乌鲁木齐，法定代表人是隋运生，公司注册资本为 15.17 亿元。

2. 股东背景

表 141 排前三的股东

单位：%

股东名称	持股比例	股东背景
中国华融资产管理股份有限公司	97.50	国资
新疆凯迪投资有限责任公司	1.48	国资
新疆恒合投资股份有限公司	1.02	非国资

资料来源：信托公司年报，用益信托工作室整理制作。

（二）主要指标及排名

表 142 2013年度主要经营指标及排名

经营指标		行业情况		排名情况		
名称	值	平均值	最高值	2013年	2012年	升降
注册资本（万元）	151700.00	167300.00	698800.00	31	22	-9
固有总资产（万元）	363702.09	423730.81	1856313.75	31	24	-7
固有净资产（万元）	325845.66	374790.49	1713394.33	28	22	-6
信托总资产（万元）	9705028.44	16030212.26	72966079.78	43	42	-1
人均信托资产（万元）	44930.69	86131.35	314912.50	46	44	-2
集合信托资产占比（%）	47.78	28.60	88.10	8	5	-3
主动管理型占比（%）	72.00	58.93	100.00	29	22	-7
信托清算平均收益（%）	9.59	7.59	12.92	6	35	29
年度新增信托规模（万元）	6451778.01	10090662.73	44143364.00	38	38	0
新增单一信托规模（万元）	3483080.90	7274564.58	41304986.00	41	48	-7
新增集合信托规模（万元）	2937697.11	2460672.83	14709086.46	22	14	-8
总收入（万元）	195591.22	122186.63	547823.36	11	7	-4
信托业务收入（万元）	176575.88	90494.73	454205.00	6	5	-1
总利润（万元）	107545.28	83319.01	418590.74	18	19	-1
净利润（万元）	80114.86	65000.38	313553.98	19	19	0
人均净利润（万元）	417.26	380.05	1520.01	22	18	-4
资本利润率（%）	0.26	19.76	54.06	68	17	-51
信托报酬率（%）	1.82	0.68	2.63	2	1	-1
净资本（万元）	289000.00	299973.72	1293667.00	27	19	-8
风险资本（万元）	149740.93	182283.69	640253.00	36	29	-7
信托杠杆率（倍）	29.78	47.82	170.81	48	46	-2

资料来源：信托公司年报，用益信托工作室整理制作。

表 143　2013 年用益 – 信托公司综合实力排名

指标		行业情况		排名情况		
名称	值	平均值	最高值	2013 年	2012 年	升降
资本实力	88.97	100.00	444.22	32	25	−7
业务能力	83.17	95.17	308.72	36	29	−7
盈利能力	120.00	98.96	272.74	17	10	−7
理财能力	93.49	99.96	194.14	35	39	4
抗风险能力	117.99	104.40	238.82	18	15	−3
综合实力	102.47	100.16	253.52	24	21	−3

资料来源：用益信托工作室。

（三）资产管理状况

1. 信托资产

表 144　2013 年信托资产运用方式及投向

单位：万元，%

资产运用	金额	占比	资产分布	金额	占比
货币资产	45181.79	0.46	基础产业		
贷款	4737760.54	48.51	房地产		
交易性金融资产	974973.34	9.98	证券市场		
可供出售金融资产	370691.12	3.80	实业		
持有至到期投资	442411.46	4.53	金融机构		
长期股权投资	1345207.78	13.77	其他		
其他	1849993.84	18.94			
信托资产总计	9766219.87	100.00	信托资产总计	9766219.87	100.00

资料来源：信托公司年报。

表 144 的数据表明，华融信托的信托资金运用方式主要是贷款、其他投资和长期股权投资。

2013 年华融信托明显加大了单一类信托产品的发行力度，而集合类信托产品的发行节奏则明显放缓。尽管近几年华融信托对其信托业务结构进行了调整，但与行业的总体水平相比还有相当的距离，增加单一类信托业务的比重虽然可以迅速做大信托资产规模，但同时也减少了信托业务收入的比重，降低了主动管理型业务的比重，导致整个信托业务风险系数上升。

表 145　2013 年信托资产管理情况

单位：万元，%

信托资产	2012 年	占比	2013 年	占比	增长率
集合类	2814885.00	65.41	2937697.11	45.53	4.36
单一类	1258516.20	29.24	3483080.90	53.99	176.76
财产权类	230112.36	5.35	31000.00	0.48	−86.53
主动管理型	3572513.56	83.01	4558790.68	70.66	27.61
被动管理型	731000.00	16.99	1892987.33	29.34	158.96

资料来源：信托公司年报，用益信托工作室整理制作。

统计数据表明，与 2012 年相比，华融信托 2013 年主动管理资产能力减弱，还需在今后的发展中不断提升，与行业总体的发展方向保持一致。

表 146　2013 年信托项目清算收益情况

单位：个，万元，%

已清算项目类型	项目个数	实际信托合计金额	加权平均实际年化收益率	行业平均实际年化收益率
集合类	64	2655899.36	10.14	8.36
单一类	39	778506.00	9.19	7.63
财产管理类	2	185800.00	3.38	6.78
合　计	105	3620205.36	9.59	7.59

资料来源：信托公司年报。

从 2013 年清算来看，除财产管理类信托项目外，其收益水平普遍高于同期行业的平均值，尤其在集合类信托产品方面，高出行业平均水平 1.78 个百分点，表明华融信托的理财能力在行业中具有一定的竞争优势。

2. 固有资产

从资金运用方式来看，贷款及应收款为重点运用方式。

（四）风险管理情况

1. 风险指标

2013 年华融信托不良（固有）资产率为 0，与 2012 年的 0.25% 相比，下滑 0.25 个百分点，固有资产质量进一步提高。另外，华融信托 2013 年提取信托风险赔偿准备金 4005.74 万元，累计提取信托风险赔偿准备金 20783.59 万

表 147　2013 年自营资产运用方式及投向

单位：万元，%

资产运用	金额	占比	资产分布	金额	占比
货币资产	0.00	0.00	基础产业		
贷款及应收款	162554.47	44.69	房地产		
交易性金融资产	0.00	0.00	证券市场		
可供出售金融资产	89759.74	24.68	实业		
持有至到期投资	0.00	0.00	金融机构		
长期股权投资	0.00	0.00	其他		
其他	111387.88	30.63			
资产总计	363702.09	100.00	资产总计	363702.09	100.00

资料来源：信托公司年报。

元，占注册资本的比例为 13.70%，提取一般风险准备金 4005.74 万元，累计风险准备金为 20783.59 万元。

由于华融信托的信托资产规模不大，公司的整体资产质量和抗风险能力较强。2013 年华融信托净资本为 28.90 亿元，远高于监管最低标准 2 亿元；风险资本为 14.97 亿元，净资本与风险资本的比值为 193.00%，高于监管层的 100%；净资产为 32.58 亿元，净资本与净资产的比值为 88.69%，也高于监管层最低标准 40%。以上风险指标表明华融信托的抗风险能力仍处在较安全的区域内。

2. 风险事件

2014 年 7 月，广东宜华地产信托贷款集合资金信托计划：华融信托深陷地产项目"宜华系"车轮式质押股权风险显露。

2014 年 8 月，柳州正菱集团信托贷款集合资金信托计划：华融信托陷正菱非法吸存案 2.7 亿元产品曝兑付危险。

二十二　华润信托

（一）基本情况

1. 公司沿革

公司于 1982 年 8 月 24 日成立，原名为深圳市信托投资公司。1991 年经中国人民银行批准更名为深圳国际信托投资公司。2008 年 10 月，经中国银行业监督管理委员会批准，公司更名为华润深国投信托有限公司，简称"华润信托"。2006 年，公司注册资本变更为 26.3 亿元。注册地为深圳市，法定代表人为蒋伟。

2. 股东背景

表 148　排前两位的股东

单位：%

股东名称	持股比例	股东背景
华润股份有限公司	51.00	央企
深圳市人民政府国有资产监督管理委员会	49.00	政府

资料来源：信托公司年报，用益信托工作室整理制作。

（二）主要指标及排名

表 149　2013 年度主要经营指标及排名

经营指标		行业情况		排名情况		
名称	值	平均值	最高值	2013 年	2012 年	升降
注册资本（万元）	263000.00	167300.00	698800.00	9	5	−4
固有总资产（万元）	1317520.85	423730.81	1856313.75	3	2	−1
固有净资产（万元）	1215027.82	374790.49	1713394.33	3	2	−1
信托总资产（万元）	36430423.90	16030212.26	72966079.78	4	12	8
人均信托资产（万元）	121840.88	86131.35	314912.50	18	32	14
集合信托资产占比（%）	35.08	28.60	88.10	22	28	6
主动管理型占比（%）	68.21	58.93	100.00	30	17	−13
信托清算平均收益（%）	7.71	7.59	12.92	35	11	−24
年度新增信托规模（万元）	16344516.00	10090662.73	44143364.00	13	12	−1
新增单一信托规模（万元）	9131207.00	7274564.58	41304986.00	18	7	−11
新增集合信托规模（万元）	7213309.00	2460672.83	14709086.46	4	16	12
总收入（万元）	275393.74	122186.63	547823.36	5	5	0
信托业务收入（万元）	172266.00	90494.73	454205.00	7	9	2
总利润（万元）	220518.91	83319.01	418590.74	4	5	1
净利润（万元）	179459.68	65000.38	313553.98	5	5	0
人均净利润（万元）	617.76	380.05	1520.01	9	10	1
资本利润率（%）	16.09	19.76	54.06	43	45	2
信托报酬率（%）	0.47	0.68	2.63	44	34	−10
净资本（万元）	942027.29	299973.72	1293667.00	2	2	0
风险资本（万元）	387582.92	182283.69	640253.00	3	6	3
信托杠杆率（倍）	29.98	47.82	170.81	48	52	4

资料来源：信托公司年报，用益信托工作室整理制作。

表 150　2013 年用益－信托公司综合实力排名

指标		行业情况		排名情况		
名称	值	平均值	最高值	2013 年	2012 年	升降
资本实力	302.81	100.00	444.22	2	2	0
业务能力	237.71	95.17	308.72	4	7	3
盈利能力	183.59	98.96	272.74	5	9	4
理财能力	147.97	99.96	194.14	5	9	4
抗风险能力	186.25	104.40	238.82	3	3	0
综合实力	209.09	100.16	253.52	3	4	1

资料来源：用益信托工作室。

（三）资产管理状况

1. 信托资产

近几年来，华润信托一直大力推动结构金融业务向集合化、基金化、长期化、直销化发展，实现从平台类业务为主导向主动管理业务为主导的逐步转型。目前已取得了重大进展，2013 年度，华润信托主动管理类资产占比已达 100%，且对证券投资业务线进行了战略布局的调整，将该业务具体划分为证券信托业务线、证券投行业务线和资产管理业务线。同时还建立了国内首个为期货管理人提供具有公信力的独立第三方业绩鉴证服务的孵化平台——"春雷计划"。

表 151　2013 年信托资产运用方式及投向

单位：万元，%

资产运用	金额	占比	资产分布	金额	占比
货币资产	11079661.71	30.41	基础产业	2815231.38	7.73
贷款	12116272.30	33.26	房地产	7565572.33	20.77
交易性金融资产	7238369.73	19.87	证券市场	8728639.17	23.96
可供出售金融资产	1878733.28	5.16	实业	3796855.54	10.42
持有至到期投资	75000.00	0.21	金融机构	10583820.94	29.05
长期股权投资	2595226.88	7.12	其他	2940304.54	8.07
其他	1447160.00	3.97			
信托资产总计	36430423.90	100.00	信托资产总计	36430423.90	100.00

资料来源：信托公司年报。

数据显示，2013年华润信托各运用方式下的信托资产规模中贷款类资金规模占比最大，货币资产紧随其后。

2013年华润信托资产中投向最大的领域是金融机构，证券市场次之。

表152　2013年信托资产管理情况

单位：万元，%

信托资产	2012年	占比	2013年	占比	增长率
集合类	2546620.00	17.96	7213309.00	44.13	183.25
单一类	11630441.00	82.04	9131207.00	55.87	-21.49
财产权类					
主动管理型	12665352.00	89.34	16344516.00	100	29.05
被动管理型	1511709.00	10.66			-100.00

资料来源：信托公司年报，用益信托工作室整理制作。

2013年华润信托明显加大了集合类信托业务的发行力度，而单一类信托产品的发行节奏则有所放缓，增加集合类信托业务的比重显然才是信托公司未来发展的需要。

2013年，华润信托新增信托资产全部为主动管理型资产。

表153　2013年信托项目清算收益情况

单位：个，万元，%

已清算项目类型	项目个数	实际信托合计金额	加权平均实际年化收益率	行业平均实际年化收益率
集合类	38	1275937.01	9.28	8.36
单一类	162	6172235.78	7.38	7.63
财产管理类				6.78
合计	200	7448172.79	7.71	7.59

资料来源：信托公司年报。

从2013年华润信托的产品清算情况来看，其收益水平大部分高于同期行业的平均值，尤其在集合类信托产品方面，高于行业平均水平0.92个百分点，表明华润信托的理财能力在行业内具有竞争优势。

2. 固有资产

表 154　2013 年自营资产运用方式及投向

单位：个，万元，%

资产运用	金额	占比	资产分布	金额	占比
货币资产	53077.51	4.03	基础产业	0.00	0.00
贷款及应收款	40171.11	3.05	房地产	0.00	0.00
交易性金融资产	0.00	0.00	证券市场	80301.95	6.09
可供出售金融资产	566821.26	43.02	实业	0.00	0.00
持有至到期投资	0.00	0.00	金融机构	693198.26	52.61
长期股权投资	640124.58	48.59	其他	544020.64	41.29
其他	17326.39	1.32			
资产总计	1317520.85	100.00	资产总计	1317520.85	100.00

资料来源：信托公司年报。

数据显示，2013 年华润信托各运用方式下的自营资产规模中长期股权投资规模占比最大。

2013 年华润信托资金主要投向金融机构、其他类及证券市场。

（四）风险管理

1. 风险指标

据年报披露显示，2013 年华润信托固有资产不良率为 0.42%，较 2012 年下降 0.50 个百分点，固有资产质量有所提升。

另外，华润信托 2013 年累计信托赔偿准备金为 52600 万元，占注册资本的比例为 20.00%；2013 年提取一般风险准备金 1872.95 万元，累计一般风险准备金为 19526.15 万元。

2013 年华润信托净资本为 94.20 亿元，远高于监管最低标准 2 亿元；风险资本为 38.76 亿元，净资本与风险资本的比值为 243.05%，高于监管层的100%；净资产为 121.50 亿元，净资本与净资产的比值为 77.53%，也高于监管层最低标准 40%。以上风险指标表明华润信托的抗风险能力仍处在较安全的区域内。

2. 风险事件

2013 年 10 月，华润信托宣布"焱金 2 号孝义德威集合资金信托计划"延期一年，即原本应该在 2013 年 12 月 23 日结束的项目，延期至 2014 年。融资方孝义德威煤业感到难以如期完成兑付。

二十三　华鑫信托

（一）基本情况

1. 公司沿革

华鑫国际信托前身为佛山国际信托投资有限公司，于 2008 年 12 月 24 日重新登记并更名为华鑫国际信托有限公司，2010 年 3 月 15 日，经营地址迁至北京市西城区，并于 2010 年 3 月 18 日正式挂牌开业；2012 年 4 月 9 日，股东同比例增资至 22 亿元。公司法定代表人是郝彬，主要注册及办公地均为北京。

2. 股东背景

表 155　排前两位的股东

单位：%

股东名称	持股比例	股东背景
中国华电集团公司	51.00	央企
中国华电集团财务有限公司	49.00	央企

资料来源：信托公司年报，用益信托工作室整理制作。

（二）主要指标及排名

表 156　2013 年度主要经营指标及排名

经营指标		行业情况		排名情况		
名称	值	平均值	最高值	2013 年	2012 年	升降
注册资本（万元）	220000.00	167300.00	698800.00	15	12	−3
固有总资产（万元）	344606.40	423730.81	1856313.75	34	27	−7
固有净资产（万元）	310331.41	374790.49	1713394.33	37	30	−7
信托总资产（万元）	14837344.01	16030212.26	72966079.78	31	35	4

续表

经营指标		行业情况		排名情况		
名称	值	平均值	最高值	2013年	2012年	升降
人均信托资产（万元）	102326.51	86131.35	314912.50	21	28	7
集合信托资产占比（%）	21.19	28.60	88.10	47	46	-1
主动管理型占比（%）	49.02	58.93	100.00	42	36	-6
信托清算平均收益（%）	7.82	7.59	12.92	29	27	-2
年度新增信托规模（万元）	9572222.77	10090662.73	44143364.00	28	66	38
新增单一信托规模（万元）	7524611.10	7274564.58	41304986.00	27	66	39
新增集合信托规模（万元）	2047611.67	2460672.83	14709086.46	28	65	37
总收入（万元）	90657.49	122186.63	547823.36	37	33	-4
信托业务收入（万元）	62294.50	90494.73	454205.00	38	37	-1
总利润（万元）	65313.21	83319.01	418590.74	38	33	-5
净利润（万元）	50875.73	65000.38	313553.98	36	36	0
人均净利润（万元）	387.00	380.05	1520.01	28	31	-3
资本利润率（%）	17.86	19.76	54.06	34	26	-8
信托报酬率（%）	0.42	0.68	2.63	47	45	-2
净资本（万元）	258814.54	299973.72	1293667.00	35	30	-5
风险资本（万元）	159643.46	182283.69	640253.00	33	35	2
信托杠杆率（倍）	47.81	47.82	170.81	30	39	9

资料来源：信托公司年报，用益信托工作室整理制作。

表157 2013年用益-信托公司综合实力排名

指标		行业情况		排名情况		
名称	值	平均值	最高值	2013年	2012年	升降
资本实力	88.07	100.00	444.22	34	21	-13
业务能力	86.61	95.17	308.72	33	39	6
盈利能力	83.47	98.96	272.74	37	37	0
理财能力	102.61	99.96	194.14	26	33	7
抗风险能力	86.15	104.40	238.82	45	41	-4
综合实力	89.36	100.16	253.52	35	35	0

资料来源：用益信托工作室。

（三）资产管理状况

1. 信托资产

表158 2013年信托资产运用方式及投向

单位：万元，%

资产运用	金额	占比	资产分布	金额	占比
货币资产	514133.78	3.47	基础产业	1562311.34	10.53
贷款	7957299.38	53.63	房地产	247987.90	1.67
交易性金融资产	568594.05	3.83	证券市场	1427450.47	9.62
可供出售金融资产	0.00	0.00	实业	7734332.04	52.13
持有至到期投资	4410462	29.73	金融机构	1701837.07	11.47
长期股权投资	1348456.44	9.09	其他	2163425.19	14.58
其他	38398.36	0.26			
信托资产总计	14837344.01	100.00	信托资产总计	14837344.01	100.00

资料来源：信托公司年报。

表158的数据表明，华鑫信托的信托资金运用方式主要是贷款、持有至到期投资和长期股权投资，而公司信托资金的投向则主要集中在实业、其他类和金融机构。

表159 2013年信托资产管理情况

单位：万元，%

信托资产	2012年	2013年	占比	增长率
集合类		2047611.67	21.39	
单一类		7524611.10	18.61	
财产权类				
主动管理型		4661839.77	48.70	
被动管理型		4910383.00	51.30	

资料来源：信托公司年报，用益信托工作室整理制作。

统计表明，与行业的平均水平相比，华鑫信托主动管理能力偏弱，未来发展中仍需进一步提升主动管理能力。

表 160　2013 年信托项目清算收益情况

单位：个，万元，%

已清算项目类型	项目个数	实际信托合计金额	加权平均实际年化收益率	行业平均实际年化收益率
集合类	59	896884.56	8.08	8.36
单一类	96	3714528.13	7.76	7.63
财产管理类				6.78
合　计	155	4611412.69	7.82	7.59

资料来源：信托公司年报。

从 2013 年华鑫信托的产品清算情况来看，其收益整体水平略高于行业的平均值，但在集合类信托产品方面，比行业平均水平低 0.28 个百分点，表明华鑫信托集合信托产品的理财能力偏弱。

2. 固有资产

表 161　2013 年自营资产运用方式及投向

单位：万元，%

资产运用	金额	占比	资产分布	金额	占比
货币资产	912.20	0.26	基础产业	18500.00	5.37
贷款及应收款	64208.00	18.63	房地产	7938.10	2.30
交易性金融资产	0.00	0.00	证券市场	197263.33	57.24
可供出售金融资产	140687.5	40.83	实业	43700.00	12.68
持有至到期投资	124950.65	36.26	金融机构	77204.97	22.40
长期股权投资	0.00	0.00	其他		
其他	13848.05	4.02			
资产总计	344606.40	100.00	资产总计	344606.40	100.00

资料来源：信托公司年报。

截至 2013 年底，从资金运用方式来看，以可供出售金融资产为主，从投向来看，主要集中在证券市场、金融机构和实业。值得注意的是，华鑫信托的固有资产一半以上投向证券市场，显然，固有资金投向证券市场占比偏高，证券市场的不稳定性在一定程度上加大了风险，这对公司固有资产的整体安全构成潜在的威胁。

（五）风险管理情况

1. 风险指标

华鑫信托2013年不良（固有）资产率为0，与2012年相比没有变化，资产状况整体表现良好。另外，华鑫信托2013年提取信托风险赔偿准备金2543.79万元，累计提取信托风险赔偿准备金为4633.05万元，占注册资本的比例为2.11%，提取一般风险准备金为760.32万元，累计风险准备金为9773.52万元。

由于华鑫信托的信托资产规模不大，且自身资本实力不弱，公司的整体资产质量和抗风险能力较强。2013年华鑫信托净资本为25.88亿元，远高于监管最低标准2亿元；风险资本为15.96亿元，净资本与风险资本的比值为162.12%，高于监管标准的100%；净资产为31.03亿元，净资本与净资产的比值为83.40%，也高于监管层最低标准40%。以上风险指标表明华鑫信托的抗风险能力仍处在较安全的区域内。

2. 风险事件

2013年华鑫信托无任何信托产品兑付风险事件发生。

二十四　华信信托

（一）基本情况

1. 公司沿革

据2013年年报披露显示，华信信托公司（简称华信信托或公司）设立于1987年，原名中国工商银行大连市信托投资公司；1988年，改制为股份有限公司，更名为中国工商银行大连信托投资股份有限公司；2006年，注册资本金增加到10.01亿元；2007年，注册资本增加到12.1亿元；2010年，注册资本增加到20.57亿元；2012年，注册资本增加到30亿元；2013年，更名为华信信托股份有限公司。注册及办公地为大连，法定代表人是董永成，注册资本33亿元。

2. 股东背景

表 162　排首位的股东

单位：%

股东名称	持股比例	股东背景
华信汇通集团有限公司	60.00	国资

资料来源：信托公司年报，用益信托工作室整理制作。

（二）主要指标及排名

表 163　2013 年度主要经营指标及排名

经营指标		行业情况		排名情况		
名称	值	平均值	最高值	2013 年	2012 年	升降
注册资本（万元）	330000.00	167300.00	698800.00	45	22	−23
固有总资产（万元）	609088.22	423730.81	1856313.75	45	22	−23
固有净资产（万元）	587822.67	374790.49	1713394.33	45	22	−23
信托总资产（万元）	7617063.42	16030212.26	72966079.78	59	60	1
人均信托资产（万元）	43776.23	86131.35	314912.50	57	56	−1
集合信托资产占比（%）	47.89	28.60	88.10	45	60	15
主动管理型占比（%）	82.74	58.93	100.00	57	60	3
信托清算平均收益（%）	8.65	7.59	12.92	50	32	−18
年度新增信托规模（万元）	5699115.03	10090662.73	44143364.00	50	60	10
新增单一信托规模（万元）	2770443.03	7274564.58	41304986.00	50	60	10
新增集合信托规模（万元）	2928672.00	2460672.83	14709086.46	45	60	15
总收入（万元）	170843.22	122186.63	547823.36	45	32	−13
信托业务收入（万元）	93382.47	90494.73	454205.00	50	32	−18
总利润（万元）	152116.15	83319.01	418590.74	45	22	−23
净利润（万元）	117866.19	65000.38	313553.98	45	22	−23
人均净利润（万元）	723.11	380.05	1520.01	5	7	2
资本利润率（%）	21.39	19.76	54.06	50	60	10
信托报酬率（%）	1.23	0.68	2.63	45	56	11
净资本（万元）	539374.49	299973.72	1293667.00	45	22	−23
风险资本（万元）	142929.07	182283.69	640253.00	57	60	3
信托杠杆率（倍）	12.96	47.82	170.81	65	60	−5

资料来源：信托公司年报，用益信托工作室整理制作。

表164   2013年用益-信托公司综合实力排名

指标		行业情况		排名情况		
名称	值	平均值	最高值	2013年	2012年	升降
资本实力	162.86	100.00	444.22	9	7	-2
业务能力	103.35	95.17	308.72	21	22	1
盈利能力	174.21	98.96	272.74	8	12	4
理财能力	87.78	99.96	194.14	44	43	-1
抗风险能力	186.34	104.40	238.82	2	9	7
综合实力	147.06	100.16	253.52	9	11	2

资料来源：用益信托工作室。

（三）资产管理状况

1. 信托资产

华信信托一直以来不论是盈利能力还是资本实力都位于行业前列，在整个信托行业发展放缓的背景下，依然保持着强劲的增长势头。这主要得益于华信信托大力发展单一类信托产品，单一类产品托管规模快速扩大的同时，主动管理型产品也增长迅速，并且其整体业绩一直较为良好。

表165   2013年信托资产运用方式及投向

单位：万元，%

资产运用	金额	占比	资产分布	金额	占比
货币资产	403122.17	5.28	基础产业	2232857.00	29.23
贷款	2171116.50	28.43	房地产	1547284.50	20.26
交易性金融资产	609535.67	7.98	证券市场	680816.51	8.91
可供出售金融资产	0.00	0.00	实业	1285733.90	16.83
持有至到期投资	4305350.90	56.36	金融机构	1499445.90	19.63
长期股权投资	46930.50	0.61	其他	392349.64	5.14
其他	102431.31	1.34			
信托资产总计	7638487.05	100.00	信托资产总计	7638487.05	100.00

资料来源：信托公司年报。

表165的数据表明，华信信托的信托资金运用方式主要是长期股权投资和贷款，而公司信托资金的投向则主要集中在基础产业、房地产和金融机构。

表 166　2013 年信托资产管理情况

单位：万元，%

信托资产	2012 年	2013 年	占比	增长率
集合类	1548008.00	2928672.00	51.39	89.19
单一类	2072447.38	2770443.03	48.61	33.68
财产权类				
主动管理型	3620455.38	5699115.03	100.00	57.41
被动管理型				

资料来源：信托公司年报，用益信托工作室整理制作。

　　2013 年爱建信托明显加大了集合类信托业务的发行力度，而单一类信托产品的发行节奏则有所放缓。华信信托偏向于主动管理型产品，根据数据显示，其主动管理能力不断提升，使公司的整体抗风险能力显著提升。

　　年报数据显示，华信信托 2013 年主动管理资产能力继续加强，在未来的发展中其主动管理能力需要保持并加强。

表 167　2013 年信托项目清算收益情况

单位：个，万元，%

已清算项目类型	项目个数	实际信托合计金额	加权平均实际年化收益率	行业平均实际年化收益率
集合类	127	1122690.00	7.54	8.36
单一类	253	1952823.00	9.20	7.63
财产管理类	2	83600.00	10.79	6.78
合　计	382	3159113.00	8.65	7.59

资料来源：信托公司年报。

2. 固有资产

　　截至 2013 年底，从资金运用方式来看，以可供出售金融资产为主，从投向来看，主要集中在证券市场和金融机构。特别值得注意的是，华信信托的固有资产投向中没有基础产业和房地产，显然，这样对于公司固有资产的整体安全形成了较强的保护，这也是该公司抗风险能力一直处于行业前列的原因之一。

表168　2013年自营资产运用方式及投向

单位：万元，%

资产运用	金额	占比	资产分布	金额	占比
货币资产	13992.58	2.30	基础产业	0.00	0.00
贷款及应收款	26445.12	4.34	房地产	0.00	0.00
交易性金融资产	0.00	0.00	证券市场	382905.01	62.87
可供出售金融资产	356414.74	58.52	实业	0.00	0.00
持有至到期投资	0.00	0.00	金融机构	183532.78	30.13
长期股权投资	169541.61	27.84	其他	42650.43	7.00
其他	42694.17	7.00			
资产总计	609088.22	100.00	资产总计	609088.22	100.00

资料来源：信托公司年报。

（四）风险管理

1. 风险指标

据年报披露显示，2013年华信信托不良（固有）资产率为零，与上年度相同。这表明华信信托一直注重自身资产的质量。另外，华信信托2013年风险赔偿准备金为20319.76万元，占注册资本的6.16%，一般风险准备金为8683.37万元，占注册资本的2.63%；两项风险准备金合计规模为29003.13万元。

2013年华信信托净资本为53.94亿元，远高于监管最低标准2亿元；风险资本为14.29亿元，净资本与风险资本的比值为377.47%，远高于监管层的100%；净资产为58.78亿元，净资本与净资产的比值为91.77%，也高于监管层最低标准40%。以上风险指标表明华信信托的抗风险能力处于安全区域内。

2. 风险事件

2013年华信信托无任何信托产品兑付风险事件发生。

二十五　吉林信托

（一）基本情况

1. 公司沿革

吉林省信托有限责任公司（简称吉林信托或公司）前身为吉林省经济开

发公司，成立于1985年，后更名为吉林省信托有限责任公司。注册及主要办公地点均为长春，法定代表人是高福波，注册资本15.96亿元。

2.股东背景

表169　排前三的股东

单位：%

股东名称	持股比例	股东背景
吉林省财政厅	97.50	地方政府
吉林粮食集团有限公司	0.63	国资
吉林化纤集团有限公司	0.63	国资

资料来源：信托公司年报，用益信托工作室整理制作。

（二）主要指标及排名

表170　2013年度主要经营指标及排名

经营指标		行业情况		排名情况		
名称	值	平均值	最高值	2013年	2012年	升降
注册资本(万元)	159600.00	167300.00	698800.00	29	20	−9
固有总资产(万元)	393868.30	423730.81	1856313.75	29	14	−15
固有净资产(万元)	329978.73	374790.49	1713394.33	27	18	−9
信托总资产(万元)	4163748.00	16030212.26	72966079.78	59	50	−9
人均信托资产(万元)	21686.19	86131.35	314912.50	65	54	−11
集合信托资产占比(%)	19.44	28.60	88.10	49	29	−20
主动管理型占比(%)	75.62	58.93	100.00	25	9	−16
信托清算平均收益(%)	9.28	7.59	12.92	8	10	2
年度新增信托规模(万元)	2892092.00	10090662.73	44143364.00	58	58	0
新增单一信托规模(万元)	2128553.00	7274564.58	41304986.00	54	52	−2
新增集合信托规模(万元)	563539.00	2460672.83	14709086.46	61	56	−5
总收入(万元)	71671.43	122186.63	547823.36	44	31	−13
信托业务收入(万元)	41359.02	90494.73	454205.00	55	36	−19
总利润(万元)	54544.85	83319.01	418590.74	41	47	6
净利润(万元)	43293.42	65000.38	313553.98	41	43	2
人均净利润(万元)	226.67	380.05	1520.01	47	64	17

经营指标		行业情况		排名情况		
名称	值	平均值	最高值	2013年	2012年	升降
资本利润率(%)	13.07	19.76	54.06	53	62	9
信托报酬率(%)	0.99	0.68	2.63	12	2	-10
净资本(万元)	246350.00	299973.72	1293667.00	38	25	-13
风险资本(万元)	85845.00	182283.69	640253.00	52	37	-15
信托杠杆(倍)	12.62	47.82	170.81	66	57	-9

资料来源：信托公司年报，用益信托工作室整理制作。

表171　2013年用益－信托公司综合实力排名

指标		行业情况		排名情况		
名称	值	平均值	最高值	2013年	2012年	升降
资本实力	88.58	100.00	444.22	33	18	-15
业务能力	39.72	95.17	308.72	60	46	-14
盈利能力	69.64	98.96	272.74	52	42	-10
理财能力	85.50	99.96	194.14	47	27	-20
抗风险能力	155.68	104.40	238.82	7	22	15
综合实力	93.62	100.16	253.52	27	31	4

资料来源：用益信托工作室。

（三）资产管理状况

1. 信托资产

随着信托业的高速发展，吉林信托也取得了不错的业绩，2013年虽然业务总收入有所下降，但是净利润增长超过50%。在信托风险频发的现阶段，吉林信托管理的"吉信·松花江77号山西福裕能源项目收益权集合资金信托计划"发生兑付问题，该项目总规模近10亿元，可能由于行业风险加大，2013年吉林信托总收入有所下滑，但是良好的经营和资产管理使得公司的盈利能力依旧强劲。

表172的数据表明，吉林信托的信托资金运用方式主要是贷款、持有至到期投资；其余运用方式较为平衡。

吉林信托2013年年报中未披露信托投资分布情况。

表172　2013年信托资产运用方式及投向

单位：万元，%

资产运用	金额	占比	资产分布	金额	占比
货币资产	8407.97	0.20	基础产业		
贷款	1496812.43	35.50	房地产		
交易性金融资产	0.00	0.00	证券市场		
可供出售金融资产	36960.00	0.88	实业		
持有至到期投资	1795902.50	42.59	金融机构		
长期股权投资	383220.00	9.09	其他		
其他	495659.16	11.75			
信托资产总计	4216962.06	100.00	信托资产总计	4216962.06	100.00

资料来源：信托公司年报。

表173　2013年信托资产管理情况

单位：万元，%

信托资产	2012年	2013年	占比	增长率
集合类	609995.00	563539.00	19.49	-7.62
单一类	1137885.00	2128553.00	73.60	87.06
财产权类	79000.00	200000.00	6.92	153.16
主动管理型	1657360.00	2131360.50	73.70	28.60
被动管理型	169520.00	760731.50	26.30	348.76

资料来源：信托公司年报，用益信托工作室整理制作。

2013年吉林信托集合类信托产品的发行节奏有所放缓，而单一类信托呈现不同的发展态势，增长显著；另外，财产权类信托新增规模与上年同期相比，也有较大幅度的增长。

吉林信托2013年主动管理资产能力有所提升。

从2013年清算来看，其收益水平普遍高于同期行业的平均值，尤其在集合类信托产品方面，高出行业平均水平1.56个百分点，表明吉林信托的理财能力在行业中具有一定的竞争优势。

表174 2013年信托项目清算收益情况

单位：个，万元，%

已清算项目类型	项目个数	实际信托合计金额	加权平均实际年化收益率	行业平均实际年化收益率
集合类	65	1212081.25	9.92	8.36
单一类	60	1821120.00	8.91	7.63
财产管理类	1	40000.00	6.88	6.78
合　计	126	3073201.25	9.28	7.59

资料来源：信托公司年报。

2. 固有资产

表175 2013年自营资产运用方式及投向

单位：万元，%

资产运用	金额	占比	资产分布	金额	占比
货币资产	2540.49	0.65	基础产业		
贷款及应收款	17085.09	4.34	房地产		
交易性金融资产	20481.64	5.20	证券市场		
可供出售金融资产	129574.54	32.90	实业		
持有至到期投资	0.00	0.00	金融机构		
长期股权投资	135017.62	34.28	其他		
其他	70150.32	17.81			
资产总计	393868.30	100.00	资产总计	393868.30	100.00

资料来源：信托公司年报。

截至2013年底，从资金运用方式来看，以可供出售金融资产和长期股权投资为主，其余运用方式的信托资产占比则较为均衡。

吉林信托2013年年报中并未公布自营资产投资分布情况。

（四）风险管理

1. 风险指标

吉林信托2013年固有资产不良率为0，与2012年一样，保持不变，固有资产质量较高。另外，吉林信托2013年提取信托风险赔偿准备金20762.66万元，

占注册资本的13.00%，累计提取信托风险赔偿准备金31931.95万元，占注册资本的20.00%；没有提取一般风险准备金，累计风险准备金也为零。

2013年吉林信托净资本为24.64亿元，远高于监管最低标准2亿元；风险资本为8.58亿元，净资本与风险资本的比值为287.18%，高于监管层的100%；净资产为33.00亿元，净资本与净资产的比值为74.67%，也高于监管层最低标准40%。以上风险指标表明吉林信托的抗风险能力仍处在较安全的区域内。

2. 风险事件

2013年12月，吉林省信托有限责任公司在12月2日发给其投资人的一份公告显示，其所管理的"吉信·松花江77号山西福裕能源项目收益权集合资金信托计划"出现兑付危机。根据吉林信托在2012年4月披露的吉信·松花江77号的管理报告，这一信托产品共有6期，总规模为9.727亿元。

二十六　建信信托

（一）基本情况

1. 公司沿革

建信信托有限责任公司（简称建信信托或公司）前身是1986年11月成立的原合肥兴泰信托有限责任公司，2007年6月，变更名称为合肥兴泰信托有限责任公司，2009年7月底公司更名为建信信托有限责任公司。公司注册及主要办公地均在合肥，法定代表人是曾见泽，注册资本15.27亿元。

2. 股东背景

表176　排前三的股东

单位：%

股东名称	持股比例	股东背景
中国建设银行股份有限公司	67	银行
合肥兴泰控股集团有限公司	27.5	国资
合肥市国有资产控股有限公司	5.5	政府

资料来源：信托公司年报，用益信托工作室整理制作。

（二）主要指标及排名

表177　2013年度主要经营指标及排名

经营指标		行业情况		排名情况		
名称	值	平均值	最高值	2013年	2012年	升降
注册资本（万元）	152727.00	167300.00	698800.00	30	21	-9
固有总资产（万元）	657701.02	423730.81	1856313.75	9	10	1
固有净资产（万元）	626912.15	374790.49	1713394.33	9	9	0
信托总资产（万元）	32581638.82	16030212.26	72966079.78	6	2	-4
人均信托资产（万元）	171482.31	86131.35	314912.50	6	1	-5
集合信托资产占比（%）	21.94	28.60	88.10	45	58	13
主动管理型占比（%）	27.03	58.93	100.00	60	64	4
信托清算平均收益（%）	7.26	7.59	12.92	42	28	-14
年度新增信托规模（万元）	7503597.93	10090662.73	44143364.00	36	56	20
新增单一信托规模（万元）	3006286.84	7274564.58	41304986.00	48	50	2
新增集合信托规模（万元）	4497311.09	2460672.83	14709086.46	9	44	35
总收入（万元）	111922.43	122186.63	547823.36	30	23	-7
信托业务收入（万元）	64702.73	90494.73	454205.00	36	34	-2
总利润（万元）	85837.85	83319.01	418590.74	25	22	-3
净利润（万元）	63912.45	65000.38	313553.98	26	23	-3
人均净利润（万元）	378.18	380.05	1520.01	30	20	-10
资本利润率（%）	11.06	19.76	54.06	61	52	-9
信托报酬率（%）	0.20	0.68	2.63	68	62	-6
净资本（万元）	514712.96	299973.72	1293667.00	10	12	2
风险资本（万元）	264261.59	182283.69	640253.00	18	11	-7
信托杠杆率（倍）	51.97	47.82	170.81	25	11	-14

资料来源：信托公司年报，用益信托工作室整理制作。

表178　2013年用益－信托公司综合实力排名

指标		行业情况		排名情况		
名称	值	平均值	最高值	2013年	2012年	升降
资本实力	158.12	100.00	444.22	10	11	1
业务能力	107.5	95.17	308.72	19	9	-10
盈利能力	74.53	98.96	272.74	48	31	-17
理财能力	119.02	99.96	194.14	13	6	-7
抗风险能力	109.95	104.40	238.82	24	21	-3
综合实力	113.95	100.16	253.52	15	12	-3

资料来源：用益信托工作室。

（三）资产管理状况

1. 信托资产

建信信托作为国内最早成立的银行系信托之一，发行单一类或集合类信托产品，与银行理财产品对接，投资于信贷资产、银行票据、基础设施建设项目、新股申购等回报稳健的资产，为银行盘活存量资产、发展中间业务、挖掘客户需求提供有效途径，同时满足客户多样化融资安排。

表179　2013年信托资产运用方式及投向

单位：万元，%

资产运用	金额	占比	资产分布	金额	占比
货币资产	10603343.04	32.54	基础产业	1906834.00	5.85
贷款	4568150.00	14.02	房地产	2193625.00	6.73
交易性金融资产	974842.36	2.99	证券市场	13290297.80	40.79
可供出售金融资产	552036.88	1.69	实业	644720.00	1.98
持有至到期投资	13719984.98	42.11	金融机构	12125394.36	37.22
长期股权投资	954435.16	2.93	其他	2420767.66	7.43
其他	1208846.40	3.72			
信托资产总计	32581638.82	100.00	信托资产总计	32581638.82	100.00

资料来源：信托公司年报。

表179的数据表明，建信信托的信托资金运用方式主要是持有至到期投资、货币资产和贷款，而公司信托资金的投向则主要集中在证券市场和金融机构。

2013年建信信托明显加大了集合类信托产品、单一类信托业务的发行力度，建信信托对其信托业务结构进行了调整，略高于行业的总体水平，尤其是新增集合类信托计划，增长显著，从而提升了信托业务收入的比重；另外，降低了主动管理型业务的比重，导致整个信托业务风险系数上升。

从2013年建信信托的产品清算情况来看，其收益水平普遍低于同期行业的平均值，在集合类信托产品方面，低于行业平均水平0.74个百分点，表明建信信托的理财能力在行业中并没有一定的竞争优势。

表180　2013年信托资产管理情况

单位：万元，%

信托资产	2012 年	占比	2013 年	占比	增长率
集合类	917056.00	43.18	4497311.09	59.94	390.41
单一类	1206957.09	56.82	3006286.84	40.06	149.08
财产权类					
主动管理型	1816910.47	85.54	5714169.09	76.15	214.50
被动管理型	307102.62	14.46	1789428.84	23.85	482.68

资料来源：信托公司年报。

表181　2013年信托项目清算收益情况

单位：个，万元，%

已清算项目类型	项目个数	实际信托合计金额	加权平均实际年化收益率	行业平均实际年化收益率
集合类	30	841194.69	7.62	8.36
单一类	27	433531.98	6.73	7.63
财产管理类	1	9900.00	0.001	6.78
合　计	58	1284626.67	7.26	7.59

资料来源：信托公司年报。

2. 固有资产

表182　2013年自营资产运用方式及投向

单位：万元，%

资产运用	金额	占比	资产分布	金额	占比
货币资产	61327.43	9.32	基础产业	0.00	0.00
贷款及应收款	0.00	0.00	房地产	0.00	0.00
交易性金融资产	28045.43	4.26	证券市场	23951.94	3.64
可供出售金融资产	453507.93	68.95	实业	0.00	0.00
持有至到期投资	0.00	0.00	金融机构	513229.33	78.03
长期股权投资	76855.88	11.69	其他	120519.75	18.32
其他	37964.35	5.77			
资产总计	657701.02	100.00	资产总计	657701.02	100.00

资料来源：信托公司年报。

截至 2013 年底，从资金运用方式来看，以可供出售金融资产为主；从投向来看，主要集中在金融机构和其他投资。特别值得注意的是，建信信托的固有资产投向中没有基础产业、房地产及实业（工商企业）。

（四）风险管理

1. 风险指标

建信信托 2013 年固有不良资产率为 0，与 2012 年持平。另外，建信信托 2013 年提取信托风险赔偿准备金 3195.62 万元，占注册资本的比例为 2.09%，累计提取信托风险赔偿准备金 9787.74 万元，占注册资本的 6.41%；2013 年提取一般风险准备金 1607.97 万元，占注册资本的 1.05%，累计提取一般风险准备金为 8941.15 万元，占注册资本的 5.86%；两项风险准备金合计规模为 18728.89 万元。

2013 年建信信托净资本为 51.47 亿元，远高于监管最低标准 2 亿元；风险资本为 26.43 亿元，净资本与风险资本的比值为 194.77%，高于监管层的 100%；净资产为 62.69 亿元，净资本与净资产的比值为 82.10%，也高于监管层最低标准 40%。以上风险指标表明建信信托的抗风险能力仍处在较安全的区域内。

2. 风险事件

2014 年 9 月，建信证大金牛增长集合资金信托计划：第一，该信托通过投资金融市场获得收益。第二，该计划的第一期在 2013 年 3 月到期，投资者损失 38%，而预期的回报率为 20%～30%。投资者同意将该产品的到期日展期到 2014 年 9 月。第三，该计划的第二期规模为 3.59 亿元，预期收益也为 20%～30%，在 2013 年 6 月到期时亏损 31%，投资者同意将到期日展期到 2014 年 12 月。

二十七　江苏信托

（一）基本情况

1. 公司沿革

江苏省国际信托有限责任公司（简称江苏信托或公司）前身是 1981 年 10

月成立的江苏省国际信托投资公司，2001 年 8 月，重组改制，组建江苏省国信资产管理集团有限公司，2007 年 6 月公司更名为"江苏省国际信托有限责任公司"。公司注册及主要办公地均在南京，法定代表人是黄东峰，注册资本 26.84 亿元。

2. 股东背景

表183　排前三的股东

单位：%

股东名称	持股比例	股东背景
江苏省国信资产管理集团有限公司	81.49	政府
江苏苏豪控股集团有限公司	9.25	国资
江苏高科技投资集团有限公司	4.60	国企

资料来源：信托公司年报，用益信托工作室整理制作。

（二）主要指标及排名

表184　2013 年度主要经营指标及排名

经营指标		行业情况		排名情况		
名称	值	平均值	最高值	2013 年	2012 年	升降
注册资本（万元）	268389.90	167300.00	698800.00	8	9	1
固有总资产（万元）	728806.74	423730.81	1856313.75	7	6	-1
固有净资产（万元）	709466.06	374790.49	1713394.33	7	6	-1
信托总资产（万元）	10334611.76	16030212.26	72966079.78	40	39	-1
人均信托资产（万元）	134215.74	86131.35	314912.50	16	15	-1
集合信托资产占比（%）	13.39	28.60	88.10	56	56	0
主动管理型占比（%）	59.04	58.93	100.00	6	4	-2
信托清算平均收益（%）	7.32	7.59	12.92	40	40	0
年度新增信托规模（万元）	6042333.27	10090662.73	44143364.00	41	46	5
新增单一信托规模（万元）	5333075.27	7274564.58	41304986.00	34	36	2
新增集合信托规模（万元）	709258.00	2460672.83	14709086.46	55	60	5
总收入（万元）	135618.74	122186.63	547823.36	19	15	-4
信托业务收入（万元）	46168.97	90494.73	454205.00	52	39	-13
总利润（万元）	122000.81	83319.01	418590.74	14	7	-7

经营指标		行业情况		排名情况		
名称	值	平均值	最高值	2013 年	2012 年	升降
净利润（万元）	112480.81	65000.38	313553.98	10	6	-4
人均净利润（万元）	1520.01	380.05	1520.01	1	1	0
资本利润率（%）	16.93	19.76	54.06	39	29	-10
信托报酬率（%）	0.45	0.68	2.63	45	44	-1
净资本（万元）	600499.53	299973.72	1293667.00	7	6	-1
风险资本（万元）	291693.00	182283.69	640253.00	12	14	2
信托杠杆率（倍）	14.57	47.82	170.81	62	59	-3

资料来源：信托公司年报，用益信托工作室整理制作。

表 185　2013 年用益-信托公司综合实力排名

指标		行业情况		排名情况		
名称	值	平均值	最高值	2013 年	2012 年	升降
资本实力	185.13	100.00	444.22	7	6	-1
业务能力	125.16	95.17	308.72	14	12	-2
盈利能力	164.89	98.96	272.74	10	5	-5
理财能力	86.33	99.96	194.14	46	59	13
抗风险能力	178.95	104.40	238.82	5	4	-1
综合实力	150.78	100.16	253.52	7	6	-1

资料来源：用益信托工作室。

（三）资产管理状况

1. 信托资产

江苏信托在《信托法》框架下开展了基础设施类信托、不动产投资信托、阳光私募信托基金、资产证券化（流动化）信托等多种信托业务，在固有业务项下开展有中短期贷款、证券投资、金融股权投资等。

表 186 的数据表明，江苏信托的信托资金运用方式主要是贷款、货币资产和持有至到期投资，而公司信托资金的投向则主要集中在实业（工商企业）、金融机构、房地产和基础产业。

表186　2013年信托资产运用方式及投向

单位：万元，%

资产运用	金额	占比	资产分布	金额	占比
货币资产	2693005.82	26.06	基础产业	1367326.00	13.23
贷款	4766057.00	46.12	房地产	1374115.74	13.30
交易性金融资产	805148.58	7.79	证券市场	805148.58	7.79
可供出售金融资产	0.00	0.00	实业	3492280.98	33.79
持有至到期投资	1762076.16	17.05	金融机构	2837988.97	27.46
长期股权投资	170705.33	1.65	其他	457751.50	4.43
其他	137618.88	1.33			
信托资产总计	10334611.77	100.00	信托资产总计	10334611.77	100.00

资料来源：信托公司年报。

表187　2013年信托资产管理情况

单位：万元，%

信托资产	2012年	占比	2013年	占比	增长率
集合类	470791.00	14.42	709258	11.74	50.65
单一类	2792990.62	85.58	5333075.27	88.26	90.94
财产权类					
主动管理型	3234181.62	99.09	6027933.27	99.76	86.38
被动管理型	29600.00	0.91	14400.00	0.24	-51.35

资料来源：信托公司年报。

　　2013年江苏信托明显加大了单一类信托业务的发行力度，而集合类信托产品的发行节奏则有所放缓。尽管近几年江苏信托对其信托业务结构进行了调整，但与行业的总体水平相比还有相当的距离。这对江苏信托来说未必是一件坏事，增加单一类信托业务的比重虽然可以迅速做大信托资产规模，但同时也减少了信托业务收入的比重。

　　年报数据显示，单一类信托业务比重的增加是导致其主动管理型业务占比上升的主要原因。

　　从2013年清算来看，其收益水平低于同期行业的平均值，但在集合类信托产品方面，高出行业平均水平0.21个百分点，表明江苏信托的理财能力在行业中具有一定的竞争优势。

表188　2013年信托项目清算收益情况

单位：个，万元，%

已清算项目类型	项目个数	实际信托合计金额	加权平均实际年化收益率	行业平均实际年化收益率
集合类	14	472580.00	8.57	8.36
单一类	68	1239066.97	6.84	7.63
财产管理类				6.78
合　计	82	1711646.97	7.32	7.59

资料来源：信托公司年报。

2. 固有资产

表189　2013年自营资产运用方式及投向

单位：万元，%

资产运用	金额	占比	资产分布	金额	占比
货币资产	1463.11	0.20	基础产业	0.00	0.00
贷款及应收款	234.43	0.03	房地产	0.00	0.00
交易性金融资产	0.00	0.00	证券市场	152138.88	20.87
可供出售金融资产	15446.78	2.12	实业	0.00	0.00
持有至到期投资	136692.10	18.76	金融机构	517275.15	70.98
长期股权投资	551344.76	75.65	其他	59392.71	8.15
其他	23625.56	3.24			
资产总计	728806.74	100.00	资产总计	728806.74	100.00

资料来源：信托公司年报。

　　截至2013年底，从资金运用方式来看，以长期股权投资为主，从投向来看，主要集中在金融机构、证券市场和其他投资。特别值得注意的是，江苏信托的固有资产投向中没有基础产业、房地产及实业（工商企业）。

（四）风险管理

1. 风险指标

　　江苏信托2013年固有不良资产率为5.57%，较2012年增加5.37个百分点，固有资产质量有所降低。另外，江苏信托2013年提取信托风险赔偿准备金为9149.34万元，占注册资本的3.41%，累计提取信托风险赔偿准备金59302.02万元，占注册资本的22.10%；提取一般风险准备金为1887.53万元，占注册资本的0.70%，累积一般风险准备金为10558.04万元，占注册资本的3.93%。

2013年江苏信托净资本为60.05亿元，远高于监管最低标准2亿元；风险资本为29.17亿元，净资本与风险资本的比值为205.87%，高于监管层的100%；净资产为70.95亿元，净资本与净资产的比值为84.64%，也高于监管层最低标准40%。以上风险指标表明江苏信托的抗风险能力仍处在较安全的区域内。

2. 风险事件

2013年江苏信托无任何信托产品兑付风险事件发生。

二十八　交银信托

（一）基本情况

1. 公司沿革

交银国际信托有限公司（简称交银信托或公司）前身是1981年6月成立的湖北省国际信托投资公司，2001年12月，公司改制并更名为湖北省国际信托投资有限公司，并于2003年1月经中国人民银行核准重新登记。2007年5月公司进行战略重组，更名为交银国际信托有限公司。公司注册及主要办公地均为武汉，法定代表人是赵炯，注册资本37.65亿元。

2. 股东背景

表190　排前两位的股东

单位：%

股东名称	持股比例	股东背景
交通银行股份有限公司	85.00	银行
湖北省财政厅	15.00	政府

资料来源：信托公司年报，用益信托工作室整理制作。

（二）主要指标及排名

表191　2013年度主要经营指标及排名

经营指标		行业情况		排名情况		
名称	值	平均值	最高值	2013年	2012年	升降
注册资本（万元）	376500.00	167300.00	698800.00	3	14	11
固有总资产（万元）	515394.49	423730.81	1856313.75	16	31	15
固有净资产（万元）	494292.78	374790.49	1713394.33	15	29	14
信托总资产（万元）	27991658.90	16030212.26	72966079.78	12	16	4
人均信托资产（万元）	176048.17	86131.35	314912.50	5	10	5
集合信托资产占比（%）	5.56	28.60	88.10	64	59	-5
主动管理型占比（%）	10.71	58.93	100.00	66	60	-6
信托清算平均收益（%）	6.49	7.59	12.92	60	42	-18
年度新增信托规模（万元）	17813449.70	10090662.73	44143364.00	10	15	5
新增单一信托规模（万元）	16697621.70	7274564.58	41304986.00	6	9	3
新增集合信托规模（万元）	1031898.00	2460672.83	14709086.46	46	46	0
总收入（万元）	100477.07	122186.63	547823.36	50	46	-4
信托业务收入（万元）	79780.18	90494.73	454205.00	34	34	0
总利润（万元）	67598.39	83319.01	418590.74	34	37	3
净利润（万元）	50674.64	65000.38	313553.98	38	38	0
人均净利润（万元）	319.06	380.05	1520.01	38	42	4
资本利润率（%）	13.34	19.76	54.06	51	48	-3
信托报酬率（%）	0.29	0.68	2.63	62	56	-6
净资本（万元）	436283.16	299973.72	1293667.00	15	21	6
风险资本（万元）	264765.07	182283.69	640253.00	17	17	0
信托杠杆率（倍）	56.63	47.82	170.81	19	17	-2

资料来源：信托公司年报，用益信托工作室整理制作。

表192　2013年用益－信托公司综合实力排名

指标		行业情况		排名情况		
名称	值	平均值	最高值	2013年	2012年	升降
资本实力	141.86	100.00	444.22	14	24	10
业务能力	143.96	95.17	308.72	12	25	13
盈利能力	76.40	98.96	272.74	47	46	-1
理财能力	104.42	99.96	194.14	25	23	-2
抗风险能力	107.92	104.40	238.82	26	36	10
综合实力	113.11	100.16	253.52	17	30	13

资料来源：用益信托工作室。

（三）资产管理状况

1. 信托资产

交银信托是国务院特批的第一家商业银行直接投资控股的信托公司，也是第一家按照新"一法两规"重组设立的信托公司。该信托公司的净资产规模、信托资产管理规模都很大，但是利润表现往往不佳，规模优势没有反映到利润。因为它们大多数的业务都是和母银行合作，更多利润或许体现在母银行的报表中。该信托公司的独立展业能力往往不强，体现为每年发行的集合类信托产品数量少，与其管理的信托规模完全不匹配。

表193　2013年信托资产运用方式及投向

单位：万元，%

资产运用	金额	占比	资产分布	金额	占比
货币资产	2397248.10	8.56	基础产业	10975676.25	39.21
贷款	16382431.00	58.53	房地产	1571306.00	5.61
交易性金融资产	3236415.92	11.56	证券市场	3180787.69	11.36
可供出售金融资产	287428.41	1.03	实业	3846441.87	13.74
持有至到期投资	1057013.96	3.78	金融机构	835196.41	2.99
长期股权投资	1231710.00	4.40	其他	7582250.68	27.09
其他	3399411.51	12.14			
信托资产总计	27991658.90	100.00	信托资产总计	27991658.90	100.00

资料来源：信托公司年报。

表193的数据表明，交银信托的信托资金运用方式主要是贷款、其他投资和交易性金融资产，而公司信托资金的投向则主要集中在基础产业、其他投资、实业（工商企业）和证券市场。

2013年交银信托明显加大了单一类信托产品的发行力度，而集合类信托产品的发行节奏则有所放缓，尽管近几年交银信托对其信托业务结构进行了调整，但与行业的总体水平相比还有相当的距离。这对交银信托来说未必是一件坏事，增加单一类信托业务的比重虽然可以迅速做大信托资产规模，但同时也减少了信托业务收入的比重，降低了主动管理型业务的比重，导致整个信托业务风险系数上升。

单一类信托业务比重的增加是导致其主动管理型业务占比下降的主要原因。

表194　2013年信托资产管理情况

单位：万元，%

信托资产	2012年	占比	2013年	占比	增长率
集合类	834862.77	6.85	1031898.00	5.79	23.60
单一类	11257504.04	92.33	16697621.70	93.74	48.32
财产权类	100000.00	0.82	83930.00	0.47	-16.07
主动管理型	3344133.00	27.43	1659797.51	9.32	-50.37
被动管理型	8848233.81	72.57	16153652.19	90.68	82.56

资料来源：信托公司年报。

表195　2013年信托项目清算收益情况

单位：个，万元，%

已清算项目类型	项目个数	实际信托合计金额	加权平均实际年化收益率	行业平均实际年化收益率
集合类	30	677990.45	9.45	8.36
单一类	222	5939433.35	6.17	7.63
财产管理类	1	10000.00	5.40	6.78
合　计	253	6717423.80	6.49	7.59

资料来源：信托公司年报。

　　从2013年交银信托的产品清算情况来看，其收益水平普遍低于同期行业的平均值，但在集合类信托产品方面，高出行业平均水平1.09个百分点，表明交银信托集合类理财能力在行业中具有一定的竞争优势。

　　2. 固有资产

表196　2013年自营资产运用方式及投向

单位：万元，%

资产运用	金额	占比	资产分布	金额	占比
货币资产	182551.10	35.42	基础产业	0.00	0.00
贷款及应收款	246748.65	47.88	房地产	50443.00	9.79
交易性金融资产	0.00	0.00	证券市场	17518.28	3.40
可供出售金融资产	17518.28	3.40	实业	0.00	0.00
持有至到期投资	15001.19	2.91	金融机构	22000.00	4.27
长期股权投资	22000.00	4.27	其他	425433.21	82.54
其他	31575.27	6.12			
资产总计	515394.49	100.00	资产总计	515394.49	100.00

资料来源：信托公司年报。

截至 2013 年底，从资金运用方式来看，以贷款及应收款为主，从投向来看，主要集中在其他投资和房地产。特别值得注意的是，交银信托的固有资产投向中没有基础产业及实业（工商企业）。

（四）风险管理

1. 风险指标

交银信托 2013 年固有不良资产率与 2012 年一致，均为 0，固有资产质量较高。另外，交银信托 2013 年提取信托风险赔偿准备金 27337.32 万元，占注册资本的 7.26%，累计提取风险赔偿准备金为 28205.32 万元，占注册资本的 7.49%；2013 年提取一般风险准备金为 3184.54，占注册资本的 0.85%，累计提取一般风险准备金为 4957.52 万元，占注册资本的 1.32%。

由于交银信托刚增资扩股至 37.65 亿元不久，公司的整体资产质量和抗风险能力较强。2013 年交银信托净资本为 43.63 亿元，远高于监管最低标准 2 亿元；风险资本为 26.48 亿元，净资本与风险资本的比值为 164.78%，高于监管层的 100%；净资产为 49.43 亿元，净资本与净资产的比值为 88.26%，也高于监管层最低标准 40%。以上风险指标表明交银信托的抗风险能力仍处在较安全的区域内。

2. 风险事件

2013 年交银信托无任何信托产品兑付风险事件发生。

二十九　金谷信托

（一）基本情况

1. 公司沿革

据 2013 年年报披露显示，中国金谷国际信托有限责任公司（简称金谷信托或公司）前身是 1993 年 4 月成立的中国金谷国际信托投资有限责任公司，2009 年 9 月 15 日，公司在国家工商行政管理总局完成变更登记手续，并换领新的营业执照。2013 年 12 月 20 日，金谷信托 3 家股东单位完成对公司的同比例增资，公司注册资本增至人民币 22 亿元。注册及办公地为北京，法定代表

人是徐兴建，公司注册资本 22 亿元。

2. 股东背景

表 197   排前三的股东

单位：%

股东名称	持股比例	股东背景
中国信达资产管理股份有限公司	92.29	国资
中国妇女活动中心	6.25	其他
中国海外工程有限责任公司	1.46	国资

资料来源：信托公司年报，用益信托工作室整理制作。

（二）主要指标及排名

表 198   2013 年度主要经营指标及排名

经营指标		行业情况		排名情况		
名称	值	平均值	最高值	2013 年	2012 年	升降
注册资本（万元）	220000.00	167300.00	698800.00	17	37	20
固有总资产（万元）	351656.23	423730.81	1856313.75	32	39	7
固有净资产（万元）	323345.97	374790.49	1713394.33	30	42	12
信托总资产（万元）	9381081.50	16030212.26	72966079.78	44	30	−14
人均信托资产（万元）	48108.11	86131.35	314912.50	45	26	−19
集合信托资产占比（%）	23.71	28.60	88.10	41	43	2
主动管理型占比（%）	65.18	58.93	100.00	31	34	3
信托清算平均收益（%）	7.10	7.59	12.92	46	38	−8
年度新增信托规模（万元）	2181727.14	10090662.73	44143364.00	62	24	−38
新增单一信托规模（万元）	1079293.89	7274564.58	41304986.00	63	21	−42
新增集合信托规模（万元）	879332.30	2460672.83	14709086.46	51	27	−24
总收入（万元）	109702.05	122186.63	547823.36	31	26	−5
信托业务收入（万元）	84388.02	90494.73	454205.00	29	29	0
总利润（万元）	35042.24	83319.01	418590.74	52	26	−26
净利润（万元）	27228.17	65000.38	313553.98	52	26	−26
人均净利润（万元）	166.02	380.05	1520.01	56	15	−41
资本利润率（%）	10.36	19.76	54.06	63	14	−49
信托报酬率（%）	0.90	0.68	2.63	18	39	21
净资本（万元）	274981.37	299973.72	1293667.00	31	41	10
风险资本（万元）	130695.20	182283.69	640253.00	43	28	−15
信托杠杆率（倍）	29.01	47.82	170.81	50	22	−28

资料来源：信托公司年报，用益信托工作室整理制作。

表199　2013年用益－信托公司综合实力排名

指标		行业情况		排名情况		
名称	值	平均值	最高值	2013年	2012年	升降
资本实力	91.22	100.00	444.22	28	42	14
业务能力	67.15	95.17	308.72	42	28	-14
盈利能力	41.32	98.96	272.74	62	21	-41
理财能力	90.08	99.96	194.14	38	25	-13
抗风险能力	103.50	104.40	238.82	27	54	27
综合实力	80.47	100.16	253.52	49	32	-17

资料来源：用益信托工作室。

（三）资产管理状况

1. 信托资产

金谷信托处于行业中下游，自身综合实力并不是太强，而在盈利能力方面，其排名更是垫底，唯一可取之处是其抗风险能力，不过也只能算一般。各项指数普遍低于行业的平均水平，综合金谷信托的信托资产运用和分布情况，该信托公司管理能力偏弱，业务能力和盈利能力都急需加强。

表200　2013年信托资产运用方式及投向

单位：万元，%

资产运用	金额	占比	资产分布	金额	占比
货币资产	59151.96	0.63	基础产业	3682995.30	39.26
贷款	5734528.50	61.13	房地产	2123866.77	22.64
交易性金融资产	0.00	0.00	证券市场	0.00	0.00
可供出售金融资产	1750501.60	18.66	实业	1695890.05	18.08
持有至到期投资	2936.00	0.03	金融机构	210327.56	2.24
长期股权投资	1150663.06	12.27	其他	1668001.82	17.78
其他	683300.38	7.28			
信托资产总计	9381081.50	100.00	信托资产总计	9381081.50	100.00

资料来源：信托公司年报。

表200的数据表明，金谷信托的信托资金运用方式主要是贷款、可供出售金融资产和长期股权投资，而公司信托资金的投向则主要集中在基础产业、房地产和实业（工商企业）。

表 201　2013 年信托资产管理情况

单位：万元，%

信托资产	2012 年	2013 年	占比	增长率
集合类	1706583.00	879332.30	40.30	-48.47
单一类	6664348.62	1079293.89	49.47	-83.80
财产权类	246950.00	223100.95	10.23	-9.66
主动管理型	5568960.00	1839827.14	84.33	-66.96
被动管理型	3048921.62	341900.00	15.67	-88.79

资料来源：信托公司年报，用益信托工作室整理制作。

　　2013 年金谷信托的信托产品的整体发行节奏有所放缓，单一类信托和集合类信托新增规模都有大幅下滑；另外，财产权类信托新增规模与上年同期相比，下降明显。该信托公司 2013 年信托业务下滑明显。

　　统计表明，金谷信托 2013 年主动管理能力继续向好。公司主要信托产品为主动管理型，占比过半，未来发展可期。

表 202　2013 年信托项目清算收益情况

单位：个，万元，%

已清算项目类型	项目个数	实际信托合计金额	加权平均实际年化收益率	行业平均实际年化收益率
集合类	28	829183.30	7.85	8.36
单一类	62	1919803.98	6.66	7.63
财产管理类	2	47850.00	11.62	6.78
合　计	92	2796837.28	7.10	7.59

资料来源：信托公司年报。

　　从 2013 年清算来看，其收益水平普遍低于同期行业的平均值，唯有在财产管理类信托产品方面，高出行业平均水平 4.84 个百分点，表明金谷信托的理财能力在行业中并没有相应的竞争力。

　　2. 固有资产

　　截至 2013 年底，从资金运用方式来看，以货币资产为主，从投向来看，主要集中在金融机构、房地产和其他。特别值得注意的是，金谷信托的固有资产投向中没有基础产业，显然，固有资金投向金融机构的比重严重失衡并不是一个太好的现象，加之其固有资产投向房地产行业的资金占比也不少，这对公司固有资产的整体安全构成潜在威胁。

表 203　2013 年自营资产运用方式及投向

单位：万元，%

资产运用	金额	占比	资产分布	金额	占比
货币资产	136309.63	38.76	基础产业	0.00	0.00
贷款及应收款	73704.06	20.96	房地产	40000.00	11.37
交易性金融资产	0.00	0.00	证券市场	0.00	0.00
可供出售金融资产	120924.19	34.39	实业	6700.00	1.91
持有至到期投资	0.00	0.00	金融机构	281518.44	80.05
长期股权投资	5000.00	1.42	其他	23437.79	6.67
其他	15718.35	4.47			
资产总计	351656.23	100.00	资产总计	351656.23	100.00

资料来源：信托公司年报。

（四）风险管理

1. 风险指标

2013 年金谷信托不良（固有）资产率为 6.41%，与 2012 年相比，上升 6.41 个百分点，固有资产质量控制能力有待加强。另外，金谷信托 2013 年风险赔偿准备金为 5895.43 万元，占注册资本的 2.68%，一般风险准备金为 8490.50 万元，占注册资本的 3.86%；两项风险准备金合计规模为 14385.93 万元。

根据金谷信托年报数据披露，2013 年金谷信托净资本为 27.50 亿元，远高于监管最低标准 2 亿元；风险资本为 13.07 亿元，净资本与风险资本的比值为 210.41%，高于监管层的 100%；净资产为 32.33 亿元，净资本与净资产的比值为 85.06%，也高于监管层最低标准 40%。以上风险指标表明金谷信托的抗风险能力处在一个较安全的区域内。

2. 风险事件

2013 年金谷信托无任何信托产品兑付风险事件发生。

三十　昆仑信托

（一）基本情况

1. 公司沿革

昆仑信托有限责任公司（简称昆仑信托或公司）前身是 1986 年 11 月成立的中国工商银行宁波市信托投资公司，1994 年改组为有限责任公司。1997 年 6 月，更名为宁波市金港信托投资有限责任公司。2002 年 5 月，公司增资扩股，获准重新登记。2008 年 10 月，公司名称变更为"金港信托有限责任公司"。2009 年 5 月，公司增资扩股，公司名称变更为"昆仑信托有限责任公司"。公司注册及主要办公地均在宁波，法定代表人是温青山，注册资本 30 亿元。

2. 股东背景

表 204　排前三的股东

单位：%

股东名称	持股比例	股东背景
中油资产管理有限公司	82.18	央　企
天津经济技术开发区国有资产经营公司	12.82	政　府
广博投资控股有限公司	5.00	非国资

资料来源：信托公司年报，用益信托工作室整理制作。

（二）主要指标及排名

表 205　2013 年度主要经营指标及排名

经营指标		行业情况		排名情况		
名称	值	平均值	最高值	2013 年	2012 年	升降
注册资本（万元）	300000.00	167300.00	698800.00	5	2	-3
固有总资产（万元）	564343.87	423730.81	1856313.75	13	12	-1
固有净资产（万元）	544827.25	374790.49	1713394.33	11	11	0
信托总资产（万元）	16781922.55	16030212.26	72966079.78	26	34	8

经营指标		行业情况		排名情况		
名称	值	平均值	最高值	2013年	2012年	升降
人均信托资产（万元）	68497.64	86131.35	314912.50	35	43	-8
集合信托资产占比（%）	34.34	28.60	88.10	23	22	-1
主动管理型占比（%）	99.74	58.93	100.00	4	8	4
信托清算平均收益（%）	7.11	7.59	12.92	45	63	18
年度新增信托规模（万元）	6949907.82	10090662.73	44143364.00	37	33	-4
新增单一信托规模（万元）	4074894.82	7274564.58	41304986.00	38	35	-3
新增集合信托规模（万元）	2875013.00	2460672.83	14709086.46	24	18	-6
总收入（万元）	135037.77	122186.63	547823.36	20	18	-2
信托业务收入（万元）	94891.23	90494.73	454205.00	22	22	0
总利润（万元）	110707.92	83319.01	418590.74	17	15	-2
净利润（万元）	82746.00	65000.38	313553.98	17	17	0
人均净利润（万元）	350.62	380.05	1520.01	35	33	-2
资本利润率（%）	15.75	19.76	54.06	44	43	-1
信托报酬率（%）	0.57	0.68	2.63	36	41	5
净资本（万元）	438161.00	299973.72	1293667.00	13	9	-4
风险资本（万元）	357072.00	182283.69	640253.00	7	42	35
信托杠杆率（倍）	38.80	47.82	170.81	46	51	5

资料来源：信托公司年报，用益信托工作室整理制作。

表206　2013年用益－信托公司综合实力排名

指标		行业情况		排名情况		
名称	值	平均值	最高值	2013年	2012年	升降
资本实力	146.47	100.00	444.22	13	9	-4
业务能力	101.31	95.17	308.72	22	24	2
盈利能力	96.04	98.96	272.74	28	25	-3
理财能力	99.52	99.96	194.14	29	38	9
抗风险能力	99.10	104.40	238.82	31	12	-19
综合实力	108.38	100.16	253.52	19	15	-4

资料来源：用益信托工作室。

（三）资产管理状况

1. 信托资产

昆仑信托以打造国内顶级、世界知名的专业投资管理机构为目标，通过专业团队的努力，依托信托公司全能型平台，充分发挥资产管理、融资投资、经济协调和公益服务的信托功能，不断开发独具特色的理财产品，全面发展各类信托业务，不仅为个人提供最佳投资方案，更为企业提供多元化的投融资渠道，努力实现投资者利益最大化。

表 207　2013 年信托资产运用方式及投向

单位：万元，%

资产运用	金额	占比	资产分布	金额	占比
货币资产	130144.14	0.77	基础产业	2349290.00	13.94
贷款	4183715.00	24.83	房地产	2506059.00	14.87
交易性金融资产	302858.34	1.80	证券市场	215497.05	1.28
可供出售金融资产	0.00	0.00	实业	4814729.66	28.58
持有至到期投资	5568064.81	33.05	金融机构	593953.00	3.53
长期股权投资	6663579.66	39.55	其他	6368898.38	37.80
其他	65.14	0.00			
信托资产总计	16848427.09	100.00	信托资产总计	16848427.09	100.00

资料来源：信托公司年报。

表 207 的数据表明，昆仑信托的信托资金运用方式主要是长期股权投资、持有至到期投资和贷款，而公司信托资金的投向则主要集中在其他领域、实业（工商企业）和房地产。

2013 年昆仑信托明显加大了单一类信托业务的发行力度，而集合类信托产品的发行节奏则有所放缓，尽管近几年昆仑信托对其信托业务结构进行了调整，但与行业的总体水平相比还有相当的距离。这对昆仑信托来说未必是一件坏事，增加单一类信托业务的比重虽然可以迅速做大信托资产规模，但同时也减少了信托业务收入的比重，并且降低了主动管理型业务的比重，导致整个信托业务风险系数上升。

表 208　2013 年信托资产管理情况

单位：万元，%

信托资产	2012 年	占比	2013 年	占比	增长率
集合类	2366576.00	43.67	2875013.00	41.73	21.48
单一类	3052644.00	56.33	4074894.82	58.63	33.49
财产权类					
主动管理型	5419220.00	100.00	5981056.82	98.86	10.37
被动管理型	0.00	0.00	68851.00	1.14	

资料来源：信托公司年报。

单一类信托业务比重的增加是导致其主动管理型业务占比下降的主要原因。

表 209　2013 年信托项目清算收益情况

单位：个，万元，%

已清算项目类型	项目个数	实际信托合计金额	加权平均实际年化收益率	行业平均实际年化收益率
集合类	39	1140712.00	7.13	8.36
单一类	29	1184472.00	7.09	7.63
财产管理类	0	0	0.00	6.78
合　计	68	2325184.00	7.11	7.59

资料来源：信托公司年报。

从 2013 年清算来看，其收益水平普遍低于同期行业的平均值，尤其在集合类信托产品方面，低于行业平均水平 1.23 个百分点，表明昆仑信托的理财能力在行业中的竞争优势减弱。

2. 固有资产

截至 2013 年底，从资金运用方式来看，以可供出售金融资产为主；从投向来看，主要集中在基础产业、房地产、其他领域和实业（工商企业）。特别值得注意的是，固有资金投向房地产的比重过大是一个非常危险的信号。目前房地产业处于调整期，市场下行风险加大，这对公司固有资产的整体安全构成潜在的威胁。

表 210　2013 年自营资产运用方式及投向

单位：万元，%

资产运用	金额	占比	资产分布	金额	占比
货币资产	53524.35	9.48	基础产业	195280.00	34.60
贷款及应收款	79152.29	14.03	房地产	186100.00	32.98
交易性金融资产	0.00	0.00	证券市场	6000.00	1.06
可供出售金融资产	367884.00	65.19	实业	59217.00	10.49
持有至到期投资	0.00	0.00	金融机构	2250.00	0.40
长期股权投资	45790.32	8.11	其他	115496.87	20.47
其他	17992.91	3.19			
资产总计	564343.87	100.00	资产总计	564343.87	100.00

资料来源：信托公司年报。

（四）风险管理

1. 风险指标

昆仑信托 2013 年固有资产不良率为 0.49%，较 2012 年下降 1.46 个百分点，固有资产质量进一步提高。另外，昆仑信托 2013 年没有提取风险赔偿准备金，累计风险赔偿准备金也为零；2013 年提取一般风险准备金为 4137.30 万元，占注册资本的 1.38%，累计提取一般风险准备金 15330.05 万元，占注册资本的 5.11%。

由于昆仑信托的信托资产规模较大，而注册资本仅为 30 亿元，公司的抗风险能力有待进一步提高。根据昆仑信托年报数据披露，2013 年昆仑信托净资本为 43.82 亿元，远高于监管最低标准 2 亿元；风险资本为 35.71 亿元，净资本与风险资本的比值为 122.71%，高于监管层的 100%；净资产为 54.48 亿元，净资本与净资产的比值为 80.42%，也高于监管层最低标准 40%。以上风险指标表明昆仑信托的抗风险能力仍处在较安全的区域内。

2. 风险事件

2013 年昆仑信托无任何信托产品兑付风险事件发生。

三十一　陆家嘴信托

（一）基本情况

1. 公司沿革

陆家嘴国际信托有限公司（简称陆家嘴信托或公司）前身是 2003 年 10 月 15 日成立的青岛海协信托投资有限公司，2011 年 1 月 26 日，公司重组；2011 年 5 月 5 日，经工商变更登记，上海陆家嘴金融开发有限公司成为海协信托股东；2012 年 2 月 27 日，中国银监会批复同意公司名称变更为陆家嘴信托。公司注册地为青岛，主要办公地在上海，法定代表人是常宏，注册资本 10.68 亿元。

2. 股东背景

表 211　排前两位的股东

单位：%

股东名称	持股比例	股东背景
上海陆家嘴金融开发有限公司	71.61	国资
青岛国信发展(集团)有限责任公司	28.39	国资

资料来源：信托公司年报，用益信托工作室整理制作。

（二）主要指标及排名

表 212　2013 年度主要经营指标及排名

经营指标		行业情况		排名情况		
名称	值	平均值	最高值	2013 年	2012 年	升降
注册资本(万元)	106834.62	167300.00	698800.00	52	43	-9
固有总资产(万元)	152984.00	423730.81	1856313.75	58	56	-2
固有净资产(万元)	135903.14	374790.49	1713394.33	59	56	-3
信托总资产(万元)	6755671.60	16030212.26	72966079.78	49	58	9
人均信托资产(万元)	43868.00	86131.35	314912.50	48	56	8
集合信托资产占比(%)	28.51	28.60	88.10	31	11	-20

续表

经营指标		行业情况		排名情况		
名称	值	平均值	最高值	2013 年	2012 年	升降
主动管理型占比(%)	49.90	58.93	100.00	41	42	1
信托清算平均收益(%)	8.64	7.59	12.92	18	59	41
年度新增信托规模(万元)	4358534.00	10090662.73	44143364.00	47	50	3
新增单一信托规模(万元)	3188344.00	7274564.58	41304986.00	46	44	-2
新增集合信托规模(万元)	1170190.00	2460672.83	14709086.46	42	36	-6
总收入(万元)	56596.35	122186.63	547823.36	54	61	7
信托业务收入(万元)	50287.00	90494.73	454205.00	46	53	7
总利润(万元)	35345.25	83319.01	418590.74	51	62	11
净利润(万元)	26982.95	65000.38	313553.98	53	63	10
人均净利润(万元)	201.37	380.05	1520.01	52	57	5
资本利润率(%)	21.52	19.76	54.06	28	10	-18
信托报酬率(%)	0.74	0.68	2.63	27	57	30
净资本(万元)	121576.14	299973.72	1293667.00	55	56	1
风险资本(万元)	86212.44	182283.69	640253.00	51	56	5
信托杠杆率(倍)	49.71	47.82	170.81	28	47	19

资料来源：信托公司年报，用益信托工作室整理制作。

表 213　2013 年用益－信托公司综合实力排名

指标		行业情况		排名情况		
名称	值	平均值	最高值	2013 年	2012 年	升降
资本实力	39.84	100.00	444.22	58	53	-5
业务能力	49.12	95.17	308.72	53	51	-2
盈利能力	74.49	98.96	272.74	49	55	6
理财能力	80.40	99.96	194.14	54	64	10
抗风险能力	67.44	104.40	238.82	64	60	-4
综合实力	63.17	100.16	253.52	56	59	3

资料来源：用益信托工作室。

（三）资产管理状况

1. 信托资产

陆家嘴信托以加强综合经营能力和国际竞争力为目标，以金融股权投资、基金投资、资产管理为重点，业务涉及企业购并、金融及相关产业的投资管理领域。该公司建立了较为完善的内控机制，组建了专业的业务团队，导入了科学的管理工具，实施了先进的信息系统，为进一步培育核心竞争力、实现稳健成长奠定了坚实的基础。

表214　2013年信托资产运用方式及投向

单位：万元，%

资产运用	金额	占比	资产分布	金额	占比
货币资产	241977.42	3.58	基础产业	3309624.00	48.99
贷款	2975240.00	44.04	房地产	460160.00	6.81
交易性金融资产	0.00	0.00	证券市场	502266.16	7.44
可供出售金融资产	2530071.56	37.45	实业	1581062.70	23.40
持有至到期投资	27786.60	0.41	金融机构	377786.60	5.59
长期股权投资	213600.00	3.16	其他	524772.14	7.77
其他	766996.02	11.36			
信托资产总计	6755671.60	100.00	信托资产总计	6755671.60	100.00

资料来源：信托公司年报。

表214的数据表明，陆家嘴信托的信托资金运用方式主要是贷款、可供出售金融资产和其他投资，而公司信托资金的投向则主要集中在基础产业和实业（工商企业）。

表215　2013年信托资产管理情况

单位：万元，%

信托资产	2012年	占比	2013年	占比	增长率
集合类	1306474.00	46.66	1170190.00	26.85	-10.43
单一类	1493668.73	53.34	3188344.00	73.15	113.46
财产权类					
主动管理型	1825161.00	65.18	1684147.3	38.64	-7.73
被动管理型	974981.73	34.82	2674386.7	61.36	174.30

资料来源：信托公司年报。

2013年陆家嘴信托明显加大了单一类信托业务的发行力度，而集合类信托产品的发行节奏则有所放缓。尽管近几年陆家嘴信托对其信托业务结构进行

了调整，但与行业的总体水平相比还有相当的距离。这对陆家嘴信托来说未必是一件坏事，增加单一类信托业务的比重虽然可以迅速做大信托资产规模，但同时也减少了信托业务收入的比重，降低了主动管理型业务的比重，导致整个信托业务风险系数上升。

年报数据显示单一类信托业务比重的增加是导致其主动管理型业务占比下降的主要原因。

表216　2013年信托项目清算收益情况

单位：个，万元，%

已清算项目类型	项目个数	实际信托合计金额	加权平均实际年化收益率	行业平均实际年化收益率
集合类	26	489364.00	10.02	8.36
单一类	14	304795.20	6.42	7.63
财产管理类	0	0	0.00	6.78
合　计	40	794159.20	8.64	7.59

资料来源：信托公司年报。

从2013年清算来看，其收益水平普遍高于同期行业的平均值，尤其在集合类信托产品方面，高出行业平均水平1.66个百分点，表明陆家嘴信托的理财能力在行业中具有一定的竞争优势。

2. 固有资产

表217　2013年自营资产运用方式及投向

单位：万元，%

资产运用	金额	占比	资产分布	金额	占比
货币资产	27198.00	17.78	基础产业	0.00	0.00
贷款及应收款	1582.00	1.04	房地产	0.00	0.00
交易性金融资产	30936.00	20.22	证券市场	67715.00	44.26
可供出售金融资产	84650.00	55.33	实业	0.00	0.00
持有至到期投资	4000.00	2.61	金融机构	16177.00	10.58
长期股权投资	0.00	0.00	其他	69092.00	45.16
其他	4618.00	3.02			
资产总计	152984.00	100.00	资产总计	152984.00	100.00

资料来源：信托公司年报。

截至 2013 年底，从资金运用方式来看，以可供出售金融资产为主，从投向来看，主要集中在其他领域、证券市场和金融机构。特别值得注意的是，陆家嘴信托的固有资产投向中没有基础产业、房地产及实业（工商企业）。

（四）风险管理

1. 风险指标

2013 年陆家嘴信托固有资产不良率为 0，与 2012 年持平，表明陆家嘴信托固有资产质量较高。另外，陆家嘴信托 2013 年提取信托风险赔偿准备金1567 万元，占注册资本的 1.47%，累计提取风险赔偿准备金为 1957.54 万元，占注册资本的 1.83%；提取一般风险准备金为 441 万元，占注册资本的0.41%；累计提取一般风险准备金为 1758.02 万元，占注册资本的 1.65%。

由于陆家嘴信托的信托资产规模不大，公司资产规模也不大，公司的整体资产质量和抗风险能力较强。2013 年陆家嘴信托净资本为 12.16 亿元，远高于监管最低标准 2 亿元；风险资本为 8.62 亿元，净资本与风险资本的比值为141.02%，高于监管层的 100%；净资产为 13.59 亿元，净资本与净资产的比值为 89.46%，也高于监管层最低标准 40%。以上风险指标表明陆家嘴信托的抗风险能力仍处在较安全的区域内。

2. 风险事件

2013 年陆家嘴信托无任何信托产品兑付风险事件发生。

三十二 民生信托

（一）基本情况

1. 公司沿革

中国民生信托有限公司（简称民生信托或公司）前身是 1994 年成立的中国旅游国际信托投资有限公司，2012 年 9 月，中国泛海控股集团有限公司、北京首都旅游集团有限责任公司、中国青旅集团公司、中国铁道旅行社和中国康辉旅行社集团有限责任公司成为公司重组后的股东。2013 年 4 月，公司名称由"中国旅游国际信托投资有限公司"变更为"中国民生信托有限公司"。

注册及主要办公地均为北京，法定代表人是卢志强。注册资本10亿元。

2. 股东背景

表218　排前两位的股东

单位：%

股东名称	持股比例	股东背景
中国泛海控股集团有限公司	69.30	非国资
北京首都旅游集团有限责任公司	30.00	国资

资料来源：信托公司年报，用益信托工作室整理制作。

（二）主要指标及排名

表219　2013年度主要经营指标及排名

经营指标		行业情况		排名情况		
名称	值	平均值	最高值	2013年	2012年	升降
注册资本(万元)	100000.00	167300.00	698800.00	56		
固有总资产(万元)	115488.73	423730.81	1856313.75	63		
固有净资产(万元)	106504.59	374790.49	1713394.33	61		
信托总资产(万元)	3902603.65	16030212.26	72966079.78	62		
人均信托资产(万元)	26548.32	86131.35	314912.50	60		
集合信托资产占比(%)	24.37	28.60	88.10	39		
主动管理型占比(%)	23.92	58.93	100.00	61		
信托清算平均收益(%)	7.72	7.59	12.92	34		
年度新增信托规模(万元)	4123032.65	10090662.73	44143364.00	49		
新增单一信托规模(万元)	3024695.59	7274564.58	41304986.00	47		
新增集合信托规模(万元)	953545.00	2460672.83	14709086.46	49		
总收入(万元)	16619.49	122186.63	547823.36	67		
信托业务收入(万元)	10850.94	90494.73	454205.00	66		
总利润(万元)	7678.37	83319.01	418590.74	66		
净利润(万元)	5644.61	65000.38	313553.98	67		
人均净利润(万元)	62.72	380.05	1520.01	66		
资本利润率(%)	8.66	19.76	54.06	65		
信托报酬率(%)	0.28	0.68	2.63	63		
净资本(万元)	99800.00	299973.72	1293667.00	60		
风险资本(万元)	28800.00	182283.69	640253.00	66		
信托杠杆率(倍)	36.64	47.82	170.81	40		

资料来源：信托公司年报，用益信托工作室整理制作。

表 220　2013 年用益－信托公司综合实力排名

指标		行业情况		排名情况		
名称	值	平均值	最高值	2013 年	2012 年	升降
资本实力	32.29	100.00	444.22	61		
业务能力	44.16	95.17	308.72	59		
盈利能力	23.91	98.96	272.74	68		
理财能力	49.35	99.96	194.14	67		
抗风险能力	103.30	104.40	238.82	28		
综合实力	53.56	100.16	253.52	66		

资料来源：用益信托工作室。

（三）资产管理状况

1. 信托资产

民生信托由中国泛海控股集团重整开张，在现有的 68 家持牌信托公司中属"最年轻"。不过，这家信托公司的发展可谓迅速，短短时间内信托资产总计已近 400 亿元。而且最近传出民生信托将大规模增资的消息，预计未来民生信托将跻身为主流信托公司。

表 221　2013 年信托资产运用方式及投向

单位：万元

资产运用	金额	占比	资产分布	金额	占比
货币资产	7801.38	0.20	基础产业	687563.80	17.62
贷款	2332875.77	59.78	房地产	567645.00	14.55
交易性金融资产	0.00	0.00	证券市场	0.00	0.00
可供出售金融资产	676530.00	17.34	实业	1545739.02	39.61
持有至到期投资	0.00	0.00	金融机构	760070.00	19.48
长期股权投资	215690.00	5.53	其他	341585.83	8.75
其他	669706.50	17.16			
信托资产总计	3902603.65	100.00	信托资产总计	3902603.65	100.00

资料来源：信托公司年报。

表 221 的数据表明，2013 年民生信托的信托资金运用方式主要是贷款，其余运用方式的信托资产占比则较为均衡。而公司信托资金的投向则主要集中

在基础产业、房地产、实业（工商企业）、金融机构及其他。年报数据显示，2013 年民生信托资产中投向最大的领域是实业（工商企业），金融机构投资紧随其后，基础产业排第三位，另外，证券市场领域无投资。

表 222　2013 年信托资产管理情况

单位：万元，%

信托资产	2012 年	2013 年	占比	增长率
集合类		953545.00	23.13	
单一类		3024695.59	73.36	
财产权类		144792.06	3.51	
主动管理型		935848.80	22.70	
被动管理型		3187183.85	77.30	

资料来源：信托公司年报，用益信托工作室整理制作。

　　2013 年民生信托主要新增产品为单一类信托，规模占比在 70% 以上。民生信托通过增加单一类信托业务的比重虽然可以迅速做大信托资产规模，但同时也减少了信托业务收入的比重，降低了主动管理型业务的比重，导致整个信托业务风险系数上升。

　　统计数据表明，民生信托 2013 年主动管理资产能力存在不足，未来发展其主动管理能力任重而道远。

表 223　2013 年信托项目清算收益情况

单位：个，万元，%

已清算项目类型	项目个数	实际信托合计金额	加权平均实际年化收益率	行业平均实际年化收益率
集合类				8.36
单一类	4	173000.00	7.72	7.63
财产管理类				6.78
合　计	4	173000.00	7.72	7.59

资料来源：信托公司年报。

　　从 2013 年民生信托的产品清算情况来看，只清算了 4 款产品，并且全部为单一类信托产品，仅从清算的单一类产品收益率来看，与行业平均水平相差无几。

2. 固有资产

表224　2013年自营资产运用方式及投向

单位：万元，%

资产运用	金额	占比	资产分布	金额	占比
货币资产	62277.54	53.93	基础产业	0.00	0.00
贷款及应收款	0.00	0.00	房地产	0.00	0.00
交易性金融资产	51448.00	44.55	证券市场	0.00	0.00
可供出售金融资产	0.00	0.00	实业	0.00	0.00
持有至到期投资	0.00	0.00	金融机构	62277.54	53.93
长期股权投资	0.00	0.00	其他	53211.19	46.07
其他	1763.19	1.53			
资产总计	115488.73	100.00	资产总计	115488.73	100.00

资料来源：信托公司年报。

截至2013年底，从资金运用方式来看，以货币资产和交易性金融资产为主，从投向来看，主要投向金融机构，基础产业、房地产、证券市场及实业等领域无投资。

（四）风险管理

1. 风险指标

民生信托固有资产不良率为0。另外，民生信托2013年风险赔偿准备金为282.23万元，占注册资本的比例为0.28%，累计提取信托风险赔偿准备金282.23万元，占注册资本的0.28%；提取一般风险准备金11.17万元，累计风险准备金为零。

2013年民生信托净资本为9.98亿元，远高于监管最低标准2亿元；风险资本为2.88亿元，净资本与风险资本的比值为346.52%，高于监管层的100%；净资产为10.65亿元，净资本与净资产的比值为93.70%，也高于监管层最低标准40%。以上风险指标表明民生信托的抗风险能力仍处在较安全的区域内，有较高的安全边际。

2. 风险事件

2013年民生信托无任何信托产品兑付风险事件发生。

三十三 平安信托

（一）基本情况

1. 公司沿革

据 2013 年年报披露显示，平安信托有限责任公司（简称平安信托或公司）的前身是 1984 年成立的中国工商银行珠江三角洲金融信托联合公司，2005 年，注册资本由人民币 27 亿元增加至人民币 42 亿元。2008 年，注册资本由人民币 42 亿元增加至人民币 69.88 亿元。2010 年，经国家工商行政管理总局核准，本公司正式更名为平安信托有限责任公司。注册及办公地为深圳，法定代表人是童恺，注册资本 69.88 亿元。

2. 股东背景

表 225　排前两位的股东

单位：%

股东名称	持股比例	股东背景
中国平安保险(集团)股份有限公司	99.88	保险
上海市糖业烟酒(集团)有限公司	0.12	国资

资料来源：信托公司年报，用益信托工作室整理制作。

（二）主要指标及排名

表 226　2013 年度主要经营指标及排名

经营指标		行业情况		排名情况		
名称	值	平均值	最高值	2013 年	2012 年	升降
注册资本(万元)	698800.00	167300.00	698800.00	1	1	0
固有总资产(万元)	1856313.75	423730.81	1856313.75	5	7	2
固有净资产(万元)	1713394.33	374790.49	1713394.33	5	7	2
信托总资产(万元)	29031953.9	16030212.26	72966079.78	45	7	−38

续表

经营指标		行业情况		排名情况		
名称	值	平均值	最高值	2013 年	2012 年	升降
人均信托资产（万元）	32044.10	86131.35	314912.50	59	60	1
集合信托资产占比（%）	42.88	28.60	88.10	50	32	−18
主动管理型占比（%）	89.05	58.93	100.00	45	32	−13
信托清算平均收益（%）	8.07	7.59	12.92	59	65	6
年度新增信托规模（万元）	16827855.34	10090662.73	44143364.00	5	22	17
新增单一信托规模（万元）	8479931.46	7274564.58	41304986.00	45	22	−23
新增集合信托规模（万元）	7987679.19	2460672.83	14709086.46	5	7	2
总收入（万元）	436303.89	122186.63	547823.36	5	7	2
信托业务收入（万元）	281899.96	90494.73	454205.00	5	7	2
总利润（万元）	218224.31	83319.01	418590.74	5	7	2
净利润（万元）	191443.31	65000.38	313553.98	5	7	2
人均净利润（万元）	219.55	380.05	1520.01	65	60	−5
资本利润率（%）	11.86	19.76	54.06	65	65	0
信托报酬率（%）	0.97	0.68	2.63	59	32	−27
净资本（万元）	1293667.00	299973.72	1293667.00	5	7	2
风险资本（万元）	640253.00	182283.69	640253.00	5	7	2
信托杠杆率（倍）	16.94	47.82	170.81	59	65	6

资料来源：信托公司年报，用益信托工作室整理制作。

表 227　2013 年用益‒信托公司综合实力排名

指标		行业情况		排名情况		
名称	值	平均值	最高值	2013 年	2012 年	升降
资本实力	444.22	100.00	444.22	1	1	0
业务能力	239.23	95.17	308.72	3	2	−1
盈利能力	182	98.96	272.74	6	1	−5
理财能力	163.42	99.96	194.14	4	4	0
抗风险能力	238.82	104.40	238.82	1	1	0
综合实力	253.52	100.16	253.52	1	1	0

资料来源：用益信托工作室。

（三）资产管理状况

1. 信托资产

平安信托是目前国内注册资本最大的信托公司，被银监会评定为首批 A 类信托公司，拥有专业的国际管理团队、稳健的经营理念及卓越的品牌价值。平安信托在金融投资方面有着先天的优势，并且得益于股东中国平安保险股份有限公司，其投资范围很广泛，并且具有丰富的项目资源。

表228　2013年信托资产运用方式及投向

单位：万元，%

资产运用	金额	占比	资产分布	金额	占比
货币资产	747518.06	2.57	基础产业	6120796.38	21.08
贷款	13522440.70	46.58	房地产	6935156.13	23.89
交易性金融资产	1463582.12	5.04	证券市场	3981636.87	13.71
可供出售金融资产	5221924.90	17.99	实业	6239614.57	21.49
持有至到期投资	256819.94	0.88	金融机构	3973342.96	13.69
长期股权投资	3579999.84	12.33	其他	1781406.99	6.14
其他	4239668.34	14.61			
信托资产总计	29031953.90	100.00	信托资产总计	29031953.90	100.00

资料来源：信托公司年报。

表228的数据表明，平安信托的信托资金运用方式主要是贷款、可供出售金融资产和其他投资，而公司信托资金的投向则主要集中在房地产、基础产业和实业（工商企业）。信托资产分布较为合理，并且项目风险较为分散。

2013年平安信托明显加大了集合类信托业务的发行力度，而单一类信托产品的发行节奏则有所放缓，这对于平安信托来说无疑是一个好的现象，毕竟现在监管方面强调要发展主动管理型信托产品，集合类信托业务的加强也正好符合目前信托行业的基本行情和政策，有助于该公司提升自身的主动管理能力及业务经营能力。

统计数据表明，平安信托2013年主动管理资产规模略有下滑，不过主动管理一直是其强项，未来发展前景看好。

表229　2013年信托资产管理情况

单位：万元，%

信托资产	2012年	2013年	占比	增长率
集合类	6112541.36	7987679.19	47.47	30.68
单一类	8309488.09	8479931.46	50.39	2.05
财产权类		360244.69	2.14	
主动管理型	14422029.45	16823709.34	99.98	16.65
被动管理型		4146.00	0.02	

资料来源：信托公司年报，用益信托工作室整理制作。

表230　2013年信托项目清算收益情况

单位：个，万元，%

已清算项目类型	项目个数	实际信托合计金额	加权平均实际年化收益率	行业平均实际年化收益率
集合类	109	4151781.38	8.05	8.36
单一类	71	6506468.85	8.08	7.63
财产管理类				6.78
合　计	180	10658250.23	8.07	7.59

资料来源：信托公司年报。

　　从2013年清算来看，其收益水平在集合类方面低于行业平均水平，而在单一类方面略高于行业平均水平，说明平安信托的理财能力虽然排名靠前，不过受制于过大的信托托管规模，其理财能力的竞争力并不是太理想。

　　2. 固有资产

　　截至2013年底，从资金运用方式来看，以长期股权投资为主；从投向来看，主要集中在金融机构、实业（工商企业）和房地产。特别值得注意的是，平安信托的固有资产投向中没有基础产业，金融投资作为平安信托的强项，其固有资产运用大规模投向金融机构也是可以理解的，而房地产投向占比较小也有利于提升该信托公司的风险控制能力，提高固有资产的风险安全系数。

表 231　2013 年自营资产运用方式及投向

单位：万元，%

资产运用	金额	占比	资产分布	金额	占比
货币资产	44948.05	2.42	基础产业	0.00	0.00
贷款及应收款	2948.56	0.16	房地产	128588.02	6.93
交易性金融资产	0.00	0.00	证券市场	24587.04	1.32
可供出售金融资产	654249.68	35.24	实业	551621.10	29.72
持有至到期投资	0.00	0.00	金融机构	1061217.73	57.17
长期股权投资	662516.36	35.69	其他	90299.86	4.86
其他	491651.10	26.49			
资产总计	1856313.75	100.00	资产总计	1856313.75	100.00

资料来源：信托公司年报。

（四）风险管理

1. 风险指标

2013 年平安信托不良（固有）资产率为 1.73%，与 2012 年的 0.21% 相比，上升了 1.52 个百分点。该公司的固有资产质量控制能力需要加强。另外，平安信托 2013 年风险赔偿准备金为 41131.62 万元，占注册资本的 5.89%，一般风险准备金为 64845.8 万元，占注册资本的 9.28%；两项风险准备金合计规模为 105977.42 万元。

2013 年平安信托净资本为 129.37 亿元，远高于监管最低标准 2 亿元；风险资本为 64.03 亿元，净资本与风险资本的比值为 202.05%，高于监管层的 100%；净资产为 171.34 亿元，净资本与净资产的比值为 75.50%，也高于监管层最低标准 40%。以上风险指标表明平安信托的抗风险能力处在较安全的区域内。

2. 风险事件

2013 年平安信托无任何信托产品兑付风险事件发生。

三十四　厦门信托

（一）基本情况

1. 公司沿革

厦门信托前身由厦门市财政局下属的厦门经济特区财务公司组建而成，成立于 1985 年 1 月，已稳健成长了 20 多年。公司注册及主要办公地均在厦门，法定代表人是洪文瑾，目前公司注册资本为 16 亿元。

2. 股东背景

表 232 排前三的股东

单位：%

股东名称	持股比例	股东背景
厦门市金财投资有限公司	80.00	政府
厦门建发集团有限公司	10.00	国资
厦门港务控股集团有限公司	10.00	国资

资料来源：信托公司年报，用益信托工作室整理制。

（二）主要指标及排名

表 233 2013 年度主要经营指标及排名

经营指标		行业情况		排名情况		
名称	值	平均值	最高值	2013 年	2012 年	升降
注册资本（万元）	160000.00	167300.00	698800.00	27	46	19
固有总资产（万元）	253144.00	423730.81	1856313.75	47	48	1
固有净资产（万元）	235223.00	374790.49	1713394.33	47	48	1
信托总资产（万元）	13244024.00	16030212.26	72966079.78	32	28	-4
人均信托资产（万元）	98103.88	86131.35	314912.50	24	18	-6
集合信托资产占比（%）	9.81	28.60	88.10	60	55	-5
主动管理型占比（%）	43.97	58.93	100.00	47	50	3
信托清算平均收益（%）	6.72	7.59	12.92	53	20	-33
年度新增信托规模（万元）	8938428.00	10090662.73	44143364.00	30	21	-9
新增单一信托规模（万元）	8231898.00	7274564.58	41304986.00	22	15	-7
新增集合信托规模（万元）	658213.00	2460672.83	14709086.46	59	57	-2
总收入（万元）	79787.00	122186.63	547823.36	42	36	-6
信托业务收入（万元）	55486.00	90494.73	454205.00	42	33	-9
总利润（万元）	57218.00	83319.01	418590.74	40	31	-9
净利润（万元）	45781.00	65000.38	313553.98	40	31	-9
人均净利润（万元）	369.00	380.05	1520.01	32	25	-7

289

续表

经营指标		行业情况		排名情况		
名称	值	平均值	最高值	2013 年	2012 年	升降
资本利润率(%)	22.74	19.76	54.06	22	13	−9
信托报酬率(%)	0.42	0.68	2.63	49	45	−4
净资本(万元)	184963.22	299973.72	1293667.00	45	51	6
风险资本(万元)	149055.91	182283.69	640253.00	38	26	−12
信托杠杆率(倍)	56.30	47.82	170.81	20	9	−11

资料来源：信托公司年报，用益信托工作室整理制作。

表 234　2013 年用益−信托公司综合实力排名

指标		行业情况		排名情况		
名称	值	平均值	最高值	2013 年	2012 年	升降
资本实力	65.22	100.00	444.22	46	46	0
业务能力	67.17	95.17	308.72	41	37	−4
盈利能力	78.03	98.96	272.74	45	29	−16
理财能力	94.58	99.96	194.14	31	28	−3
抗风险能力	72.14	104.40	238.82	56	58	2
综合实力	75.68	100.16	253.52	51	41	−10

资料来源：用益信托工作室。

（三）资产管理状况

1. 信托资产

表 235　2013 年信托资产运用方式及投向

单位：万元，%

资产运用	金额	占比	资产分布	金额	占比
货币资产	111346.00	0.84	基础产业	1073572.00	8.11
贷款	7888508.00	59.56	房地产	3760840.00	28.40
交易性金融资产	547798.00	4.14	证券市场	680461.00	5.14
可供出售金融资产	2449749.00	18.50	实业	5877852.00	44.38
持有至到期投资	57485.00	0.43	金融机构	515116.00	3.89
长期股权投资	688671.00	5.20	其他	1336183.00	10.09
其他	1500467.00	11.33			
信托资产总计	13244024.00	100.00	信托资产总计	13244024.00	100.00

资料来源：信托公司年报。

表235的数据表明，厦门信托的信托资金运用方式主要是贷款、可供出售金融资产和其他，而信托资金的投向则主要集中在实业、房地产和其他。

表236　2013年信托资产管理情况

单位：万元，%

信托资产	2012年	占比	2013年	占比	增长率
集合类	586904.00	5.97	658213.00	7.36	12.15
单一类	9191446.00	93.53	8231898.00	92.10	-10.44
财产权类	48483.00	0.49	48317.00	0.54	-0.34
主动管理型	3158878.00	32.15	3950583.00	44.20	25.06
被动管理型	6667955.00	67.85	4987845.00	55.80	-25.20

资料来源：信托公司年报，用益信托工作室整理制作。

2013年厦门信托集合类信托的发行有所增加，而单一类信托明显下降；另外，财产权类信托新增规模与上年同期相比变化不大。整体来看，厦门信托信托业务结构相对平稳，厦门信托单一类信托占比连续两年均超过90%，而集合类信托占比不足10%，与行业平均水平相比，单一类信托占比偏高，集合类信托占比偏低，因此厦门信托需要不断优化业务结构，增强主动管理能力，提升集合类信托业务比重，从而增加业务收入。

统计数据表明，厦门信托2013年主动管理资产能力有所提升。

表237　2013年信托项目清算收益情况

单位：个，万元，%

已清算项目类型	项目个数	实际信托合计金额	加权平均实际年化收益率	行业平均实际年化收益率
集合类	47	642335.00	5.79	8.36
单一类	166	6533081.00	6.70	7.63
财产管理类	6	279716.00	9.35	6.78
合　计	219	7455132.00	6.72	7.59

资料来源：信托公司年报。

从2013年清算来看，其收益水平普遍低于同期行业的平均值，尤其在集合类信托产品方面，比行业平均水平低2.57个百分点，表明厦门信托的理财

能力整体偏弱，亟待加强。

2. 固有资产

表 238　2013 年自营资产运用方式及投向

单位：万元，%

资产运用	金额	占比	资产分布	金额	占比
货币资产	30302.00	11.97	基础产业	37246.00	14.71
贷款及应收款	31500.00	12.44	房地产	5500.00	2.17
交易性金融资产	2414.00	0.95	证券市场	2414.00	0.95
可供出售金融资产	11026.00	4.36	实业	0.00	0.00
持有至到期投资	102336.00	40.43	金融机构	23952.00	9.46
长期股权投资	61198.00	24.18	其他	184032.00	72.70
其他	14368.00	5.68			
资产总计	253144.00	100.00	资产总计	253144.00	100.00

资料来源：信托公司年报。

从资金运用方式来看，以持有至到期投资为主，从投向来看，主要集中在其他、基础产业和金融机构。值得注意的是，厦门信托的固有资产投向中没有实业（工商企业）。

（四）风险管理情况

1. 风险指标

2013 年厦门信托不良资产率为 0，与 2012 年相比没有变化，固有资产状况整体表现良好。另外，厦门信托 2013 年提取信托风险赔偿准备金为 2289.00 万元，累计提取信托风险赔偿准备金 10517.00 万元，占注册资本的 6.57%；提取一般风险准备金为 1033 万元，累计风险准备金为 3620.00 万元。

由于厦门信托的信托资产规模不大，公司的整体资产质量和抗风险能力较强。根据厦门信托年报数据披露，2013 年厦门信托净资本为 18.50 亿元，远高于监管最低标准 2 亿元；风险资本为 14.90 亿元，净资本与风险资本的比值为 279.57%，高于监管层的 100%；净资产为 23.52 亿元，净资本与净资产的比值为 78.63%，也高于监管层最低标准 40%。以上风险指标表明厦门信托的抗风险能力仍处在较安全的区域内。

2. 风险事件

2014 年 6 月，厦门信托 1.63 亿元银信项目违约，成都银行被迫"讨债"。

三十五　山东信托

（一）基本情况

1. 公司沿革

山东省国际信托有限公司（简称山东信托或公司）初创于 1987 年 3 月，2002 年 8 月，完成了增资改制和重新登记工作，由国有独资公司转变为有限公司，2007 年 6 月公司更名为山东省国际信托有限公司。公司注册及主要办公地均在济南，法定代表人是相开进，注册资本 14.67 亿元。

2. 股东背景

表 239　排前三的股东

单位：%

股东名称	持股比例	股东背景
山东省鲁信投资控股集团有限公司	85.94	政府
山东省高新技术创业投资有限公司	6.25	国资
山东黄金集团有限公司	3.13	国资

资料来源：信托公司年报，用益信托工作室整理制作。

（二）主要指标及排名

表 240　2013 年度主要经营指标及排名

经营指标		行业情况		排名情况		
名称	值	平均值	最高值	2013 年	2012 年	升降
注册资本（万元）	146700.00	167300.00	698800.00	34	30	-4
固有总资产（万元）	444498.06	423730.81	1856313.75	20	33	13
固有净资产（万元）	315256.53	374790.49	1713394.33	36	31	-5
信托总资产（万元）	29942135.15	16030212.26	72966079.78	8	11	3

续表

经营指标		行业情况		排名情况		
名称	值	平均值	最高值	2013 年	2012 年	升降
人均信托资产（万元）	184827.99	86131.35	314912.50	4	9	5
集合信托资产占比（%）	17.07	28.60	88.10	53	41	−12
主动管理型占比（%）	16.72	58.93	100.00	63	62	−1
信托清算平均收益（%）	6.36	7.59	12.92	62	32	−30
年度新增信托规模（万元）	36689800.00	10090662.73	44143364.00	2	5	3
新增单一信托规模（万元）	31133800.00	7274564.58	41304986.00	2	4	2
新增集合信托规模（万元）	5273300.00	2460672.83	14709086.46	7	12	5
总收入（万元）	115952.94	122186.63	547823.36	27	21	−6
信托业务收入（万元）	94946.15	90494.73	454205.00	21	21	0
总利润（万元）	93359.39	83319.01	418590.74	22	18	−4
净利润（万元）	71677.40	65000.38	313553.98	22	16	−6
人均净利润（万元）	471.56	380.05	1520.01	15	8	−7
资本利润率（%）	25.25	19.76	54.06	14	8	−6
信托报酬率（%）	0.32	0.68	2.63	59	54	−5
净资本（万元）	286644.18	299973.72	1293667.00	29	24	−5
风险资本（万元）	351955.03	182283.69	640253.00	8	10	2
信托杠杆率（倍）	94.98	47.82	170.81	6	8	2

资料来源：信托公司年报，用益信托工作室整理制作。

表 241　2013 年用益－信托公司综合实力排名

指标		行业情况		排名情况		
名称	值	平均值	最高值	2013 年	2012 年	升降
资本实力	90.92	100.00	444.22	30	31	1
业务能力	153.67	95.17	308.72	11	10	−1
盈利能力	92.45	98.96	272.74	30	13	−17
理财能力	123.79	99.96	194.14	9	14	5
抗风险能力	70.48	104.40	238.82	61	28	−33
综合实力	102.10	100.16	253.52	25	16	−9

资料来源：用益信托工作室。

（三）资产管理状况

1. 信托资产

山东信托在地方信托中增长得较快，也较稳健。在继续稳步开展传统优势业务的基础上，进一步优化业务结构。山东信托按照规范要求开展传统融资业务，促进产业信托、证券信托、基础设施信托等传统融资类业务稳步发展。基于现有业务模式，山东信托也开始尝试创新业务运作模式，积极申请新业务资格。

表 242　2013 年信托资产运用方式及投向

单位：万元，%

资产运用	金额	占比	资产分布	金额	占比
货币资产	1587947.47	5.30	基础产业	3370165.00	11.26
贷款	17585943.47	58.73	房地产	3679379.00	12.29
交易性金融资产	1192244.33	3.98	证券市场	1182635.00	3.95
可供出售金融资产	0.00	0.00	实业	12013463.00	40.12
持有至到期投资	5553182.15	18.55	金融机构	419465.00	1.40
长期股权投资	3511388.82	11.73	其他	9277028.15	30.98
其他	588428.91	1.71			
信托资产总计	29942135.15	100.00	信托资产总计	29942135.15	100.00

资料来源：信托公司年报。

表 242 的数据表明，山东信托的信托资金运用方式主要是贷款、持有至到期投资和长期股权投资；而公司信托资金的投向则主要集中在实业（工商企业）、其他领域、房地产和基础产业。

表 243　2013 年信托资产管理情况

单位：万元，%

信托资产	2012 年	占比	2013 年	占比	增长率
集合类	3523628.00	16.67	5273300.00	14.37	49.66
单一类	17383130.00	82.25	31133800.00	84.86	79.10
财产权类	227812.00	1.08	282700.00	0.77	24.09
主动管理型	3624728.00	17.15	5273300.00	14.37	45.48
被动管理型	17509842.00	82.85	31416500.00	85.63	79.42

资料来源：信托公司年报。

2013 年山东信托明显加大了单一类信托业务的发行力度，而集合类信托产品的发行节奏则有所放缓。近几年山东信托对其信托业务结构进行了调整，与行业的总体水平相当。增加单一类信托业务的比重虽然可以迅速做大信托资产规模，但同时降低了主动管理型业务的比重，导致整个信托业务风险系数上升。

年报数据显示单一类信托业务比重的增加是导致其主动管理型业务占比下降的主要原因。

表 244　2013 年信托项目清算收益情况

单位：个，万元，%

已清算项目类型	项目个数	实际信托合计金额	加权平均实际年化收益率	行业平均实际年化收益率
集合类	298	3309675.00	7.31	8.36
单一类	281	5367402.00	5.78	7.63
财产管理类	7	57664.00	6.00	6.78
合　计	586	8734741.00	6.36	7.59

资料来源：信托公司年报。

从 2013 年清算来看，其收益水平普遍低于同期行业的平均值，在集合类信托产品方面，低于行业平均水平 1.05 个百分点，表明山东信托的理财能力有待进一步增强。

2. 固有资产

表 245　2013 年自营资产运用方式及投向

单位：万元，%

资产运用	金额	占比	资产分布	金额	占比
货币资产	139245.22	31.33	基础产业	0.00	0.00
贷款及应收款	22331.01	5.02	房地产	0.00	0.00
交易性金融资产	72176.09	16.24	证券市场	89354.86	20.10
可供出售金融资产	17178.77	3.86	实业	0.00	0.00
持有至到期投资	128260.40	28.86	金融机构	179466.40	40.38
长期股权投资	61206.00	13.77	其他	175676.80	39.52
其他	4100.57	0.92			
资产总计	444498.06	100.00	资产总计	444498.06	100.00

资料来源：信托公司年报。

截至 2013 年底，山东信托固有资产余额为 44.45 亿元，从资金运用方式来看，以货币资产、持有至到期投资为主；从投向来看，主要集中在金融机构、其他领域和证券市场。特别值得注意的是，山东信托的固有资产投向中没有基础产业、房地产及实业（工商企业），表明山东信托固有资产整体相对安全。

（四）风险管理

1. 风险指标

山东信托 2013 年固有资产不良率为 1.57%，较 2012 年下降 0.89 个百分点。固有资产质量进一步提高。另外，山东信托 2013 年提取信托风险赔偿准备金 3583.87 万元，占注册资本的 2.44%，累计提取信托风险赔偿准备金 12839.34 万元，占注册资本的 8.75%；提取一般风险赔偿金 1058.31 万元，占注册资本的 0.72%，累积提取一般风险赔偿金 4665.41 万元，占注册资本的 3.18%。

由于山东信托的信托资产规模较大，且注册资本不到 15 亿元，公司的整体资产质量和抗风险能力有待于进一步提高。2013 年山东信托净资本为 28.66 亿元，远高于监管最低标准 2 亿元；风险资本为 35.20 亿元，净资本与风险资本的比值为 81.44%，低于监管层的 100%；净资产为 31.53 亿元，净资本与净资产的比值为 90.92%，高于监管层最低标准 40%。以上风险指标表明山东信托净资本与风险资本的比值不达标，该信托公司抗风险能力有待进一步加强。

2. 风险事件

2014 年 6 月，远投 7 号集合资金信托计划：融资方濒临破产，已出现违约，目前山东信托正在"申诉资产保存"。

三十六　山西信托

（一）基本情况

1. 公司沿革

山西信托股份有限公司（简称山西信托或公司）前身为 1985 年 4 月 1 日成立的山西省经济开发投资公司，1991 年更名为山西省信托投资公司；2002

年4月，山西省信托投资公司吸收合并太原市信托投资公司，增加了新的股东，重新登记改制为山西信托投资有限责任公司；2007年8月，公司更名为山西信托有限责任公司。公司注册及主要办公地均在太原，法定代表人是郭晋普，注册资本13.57亿元。

2.股东背景

表 246　排前三的股东

单位：%

股东名称	持股比例	股东背景
山西省国信投资(集团)公司	90.70	政府
太原市海信资产管理有限公司	8.30	政府
山西国际电力集团有限公司	1.00	国资

资料来源：信托公司年报，用益信托工作室整理制作。

（二）主要指标及排名

表 247　2013 年度主要经营指标及排名

经营指标		行业情况		排名情况		
名称	值	平均值	最高值	2013 年	2012 年	升降
注册资本(万元)	135700.00	167300.00	698800.00	36	46	10
固有总资产(万元)	191331.54	423730.81	1856313.75	53	51	-2
固有净资产(万元)	175597.90	374790.49	1713394.33	52	49	-3
信托总资产(万元)	6765472.00	16030212.26	72966079.78	48	48	0
人均信托资产(万元)	41252.88	86131.35	314912.50	51	53	2
集合信托资产占比(%)	30.03	28.60	88.10	30	32	2
主动管理型占比(%)	28.42	58.93	100.00	57	54	-3
信托清算平均收益(%)	7.27	7.59	12.92	41	61	20
年度新增信托规模(万元)	4726571.00	10090662.73	44143364.00	44	40	-4
新增单一信托规模(万元)	3513220.00	7274564.58	41304986.00	40	38	-2
新增集合信托规模(万元)	1213351.00	2460672.83	14709086.46	41	43	2
总收入(万元)	60211.23	122186.63	547823.36	52	51	-1
信托业务收入(万元)	51494.56	90494.73	454205.00	45	50	5
总利润(万元)	27588.72	83319.01	418590.74	57	58	1
净利润(万元)	20564.32	65000.38	313553.98	57	59	2
人均净利润(万元)	125.39	380.05	1520.01	63	63	0

续表

经营指标		行业情况		排名情况		
名称	值	平均值	最高值	2013年	2012年	升降
资本利润率(%)	12.44	19.76	54.06	55	61	6
信托报酬率(%)	0.76	0.68	2.63	24	37	13
净资本(万元)	151600.00	299973.72	1293667.00	51	47	−4
风险资本(万元)	100158.56	182283.69	640253.00	45	44	−1
信托杠杆率(倍)	38.53	47.82	170.81	37	42	5

资料来源：信托公司年报，用益信托工作室整理制作。

表248   2013年用益－信托公司综合实力排名

指标		行业情况		排名情况		
名称	值	平均值	最高值	2013年	2012年	升降
资本实力	50.68	100.00	444.22	52	48	−4
业务能力	47.01	95.17	308.72	54	57	3
盈利能力	54.10	98.96	272.74	56	64	8
理财能力	75.06	99.96	194.14	59	57	−2
抗风险能力	84.94	104.40	238.82	47	38	−9
综合实力	64.25	100.16	253.52	55	56	1

资料来源：用益信托工作室。

（三）资产管理状况

1. 信托资产

表249   2013年信托资产运用方式及投向

单位：万元，%

资产运用	金额	占比	资产分布	金额	占比
货币资产	131917.19	1.95	基础产业	1005182.90	14.86
贷款	3959410.50	58.52	房地产	642061.70	9.49
交易性金融资产	800811.21	11.84	证券市场	824661.60	12.19
可供出售金融资产	9128.26	0.13	实业	3799076.10	56.15
持有至到期投资	1588053.22	23.47	金融机构	4949.80	0.07
长期股权投资	274437.33	4.06	其他	489539.60	7.24
其他	1713.99	0.03			
信托资产总计	6765471.70	100.00	信托资产总计	6765471.70	100.00

资料来源：信托公司年报。

表 249 的数据表明，山西信托的信托资金运用方式主要是贷款、持有至到期投资和交易性金融资产，而公司信托资金的投向则主要集中在实业（工商企业）、基础产业和证券市场。

表 250　2013 年信托资产管理情况

单位：万元，%

信托资产	2012 年	占比	2013 年	占比	增长率
集合类	961824.50	25.65	1213351.00	25.67	26.15
单一类	2630084.00	70.14	3513220.00	74.33	33.58
财产权类	157930.00	4.21	0.00	0.00	0.00
主动管理型	1051524.50	28.04	955451.00	20.21	-9.14
被动管理型	2698314.00	71.96	3771120.00	79.79	39.76

资料来源：信托公司年报。

2013 年山西信托明显加大了单一类信托业务、集合类信托产品的发行力度。尽管近几年山西信托对其信托业务结构进行了调整，但与行业的总体水平相比还有相当的距离。这对山西信托来说未必是一件坏事，增加单一类信托业务的比重虽然可以迅速做大信托资产规模，但同时降低了主动管理型业务的比重，导致整个信托业务风险系数上升。

年报数据显示，单一类信托业务比重的增加是导致其主动管理型业务占比下降的主要原因。

表 251　2013 年信托项目清算收益情况

单位：个，万元，%

已清算项目类型	项目个数	实际信托合计金额	加权平均实际年化收益率	行业平均实际年化收益率
集合类	75	830198.00	7.74	8.36
单一类	64	2144136.00	7.20	7.63
财产管理类	1	77930.00	4.21	6.78
合　计	140	3052264.00	7.27	7.59

资料来源：信托公司年报。

从2013年清算来看，其收益水平普遍低于同期行业的平均值，尤其在集合类信托产品方面，低于行业平均水平0.62个百分点，表明山西信托的理财能力有待进一步增强。

2. 固有资产

表252　2013年自营资产运用方式及投向

单位：万元，%

资产运用	金额	占比	资产分布	金额	占比
货币资产	37535.22	19.62	基础产业	0.00	0.00
贷款及应收款	0.00	0.00	房地产	0.00	0.00
交易性金融资产	1302.06	0.68	证券市场	21275.26	11.12
可供出售金融资产	97177.10	50.79	实业	0.00	0.00
持有至到期投资	0.00	0.00	金融机构	32595.68	17.04
长期股权投资	32595.68	17.04	其他	137460.60	71.84
其他	22721.48	11.87			
资产总计	191331.54	100.00	资产总计	191331.54	100.00

资料来源：信托公司年报。

从资金运用方式来看，以可供出售金融资产为主，从投向来看，主要集中在其他领域、金融机构和证券市场。特别值得注意的是，山西信托的固有资产投向中没有基础产业、房地产及实业（工商企业），使得山西信托固有资产整体安全性较高。

（四）风险管理

1. 风险指标

山西信托2013年固有资产不良率为0，与2012年的4.15%相比，下降4.15个百分点，固有资产质量明显提高。另外，山西信托2013年提取信托风险赔偿准备金1028.22万元，占注册资本的0.76%，累计提取信托风险赔偿准备金4541.07万元，占注册资本的3.35%；提取一般风险准备金2056.43万元，占注册资本的1.52%，累计提取一般风险准备金16919.96万元，占注册资本的12.47%。

由于山西信托的信托资产规模不大，且增资扩股至 13.57 亿元不久，公司的整体资产质量和抗风险能力较强。根据山西信托年报数据披露，2013 年山西信托净资本为 15.16 亿元，远高于监管最低标准 2 亿元；风险资本为 10.01 亿元，净资本与风险资本的比值为 151.36%，高于监管层的 100%；净资产为 17.56 亿元，净资本与净资产的比值为 86.33%，也高于监管层最低标准 40%，以上风险指标表明山西信托的抗风险能力仍处在较安全的区域内。

2. 风险事件

2014 年 2 月 4 日，信裕 15 号集合资金信托计划：因债务方山西联盛能源集团无法按时兑付到期资金，根据信托合同延期 6 个月至 2014 年 8 月 4 日。

三十七 陕西国投

（一）基本情况

1. 公司沿革

陕西省国际信托股份有限公司前身为陕西省金融联合投资公司。1991 年 12 月 13 日，陕西省金融联合投资公司更名为"陕西省国际信托投资公司"。1992 年 8 月 12 日，陕西省国际信托投资公司完成股改后，更名为"陕西省国际信托投资股份有限公司"。注册资本 12.15 亿元，注册地为西安，法定代表人是薛季民。

2. 股东背景

表 253 排前三的股东

单位：%

股东名称	持股比例	股东背景
陕西煤业化工集团有限责任公司	34.58	国资
陕西省高速公路建设集团公司	27.14	国资
西安投资控股有限公司	3.46	国资

资料来源：信托公司年报，用益信托工作室整理制作。

（二）主要指标及排名

表254　2013年度主要经营指标及排名

经营指标		行业情况		排名情况		
名称	值	平均值	最高值	2013年	2012年	升降
注册资本（万元）	121466.74	167300.00	698800.00	39	62	23
固有总资产（万元）	392918.84	423730.81	1856313.75	30	21	-9
固有净资产（万元）	350943.22	374790.49	1713394.33	26	20	-6
信托总资产（万元）	9068741.18	16030212.26	72966079.78	45	31	-14
人均信托资产（万元）	41984.91	86131.35	314912.50	50	36	-14
集合信托资产占比（%）	18.92	28.60	88.10	51	50	-1
主动管理型占比（%）	89.49	58.93	100.00	13	10	-3
信托清算平均收益（%）	7.58	7.59	12.92	37	56	19
年度新增信托规模（万元）	2758572.09	10090662.73	44143364.00	59	28	-31
新增单一信托规模（万元）	2037700.00	7274564.58	41304986.00	55	23	-32
新增集合信托规模（万元）	707165.00	2460672.83	14709086.46	56	53	-3
总收入（万元）	83277.51	122186.63	547823.36	41	42	1
信托业务收入（万元）	46378.44	90494.73	454205.00	51	45	-6
总利润（万元）	41845.86	83319.01	418590.74	49	43	-6
净利润（万元）	31307.61	65000.38	313553.98	49	44	-5
人均净利润（万元）	144.94	380.05	1520.01	58	53	-5
资本利润率（%）	11.63	19.76	54.06	59	58	-1
信托报酬率（%）	0.51	0.68	2.63	41	53	12
净资本（万元）	269148.19	299973.72	1293667.00	33	23	-10
风险资本（万元）	98742.75	182283.69	640253.00	46	41	-5
信托杠杆率（倍）	25.84	47.82	170.81	55	40	-15

资料来源：信托公司年报，用益信托工作室整理制作。

表255　2013年用益-信托公司综合实力排名

指标		行业情况		排名情况		
名称	值	平均值	最高值	2013年	2012年	升降
资本实力	90.57	100.00	444.22	31	32	1
业务能力	50.35	95.17	308.72	51	23	-28
盈利能力	53.33	98.96	272.74	57	58	1
理财能力	89.04	99.96	194.14	41	41	0
抗风险能力	112.88	104.40	238.82	22	34	12
综合实力	82.36	100.16	253.52	45	39	-6

资料来源：用益信托工作室。

（三）资产管理状况

1. 信托资产

陕西国投经过多年的发展，逐步形成了以基础设施信托、房地产信托、证券投资信托和同业合作业务为主导的业务构架，证券投资信托在行业具有一定的领先优势。随着房地产业务风险的积聚，陕西国投目前已经开始逐步减少在房地产领域的投资。

表256 2013年信托资产运用方式及投向

单位：万元，%

资产运用	金额	占比	资产分布	金额	占比
货币资产	486103.01	5.36	基础产业	2693057.17	29.70
贷款	2381421.50	26.26	房地产	287000.00	3.16
交易性金融资产	2811624.69	31.00	证券市场	3744127.78	41.29
可供出售金融资产	440251.14	4.85	实业	1141685.30	12.59
持有至到期投资	1371994.17	15.13	金融机构	978223.82	10.79
长期股权投资	663058.00	7.31	其他	224647.11	2.47
其他	371569.06	4.10			
信托资产总计	9068741.18	100.00	信托资产总计	9068741.18	100.00

资料来源：信托公司年报。

数据显示，2013年陕西国投各运用方式下的信托资产规模中交易性金融资产为主要运用方式。

2013年陕西国投资产中投向最大的领域是证券市场，基础产业次之。

表257 2013年新增信托资产管理情况

单位：万元，%

信托资产	2012年	占比	2013年	占比	增长率
集合类	702664.00	10.17	707165.00	25.64	0.64
单一类	6204760.30	89.83	2037700.00	73.87	-67.16
财产权类			13707.09	0.50	
主动管理型	6747424.30	97.68	1989572.00	72.12	-70.51
被动管理型	160000.00	2.32	769000.09	27.88	380.63

资料来源：信托公司年报，用益信托工作室整理制作。

2013年陕西国投加大了集合类信托业务的发行力度，而单一类信托产品的发行节奏则有所放缓，增加集合类信托业务的比重显然才是信托公司未来发展的需要。

表258　2013年信托项目清算收益情况

单位：个，万元，%

已清算项目类型	项目个数	实际信托合计金额	加权平均实际年化收益率	行业平均实际年化收益率
集合类	49	587431.00	7.20	8.36
单一类	78	1788268.04	7.27	7.63
财产管理类	3	76997.19	17.68	6.78
合　计	130	2452696.23	7.58	7.59

资料来源：信托公司年报。

从2013年清算来看，其收益水平大多低于同期行业的平均值，尤其在集合类信托产品方面，低于行业平均水平1.16个百分点，表明陕西国投的理财能力在行业内处于一定的劣势。

2. 固有资产

表259　2013年自营资产运用方式及投向

单位：万元，%

资产运用	金额	占比	资产分布	金额	占比
货币资产	94297.59	24.00	基础产业		
贷款及应收款	149535.63	38.06	房地产		
交易性金融资产	3871.48	0.99	证券市场		
可供出售金融资产	12771.99	3.25	实业		
持有至到期投资	103763.60	26.41	金融机构		
长期股权投资	9400.00	2.39	其他		
其他	19278.55	4.91			
资产总计	392918.84	100.00	资产总计	392918.84	100.00

资料来源：信托公司年报。

数据显示，2013年陕西国投各运用方式下的自营资产规模中，贷款及应收款为主要运用方式。

（四）风险管理

1. 风险指标

据年报披露显示，2013 年陕西国投固有资产不良率为 1.65%，较 2012 年度上升 0.71 个百分点，表明陕西国投固有资产质量有所下滑。

另外，陕西国投 2013 年提取信托赔偿准备金 1565.38 万元，累计信托赔偿准备金余额为 5203.48 万元，占注册资本的比例为 4.28%；2013 年提取一般风险准备金 520.78 万元，累计一般风险准备金余额为 4462.92 万元。

2013 年陕西国投净资本为 26.91 亿元，远高于监管最低标准 2 亿元；风险资本为 9.87 亿元，净资本与风险资本的比值为 272.58%，高于监管层的 100%；净资产为 35.09 亿元，净资本与净资产的比值为 76.69%，也高于监管层最低标准 40%。以上风险指标表明陕西国投的抗风险能力仍处在较安全的区域内。

2. 风险事件

2013 年 4 月，裕丰公司二期建设项目贷款集合资金信托计划：由于 2012 年底裕丰公司陷入债务危机，引发资金链断裂，还款困难。

2014 年 6 月，陕西国投—福建泰宁南方林业信托贷款集合资金信托计划：由于融资方多方举债、盲目扩张等原因，出现经营困难，自有资金兜底。

三十八　上海信托

（一）基本情况

1. 公司沿革

上海国际信托投资有限公司前身是 1981 年成立的上海市投资信托公司，2001 年公司经中国人民银行核准首批获得重新登记，更名为"上海国际信托投资有限公司"，注册资本为人民币 25 亿元，注册及办公地均为上海，法定代表人是潘卫东。

2. 股东背景

表 260　排前两位的股东

单位：%

股东名称	持股比例	股东背景
上海国际集团有限公司	66.33	政府
上海久事公司	20.00	国资

资料来源：信托公司年报，用益信托工作室整理制作。

（二）主要指标及排名

表 261　2013 年度主要经营指标及排名

经营指标		行业情况		排名情况		
名称	值	平均值	最高值	2013 年	2012 年	升降
注册资本（万元）	250000.00	167300.00	698800.00	10	7	−3
固有总资产（万元）	716010.94	423730.81	1856313.75	8	7	−1
固有净资产（万元）	673891.14	374790.49	1713394.33	8	7	−1
信托总资产（万元）	19229031.31	16030212.26	72966079.78	21	24	3
人均信托资产（万元）	87009.19	86131.35	314912.50	27	33	6
集合信托资产占比（%）	38.53	28.60	88.10	19	23	4
主动管理型占比（%）	74.10	58.93	100.00	26	31	5
信托清算平均收益（%）	6.46	7.59	12.92	61	52	−9
年度新增信托规模（万元）	14958092.74	10090662.73	44143364.00	18	22	4
新增单一信托规模（万元）	8961287.00	7274564.58	41304986.00	19	24	5
新增集合信托规模（万元）	5650178.86	2460672.83	14709086.46	6	9	3
总收入（万元）	194793.83	122186.63	547823.36	12	12	0
信托业务收入（万元）	100159.79	90494.73	454205.00	19	19	0
总利润（万元）	161712.09	83319.01	418590.74	7	8	1
净利润（万元）	137099.42	65000.38	313553.98	6	8	2
人均净利润（万元）	667.15	380.05	1520.01	7	11	4
资本利润率（%）	21.82	19.76	54.06	27	40	13
信托报酬率（%）	0.52	0.68	2.63	40	32	−8
净资本（万元）	532100.00	299973.72	1293667.00	9	10	1
风险资本（万元）	298500.00	182283.69	640253.00	11	5	−6
信托杠杆率（倍）	28.53	47.82	170.81	51	53	2

资料来源：信托公司年报，用益信托工作室整理制作。

表 262 2013 年用益－信托公司综合实力排名

指标		行业情况		排名情况		
名称	值	平均值	最高值	2013 年	2012 年	升降
资本实力	174.12	100.00	444.22	8	8	0
业务能力	157.35	95.17	308.72	10	13	3
盈利能力	166.82	98.96	272.74	9	11	2
理财能力	105.19	99.96	194.14	24	32	8
抗风险能力	141.89	104.40	238.82	10	5	−5
综合实力	148.3	100.16	253.52	8	8	0

资料来源：用益信托工作室。

（三）资产管理状况

1. 信托资产

表 263 2013 年信托资产运用方式及投向

单位：万元，%

资产运用	金额	占比	资产分布	金额	占比
货币资产	189368.18	0.98	基础产业	6287564.67	32.70
贷款	9805536.33	50.99	房地产	1819720.00	9.46
交易性金融资产	2603725.41	13.54	证券市场	1974361.44	10.27
可供出售金融资产	5259918.85	27.35	实业	3772808.33	19.62
持有至到期投资	100000.00	0.52	金融机构	198349.07	1.03
长期股权投资	789978.28	4.11	其他	5176227.8	26.92
其他	374970.89	1.95			
信托资产总计	19229031.31	100.00	信托资产总计	19229031.31	100.00

资料来源：信托公司年报。

表 263 的数据表明，上海信托的信托资金运用方式主要是贷款、可供出售金融资产和交易性金融资产；而公司信托资金的投向则主要集中在基础产业、其他投资和实业（工商企业）。

表 264　2013 年信托资产管理情况

单位：万元，%

信托资产	2012 年	占比	2013 年	占比	增长率
集合类	3736304.62	38.46	5650178.86	37.77	51.22
单一类	5784441.18	59.54	8961287.00	59.91	54.92
财产权类	195008.93	2.01	346626.88	2.32	77.75
主动管理型	6179049.12	63.60	11516052.86	76.99	86.37
被动管理型	3536705.61	36.40	3442039.88	23.01	-2.68

资料来源：信托公司年报，用益信托工作室整理制作。

2013 年上海信托新增集合类信托项目和单一类信托项目增长显著；另外，财产权类信托新增规模与上年同期相比，变化不大。可以看出，上海信托业务结构相对平稳，超出行业的总体水平。对上海信托来说可以进一步加大集合类信托的发行力度，这有利于提升其主动管理能力，增加业务收入。

统计表明，随着信托业务能力的增强，上海信托 2013 年主动管理资产能力得到提升。

表 265　2013 年信托项目清算收益情况

单位：个，万元，%

已清算项目类型	项目个数	实际信托合计金额	加权平均实际年化收益率	行业平均实际年化收益率
集合类	86	1488408.46	8.11	8.36
单一类	104	3561325.26	5.96	7.63
财产管理类	3	79008.00	-1.84	6.78
合　计	193	5128741.72	6.46	7.59

资料来源：信托公司年报。

从 2013 年清算来看，其收益水平普遍低于同期行业的平均值，尤其在财产管理类产品方面，低于行业平均水平 8.62 个百分点，表明上海信托的理财能力在行业中的竞争力较弱。

2. 固有资产

截至 2013 年底，上海信托固有资产余额为 71.60 亿元，从资金运用方式来看，以可供出售金融资产为主；从投向来看，主要集中在金融机构、证券市

场。特别值得注意的是，上海信托的固有资产投向中没有基础产业和房地产，显然，固有资产主要投向金融机构和证券市场是一个较危险的信号，容易受市场波动影响，无形中加大风险，应考虑资产的多样化布局，这有利于分散风险。

表 266　2013 年自营资产运用方式及投向

单位：万元，%

资产运用	金额	占比	资产分布	金额	占比
货币资产	61365.12	8.57	基础产业	0.00	0.00
贷款及应收款	0.00	0.00	房地产	0.00	0.00
交易性金融资产	76544.59	10.69	证券市场	93187.89	13.01
可供出售金融资产	286376.48	40.00	实业	0.00	0.00
持有至到期投资	0.00	0.00	金融机构	576195.85	80.47
长期股权投资	242299.08	33.84	其他	46627.20	6.51
其他	49425.67	6.90			
资产总计	716010.94	100.00	资产总计	716010.94	100.00

资料来源：信托公司年报。

（四）风险管理情况

1. 风险指标

上海信托 2013 年不良（固有）资产率为 0，与 2012 年相比没有变化，资产状况表现良好。另外，上海信托 2013 年提取信托风险赔偿准备金 0 万元，累计提取信托风险赔偿准备金 50000.00 万元，占注册资本的 20%；提取一般风险准备金 7122.79 万元，累计风险准备金为 9257.40 万元。

从各风险指标综合来看，上海信托整体的资产质量和抗风险能力较强。根据上海信托年报数据披露，2013 年上海信托净资本为 53.21 亿元，远高于监管最低标准 2 亿元；风险资本为 29.85 亿元，净资本与风险资本的比值为 178.26%，高于监管层的 100%；净资产为 67.39 亿元，净资本与净资产的比值为 78.96%，也高于监管层最低标准 40%。以上风险指标表明上海信托的抗风险能力仍处在较安全的区域内。

2. 风险事件

2013 年上海信托无任何信托产品兑付风险事件发生。

三十九　四川信托

（一）基本情况

1. 公司沿革

四川信托有限公司（简称四川信托或公司）经中国银监会批准、四川省工商行政管理局登记注册，于 2010 年 11 月 28 日正式成立。以成都总部为大本营，分别在西部、华北、华东、华南设立片区中心，开辟周边省份、城市的信托业务。公司注册及主要办公地均在成都，法定代表人是刘沧龙，注册资本 20 亿元。

2. 股东背景

表 267　排前三的股东

单位：%

股东名称	持股比例	股东背景
四川宏达(集团)有限公司	35.04	非国资
中海信托股份有限公司	30.25	国　资
四川宏达股份有限公司	19.16	非国资

资料来源：信托公司年报，用益信托工作室整理制作。

（二）主要指标及排名

表 268　2013 年度主要经营指标及排名

经营指标		行业情况		排名情况		
名称	值	平均值	最高值	2013 年	2012 年	升降
注册资本(万元)	200000.00	167300.00	698800.00	18	29	11
固有总资产(万元)	350769.91	423730.81	1856313.75	33	38	5
固有净资产(万元)	323707.77	374790.49	1713394.33	29	39	10
信托总资产(万元)	21867572.16	16030212.26	72966079.78	17	18	1

续表

经营指标		行业情况		排名情况		
名称	值	平均值	最高值	2013 年	2012 年	升降
人均信托资产（万元）	50619.38	86131.35	314912.50	43	46	3
集合信托资产占比（％）	22.69	28.60	88.10	43	27	−16
主动管理型占比（％）	21.15	58.93	100.00	62	59	−3
信托清算平均收益（％）	8.67	7.59	12.92	16	12	−4
年度新增信托规模（万元）	15066406.23	10090662.73	44143364.00	16	17	1
新增单一信托规模（万元）	11341917.50	7274564.58	41304986.00	15	19	4
新增集合信托规模（万元）	3659488.73	2460672.83	14709086.46	13	11	−2
总收入（万元）	204460.07	122186.63	547823.36	9	9	0
信托业务收入（万元）	190572.15	90494.73	454205.00	5	6	1
总利润（万元）	139610.42	83319.01	418590.74	12	9	−3
净利润（万元）	105178.08	65000.38	313553.98	12	10	−2
人均净利润（万元）	262.95	380.05	1520.01	41	39	−2
资本利润率（％）	38.79	19.76	54.06	2	2	0
信托报酬率（％）	0.87	0.68	2.63	19	21	2
净资本（万元）	288900.00	299973.72	1293667.00	28	38	10
风险资本（万元）	149300.00	182283.69	640253.00	37	32	−5
信托杠杆率（倍）	67.55	47.82	170.81	10	23	13

资料来源：信托公司年报，用益信托工作室整理制作。

表 269　2013 年用益－信托公司综合实力排名

指标		行业情况		排名情况		
名称	值	平均值	最高值	2013 年	2012 年	升降
资本实力	90.96	100.00	444.22	29	37	8
业务能力	120.46	95.17	308.72	17	19	2
盈利能力	145.28	98.96	272.74	12	8	−4
理财能力	120.42	99.96	194.14	10	21	11
抗风险能力	96.45	104.40	238.82	32	39	7
综合实力	113.51	100.16	253.52	16	21	5

资料来源：用益信托工作室。

（三）资产管理状况

1. 信托资产

停业多年的四川信托重组后能重返金融市场，重组方的"宏达系"显然功不可没。四川信托的迅速崛起，得益于以下几个方面：强大的股东背景、卓越的领导优势、完善的风控体系、优秀的团队精神、不断创新的意识。总之，四川信托重组以来，业务发展水平、风险控制能力、内部管理体系、专业队伍建设、综合盈利能力等方面的工作开展良好。

表270　2013年信托资产运用方式及投向

单位：万元，%

资产运用	金额	占比	资产分布	金额	占比
货币资产	151705.56	0.69	基础产业	4942649.52	22.60
贷款	9330038.00	42.67	房地产	1824558.00	8.34
交易性金融资产	309387.40	1.41	证券市场	441935.50	2.02
可供出售金融资产	9951076.35	45.51	实业	7764815.87	35.51
持有至到期投资	0.00	0.00	金融机构	2325616.09	10.63
长期股权投资	1322502.90	6.05	其他	4567997.18	20.90
其他	802861.95	3.67			
信托资产总计	21867572.16	100.00	信托资产总计	21867572.16	100.00

资料来源：信托公司年报。

表270的数据表明，四川信托的信托资金运用方式主要是可供出售金融资产和贷款；而公司信托资金的投向则主要集中在实业（工商企业）、基础产业、其他领域和金融机构。

表271　2013年信托资产管理情况

单位：万元，%

信托资产	2012年	占比	2013年	占比	增长率
集合类	3651834.10	31.90	3659488.73	24.29	0.21
单一类	7451268.50	65.09	11341917.50	75.28	52.21
财产权类	343852.53	3.01	65000.00	0.43	-81.10
主动管理型	3025791.10	26.43	3047597.00	20.23	0.72
被动管理型	8421164.03	73.57	12018809.22	79.77	42.72

资料来源：信托公司年报。

2013年四川信托明显加大了单一类信托业务的发行力度，而集合类信托产品的发行节奏则有所放缓。近几年四川信托对其信托业务结构进行了调整，使得

单一类信托规模迅速增长。这对四川信托来说未必是一件坏事，增加单一类信托业务的比重虽然可以迅速做大信托资产规模，但同时也减少了信托业务收入的比重，降低了主动管理型业务的比重，导致整个信托业务风险系数上升。

年报数据显示，单一类信托业务比重的增加是导致其主动管理型业务占比下降的主要原因。

表 272　2013 年信托项目清算收益情况

单位：个，万元，%

已清算项目类型	项目个数	实际信托合计金额	加权平均实际年化收益率	行业平均实际年化收益率
集合类	101	3226257.00	9.29	8.36
单一类	109	3239235.90	8.21	7.63
财产管理类	6	169000.00	5.46	6.78
合　计	216	6634492.90	8.67	7.59

资料来源：信托公司年报。

从 2013 年清算来看，其收益水平普遍高于同期行业的平均值，尤其在集合类信托产品方面，高出行业平均水平 0.93 个百分点，表明四川信托的理财能力在行业中具有一定的竞争优势。

2. 固有资产

表 273　2013 年自营资产运用方式及投向

单位：万元，%

资产运用	金额	占比	资产分布	金额	占比
货币资产	144701.21	41.25	基础产业	0.00	0.00
贷款及应收款	21724.52	6.20	房地产	40852.64	11.65
交易性金融资产	8426.30	2.40	证券市场	8426.30	2.40
可供出售金融资产	43813.30	12.49	实业	25312.84	7.22
持有至到期投资	0.00	0.00	金融机构	271385.02	77.37
长期股权投资	84646.01	24.13	其他	4793.11	1.36
其他	47458.57	13.53			
资产总计	350769.91	100.00	资产总计	350769.91	100.00

资料来源：信托公司年报。

从资金运用方式来看，以货币资产为主，从投向来看，主要集中在金融机构和房地产。特别值得注意的是，四川信托的固有资产投向中没有基础产业，显然，固有资金投向房地产的比重过大是一个非常危险的信号。目前房地产业处于调整期，市场下行风险加大，这对公司固有资产的整体安全构成潜在的威胁。

（四）风险管理

1. 风险指标

四川信托 2013 年固有资产不良率为 0，与 2012 年持平，反映固有资产质量较高。另外，四川信托 2013 年提取信托风险赔偿准备金 5258.90 万元，占注册资本的 2.63%，累计提取信托风险赔偿准备金 11035.39 万元，占注册资本的 5.51%；提取一般风险准备金为 2070.75 万元，占注册资本的 1.04%；累计提取一般风险准备金为 14089.25 万元，占注册资本的 7.04%。

2013 年四川信托净资本为 28.89 亿元，远高于监管最低标准 2 亿元；风险资本为 14.93 亿元，净资本与风险资本的比值为 193.50%，高于监管层的 100%；净资产为 32.37 亿元，净资本与净资产的比值为 89.25%，也高于监管层最低标准 40%。以上风险指标表明四川信托的抗风险能力仍处在较安全的区域内。

2. 风险事件

2013 年四川信托无任何信托产品兑付风险事件发生。

四十　苏州信托

（一）基本情况

1. 公司沿革

苏州信托有限公司（简称苏州信托或公司）前身为 1991 年 3 月 18 日成立的苏州信托投资有限公司，2002 年 9 月 18 日获准重新工商登记；2007 年 7 月 12 日经银监会银监复〔2007〕282 号文批准同意，公司变更为苏州信托有限公司。公司注册及主要办公地均在苏州，法定代表人是朱立教，注册资本 12 亿元。

2. 股东背景

表 274 排前三的股东

单位：%

股东名称	持股比例	股东背景
苏州国际发展集团有限公司	70.01	国　资
苏格兰皇家银行公众有限公司	19.99	外　资
联想控股有限公司	10.00	非国资

资料来源：信托公司年报，用益信托工作室整理制作。

（二）主要指标及排名

表 275 2013 年度主要经营指标及排名

经营指标		行业情况		排名情况		
名称	值	平均值	最高值	2013 年	2012 年	升降
注册资本（万元）	120000.00	167300.00	698800.00	48	34	−14
固有总资产（万元）	255608.00	423730.81	1856313.75	46	43	−3
固有净资产（万元）	228537.86	374790.49	1713394.33	48	43	−5
信托总资产（万元）	6386451.42	16030212.26	72966079.78	51	54	3
人均信托资产（万元）	66525.54	86131.35	314912.50	37	47	10
集合信托资产占比（%）	54.82	28.60	88.10	3	3	0
主动管理型占比（%）	100.00	58.93	100.00	1	1	0
信托清算平均收益（%）	7.64	7.59	12.92	36	16	−20
年度新增信托规模（万元）	4696262.25	10090662.73	44143364.00	45	55	10
新增单一信托规模（万元）	2397738.00	7274564.58	41304986.00	53	55	2
新增集合信托规模（万元）	2298524.25	2460672.83	14709086.46	27	34	7
总收入（万元）	66773.03	122186.63	547823.36	49	45	−4
信托业务收入（万元）	48576.00	90494.73	454205.00	48	41	−7
总利润（万元）	47178.97	83319.01	418590.74	45	42	−3
净利润（万元）	35900.02	65000.38	313553.98	46	42	−4
人均净利润（万元）	400.18	380.05	1520.01	25	27	2
资本利润率（%）	16.75	19.76	54.06	42	38	−4
信托报酬率（%）	0.76	0.68	2.63	26	10	−16
净资本（万元）	171546.79	299973.72	1293667.00	48	48	0
风险资本（万元）	90434.49	182283.69	640253.00	49	51	2
信托杠杆率（倍）	27.94	47.82	170.81	52	55	3

资料来源：信托公司年报，用益信托工作室整理制作。

表276 2013年用益－信托公司综合实力排名

指标		行业情况		排名情况		
名称	值	平均值	最高值	2013年	2012年	升降
资本实力	61.16	100.00	444.22	48	44	−4
业务能力	60.16	95.17	308.72	46	45	−1
盈利能力	79.97	98.96	272.74	40	34	−6
理财能力	82.73	99.96	194.14	51	49	−2
抗风险能力	90.42	104.40	238.82	40	26	−14
综合实力	76.40	100.16	253.52	50	42	−8

资料来源：用益信托工作室。

（三）资产管理状况

1. 信托资产

表277 2013年信托资产运用方式及投向

单位：万元，%

资产运用	金额	占比	资产分布	金额	占比
货币资产	83432.00	1.00	基础产业	2849667.00	45.00
贷款	1875790.00	29.00	房地产	1015973.00	16.00
交易性金融资产	36.00	0.00	证券市场	36.00	0.00
可供出售金融资产	0.00	0.00	实业	676410.00	10.00
持有至到期投资	2701444.00	42.00	金融机构	79900.00	1.00
长期股权投资	1690382.00	27.00	其他	1764465.00	28.00
其他	35367.00	1.00			
信托资产总计	6386451.00	100.00	信托资产总计	6386451.00	100.00

资料来源：信托公司年报。

表277的数据表明，苏州信托的信托资金运用方式主要是持有至到期投资、贷款和长期股权投资，而公司信托资金的投向则主要集中在基础产业、其他和房地产。

表 278　2013 年信托资产管理情况

单位：万元，%

信托资产	2012 年	占比	2013 年	占比	增长率
集合类	1393691.00	64.16	2298524.25	48.94	64.92
单一类	778600.00	35.84	2397738.00	51.06	207.96
财产权类					
主动管理型	2172291.00	100.00	4696262.25	100.00	116.19
被动管理型					

资料来源：信托公司年报。

　　2013 年苏州信托明显加大了单一类信托业务的发行力度，而集合类信托产品的发行节奏则有所放缓。尽管近几年苏州信托对其信托业务结构进行了调整，但与行业的总体水平相比还有相当的距离。这对苏州信托来说未必是一件坏事，增加单一类信托业务的比重虽然可以迅速做大信托资产规模，但同时也减少了信托业务收入的比重。尤其注意的是，苏州信托主动管理型业务占比为100%，有利于降低信托业务风险系数。

　　年报数据显示，2013 年苏州信托没有新增被动管理型信托业务。

表 279　2013 年信托项目清算收益情况

单位：个，万元，%

已清算项目类型	项目个数	实际信托合计金额	加权平均实际年化收益率	行业平均实际年化收益率
集合类	49	954086.00	7.60	8.36
单一类	30	430681.00	7.73	7.63
财产管理类		6.78		
合　计	79	1384767.00	7.64	7.59

资料来源：信托公司年报。

　　从 2013 年清算来看，其收益水平普遍低于同期行业的平均值，尤其在集合类信托产品方面，低于行业平均水平 0.76 个百分点，表明苏州信托的理财能力有待于进一步提高。

2. 固有资产

表 280   2013 年自营资产运用方式及投向

单位：万元，%

资产运用	金额	占比	资产分布	金额	占比
货币资产	13008.00	5.09	基础产业	0.00	0.00
贷款及应收款	42624.00	16.68	房地产	13000.00	5.09
交易性金融资产	251.00	0.10	证券市场	62111.00	24.30
可供出售金融资产	133210.00	52.11	实业	31596.00	12.36
持有至到期投资	0.00	0.00	金融机构	121883.00	47.68
长期股权投资	34481.00	13.49	其他	27018.00	10.57
其他	32034.00	12.53			
资产总计	255608.00	100.00	资产总计	255608.00	100.00

资料来源：信托公司年报。

从资金运用方式来看，以可供出售金融资产为主；从投向来看，主要集中在金融机构、证券市场、实业（工商企业）和其他领域。

（四）风险管理

1. 风险指标

苏州信托 2013 年固有资产不良率为 0，与 2012 年持平，反映其固有资产质量较高。另外，苏州信托 2013 年提取信托风险赔偿准备金 1796 万元，占注册资本的 1.50%，累计提取信托风险赔偿准备金 6887.51 万元，占注册资本的 5.74%；提取一般风险准备金为 697.87 万元，占注册资本的比例为 0.58%；累计提取一般风险准备金 697.87 万元，占注册资本的 0.58%。

由于苏州信托的信托资产规模不大，且注册资本不高，公司的整体资产质量和抗风险能力还不够强。根据苏州信托年报数据披露，2013 年苏州信托净资本为 17.15 亿元，远高于监管最低标准 2 亿元；风险资本为 9.04 亿元，净资本与风险资本的比值为 189.69%，高于监管层的 100%；净资产为 22.85 亿元，净资本与净资产的比值为 75.06%，也高于监管层最低标准 40%。以上风险指标表明苏州信托的抗风险能力仍处在较安全的区域内。

2. 风险事件

2013 年苏州信托无任何信托产品兑付风险事件发生。

四十一　天津信托

（一）基本情况

1. 公司沿革

天津信托有限责任公司（简称天津信托或公司）前身为 1980 年成立的中国人民银行天津市信托投资公司，1988 年进行股份制改造，吸收天津市财政局等股东单位合股经营，名称定为天津信托投资公司；2009 年 6 月，"天津信托投资公司"更名为"天津信托有限责任公司"。公司注册及主要办公地均在天津，法定代表人是王海智，注册资本 17 亿元。

2. 股东背景

表 281　排前两位的股东

单位：%

股东名称	持股比例	股东背景
天津海泰控股集团有限公司	51.58	国资
天津市泰达国际控股（集团）有限公司	42.11	国资

资料来源：信托公司年报，用益信托工作室整理制作。

（二）主要指标及排名

表 282　2013 年度主要经营指标及排名

经营指标		行业情况		排名情况		
名称	值	平均值	最高值	2013 年	2012 年	升降
注册资本（万元）	170000.00	167300.00	698800.00	24	26	2
固有总资产（万元）	274377.00	423730.81	1856313.75	44	42	-2
固有净资产（万元）	258883.11	374790.49	1713394.33	45	41	-4
信托总资产（万元）	9949583.52	16030212.26	72966079.78	41	43	2

经营指标		行业情况		排名情况		
名称	值	平均值	最高值	2013年	2012年	升降
人均信托资产（万元）	70067.49	86131.35	314912.50	33	40	7
集合信托资产占比（%）	30.22	28.60	88.10	29	15	-14
主动管理型占比（%）	53.15	58.93	100.00	37	33	-4
信托清算平均收益（%）	8.41	7.59	12.92	20	30	10
年度新增信托规模（万元）	6109072.64	10090662.73	44143364.00	40	34	-6
新增单一信托规模（万元）	3405873.00	7274564.58	41304986.00	43	46	3
新增集合信托规模（万元）	1302950.00	2460672.83	14709086.46	39	17	-22
总收入（万元）	113601.97	122186.63	547823.36	29	39	10
信托业务收入（万元）	99864.47	90494.73	454205.00	20	32	12
总利润（万元）	66209.40	83319.01	418590.74	37	44	7
净利润（万元）	51467.84	65000.38	313553.98	35	46	11
人均净利润（万元）	345.42	380.05	1520.01	36	49	13
资本利润率（%）	22.10	19.76	54.06	26	49	23
信托报酬率（%）	1.00	0.68	2.63	10	26	16
净资本（万元）	183200.00	299973.72	1293667.00	46	42	-4
风险资本（万元）	98600.00	182283.69	640253.00	48	46	-2
信托杠杆率（倍）	38.43	47.82	170.81	38	37	-1

资料来源：信托公司年报，用益信托工作室整理制作。

表283　2013年用益－信托公司综合实力排名

指标		行业情况		排名情况		
名称	值	平均值	最高值	2013年	2012年	升降
资本实力	69.86	100.00	444.22	45	36	-9
业务能力	67.13	95.17	308.72	43	44	1
盈利能力	110.94	98.96	272.74	23	50	27
理财能力	82.20	99.96	194.14	52	44	-8
抗风险能力	86.83	104.40	238.82	44	40	-4
综合实力	84.38	100.16	253.52	41	47	6

资料来源：用益信托工作室。

（三）资产管理状况

1. 信托资产

表284 2013 年信托资产运用方式及投向

单位：万元，%

资产运用	金额	占比	资产分布	金额	占比
货币资产	134297.00	1.35	基础产业	2200090.00	22.11
贷款	3127103.00	31.43	房地产	636259.00	6.39
交易性金融资产	138171.00	1.39	证券市场	138171.00	1.39
可供出售金融资产	0.00	0.00	实业	4605514.00	46.29
持有至到期投资	461712.00	4.64	金融机构	476491.00	4.79
长期股权投资	1278418.00	12.85	其他	189305.90	19.03
其他	4809883.00	48.34			
信托资产总计	9949584.00	100.00	信托资产总计	9949584.00	100.00

资料来源：信托公司年报。

　　表284 的数据表明，天津信托的信托资金运用方式主要是其他投资、贷款和长期股权投资，而公司信托资金的投向则主要集中在实业（工商企业）、基础产业和其他领域。

表285 2013 年信托资产管理情况

单位：万元，%

信托资产	2012 年	占比	2013 年	占比	增长率
集合类	2462547.82	49.58	1302950.00	21.33	-47.09
单一类	1393033.33	28.05	3405873.00	55.75	144.49
财产权类	1111226.53	22.37	1400249.64	22.92	26.01
主动管理型	2853110.11	57.44	2814990.00	46.08	-1.34
被动管理型	2113697.57	42.56	3294082.64	53.92	55.84

资料来源：信托公司年报。

　　2013 年天津信托明显加大了单一类信托业务的发行力度，而集合类信托产品的发行节奏则明显放缓。尽管近几年天津信托对其信托业务结构进行了调整，但与行业的总体水平相比还有相当的距离。这对天津信托来说未必是一件坏事，增加单一类信托业务的比重虽然可以迅速做大信托资产规模，但同时也减少了信托业务收入的比重，降低了主动管理型业务的比重，导致整个信托业务风险系数上升。

年报数据显示，单一类信托业务比重的增加是导致其主动管理型业务占比下降的主要原因。

表286　2013年信托项目清算收益情况

单位：个，万元，%

已清算项目类型	项目个数	实际信托合计金额	加权平均实际年化收益率	行业平均实际年化收益率
集合类	95	1702927.85	8.06	8.36
单一类	142	1502671.25	8.93	7.63
财产管理类	3	20395.70		6.78
合　计	240	3225994.80	8.41	7.59

资料来源：信托公司年报。

从2013年清算来看，其平均收益水平高于同期行业的平均值，但在集合类信托产品方面，低于行业平均水平0.3个百分点，表明天津信托的理财能力在行业内有待进一步提升。

2.固有资产

表287　2013年自营资产运用方式及投向

单位：万元，%

资产运用	金额	占比	资产分布	金额	占比
货币资产	35831.00	13.06	基础产业	10000.00	3.64
贷款及应收款	106213.00	38.70	房地产	10500.00	3.83
交易性金融资产	0.00	0.00	证券市场	62942.26	22.94
可供出售金融资产	62942.00	22.94	实业	116855.00	42.59
持有至到期投资	5623.00	2.05	金融机构	48631.00	17.72
长期股权投资	12800.00	4.67	其他	25449.00	9.28
其他	50968.48	18.58			
资产总计	274377.00	100.00	资产总计	274377.00	100.00

资料来源：信托公司年报。

从资金运用方式来看，以贷款及应收款为主，从投向来看，主要集中在实业（工商企业）、证券市场和金融机构。特别值得注意的是，天津信托的固有资产投向房地产的规模仅为 1.05 亿元，当前房地产业处于调整期，市场下行风险加大，这对于公司固有资产的整体安全而言是利好的。

（四）风险管理

1. 风险指标

天津信托 2013 年固有资产不良率为 0，与 2012 年的 0.32% 相比，下降 0.32 个百分点，固有资产质量得到明显提高。另外，天津信托 2013 年提取信托风险赔偿准备金 2573.40 万元，占注册资本的 1.51%，累计提取信托风险赔偿准备金 12356.50 万元，占注册资本的 7.27%；没有提取一般风险准备金，累计风险准备金为 2100 万元，占注册资本的 1.24%。

由于天津信托的信托资产规模不大，且刚增资扩股至 17 亿元不久，公司的整体资产质量和抗风险能力较强。2013 年天津信托净资本为 18.32 亿元，远高于监管最低标准 2 亿元；风险资本为 9.86 亿元，净资本与风险资本的比值为 185.80%，高于监管层的 100%；净资产为 25.88 亿元，净资本与净资产的比值为 70.77%，也高于监管层最低标准 40%。以上风险指标表明天津信托的抗风险能力仍处在较安全的区域内。

2. 风险事件

2013 年天津信托无任何信托产品兑付风险事件发生。

四十二　外贸信托

（一）基本情况

1. 公司沿革

中国对外经济贸易信托有限公司（简称外贸信托或公司）于 1987 年 9 月 30 日经中国人民银行批准在北京成立，同年 12 月 18 日正式开业。前身是中国对外经济贸易信托投资有限公司。2010 年 7 月 30 日，公司注册资本金增至 22 亿元人民币。注册地为北京市，法定代表人为王引平。

2. 股东背景

表288 排前两位的股东

单位：%

股东名称	持股比例	股东背景
中国中化股份有限公司	96.22	央企
中化集团财务有限责任公司	3.78	央企

资料来源：信托公司年报，用益信托工作室整理制作。

（二）主要指标及排名

表289 2013年度主要经营指标及排名

经营指标		行业情况		排名情况		
名称	值	平均值	最高值	2013年	2012年	升降
注册资本（万元）	220000.00	167300.00	698800.00	15	12	-3
固有总资产（万元）	558367.42	423730.81	1856313.75	14	11	-3
固有净资产（万元）	531394.19	374790.49	1713394.33	13	10	-3
信托总资产（万元）	31737693.65	16030212.26	72966079.78	7	7	0
人均信托资产（万元）	102050.46	86131.35	314912.50	22	20	-2
集合信托资产占比（%）	52.21	28.60	88.10	5	31	26
主动管理型占比（%）	59.23	58.93	100.00	33	32	-1
信托清算平均收益（%）	7.90	7.59	12.92	28	53	25
年度新增信托规模（万元）	22565282.70	10090662.73	44143364.00	6	6	0
新增单一信托规模（万元）	7499836.17	7274564.58	41304986.00	28	16	-12
新增集合信托规模（万元）	14709086.46	2460672.83	14709086.46	1	1	0
总收入（万元）	202969.31	122186.63	547823.36	10	8	-2
信托业务收入（万元）	108050.45	90494.73	454205.00	18	12	-6
总利润（万元）	170110.26	83319.01	418590.74	6	6	0
净利润（万元）	129621.39	65000.38	313553.98	7	7	0
人均净利润（万元）	611.91	380.05	1520.01	10	7	-3
资本利润率（%）	24.76	19.76	54.06	15	65	50
信托报酬率（%）	0.34	0.68	2.63	54	51	-3
净资本（万元）	462525.03	299973.72	1293667.00	11	8	-3
风险资本（万元）	375326.83	182283.69	640253.00	5	4	-1
信托杠杆率（倍）	59.73	47.82	170.81	15	28	13

资料来源：信托公司年报，用益信托工作室整理制作。

表290　2013年用益－信托公司综合实力排名

指标		行业情况		排名情况		
名称	值	平均值	最高值	2013年	2012年	升降
资本实力	141.23	100.00	444.22	15	10	－5
业务能力	189.65	95.17	308.72	6	6	0
盈利能力	148.41	98.96	272.74	11	18	7
理财能力	146.57	99.96	194.14	6	11	5
抗风险能力	116.36	104.40	238.82	20	8	－12
综合实力	144.78	100.16	253.52	10	7	－3

资料来源：用益信托工作室。

（三）资产管理状况

1. 信托资产

作为中化集团金融板块核心企业，外贸信托不断调整经营战略目标，持续优化经营资源配置、完善决策体系、强化风险控制能力，充分发挥资本与管理两个方面优势，有效地运用信贷、租赁、投资等金融工具，在稳健推进工商企业、证券投资等传统优势业务的基础上，积极开拓通信、能源、基础设施等崭新业务领域，并于近两年已开始缩减房地产市场业务。

表291　2013年信托资产运用方式及投向

单位：万元，%

资产运用	金额	占比	资产分布	金额	占比
货币资产	1285377.70	4.05	基础产业	2901738.77	9.14
贷款	7374190.24	23.23	房地产	1158030.42	3.65
交易性金融资产	7039567.88	22.18	证券市场	12774871.38	40.25
可供出售金融资产	2569583.53	8.10	实业	6393716.27	20.15
持有至到期投资	10245555.06	32.28	金融机构	5933932.98	18.70
长期股权投资	1317751.32	4.15	其他	2575403.83	8.11
其他	1905667.92	6.00			
信托资产总计	31737693.65	100.00	信托资产总计	31737693.65	100.00

资料来源：信托公司年报。

数据显示，2013 年外贸信托各运用方式下的信托资产规模中持有至到期投资类为主要运用方式。

2013 年外贸信托资产中投向最大的领域是证券市场，实业次之。

表 292　2013 年信托资产管理情况

单位：万元，%

信托资产	2012 年	占比	2013 年	占比	增长率
集合类	12096844. 19	58. 24	14709086. 46	65. 18	21. 59
单一类	8463641. 41	40. 74	7499836. 17	33. 24	− 11. 39
财产权类	211900. 00	1. 02	356360. 07	1. 58	68. 17
主动管理型	15220471. 38	73. 27	13640924. 35	60. 45	− 10. 38
被动管理型	5551914. 22	26. 73	8924258. 35	39. 55	60. 74

资料来源：信托公司年报，用益信托工作室整理制作。

2013 年外贸信托加大了集合类信托业务的发行力度，而单一类信托产品的发行节奏则有所放缓。显然增加集合类信托业务的比重才是信托公司未来发展的需要。

表 293　2013 年信托项目清算收益情况

单位：个，万元，%

已清算项目类型	项目个数	实际信托合计金额	加权平均实际年化收益率	行业平均实际年化收益率
集合类	508	6209410. 20	5. 82	8. 36
单一类	100	5516954. 11	10. 49	7. 63
财产管理类	6	453900. 00	4. 96	6. 78
合　计	614	12180264. 31	7. 90	7. 59

资料来源：信托公司年报。

从 2013 年清算来看，其单一类收益水平远高于同期行业的平均值，而在集合类信托产品方面，低于行业平均水平 2.54 个百分点，表明外贸信托的理财能力在行业内处于一定的劣势。

2. 固有资产

表 294　2013 年自营资产运用方式及投向

单位: 万元, %

资产运用	金额	占比	资产分布	金额	占比
货币资产	62884.05	11.26	基础产业	75120.11	13.45
贷款及应收款	27842.12	4.99	房地产	114539.64	20.51
交易性金融资产	502.57	0.09	证券市场	126841.83	22.72
可供出售金融资产	126339.26	22.63	实业	18143.35	3.25
持有至到期投资	270521.47	48.45	金融机构	50510.24	9.05
长期股权投资	53318.24	9.55	其他	173212.25	31.02
其他	16959.71	3.04			
资产总计	558367.42	100.00	资产总计	558367.42	100.00

资料来源: 信托公司年报。

数据显示, 2013 年外贸信托各运用方式下的自营资产规模中, 持有至到期投资类为主要运用方式。

2013 年外贸信托资金主要投向证券市场, 房地产紧随其后。

(四) 风险管理

1. 风险指标

据年报披露显示, 2013 年外贸信托固有资产不良率为 0, 说明外贸信托固有资产质量较为不错。另外, 外贸信托 2013 年提取信托赔偿准备金 6481.07 万元, 累计信托赔偿准备金余额为 24637.64 万元, 占注册资本的比例为 11.20%; 2013 年提取一般风险准备金 1741.24 万元, 累计一般风险准备金为 32968.93 万元。

2013 年外贸信托净资本为 46.25 亿元, 远高于监管最低标准 2 亿元; 风险资本为 37.53 亿元, 净资本与风险资本的比值为 123.23%, 高于监管层的 100%; 净资产为 53.14 亿元, 净资本与净资产的比值为 87.04%, 也高于监管层最低标准 40%。以上风险指标表明外贸信托的抗风险能力仍处在较安全的区域内。

2. 风险事件

2013 年外贸信托无任何信托产品兑付风险事件发生。

四十三　万向信托

（一）基本情况

1. 公司沿革

万向信托有限公司（简称万向信托或公司）前身为浙江省工商信托投资股份有限公司，成立于1986年11月。1992年8月，更名为"中国工商银行浙江省信托投资股份有限公司"，1997年7月，更名为"浙江省工商信托投资股份有限公司"。2012年公司完成重新登记，更名为"万向信托有限公司"，同年8月18日复牌营业。公司注册及主要办公地为杭州，法定代表人是肖风。公司注册资本6.5亿元。

2. 股东背景

表 295　排前三的股东

单位：%

股东名称	持股比例	股东背景
中国万向控股有限公司	76.50	非国资
浙江烟草投资管理有限公司	14.49	国　资
浙江省邮政公司	3.97	国　资

资料来源：信托公司年报，用益信托工作室整理制作。

（二）主要指标及排名

表 296　2013 年度主要经营指标及排名

经营指标		行业情况		排名情况		
名称	值	平均值	最高值	2013 年	2012 年	升降
注册资本（万元）	65000.00	167300.00	698800.00	58		
固有总资产（万元）	140888.19	423730.81	1856313.75	61		
固有净资产（万元）	137196.87	374790.49	1713394.33	58		
信托总资产（万元）	1601689.50	16030212.26	72966079.78	66		
人均信托资产（万元）	14049.91	86131.35	314912.50	67		
集合信托资产占比（%）	28.04	28.60	88.10	32		

经营指标		行业情况		排名情况		
名称	值	平均值	最高值	2013 年	2012 年	升降
主动管理型占比(%)	99.98	58.93	100.00	3		
信托清算平均收益(%)	7.05	7.59	12.92	47		
年度新增信托规模(万元)	1416647.10	10090662.73	44143364.00	66		
新增单一信托规模(万元)	816758.10	7274564.58	41304986.00	65		
新增集合信托规模(万元)	361889.00	2460672.83	14709086.46	66		
总收入(万元)	16806.74	122186.63	547823.36	66		
信托业务收入(万元)	6700.43	90494.73	454205.00	67		
总利润(万元)	9480.94	83319.01	418590.74	64		
净利润(万元)	7020.36	65000.38	313553.98	64		
人均净利润(万元)	106.36	380.05	1520.01	64		
资本利润率(%)	5.25	19.76	54.06	66		
信托报酬率(%)	0.42	0.68	2.63	50		
净资本(万元)	121345.83	299973.72	1293667.00	56		
风险资本(万元)	47285.29	182283.69	640253.00	62		
信托杠杆率(倍)	11.67	47.82	170.81	68		

资料来源：信托公司年报，用益信托工作室整理制作。

表 297　2013 年用益－信托公司综合实力排名

指标		行业情况		排名情况		
名称	值	平均值	最高值	2013 年	2012 年	升降
资本实力	36.93	100.00	444.22	59		
业务能力	22.64	95.17	308.72	65		
盈利能力	29.15	98.96	272.74	66		
理财能力	69.76	99.96	194.14	63		
抗风险能力	128.04	104.40	238.82	17		
综合实力	62.57	100.16	253.52	57		

资料来源：用益信托工作室。

（三）资产管理状况

1. 信托资产

　　万向集团目前已经成为横跨实业和金融的民营集团，虽然万向信托目前在信托业的地位并不凸显，市场规模较小，公司综合实力排在行业中下游水平。

表298　2013年信托资产运用方式及投向

单位：万元，%

资产运用	金额	占比	资产分布	金额	占比
货币资产	4697.66	0.29	基础产业	801949.00	50.07
贷款	943994.74	58.94	房地产	357460.00	22.32
交易性金融资产	0.00	0.00	证券市场	0.00	0.00
可供出售金融资产	45780.00	2.86	实业	231250.00	14.44
持有至到期投资	588207.10	36.72	金融机构	29328.10	1.83
长期股权投资	9380.00	0.59	其他	181702.40	11.34
其他	9630.00	0.60			
信托资产总计	1601689.50	100.00	信托资产总计	1601689.50	100.00

资料来源：信托公司年报。

数据表明，2013年万向信托的信托资金运用方式主要是贷款和持有至到期投资，而公司信托资金的投向则主要集中在基础产业。

表299　2013年信托资产管理情况

单位：万元，%

信托资产	2012年	2013年	占比	增长率
集合类		361889.00	25.55	
单一类		816758.10	57.65	
财产权类		238000.00	16.80	
主动管理型		1416297.10	99.98	
被动管理型		350.00	0.02	

资料来源：信托公司年报，用益信托工作室整理制作。

2013年万向信托主要新增产品为单一类信托，规模占比在一半以上。

统计数据表明，万向信托2013年主动管理资产能力较强，被动管理型产品只占极少的一部分。主动管理型业务的比重接近100%，使得公司面临的风险相对可控，提高了公司的安全性，并且有助于增加公司信托业务收入。

表 300　2013 年信托项目清算收益情况

单位：个，万元，%

已清算项目类型	项目个数	实际信托合计金额	加权平均实际年化收益率	行业平均实际年化收益率
集合类	1	10000.00	9.49	8.36
单一类	3	69000.00	6.70	7.63
财产管理类				6.78
合　计	4	79000.00	7.05	7.59

资料来源：信托公司年报。

从 2013 年清算来看，集合类项目收益水平高于同期行业的平均值，但总体收益方面低于行业平均值 0.54 个百分点，表明万向信托的理财能力弱于行业平均水平。

2. 固有资产

表 301　2013 年自营资产运用方式及投向

单位：万元，%

资产运用	金额	占比	资产分布	金额	占比
货币资产	12565.09	8.92	基础产业	8000.00	5.68
贷款及应收款	8000.00	5.68	房地产	0.00	0.00
交易性金融资产	0.00	0	证券市场	0.00	0.00
可供出售金融资产	117840.00	83.64	实业	0.00	0.00
持有至到期投资	0.00	0	金融机构	0.00	0.00
长期股权投资	0.00	0	其他	132888.19	94.32
其他	2483.10	1.76			
资产总计	140888.19	100.00	资产总计	140888.19	100.00

资料来源：信托公司年报。

截至 2013 年底，万向信托可供出售金融资产为重点运用方式。从投向来看，投向最大的领域是区别于传统几大领域的其他领域板块。另外，2013 年万向信托无房地产、证券市场、实业、金融机构领域的投资，自营资产投资领域较为单一。

（四）风险管理

1. 风险指标

万向信托 2013 年固有资产不良率为 0。另外，万向信托 2013 年风险赔偿准备金为 351.02 万元，占注册资本的比例为 0.54%，累计提取信托风险赔偿准备金 342.04 万元，占注册资本的 0.53%；提取一般风险准备金 2277.36 万元，累计风险准备金为零。

2013 年万向信托净资本为 12.13 亿元，远高于监管最低标准 2 亿元；风险资本为 4.73 亿元，净资本与风险资本的比值为 256.44%，高于监管层的 100%；净资产为 13.72 亿元，净资本与净资产的比值为 88.41%，也高于监管层最低标准 40%。以上风险指标表明万向信托的抗风险能力仍处在较安全的区域内。

2. 风险事件

2013 年万向信托无任何信托产品兑付风险事件发生。

四十四　五矿信托

（一）基本情况

1. 公司沿革

五矿国际信托有限公司（简称五矿信托或公司）于 2010 年 10 月 8 日在原庆泰信托投资有限责任公司完成司法重整的基础上变更设立。注册地为西宁市，主要办公地为北京。法定代表人是任珠峰，公司注册资本 20 亿元。

2. 股东背景

表 302　排前三的股东

单位：%

股东名称	持股比例	股东背景
五矿资本控股有限公司	66.00	央企
西宁城市投资管理有限公司	21.50	政府
青海省国有资产投资管理有限公司	12.44	政府

资料来源：信托公司年报，用益信托工作室整理制作。

（二）主要指标及排名

表 303　2013 年度主要经营指标及排名

经营指标		行业情况		排名情况		
名称	值	平均值	最高值	2013 年	2012 年	升降
注册资本（万元）	200000.00	167300.00	698800.00	19	38	19
固有总资产（万元）	452640.66	423730.81	1856313.75	19	44	25
固有净资产（万元）	422237.08	374790.49	1713394.33	16	45	29
信托总资产（万元）	19606736.70	16030212.26	72966079.78	20	25	5
人均信托资产（万元）	72349.58	86131.35	314912.50	31	37	6
集合信托资产占比（%）	0.45	28.60	88.10	9	14	5
主动管理型占比（%）	0.65	58.93	100.00	32	2	-30
信托清算平均收益（%）	8.29	7.59	12.92	22	9	-13
年度新增信托规模（万元）	10547759.76	10090662.73	44143364.00	25	19	-6
新增单一信托规模（万元）	7436920.12	7274564.58	41304986.00	29	27	-2
新增集合信托规模（万元）	3103839.64	2460672.83	14709086.46	18	4	-14
总收入（万元）	131031.18	122186.63	547823.36	22	29	7
信托业务收入（万元）	109146.90	90494.73	454205.00	17	24	7
总利润（万元）	85522.21	83319.01	418590.74	26	28	2
净利润（万元）	74561.60	65000.38	313553.98	20	20	0
人均净利润（万元）	354.86	380.05	1520.01	34	32	-2
资本利润率（%）	29.26	19.76	54.06	10	5	-5
信托报酬率（%）	0.56	0.68	2.63	37	28	-9
净资本（万元）	412900.00	299973.72	1293667.00	16	39	23
风险资本（万元）	163900.00	182283.69	640253.00	32	39	7
信托杠杆率（倍）	46.44	47.82	170.81	32	13	-19

资料来源：信托公司年报，用益信托工作室整理制作。

表 304　2013 年用益 – 信托公司综合实力排名

指标		行业情况		排名情况		
名称	值	平均值	最高值	2013 年	2012 年	升降
资本实力	117.18	100.00	444.22	16	45	29
业务能力	127.44	95.17	308.72	13	21	8
盈利能力	108.06	98.96	272.74	25	19	-6
理财能力	111.07	99.96	194.14	17	18	1
抗风险能力	142.79	104.40	238.82	9	35	26
综合实力	122.07	100.16	253.52	14	24	10

资料来源：用益信托工作室。

（三）资产管理状况

1. 信托资产

表305　2013年信托资产运用方式及投向

单位：万元，%

资产运用	金额	占比	资产分布	金额	占比
货币资产	596485.21	3.04	基础产业	5696828.40	29.06
贷款	6284333.47	32.05	房地产	1484330.00	7.57
交易性金融资产	1001928.99	5.11	证券市场	1354816.57	6.91
可供出售金融资产	10382064.64	52.95	实业	7377812.98	37.63
持有至到期投资	0.00	0.00	金融机构	829209.55	4.23
长期股权投资	1159431.00	5.91	其他	2863739.21	14.61
其他	182493.4	0.93			
信托资产总计	19606736.71	100.00	信托资产总计	19606736.71	100.00

资料来源：信托公司年报。

数据表明，2013年五矿信托的信托资金运用方式主要是可供出售金融资产和贷款。从投向来看，2013年五矿信托的信托资产中投向最大的领域是实业（工商企业），基础产业信托紧随其后，而房地产信托的比重则继续下降，仅为7.57%。

表306　2013年信托资产管理情况

单位：万元，%

信托资产	2012年	占比	2013年	占比	增长率
集合类	4732600.00	44.89	3103839.64	29.43	-34.42
单一类	5187700.00	49.21	7436920.12	70.51	43.36
财产权类	622000.00	5.90	7000.00	0.07	-98.87
主动管理型	10542300.00	100	4974330.75	47.16	-52.82
被动管理型			5573429.01	52.84	

资料来源：信托公司年报，用益信托工作室整理制作。

从信托资金来源看，2013年五矿信托集合类信托产品的发行节奏有所放缓；而单一类信托则呈现不同的发展态势，增长显著；另外，财产权类信托新

增规模与上年同期相比，下降明显。近几年五矿信托对其信托业务结构进行了调整，2013 年业务结构与行业的总体水平相比相差不大，而增加单一类信托业务的比重虽然可以迅速做大信托资产规模，但同时也减少了信托业务收入的比重，降低了主动管理型业务的比重，导致整个信托业务风险系数上升。

统计数据表明，五矿信托 2013 年主动管理资产能力减弱，显然，单一类信托业务比重的增加是导致其主动管理型业务占比下降的主要原因。

表 307　2013 年信托项目清算收益情况

单位：个，万元，%

已清算项目类型	项目个数	实际信托合计金额	加权平均实际年化收益率	行业平均实际年化收益率
集合类	75	2639330.76	8.21	8.36
单一类	118	3609938.26	8.48	7.63
财产管理类	8	325000.00	6.73	6.78
合　计	201	6574269.02	8.29	7.59

资料来源：信托公司年报。

从 2013 年清算来看，其单一类产品收益水平高于同期行业的平均值，而集合类和财产管理类产品收益则略低于同期行业平均水平，总的来看，五矿信托的理财能力在行业中具有一定的竞争优势。

2. 固有资产

表 308　2013 年自营资产运用方式及投向

单位：万元，%

资产运用	金额	占比	资产分布	金额	占比
货币资产	335889.21	74.21	基础产业	7000.00	1.55
贷款及应收款	17811.00	3.93	房地产	58.50	0.01
交易性金融资产	15893.66	3.51	证券市场	94028.44	20.77
可供出售金融资产	26170.28	5.78	实业	0.00	0.00
持有至到期投资	1964.00	0.43	金融机构	335889.21	74.21
长期股权投资	0.00	0.00	其他	15664.51	3.46
其他	54912.51	12.13			
资产总计	452640.66	100.00	资产总计	452640.66	100.00

资料来源：信托公司年报。

截至 2013 年底，五矿信托固有资产余额为 45.26 亿元，从资金运用方式来看，以货币资产为主。从投向来看，2013 年五矿信托固有资产中投向最大的领域是金融机构，其次是证券市场，房地产比重逐渐减少。

（四）风险管理

1. 风险指标

五矿信托 2013 年固有资产不良（固有）率为 6.2%，而 2012 年不良资产率为 0，固有资产质量下降。另外，五矿信托 2013 年提取风险赔偿准备金为 16000 万元，累计提取风险赔偿准备金为 20213.95 万元，占注册资本的比例为 10.11%；提取一般风险准备金为 2744 万元，累计提取一般风险准备金为 45197.94 万元。

根据年报披露显示，2013 年五矿信托净资本为 41.29 亿元，高于监管最低标准 2 亿元；风险资本为 16.39 亿元，净资本与风险资本的比值为 251.92%，高于监管层的 100%；净资产为 42.22 亿元，净资本与净资产的比值为 97.79%，也高于监管层最低标准 40%。以上风险指标表明长城信托的抗风险能力仍处在较安全的区域内。

2. 风险事件

2015 年 1 月，宏盛能源集合资金信托计划：融资方宏盛能源实际控制人由于融资频繁，规模较大，可能存在风险，应密切关注。

2014 年 4 月，荣腾商业地产投资基金信托计划：项目销售不力，融资方回款困难；对应抵押物存在其他第一顺位债权人。

四十五　西部信托

（一）基本情况

1. 公司沿革

西部信托有限公司（简称西部信托或公司）前身是 1981 年成立的中国人民银行陕西省分行信托投资公司，2002 年 7 月，公司以"西部信托投资有限公司"的名称进行重新登记，2008 年 8 月公司更名为西部信托有限公司。注册及主要办公地为陕西西安，法定代表人是徐朝晖，公司注册资本 6.2 亿元。

2. 股东背景

表 309　排前三的股东

单位：%

股东名称	持股比例	股东背景
陕西省电力建设投资开发公司	57.78	国　资
陕西省产业投资有限公司	8.66	国　资
重庆中侨置业有限公司	6.36	非国资

资料来源：信托公司年报，用益信托工作室整理制作。

（二）主要指标及排名

表 310　2013 年度主要经营指标及排名

经营指标		行业情况		排名情况		
名称	值	平均值	最高值	2013 年	2012 年	升降
注册资本（万元）	62000.00	167300.00	698800.00	59	53	−6
固有总资产（万元）	178754.00	423730.81	1856313.75	54	53	−1
固有净资产（万元）	150769.34	374790.49	1713394.33	54	52	−2
信托总资产（万元）	5113744.90	16030212.26	72966079.78	56	55	−1
人均信托资产（万元）	36267.69	86131.35	314912.50	54	52	−2
集合信托资产占比（%）	0.18	28.60	88.10	52	35	−17
主动管理型占比（%）	0.85	58.93	100.00	17	12	−5
信托清算平均收益（%）	9.40	7.59	12.92	7	33	26
年度新增信托规模（万元）	3202188.00	10090662.73	44143364.00	56	49	−7
新增单一信托规模（万元）	2767090.00	7274564.58	41304986.00	51	39	−12
新增集合信托规模（万元）	435098.00	2460672.83	14709086.46	64	58	−6
总收入（万元）	36884.03	122186.63	547823.36	61	60	−1
信托业务收入（万元）	27553.26	90494.73	454205.00	59	60	1
总利润（万元）	25286.03	83319.01	418590.74	60	55	−5
净利润（万元）	18961.60	65000.38	313553.98	61	54	−7
人均净利润（万元）	136.41	380.05	1520.01	61	54	−7
资本利润率（%）	13.29	19.76	54.06	52	46	−6
信托报酬率（%）	0.54	0.68	2.63	38	25	−13
净资本（万元）	133318.04	299973.72	1293667.00	54	52	−2
风险资本（万元）	82172.82	182283.69	640253.00	55	52	−3
信托杠杆（倍）	33.92	47.82	170.81	42	48	6

资料来源：信托公司年报，用益信托工作室整理制作。

表 311   2013 年用益 – 信托公司综合实力排名

指标		行业情况		排名情况		
名称	值	平均值	最高值	2013 年	2012 年	升降
资本实力	41.15	100.00	444.22	54	55	1
业务能力	35.14	95.17	308.72	63	60	-3
盈利能力	43.62	98.96	272.74	60	52	-8
理财能力	88	99.96	194.14	43	52	9
抗风险能力	79.55	104.40	238.82	51	56	5
综合实力	59.76	100.16	253.52	61	58	-3

资料来源：用益信托工作室。

（三）资产管理状况

1. 信托资产

表 312   2013 年信托资产运用方式及投向

单位：万元，%

资产运用	金额	占比	资产分布	金额	占比
货币资产	133491.00	2.61	基础产业	713147.00	13.95
贷款	2847848.00	55.69	房地产	354685	6.94
交易性金融资产	106611.00	2.08	证券市场	159751.00	3.12
可供出售金融资产	0.00	0.00	实业	3594205.00	70.29
持有至到期投资	300247.00	5.87	金融机构	60881.00	1.19
长期股权投资	1649425.00	32.25	其他	231076.00	4.52
其他	76123.00	1.49			
信托资产总计	5113745.00	100.00	信托资产总计	5113745.00	100.00

资料来源：信托公司年报。

数据表明，2013 年西部信托资金运用方式以贷款和长期股权投资为主，从投向来看，2013 年西部信托的信托资产中投向最大的领域是实业（工商企业），而基础产业和房地产的信托规模占比均出现下降。

表 313   2013 年信托资产管理情况

单位：万元，%

信托资产	2012 年	占比	2013 年	占比	增长率
集合类	576552.00	19.68	435098.00	13.59	−24.53
单一类	2352385.00	80.32	2767090.00	86.41	17.63
财产权类					
主动管理型	2693477.00	91.96	2616088.00	81.70	−2.87
被动管理型	235460.00	8.04	586100.00	18.30	148.92

资料来源：信托公司年报，用益信托工作室整理制作。

从信托资金来源看，2013 年西部信托集合类信托产品的发行节奏有所放缓，而单一类信托则有所增长。近几年西部信托对其信托业务结构进行了调整，但从调整结果来看，单一类信托业务比重大于行业平均水平。增加单一类信托业务的比重虽然可以迅速做大信托资产规模，但同时也减少了信托业务收入的比重，降低了主动管理型业务的比重，导致整个信托业务风险系数上升。

统计表明，西部信托 2013 年主动管理资产能力下滑，显然，单一类信托业务比重的增加是导致其主动管理型业务占比下降的主要原因，公司要在未来发展其主动管理能力，任重而道远。

表 314   2013 年信托项目清算收益情况

单位：个，万元，%

已清算项目类型	项目个数	实际信托合计金额	加权平均实际年化收益率	行业平均实际年化收益率
集合类	23	351500.35	12.95	8.36
单一类	23	750538.00	7.74	7.63
财产管理类				6.78
合　计	46	1102038.35	9.40	7.59

资料来源：信托公司年报。

从 2013 年清算来看，其收益水平普遍高于同期行业的平均值，尤其在集合类信托产品方面，高出行业平均水平 4.59 个百分点，表明西部信托的理财能力在行业中具有一定的竞争优势。

2. 固有资产

表315　2013年自营资产运用方式及投向

单位：万元，%

资产运用	金额	占比	资产分布	金额	占比
货币资产	21444.00	12.00	基础产业	3900.00	2.18
贷款及应收款	10187.00	5.70	房地产	5000.00	2.80
交易性金融资产	0.00	0.00	证券市场	87414.00	48.90
可供出售金融资产	68314.00	38.22	实业	15000.00	8.39
持有至到期投资	24000.00	13.43	金融机构	32754.00	18.32
长期股权投资	32754.00	18.32	其他	34686.00	19.40
其他	22055.00	12.34			
资产总计	178754.00	100.00	资产总计	178754.00	100.00

资料来源：信托公司年报。

截至2013年底，西部信托固有资产余额为17.88亿元。从资金运用方式来看，以可供出售金融资产和长期股权投资为主；从投向来看，2013年西部信托固有资产中投向最大的领域是证券市场。值得注意的是，2013年新增了基础产业投向，尽管规模占比较低，但较2012年有所突破。房地产信托比重则继续下降。以上数据表明，西部信托的固有资产投资日趋均衡、合理。

（四）风险管理

1. 风险指标

西部信托2013年固有资产不良率为2.28%，与2012年的20.55%相比，下降了18.27个百分点，资产质量大幅提高。另外，西部信托2013年提取风险赔偿准备金948.08万元，累计提取风险赔偿准备金为4732.61万元，占注册资本比例为7.63%；2013年提取一般风险赔偿准备金336.58万元，累计提取一般风险准备金为2635.47万元。

根据年报披露显示，2013年西部信托净资本为13.33亿元，高于监管最低标准2亿元；风险资本为8.22亿元，净资本与风险资本的比值为162.24%，高于监管层的100%；净资产为15.08亿元，净资本与净资产的比值为88.43%，也高于监管层最低标准40%。以上风险指标表明长城信托的抗风险

能力仍处在较安全的区域内。

2. 风险事件

2013 年西部信托无任何信托产品兑付风险事件发生。

四十六　西藏信托

（一）基本情况

1. 公司沿革

西藏信托有限公司（简称西藏信托或公司）前身是 1991 年 10 月成立的西藏自治区信托子公司，2002 年 3 月，公司进行重新登记，2010 年 9 月完成了资产剥离、重新登记、换发金融许可证工作，2010 年 12 月公司更名为西藏信托有限公司，注册地为西藏拉萨，主要办公地为北京，法定代表人是苏生有，公司注册资本 5 亿元。

2. 股东背景

表 316　排前位的股东

单位：%

股东名称	持股比例	股东背景
西藏自治区财政厅	100.00	政府

资料来源：信托公司年报，用益信托工作室整理制作。

（二）主要指标及排名

表 317　2013 年度主要经营指标及排名

经营指标		行业情况		排名情况		
名称	值	平均值	最高值	2013 年	2012 年	升降
注册资本（万元）	50000.00	167300.00	698800.00	64	65	1
固有总资产（万元）	105061.19	423730.81	1856313.75	65	63	−2
固有净资产（万元）	75587.29	374790.49	1713394.33	66	63	−3
信托总资产（万元）	12911412.50	16030212.26	72966079.78	33	45	12

续表

经营指标		行业情况		排名情况		
名称	值	平均值	最高值	2013 年	2012 年	升降
人均信托资产(万元)	314912.50	86131.35	314912.50	1	3	2
集合信托资产占比(%)	8.38	28.60	88.10	60	52	-8
主动管理型占比(%)	50.00	58.93	100.00	40	40	0
信托清算平均收益(%)	7.59	12.92	67	65	-2	
年度新增信托规模(万元)	10750372.30	10090662.73	44143364.00	24	35	11
新增单一信托规模(万元)	10088589.30	7274564.58	41304986.00	16	30	14
新增集合信托规模(万元)	661783.00	2460672.83	14709086.46	58	59	1
总收入(万元)	28505.18	122186.63	547823.36	63	64	1
信托业务收入(万元)	27473.09	90494.73	454205.00	60	61	1
总利润(万元)	18704.58	83319.01	418590.74	62	63	1
净利润(万元)	15793.86	65000.38	313553.98	63	64	1
人均净利润(万元)	558.04	380.05	1520.01	11	26	15
资本利润率(%)	23.63	19.76	54.06	17	37	20
信托报酬率(%)	0.21	0.68	2.63	66	59	-7
净资本(万元)	72369.69	299973.72	1293667.00	64	60	-4
风险资本(万元)	140436.33	182283.69	640253.00	42	49	7
信托杠杆率(倍)	170.81	47.82	170.81	1	2	1

资料来源:信托公司年报,用益信托工作室整理制作。

表318　2013 年用益-信托公司综合实力排名

指标		行业情况		排名情况		
名称	值	平均值	最高值	2013 年	2012 年	升降
资本实力	22.86	100.00	444.22	66	64	-2
业务能力	73.7	95.17	308.72	40	50	10
盈利能力	71.59	98.96	272.74	51	59	8
理财能力	91.7	99.96	194.14	37	62	25
抗风险能力	48.92	104.40	238.82	67	63	-4
综合实力	60.52	100.16	253.52	60	62	2

资料来源:用益信托工作室。

（三）资产管理状况

1. 信托资产

表 319　2013 年信托资产运用方式及投向

单位：万元，%

资产运用	金额	占比	资产分布	金额	占比
货币资产	19523.91	0.15	基础产业		
贷款	6437073.41	49.86	房地产		
交易性金融资产	5021755.85	38.89	证券市场		
可供出售金融资产	0.00	0.00	实业		
持有至到期投资	0.00	0.00	金融机构		
长期股权投资	1093019.32	8.47	其他		
其他	340040.01	2.63			
信托资产总计	12911412.50	100.00	信托资产总计	12911412.50	100.00

资料来源：信托公司年报。

数据表明，2013 年西藏信托的资金运用方式主要集中在贷款和交易性金融资产。2013 年西藏信托年报中未披露信托资产投资分布情况。

表 320　2013 年信托资产管理情况

单位：万元，%

信托资产	2012 年	占比	2013 年	占比	增长率
集合类	574947.25	11.77	661783.00	6.16	15.10
单一类	4307975.51	88.23	10088589.30	93.84	134.18
财产权类	0.00	0.00	0.00	0.00	—
主动管理型					
被动管理型					

资料来源：信托公司年报，用益信托工作室整理制作。

从信托资金来源看，2013 年西藏信托集合类信托产品的发行节奏有所放缓；而单一类信托呈现不同的发展态势，占比由 2012 年的 88.23% 上升至 2013 年的 93.84%。近几年西藏信托对其信托业务结构进行了调整，但从调整结果来看，单一类信托业务比重大于行业平均水平。增加单一类信托业务的比重虽然可以迅速做大信托资产规模，但同时也减少了信托业务收入的比重，降低了主动管理型业务的比重，导致整个信托业务风险系数上升。

2013年，西藏信托年报中未披露新增主动及被动管理型信托资产规模。

表321　2013年信托项目清算收益情况

单位：个，万元，%

已清算项目类型	项目个数	实际信托合计金额	加权平均实际年化收益率	行业平均实际年化收益率
集合类	24	480143.32		8.36
单一类	113	3209766.49		7.63
财产管理类				6.78
合　计	137	3689909.81		7.59

资料来源：信托公司年报。

2013年西藏信托年报中未披露清算产品的收益情况。

2．固有资产

表322　2013年自营资产运用方式及投向

单位：万元，%

资产运用	金额	占比	资产分布	金额	占比
货币资产	1088.65	1.04	基础产业		
贷款及应收款	4118.45	3.92	房地产		
交易性金融资产	35520.24	33.81	证券市场		
可供出售金融资产	0.00	0.00	实业		
持有至到期投资	62866.45	59.84	金融机构		
长期股权投资	0.00	0.00	其他		
其他	1803.88	1.72			
资产总计	105397.67	100.00	资产总计	105397.67	100.00

资料来源：信托公司年报。

截至2013年底，西藏信托固有资产余额为10.54亿元，从资金运用方式来看，以持有至到期投资及交易性金融资产为主。

2013年西藏信托年报中未披露信托资产投资分布情况。

（四）风险管理

1. 风险指标

2013 年西藏信托固有资产不良率仍为 0，固有资产质量保持良好。另外，西藏信托 2013 年提取风险准备金为 798.69 万元，累计提取风险赔偿准备金为 6218.11 万元，占注册资本的比例为 12.44%；2013 年提取一般风险准备金 3266.65 万元，累计提取一般风险准备金为 11227.15 万元。

根据年报披露显示，2013 年西藏信托净资本为 7.24 亿元，高于监管最低标准 2 亿元；风险资本为 140.04 亿元，净资本与风险资本的比值为 51.53%，低于监管层的 100%；净资产为 7.56 亿元，净资本与净资产的比值为 95.74%，高于监管层最低标准 40%。从以上风险指标来看，西藏信托第 2 条指标未达标。

2. 风险事件

2013 年西藏信托无任何信托产品兑付风险事件发生。

四十七　新华信托

（一）基本情况

1. 公司沿革

新华信托前身是重庆新华信托投资股份有限公司，2007 年 9 月公司更名为"新华信托股份有限公司"。注册及办公地均为重庆，法定代表人是翁先定，公司注册资本为 12 亿元。

2. 股东背景

表 323　排前三的股东

单位：%

股东名称	持股比例	股东背景
新产业投资股份有限公司	72.25	非国资
巴克莱银行有限公司	19.50	外　资
中诚信投资有限公司	8.25	国　资

资料来源：信托公司年报，用益信托工作室整理制作。

（二）主要指标及排名

表 324　2013 年度主要经营指标及排名

经营指标		行业情况		排名情况		
名称	值	平均值	最高值	2013 年	2012 年	升降
注册资本（万元）	120000.00	167300.00	698800.00	46	39	−7
固有总资产（万元）	395518.46	423730.81	1856313.75	28	25	−3
固有净资产（万元）	262780.70	374790.49	1713394.33	44	40	−4
信托总资产（万元）	16594457.60	16030212.26	72966079.78	28	33	−5
人均信托资产（万元）	25688.01	86131.35	314912.50	61	60	−1
集合信托资产占比（%）	37.41	28.60	88.10	20	6	−14
主动管理型占比（%）	90.77	58.93	100.00	11	13	2
信托清算平均收益（%）	9.68	7.59	12.92	3	15	12
年度新增信托规模（万元）	11954769.47	10090662.73	44143364.00	21	30	9
新增单一信托规模（万元）	7959746.31	7274564.58	41304986.00	26	34	8
新增集合信托规模（万元）	3456029.33	2460672.83	14709086.46	14	13	−1
总收入（万元）	182443.99	122186.63	547823.36	13	11	−2
信托业务收入（万元）	171811.33	90494.73	454205.00	8	7	−1
总利润（万元）	71510.18	83319.01	418590.74	30	23	−7
净利润（万元）	53052.42	65000.38	313553.98	32	27	−5
人均净利润（万元）	86.68	380.05	1520.01	65	56	−9
资本利润率（%）	22.57	19.76	54.06	23	15	−8
信托报酬率（%）	1.04	0.68	2.63	8	5	−3
净资本（万元）	203367.73	299973.72	1293667.00	43	40	−3
风险资本（万元）	166764.97	182283.69	640253.00	30	34	4
信托杠杆率（倍）	63.15	47.82	170.81	13	27	14

资料来源：信托公司年报，用益信托工作室整理制作。

表 325　2013 年用益－信托公司综合实力排名

指标		行业情况		排名情况		
名称	值	平均值	最高值	2013 年	2012 年	升降
资本实力	74.46	100.00	444.22	40	38	−2
业务能力	97.45	95.17	308.72	28	40	12
盈利能力	87.20	98.96	272.74	33	27	−6
理财能力	114.81	99.96	194.14	15	24	9
抗风险能力	70.90	104.40	238.82	60	44	−16
综合实力	87.64	100.16	253.52	38	36	−2

资料来源：用益信托工作室。

（三）资产管理状况

1. 信托资产

表 326　2013 年信托资产运用方式及投向

单位：万元，%

资产运用	金额	占比	资产分布	金额	占比
货币资产	94214.16	0.57	基础产业	7647695.23	46.09
贷款	4819383.89	29.04	房地产	1438717.98	8.67
交易性金融资产	139383.83	0.84	证券市场	157804.91	0.95
可供出售金融资产	90594.51	0.55	实业	4818182.05	29.03
持有至到期投资	7523930.56	45.34	金融机构	911452.74	5.49
长期股权投资	2087006.05	12.58	其他	1620604.69	9.77
其他	1839944.6	11.09			
信托资产总计	16594457.60	100.00	信托资产总计	16594457.60	100.00

资料来源：信托公司年报。

数据表明，新华信托的信托资金运用方式主要是持有至到期投资、贷款、长期股权投资；而公司信托资金的投向则主要集中在基础产业、实业（工商企业）和其他。

表 327　2013 年信托资产管理情况

单位：万元，%

信托资产	2012 年	占比	2013 年	占比	增长率
集合类	2957126.46	45.70	3456029.33	28.19	16.87
单一类	3246193.15	50.16	7959746.31	66.58	145.20
财产权类	268100.00	4.14	538993.83	4.51	101.04
主动管理型	6321534.61	97.68	10943231.78	91.54	73.11
被动管理型	149885.00	2.32	1011537.69	8.46	574.88

资料来源：信托公司年报，用益信托工作室整理制作。

2013 年新华信托明显加大了单一类信托业务的发行力度，而集合类信托产品的发行节奏放缓。尽管新华信托对其信托业务结构进行了调整，但单一类信托业务的比重增加虽然可以迅速做大信托资产规模，但也减少了信托业务收入的比重，导致整个信托业务风险系数上升。

统计表明，新华信托2013年主动管理资产能力虽然略有下滑，但与行业平均水平相比，其主动管理能力仍然较强。

表 328　2013 年信托项目清算收益情况

单位：个，万元，%

已清算项目类型	项目个数	实际信托合计金额	加权平均实际年化收益率	行业平均实际年化收益率
集合类	88	2213208.00	9.91	8.36
单一类	44	1198217.00	9.73	7.63
财产管理类	6	153698.00	6.03	6.78
合　计	138	3565123.00	9.68	7.59

资料来源：信托公司年报。

从2013年清算来看，其集合类和单一类信托产品收益水平普遍高于同期行业的平均值，整体平均收益高出行业平均水平2.09个百分点，表明新华信托的理财能力在行业中具有较强的竞争优势。

2. 固有资产

表 329　2013 年自营资产运用方式及投向

单位：万元，%

资产运用	金额	占比	资产分布	金额	占比
货币资产	113509.75	28.70	基础产业	0.00	0.00
贷款及应收款	67379.30	17.04	房地产	1517.45	0.38
交易性金融资产	25160.10	6.36	证券市场	77465.65	19.59
可供出售金融资产	47782.82	12.08	实业	10000.00	2.53
持有至到期投资	65797.06	16.64	金融机构	131207.32	33.17
长期股权投资	27697.57	7.00	其他	175328.04	44.33
其他	48191.86	12.18			
资产总计	395518.46	100.00	资产总计	395518.46	100.00

资料来源：信托公司年报。

截至2013年底，新华信托固有资产余额为39.55亿元，从资金运用方式来看，以货币资产为主。从投向来看，主要集中在其他投资、金融机构、证券市场。特别值得注意的是，新华信托的固有资产投向中没有基础产业，房地产和实业占比都很低，总体来看，固有资产分布相对集中单一，更容易受到市场风险影响。

（四）风险管理情况

1. 风险指标

2013 年新华信托不良（固有）资产率 12.22%，与 2012 年相比上涨了 12.22 个百分点，表明随着信托业务的快速扩张，不良资产明显上升，资产状况恶化，在追求资产规模做大的同时应尤为重视资产质量。另外，新华信托 2013 年提取信托风险赔偿准备金为 2652.62 万元，累计提取信托风险赔偿准备金 10282.44 万元，占注册资本的 8.57%；提取一般风险准备金为 882.31 万元，累计风险准备金为 4702.60 万元。

由于新华信托的信托资产规模偏大，且业务扩张较激进，故公司整体资产质量和抗风险能力还有待加强。根据新华信托年报数据披露，2013 年新华信托净资本为 20.34 亿元，远高于监管最低标准 2 亿元；风险资本为 16.68 亿元，净资本与风险资本的比值为 121.95%，高于监管层的 100%；净资产为 26.28 亿元，净资本与净资产的比值为 77.39%，也高于监管层最低标准 40%。以上风险指标表明新华信托的抗风险能力仍处在较安全的区域内。

2. 风险事件

2013 年 6 月，上海录润置业股权投资集合资金信托计划：胡润女富豪陷债务危机，新华信托录润置业项目命悬一线。

2013 年 11 月，山东火炬置业有限公司贷款集合资金信托计划：济南火炬置业信托违约被诉，新华信托称产品尚未兑付。

2014 年 5 月，惠州候鸟酒店特定资产收益权投资集合资金信托计划：新华信托杠杆达 63 倍，地产项目陆续引爆。

2014 年 5 月，杭州馨华园房地产开发公司股权投资集合资金信托：杭州馨华园停工调查，新华信托地产狂飙"后遗症"。

四十八　新时代信托

（一）基本情况

1. 公司沿革

新时代信托股份有限公司前身为包头市信托投资公司，初创于 1987 年，

2003 年 12 月更名为新时代信托投资股份有限公司，注册资金 12 亿元人民币，公司注册及主要办公地均为包头，法定代表人是赵利民。

2．股东背景

表 330　排前三的股东

单位：%

股东名称	持股比例	股东背景
新时代远景(北京)投资有限公司	58.54	非国资
上海人广实业发展有限公司	24.39	非国资
潍坊科威投资有限公司	14.63	非国资

资料来源：信托公司年报，用益信托工作室整理制作。

（二）主要指标及排名

表 331　2013 年度主要经营指标及排名

经营指标		行业情况		排名情况		
名称	值	平均值	最高值	2013 年	2012 年	升降
注册资本(万元)	120000.00	167300.00	698800.00	47	51	4
固有总资产(万元)	329924.35	423730.81	1856313.75	39	49	10
固有净资产(万元)	320155.63	374790.49	1713394.33	32	47	15
信托总资产(万元)	15842342.20	16030212.26	72966079.78	29	20	-9
人均信托资产(万元)	65464.22	86131.35	314912.50	39	34	-5
集合信托资产占比(%)	21.99	28.60	88.10	44	47	3
主动管理型占比(%)	55.06	58.93	100.00	35	48	13
信托清算平均收益(%)	8.10	7.59	12.92	24	7	-17
年度新增信托规模(万元)	16650355.81	10090662.73	44143364.00	12	20	8
新增单一信托规模(万元)	12552707.81	7274564.58	41304986.00	12	18	6
新增集合信托规模(万元)	4097648.00	2460672.83	14709086.46	12	21	9
总收入(万元)	67654.03	122186.63	547823.36	48	47	-1
信托业务收入(万元)	52326.22	90494.73	454205.00	43	44	1
总利润(万元)	42063.27	83319.01	418590.74	48	52	4
净利润(万元)	30443.52	65000.38	313553.98	50	52	2
人均净利润(万元)	125.80	380.05	1520.01	62	62	0

续表

经营指标		行业情况		排名情况		
名称	值	平均值	最高值	2013 年	2012 年	升降
资本利润率(%)	11.51	19.76	54.06	60	66	6
信托报酬率(%)	0.33	0.68	2.63	57	66	9
净资本(万元)	299731.20	299973.72	1293667.00	25	45	20
风险资本(万元)	157980.43	182283.69	640253.00	34	38	4
信托杠杆率(倍)	49.48	47.82	170.81	29	5	−24

资料来源：信托公司年报，用益信托工作室整理制作。

表 332　2013 年用益－信托公司综合实力排名

指标		行业情况		排名情况		
名称	值	平均值	最高值	2013 年	2012 年	升降
资本实力	85.44	100.00	444.22	36	50	14
业务能力	98.55	95.17	308.72	27	36	9
盈利能力	50.29	98.96	272.74	58	65	7
理财能力	106	99.96	194.14	23	16	−7
抗风险能力	88.87	104.40	238.82	42	55	13
综合实力	85.35	100.16	253.52	40	49	9

资料来源：用益信托工作室。

（三）资产管理状况

1. 信托资产

表 333　2013 年信托资产运用方式及投向

单位：万元，%

资产运用	金额	占比	资产分布	金额	占比
货币资产	74655.32	0.47	基础产业	1513628.00	9.55
贷款	8818680.76	55.67	房地产	1030189.06	6.50
交易性金融资产	482705.53	3.05	证券市场	12408.98	0.08
可供出售金融资产	0.00	0.00	实业	12351667.05	77.97
持有至到期投资	6084689.14	38.41	金融机构	353497.06	2.23
长期股权投资	319549.00	2.02	其他	580952.05	3.67
其他	62062.45	0.39			
信托资产总计	15842342.20	100.00	信托资产总计	15842342.20	100.00

资料来源：信托公司年报。

数据表明，新时代信托的信托资金运用方式主要是贷款、持有至到期投资，而公司信托资金的投向则主要集中在实业（工商企业）、基础产业。

表334　2013年信托资产管理情况

单位：万元，%

信托资产	2012年	占比	2013年	占比	增长率
集合类	2031500.45	20.46	4097648.00	24.61	101.71
单一类	7899812.99	79.54	12552707.81	75.39	58.90
财产权类					
主动管理型	4106476.74	41.35	6918232.33	41.55	68.47
被动管理型	5824836.70	58.65	9732123.48	58.45	67.08

资料来源：信托公司年报，用益信托工作室整理制作。

2013年新时代信托集合类信托产品的发行节奏明显加快，而单一类信托呈相反发展态势，财产权类信托新增规模与上年同期相比，没有变化。从新时代信托业务发展情况来看，加大集合类信托业务的配比，有利于增加业务收入，优化业务结构。

统计表明，新时代信托主动管理资产能力相对较弱，在未来的转型道路中需要不断加强。

表335　2013年信托项目清算收益情况

单位：个，万元，%

已清算项目类型	项目个数	实际信托合计金额	加权平均实际年化收益率	行业平均实际年化收益率
集合类	299	3099868.00	8.79	8.36
单一类	166	10324582.30	7.89	7.63
财产管理类				6.78
合　计	465	13424450.30	8.10	7.59

资料来源：信托公司年报。

从2013年清算来看，其收益水平普遍高于同期行业的平均值，尤其在集合类信托产品方面，高出行业平均水平0.43个百分点，表明新时代信托的理财能力在行业中具有一定的竞争优势。

2. 固有资产

表 336　2013 年自营资产运用方式及投向

单位：万元，%

资产运用	金额	占比	资产分布	金额	占比
货币资产	31861.02	9.66	基础产业	0.00	0.00
贷款及应收款	14612.12	4.43	房地产	0.00	0.00
交易性金融资产	3517.66	1.07	证券市场	46785.53	14.18
可供出售金融资产	230480.00	69.86	实业	12500.00	3.79
持有至到期投资	0.00	0.00	金融机构	262341.02	79.52
长期股权投资	43267.87	13.11	其他	8297.80	2.52
其他	6185.68	1.87			
资产总计	329924.35	100.00	资产总计	329924.35	100.00

资料来源：信托公司年报。

截至 2013 年底，新时代信托固有资产余额为 32.99 亿元，从资金运用方式来看，以可供出售金融资产为主；从投向来看，主要集中在金融机构、证券市场。特别值得注意的是，新时代信托的固有资产投向中没有基础产业和房地产，显然，金融机构和证券市场投向比重过大是一个较危险的信号。若市场风险加大，这对公司固有资产的整体安全构成潜在的威胁。

（四）风险管理情况

1. 风险指标

2013 年新时代信托不良（固有）资产率为 55.82%，与 2012 年的 16.75% 相比，上升 39.07 个百分点，在 68 家信托公司中排名第一，说明新时代信托资产状况不容乐观，风险指数很高。另外，新时代信托 2013 年提取信托风险赔偿准备金 4566.53 万元，累计提取信托风险赔偿准备金 10387.11 万元，占注册资本的 8.66%；提取一般风险准备金 3887.79，累计风险准备金为 4366.33 万元。

如此高的不良资产率对于一个资本实力偏弱、风险管理能力较差的信托公司来说已经亮起了红灯，如何提升资产质量、降低资产风险，已经成为摆在新时代信托面前迫在眉睫的问题。2013 年新时代信托净资本为 29.97 亿元，远高于监管最低标准 2 亿元；风险资本为 15.80 亿元，净资本与风险资本的比值为 189.73%，高于监管层的 100%；净资产为 32.02 亿元，净资本与净资产的比值为 93.62%，也高于监管层最低标准 40%。以上风险指标表明新时代信托的抗风险能力仍处在较安全的区域内。

2. 风险事件

2013 年新时代信托无任何信托产品兑付风险事件发生。

四十九　兴业信托

（一）基本情况

1. 公司沿革

兴业国际信托有限公司原为福建联华国际信托投资有限公司，是 2003 年 1 月 30 日成立的非银行金融机构，成立时注册资本为 3.6 亿元人民币。2011 年 6 月，正式更名为"兴业国际信托有限公司"。2014 年 2 月，注册资本变更为 50 亿元人民币。注册地为福州市，法定代表人为杨华辉。

2. 股东背景

表 337　排前三的股东

单位：%

股东名称	持股比例	股东背景
兴业银行股份有限公司	73.00	银行
澳大利亚国民银行	16.83	外资
福建华投投资有限公司	9.33	国资

资料来源：信托公司年报，用益信托工作室整理制作。

（二）主要指标及排名

表 338　2013 年度主要经营指标及排名

经营指标		行业情况		排名情况		
名称	值	平均值	最高值	2013 年	2012 年	升降
注册资本（万元）	500000.00	167300.00	698800.00	2	6	4
固有总资产（万元）	537709.98	423730.81	1856313.75	15	15	0

续表

经营指标		行业情况		排名情况		
名称	值	平均值	最高值	2013 年	2012 年	升降
固有净资产(万元)	499878.86	374790.49	1713394.33	14	13	-1
信托总资产(万元)	56500217.00	16030212.26	72966079.78	2	3	1
人均信托资产(万元)	164244.82	86131.35	314912.50	8	7	-1
集合信托资产占比(%)	4.74	28.60	88.10	66	60	-6
主动管理型占比(%)	31.56	58.93	100.00	54	35	-19
信托清算平均收益(%)	6.53	7.59	12.92	59	19	-40
年度新增信托规模(万元)	44143364.00	10090662.73	44143364.00	1	2	1
新增单一信托规模(万元)	41304986.00	7274564.58	41304986.00	1	2	1
新增集合信托规模(万元)	1742878.00	2460672.83	14709086.46	33	35	2
总收入(万元)	204844.71	122186.63	547823.36	8	10	2
信托业务收入(万元)	163081.00	90494.73	454205.00	9	11	2
总利润(万元)	146145.78	83319.01	418590.74	10	13	3
净利润(万元)	110055.27	65000.38	313553.98	11	15	4
人均净利润(万元)	380.16	380.05	1520.01	29	25	-4
资本利润率(%)	24.69	19.76	54.06	16	21	5
信托报酬率(%)	0.29	0.68	2.63	61	52	-9
净资本(万元)	443300.00	299973.72	1293667.00	12	13	1
风险资本(万元)	290100.00	182283.69	640253.00	16	7	-9
信托杠杆率(倍)	113.03	47.82	170.81	4	3	-1

资料来源:信托公司年报,用益信托工作室整理制作。

表 339　2013 年用益－信托公司综合实力排名

指标		行业情况		排名情况		
名称	值	平均值	最高值	2013 年	2012 年	升降
资本实力	151.51	100.00	444.22	11	13	2
业务能力	166.76	95.17	308.72	9	5	-4
盈利能力	134.04	98.96	272.74	14	17	3
理财能力	193.74	99.96	194.14	2	2	0
抗风险能力	92.57	104.40	238.82	38	25	-13
综合实力	144.01	100.16	253.52	11	9	-2

资料来源:用益信托工作室。

（三）资产管理状况

1. 信托资产

兴业信托一直按照"立足福建、服务海西、面向全国"的经营发展战略，不断加大"以福建省为依托，辐射全国"各类工商企业金融服务力度。作为银行系的信托公司代表，兴业信托非常重视与银行、保险、证券、基金的业务合作，与证券、基金、保险、第三方等机构的合作也全面展开。

表 340　2013 年信托资产运用方式及投向

单位：万元，%

资产运用	金额	占比	资产分布	金额	占比
货币资产	624001.60	1.10	基础产业	20169988.48	35.70
贷款	38366969.63	67.91	房地产	6468133.29	11.45
交易性金融资产	4406408.20	7.80	证券市场	4959205.78	8.78
可供出售金融资产	12534166.03	22.18	实业	14950664.54	26.46
持有至到期投资	75000.00	0.13	金融机构	9154260.32	16.20
长期股权投资	221136.76	0.39	其他	797964.29	1.41
其他	272534.48	0.49			
信托资产总计	56500216.70	100.00	信托资产总计	56500216.70	100.00

资料来源：信托公司年报。

数据显示，2013 年兴业信托各运用方式下的信托资产规模中，贷款为主要运用方式。

2013 年兴业信托资产中投向最大的领域是基础产业，实业次之。

表 341　2013 年信托资产管理情况

单位：万元，%

信托资产	2012 年	占比	2013 年	占比	增长率
集合类	1392506.00	4.88	1742878.00	3.95	25.16
单一类	26582175.00	93.18	41304986.00	93.57	55.39
财产权类	552300.00	1.94	1095500.00	2.48	98.35
主动管理型	18686046.00	65.50	7838311.00	17.76	-58.05
被动管理型	9840935.00	34.50	36305053.00	82.24	268.92

资料来源：信托公司年报，用益信托工作室整理制作。

2013 年兴业信托加大了单一类信托业务的发行力度，而集合类信托产品的发行节奏则有所放缓，但总体来讲，变化的幅度相对较小。虽然变化幅度不大，但是由于单一类资金规模过于集中，公司未来仍需转变思路。

表 342　2013 年信托项目清算收益情况

单位：个，万元，%

已清算项目类型	项目个数	实际信托合计金额	加权平均实际年化收益率	行业平均实际年化收益率
集合类	126	1623405.00	8.10	8.36
单一类	640	18677460.00	6.38	7.63
财产管理类	3	145000.00	8.70	6.78
合　计	769	20445865.00	6.53	7.59

资料来源：信托公司年报。

从 2013 年清算来看，除财产管理类外，其他项目收益水平普遍低于同期行业的平均值，在集合类信托产品方面，低于行业平均水平 0.26 个百分点，表明兴业信托的理财能力在行业内不具备一定的竞争优势。

2. 固有资产

表 343　2013 年自营资产运用方式及投向

单位：个，万元，%

资产运用	金额	占比	资产分布	金额	占比
货币资产	48202.78	8.96	基础产业	0.00	0.00
贷款及应收款	18721.27	3.48	房地产	0.00	0.00
交易性金融资产	2440.13	0.45	证券市场	40615.37	7.55
可供出售金融资产	257695.17	47.92	实业	355135.95	66.05
持有至到期投资	0.00	0.00	金融机构	51740.28	9.62
长期股权投资	42815.25	7.96	其他	90218.38	16.78
其他	10483.97	1.95			
资产总计	1317520.85	100.00	资产总计	537709.98	100.00

资料来源：信托公司年报。

数据显示，2013年兴业信托各运用方式下的自营资产规模中，可供出售金融资产为重点运用方式。

年报数据显示，2013年兴业信托资金主要投向中，资金规模最大的为实业。

（四）风险管理

1. 风险指标

据年报披露显示，2013年兴业信托固有资产不良率为零，表明兴业信托固有资产质量较好。另外，兴业信托2013年提取信托赔偿准备金5503万元，累计信托赔偿准备金为11960.57万元，占注册资本的比例为2.39%；提取一般风险准备金1481万元，累计一般风险准备金为7168.83万元。

根据兴业信托年报数据披露，2013年兴业信托净资本为44.33亿元，远高于监管最低标准2亿元；风险资本为29.01亿元，净资本与风险资本的比值为152.81%，高于监管层的100%；净资产为49.99亿元，净资本与净资产的比值为88.68%，也高于监管层最低标准40%。以上风险指标表明兴业信托的抗风险能力仍处在较安全的区域内。

2. 风险事件

2013年兴业信托无任何信托产品兑付风险事件发生。

五十　英大信托

（一）基本情况

1. 公司沿革

英大国际信托有限责任公司（简称英大信托或公司）前身是1987年5月成立的济南市国际信托投资公司，2001年12月公司以"英大国际信托投资有限责任公司"的名称进行重新登记，2007年9月公司更名为英大国际信托有限责任公司。注册及主要办公地均为山东济南，法定代表人是盖永光，公司注册资本18.22亿元。

2. 股东背景

表 344　排前三的股东

单位：%

股东名称	持股比例	股东背景
国网英大国际控股集团有限公司	88.55	央企
中国电力财务有限公司	5.21	央企
济南市能源投资有限责任公司	4.38	国资

资料来源：信托公司年报，用益信托工作室整理制作。

（二）主要指标及排名

表 345　2013 年度主要经营指标及排名

经营指标		行业情况		排名情况		
名称	值	平均值	最高值	2013 年	2012 年	升降
注册资本(万元)	182200.00	167300.00	698800.00	23	18	−5
固有总资产(万元)	408517.63	423730.81	1856313.75	26	20	−6
固有净资产(万元)	387017.23	374790.49	1713394.33	21	17	−4
信托总资产(万元)	21026829.32	16030212.26	72966079.78	19	10	−9
人均信托资产(万元)	149126.45	86131.35	314912.50	12	4	−8
集合信托资产占比(%)	4.26	28.60	88.10	67	65	−2
主动管理型占比(%)	4.44	58.93	100.00	67	65	−2
信托清算平均收益(%)	6.68	7.59	12.92	54	49	−5
年度新增信托规模(万元)	3571991.87	10090662.73	44143364.00	54	51	−3
新增单一信托规模(万元)	1738991.46	7274564.58	41304986.00	57	51	−6
新增集合信托规模(万元)	514238.95	2460672.83	14709086.46	62	64	2
总收入(万元)	94971.68	122186.63	547823.36	36	27	−9
信托业务收入(万元)	76765.98	90494.73	454205.00	33	17	−16
总利润(万元)	75731.87	83319.01	418590.74	27	25	−2
净利润(万元)	56846.87	65000.38	313553.98	27	25	−2
人均净利润(万元)	437.28	380.05	1520.01	20	23	3
资本利润率(%)	15.72	19.76	54.06	45	36	−9
信托报酬率(%)	0.37	0.68	2.63	52	60	8
净资本(万元)	335700.00	299973.72	1293667.00	19	16	−3
风险资本(万元)	187542.00	182283.69	640253.00	26	33	7
信托杠杆率(倍)	54.33	47.82	170.81	23	4	−19

资料来源：信托公司年报，用益信托工作室整理制作。

表 346   2013 年用益－信托公司综合实力排名

指标		行业情况		排名情况		
名称	值	平均值	最高值	2013 年	2012 年	升降
资本实力	104. 19	100. 00	444. 22	21	19	－ 2
业务能力	64. 92	95. 17	308. 72	44	34	－ 10
盈利能力	80. 1	98. 96	272. 74	39	40	1
理财能力	93. 3	99. 96	194. 14	36	13	－ 23
抗风险能力	94. 04	104. 40	238. 82	36	19	－ 17
综合实力	88. 77	100. 16	253. 52	36	26	－ 10

资料来源：用益信托工作室。

（三）资产管理状况

1. 信托资产

表 347   2013 年信托资产运用方式及投向

单位：万元，%

资产运用	金额	占比	资产分布	金额	占比
货币资产	2943. 96	0. 01	基础产业	16032917. 81	76. 25
贷款	16295597. 83	77. 50	房地产	140223. 00	0. 67
交易性金融资产	0. 00	0. 00	证券市场	0. 00	0. 00
可供出售金融资产	0. 00	0. 00	实业	0. 00	0. 00
持有至到期投资	611779. 00	2. 91	金融机构	439680. 00	2. 09
长期股权投资	353160. 00	1. 68	其他	4414008. 50	20. 99
其他	3763348. 52	17. 90			
信托资产总计	21026829. 31	100. 00	信托资产总计	21026829. 31	100. 00

资料来源：信托公司年报。

数据表明，2013 年英大信托的信托资金运用方式以贷款和其他为主；从投向来看，2013 年英大信托资产中投向最大的领域是基础产业，但较 2012 年的占比下降了 6. 15 个百分点。值得注意的是，英大信托的信托资产投向相对单一，传统的证券市场和实业领域无资金投入，而风险较大的房地产领域占比

也较小，由此来看，该公司的业务风险系数较小。但就长期发展来看，投向单一也并不是一件好事，不利于分散风险。

表 348　2013 年信托资产管理情况

单位：万元，%

信托资产	2012 年	占比	2013 年	占比	增长率
集合类	117319.00	4.38	514238.95	14.40	338.33
单一类	1143754.75	42.66	1738991.46	48.68	52.04
财产权类	1420040.42	52.96	1318761.46	36.92	-7.13
主动管理型	704529.75	26.28	1082471.95	30.30	53.64
被动管理型	1976584.42	73.72	2489519.92	69.70	25.95

资料来源：信托公司年报，用益信托工作室整理制作。

2013 年英大信托加大了集合类和单一类信托业务的发行力度。尽管英大信托对其信托业务结构进行了调整，但与行业的总体水平相比还有相当的距离，尤其是集合类信托占比较低，主动管理型业务占比较低，导致整个信托业务风险系数上升。

显然，集合类信托业务的比重增加是推动其主动管理型业务占比上升的主要原因。

表 349　2013 年信托项目清算收益情况

单位：个，万元，%

已清算项目类型	项目个数	实际信托合计金额	加权平均实际年化收益率	行业平均实际年化收益率
集合类	15	119177.99	10.69	8.36
单一类	54	884488.57	5.81	7.63
财产管理类	22	169832.43	8.42	6.78
合　计	91	1173498.99	6.68	7.59

资料来源：信托公司年报。

从 2013 年清算来看，除单一类产品收益低于行业平均水平外，集合类和财产管理类产品收益均高于同期行业的平均值，尤其在集合类信托产品方面，高出行业平均水平 2.33 个百分点，表明英大信托的理财能力在行业中具有一定的竞争优势。

2. 固有资产

表350　2013年自营资产运用方式及投向

单位：万元，%

资产运用	金额	占比	资产分布	金额	占比
货币资产	27985.40	6.85	基础产业	108005.63	26.44
贷款及应收款	108241.11	26.50	房地产	0.00	0.00
交易性金融资产	0.00	0.00	证券市场	53973.16	13.21
可供出售金融资产	67039.11	16.41	实业	0.00	0.00
持有至到期投资	105441.00	25.81	金融机构	215568.36	52.77
长期股权投资	40060.91	9.81	其他	30970.48	7.58
其他	59750.09	14.63			
资产总计	408517.62	100.00	资产总计	408517.63	100.00

资料来源：信托公司年报。

截至2013年底，英大信托固有资产余额为40.85亿元，从资金运用方式来看，贷款及应收款和持有至到期投资为重点运用方式。从投向来看，2013年英大信托固有资产中投向最大的领域是金融机构，基础产业紧随其后。另外，值得注意的是，房地产类资产规模减少为0。总的来看，该公司固有资产投资较为谨慎。

（四）风险管理

1. 风险指标

2013年英大信托固有资产不良率为0.38%，与2012年的0.72%相比，下滑0.34个百分点，固有资产质量有所提高。另外，英大信托2013年未提取风险赔偿准备金，累计提取风险赔偿准备金为0；2013年提取一般风险准备金3423.49万元，累计提取一般风险准备金为16456.76万元。

根据年报披露显示，2013年英大信托净资本为33.57亿元，远高于监管最低标准2亿元；风险资本为18.75亿元，净资本与风险资本的比值为179%，高于监管层的100%；净资产为38.70亿元，净资本与净资产的比值为86.74%，也高于监管层最低标准40%。以上风险指标表明英大信托的抗风险能力仍处在较安全的区域内。

2. 风险事件

2013 年英大信托无任何信托产品兑付风险事件发生。

五十一　粤财信托

（一）基本情况

1. 公司沿革

广东粤财信托有限公司成立于 1984 年 12 月，目前是广东省唯一保留的省级信托公司。2011 年，公司注册资本由人民币 5.655 亿元变更为 15 亿元人民币。注册地为广州市，法定代表人为汪涛。

2. 股东背景

表 351　排前两位的股东

单位：%

股东名称	持股比例	股东背景
广东粤财投资控股有限公司	98.14	国资
广东省科技创业有限公司	1.86	国资

资料来源：信托公司年报，用益信托工作室整理制作。

（二）主要指标及排名

表 352　2013 年度主要经营指标及排名

经营指标		行业情况		排名情况		
名称	值	平均值	最高值	2013 年	2012 年	升降
注册资本（万元）	150000.00	167300.00	698800.00	32	24	-8
固有总资产（万元）	332248.95	423730.81	1856313.75	36	32	-4
固有净资产（万元）	319302.58	374790.49	1713394.33	33	28	-5
信托总资产（万元）	22945876.95	16030212.26	72966079.78	14	14	0
人均信托资产（万元）	212461.82	86131.35	314912.50	3	2	-1
集合信托资产占比（%）	40.32	28.60	88.10	16	34	18

续表

经营指标		行业情况		排名情况		
名称	值	平均值	最高值	2013年	2012年	升降
主动管理型占比(%)	45.74	58.93	100.00	44	45	1
信托清算平均收益(%)	6.28	7.59	12.92	63	22	-41
年度新增信托规模(万元)	11306540.25	10090662.73	44143364.00	23	3	-20
新增单一信托规模(万元)	8380152.42	7274564.58	41304986.00	21	3	-18
新增集合信托规模(万元)	2360290.80	2460672.83	14709086.46	26	8	-18
总收入(万元)	79267.09	122186.63	547823.36	43	41	-2
信托业务收入(万元)	62038.89	90494.73	454205.00	39	43	4
总利润(万元)	67120.30	83319.01	418590.74	35	36	1
净利润(万元)	52664.53	65000.38	313553.98	33	35	2
人均净利润(万元)	548.59	380.05	1520.01	13	14	1
资本利润率(%)	17.85	19.76	54.06	35	41	6
信托报酬率(%)	0.27	0.68	2.63	64	64	0
净资本(万元)	271798.59	299973.72	1293667.00	32	28	-4
风险资本(万元)	256139.54	182283.69	640253.00	20	16	-4
信托杠杆率(倍)	71.86	47.82	170.81	7	15	8

资料来源：信托公司年报，用益信托工作室整理制作。

表353　2013年用益-信托公司综合实力排名

指标		行业情况		排名情况		
名称	值	平均值	最高值	2013年	2012年	升降
资本实力	85.37	100.00	444.22	37	28	-9
业务能力	99.2	95.17	308.72	26	15	-11
盈利能力	89.03	98.96	272.74	32	43	11
理财能力	110.15	99.96	194.1419	10	-9	
抗风险能力	79.62	104.40	238.82	50	27	-23
综合实力	91.69	100.16	253.52	29	25	-4

资料来源：用益信托工作室。

（三）资产管理状况

1. 信托资产

粤财信托根植本地市场，分享实体经济发展商机。大力开展基础设施、工

商企业、中小企业融资，为实体经济提供全方位的金融服务。充分发挥公司横跨货币、资本、产业三大市场的职能优势，结合其他金融机构在信息、网点、销售等方面的特长，不断推出各种信托创新产品，发挥信托金融综合服务的优势。截至2013年末，信托资产主要分布在工商企业及金融机构。

表354 2013年信托资产运用方式及投向

单位：万元，%

资产运用	金额	占比	资产分布	金额	占比
货币资产	3238930.40	14.12	基础产业	3035643.68	13.23
贷款	8224494.22	35.84	房地产	1584950.58	6.91
交易性金融资产	711250.55	3.10	证券市场	832297.20	3.63
可供出售金融资产	352503.19	1.54	实业	8651232.93	37.70
持有至到期投资	1913998.02	8.34	金融机构	5296166.41	23.08
长期股权投资	3198881.79	13.94	其他	3545586.15	15.45
其他	5305818.78	23.12			
信托资产总计	22945876.95	100.00	信托资产总计	22945876.95	100.00

资料来源：信托公司年报。

数据显示，2013年粤财信托各运用方式下的信托资产规模中，贷款类资金规模最大。

2013年粤财信托资产中投向最大的领域是实业（工商企业），金融机构次之。

表355 2013年信托资产管理情况

单位：万元，%

信托资产	2012年	占比	2013年	占比	增长率
集合类	4130867.00	14.62	2360290.80	20.88	-42.86
单一类	23996434.02	84.94	8380152.42	74.12	-65.08
财产权类	123842.00	0.44	566097.03	5.01	357.11
主动管理型	11367076.87	40.24	5230545.24	46.26	-53.99
被动管理型	16884066.15	59.76	6075995.01	53.74	-64.01

资料来源：信托公司年报，用益信托工作室整理制作。

2013年粤财信托明显加大了集合类信托业务的发行力度，而单一类信托产品的发行节奏则有所放缓。虽然单一类新产品有所减少，但其规模占比在70%以上，未来仍需加强集合类产品的发行。

表356　2013年信托项目清算收益情况

单位：个，万元，%

已清算项目类型	项目个数	实际信托合计金额	加权平均实际年化收益率	行业平均实际年化收益率
集合类	222	1223779.80	6.08	8.36
单一类	336	4529571.72	6.27	7.63
财产管理类	25	338097.93	7.09	6.78
合　计	583	6091449.45	6.28	7.59

资料来源：信托公司年报。

从2013年清算来看，除财产管理类项目外，其余项目的收益水平普遍低于同期行业的平均值，在集合类信托产品方面，低于行业平均水平2.28个百分点，表明粤财信托的理财能力在行业内处于一定的劣势。

2. 固有资产

表357　2013年自营资产运用方式及投向

单位：万元，%

资产运用	金额	占比	资产分布	金额	占比
货币资产	169915.22	51.14	基础产业	0.00	0.00
贷款及应收款	5580.83	1.68	房地产	0.00	0.00
交易性金融资产	0.00	0.00	证券市场	3554.91	1.07
可供出售金融资产	31876.78	9.60	实业	4000.00	1.20
持有至到期投资	0.00	0.00	金融机构	318287.44	95.80
长期股权投资	119058.86	35.83	其他	6406.60	1.93
其他	5817.26	1.75			
资产总计	332248.95	100.00	资产总计	332248.95	100.00

资料来源：信托公司年报。

数据显示，2013年粤财信托各运用方式下的自营资产规模中，货币资产为重点运用方式。

2013年粤财信托绝大部分资金投向金融机构。

（四）风险管理

1. 风险指标

据年报披露显示，2013年粤财信托固有资产不良率为0.06%，较上年度

上升 0.06 个百分点，表明固有资产质量有所下降。

粤财信托 2013 年提取信托赔偿准备金 2633.23 万元，累计信托赔偿准备金为 11364.16 万元，占注册资本的比例为 7.58%；提取一般风险准备金 288.98 万元，累计一般风险准备金为 13628.11 万元。

2013 年粤财信托净资本为 27.18 亿元，远高于监管最低标准 2 亿元；风险资本为 25.61 亿元，净资本与风险资本的比值为 106.11%，高于监管层的 100%；净资产为 31.93 亿元，净资本与净资产的比值为 85.12%，也高于监管层最低标准 40%。以上风险指标表明粤财信托的抗风险能力仍处在较安全的区域内。

2. 风险事件

2013 年粤财信托无任何信托产品兑付风险事件发生。

五十二　云南信托

（一）基本情况

1. 公司沿革

据 2013 年年报披露显示，云南信托前身是 2003 年经中国人民银行"银复〔2003〕33 号"文批准，由原云南国际信托投资公司增资改制后重新登记的非银行金融机构。2013 年注册资本变更为 10 亿元人民币。注册地为昆明市，法定代表人为刘刚。

2. 股东背景

表 358　排前三的股东

单位：%

股东名称	持股比例	股东背景
云南省财政厅	25.00	政　府
涌金实业集团有限公司	24.50	非国资
上海纳米创业投资有限公司	23.00	非国资

资料来源：信托公司年报，用益信托工作室整理制作。

（二）主要指标及排名

表359　2013年度主要经营指标及排名

经营指标		行业情况		排名情况		
名称	值	平均值	最高值	2013年	2012年	升降
注册资本（万元）	100000.00	167300.00	698800.00	57	61	4
固有总资产（万元）	161369.43	423730.81	1856313.75	55	55	0
固有净资产（万元）	140032.65	374790.49	1713394.33	57	55	−2
信托总资产（万元）	22514869.57	16030212.26	72966079.78	16	38	22
人均信托资产（万元）	168021.41	86131.35	314912.50	7	19	12
集合信托资产占比（%）	7.57	28.60	88.10	61	53	−8
主动管理型占比（%）	16.09	58.93	100.00	64	63	−1
信托清算平均收益（%）	6.59	7.59	12.92	56	48	−8
年度新增信托规模（万元）	19088484.48	10090662.73	44143364.00	9	52	43
新增单一信托规模（万元）	17768699.82	7274564.58	41304986.00	5	65	60
新增集合信托规模（万元）	1065029.09	2460672.83	14709086.46	45	41	−4
总收入（万元）	52996.26	122186.63	547823.36	56	58	2
信托业务收入（万元）	46882.48	90494.73	454205.00	50	54	4
总利润（万元）	32043.96	83319.01	418590.74	54	56	2
净利润（万元）	23934.06	65000.38	313553.98	55	57	2
人均净利润（万元）	234.65	380.05	1520.01	46	47	1
资本利润率（%）	18.69	19.76	54.06	32	44	12
信托报酬率（%）	0.21	0.68	2.63	67	20	−47
净资本（万元）	120236.20	299973.72	1293667.00	57	53	−4
风险资本（万元）	45861.63	182283.69	640253.00	64	61	−3
信托杠杆率（倍）	160.78	47.82	170.81	2	10	8

资料来源：信托公司年报，用益信托工作室整理制作。

表360　2013年用益–信托公司综合实力排名

指标		行业情况		排名情况		
名称	值	平均值	最高值	2013年	2012年	升降
资本实力	40.29	100.00	444.22	57	56	−1
业务能力	100.14	95.17	308.72	24	52	28
盈利能力	55.43	98.96	272.74	55	53	−2
理财能力	99.85	99.96	194.14	28	60	32
抗风险能力	8.086	104.40	238.82	48	29	−19
综合实力	74.35	100.16	253.52	52	55	3

资料来源：用益信托工作室。

（三）资产管理状况

1. 信托资产

一度以证券投资为特色的云南信托，伴随着王牌投资团队出走，投资主线逐渐变得模糊。目前，云南信托只能依赖单一信托项目的"薄利"度日，虽然2013年度净利增速在50.00%以上，但大多数是依靠大规模的单一信托资产堆砌而成，未来的出路堪忧。

表 361　2013 年信托资产运用方式及投向

单位：万元，%

资产运用	金额	占比	资产分布	金额	占比
货币资产	168560.46	0.75	基础产业	8564782.50	38.04
贷款	16182022.50	71.87	房地产	685000.00	3.04
交易性金融资产	1032641.65	4.59	证券市场	1291359.57	5.74
可供出售金融资产	0.00	0.00	实业	5602010.06	24.88
持有至到期投资	0.00	0.00	金融机构	2175014.00	9.66
长期股权投资	140031.31	0.62	其他	4196703.43	18.64
其他	4904010.87	21.78			
信托资产总计	22514869.56	100.00	信托资产总计	22514869.56	100.00

资料来源：信托公司年报。

数据表明，2013 年云南信托各运用方式的信托资产规模中，贷款类资金为主要运用方式，规模为 1618.20 亿元。

2013 年云南信托资产中投向最大的领域是基础产业，规模已达 856.48 亿元。

表 362　2013 年信托资产管理情况

单位：万元，%

信托资产	2012 年	占比	2013 年	占比	增长率
集合类	1015874.37	12.42	1065029.09	5.58	4.84
单一类	5859507.00	71.66	17768699.82	93.09	203.25
财产权类	1301601.00	15.92	254755.57	1.33	-80.43
主动管理型	1149135.37	14.05	2750716.04	14.41	139.37
被动管理型	7027847.00	85.95	16337768.44	85.59	132.47

资料来源：信托公司年报，用益信托工作室整理制作。

2013 年云南信托明显加大了单一类信托业务的发行力度，而集合类信托产品的发行节奏则有所放缓。增加单一类信托业务的比重虽然可以迅速做大信托资产规模，但也有可能导致整个信托业务风险系数上升。

表 363　2013 年信托项目清算收益情况

单位：个，万元，%

已清算项目类型	项目个数	实际信托合计金额	加权平均实际年化收益率	行业平均实际年化收益率
集合类	69	453427.79	5.60	8.36
单一类	93	2707845.00	6.42	7.63
财产管理类	15	914664.61	7.60	6.78
合　计	177	4075937.40	6.59	7.59

资料来源：信托公司年报。

从 2013 年清算来看，其收益水平普遍低于同期行业的平均值，尤其在集合类信托产品方面，低于行业平均水平 2.76 个百分点，表明云南信托的理财能力在行业内处于一定的劣势。

2. 固有资产

表 364　2013 年自营资产运用方式及投向

单位：万元，%

资产运用	金额	占比	资产分布	金额	占比
货币资产	47290.22	29.31	基础产业	0.00	0.00
贷款及应收款	0.00	0.00	房地产	0.00	0.00
交易性金融资产	0.00	0.00	证券市场	416.15	0.26
可供出售金融资产	0.00	0.00	实业	0.00	0.00
持有至到期投资	0.00	0.00	金融机构	0.00	0.00
长期股权投资	0.00	0.00	其他	160953.28	99.74
其他	114079.21	70.69			
资产总计	161369.43	100.00	资产总计	161369.43	100.00

资料来源：信托公司年报。

从投资分布来看，2013 年云南信托资金投向与上年类似，除了少许的投向证券市场之外，其余资金同样投向其他类。

（四）风险管理

1. 风险指标

据年报披露显示，2013 年云南信托不良（固有）资产率为 0.22%，较 2012 年上升 0.07 个百分点。固有资产质量略有下降。

另外，云南信托 2013 年提取信托赔偿准备金 1196.70 万元，累计信托赔偿准备金为 5900.76 万元，占注册资本的比例为 5.90%；2013 年提取一般风险准备金为 506.66 万元，累计一般风险准备金为 2420.54 万元。

2013 年云南信托净资本为 12.02 亿元，远高于监管最低标准 2 亿元；风险资本为 4.59 亿元，净资本与风险资本的比值为 262.17%，高于监管层的 100%；净资产为 14.00 亿元，净资本与净资产的比值为 85.86%，也高于监管层最低标准 40%。以上风险指标表明云南信托的抗风险能力仍处在较安全的区域内。

2. 风险事件

2013 年云南信托无任何信托产品兑付风险事件发生。

五十三　长安信托

（一）基本情况

1. 公司沿革

长安国际信托股份有限公司的前身为西安市信托投资公司，1986 年 8 月经中国人民银行批准成立，系国有独资的非银行金融机构。2011 年 11 月，正式更名为长安国际信托股份有限公司。同年 12 月，公司注册资本变更为 12.5888 亿元。注册地为西安市，法定代表人为高成程。

2. 股东背景

表 365　排前三的股东

单位：%

股东名称	持股比例	股东背景
西安投资控股有限公司	41.30	国　资
上海证大投资管理有限公司	30.33	非国资
上海淳大资产管理有限公司	11.67	非国资

资料来源：信托公司年报，用益信托工作室整理制作。

（二）主要指标及排名

表 366　2013 年度主要经营指标及排名

经营指标		行业情况		排名情况		
名称	值	平均值	最高值	2013 年	2012 年	升降
注册资本（万元）	125888.00	167300.00	698800.00	37	31	-6
固有总资产（万元）	400173.77	423730.81	1856313.75	27	28	1
固有净资产（万元）	309027.14	374790.49	1713394.33	38	38	0
信托总资产（万元）	21682939.57	16030212.26	72966079.78	18	6	-12
人均信托资产（万元）	49731.51	86131.35	314912.50	44	31	-13
集合信托资产占比（%）	26.56	28.60	88.10	36	44	8
主动管理型占比（%）	92.26	58.93	100.00	8	18	10
信托清算平均收益（%）	7.75	7.59	12.92	33	46	13
年度新增信托规模（万元）	9142752.00	10090662.73	44143364.00	29	8	-21
新增单一信托规模（万元）	4960627.00	7274564.58	41304986.00	36	8	-28
新增集合信托规模（万元）	3453857.00	2460672.83	14709086.46	15	8	-7
总收入（万元）	232908.78	122186.63	547823.36	6	6	0
信托业务收入（万元）	197424.88	90494.73	454205.00	4	4	0
总利润（万元）	122548.90	83319.01	418590.74	13	12	-1
净利润（万元）	92349.72	65000.38	313553.98	14	14	0
人均净利润（万元）	254.14	380.05	1520.01	45	38	-7
资本利润率（%）	32.63	19.76	54.06	6	3	-14
信托报酬率（%）	0.91	0.68	2.63	17	24	-10
净资本（万元）	264900.00	299973.72	1293667.00	34	34	9
风险资本（万元）	192000.00	182283.69	640253.00	25	21	13
信托杠杆率（倍）	70.17	47.82	170.81	8	1	1

资料来源：信托公司年报，用益信托工作室整理制作。

表 367　2013 年用益－信托公司综合实力排名

指标		行业情况		排名情况		
名称	值	平均值	最高值	2013 年	2012 年	升降
资本实力	85. 3	100. 00	444. 22	38	35	－ 3
业务能力	100. 52	95. 17	308. 72	23	8	－ 15
盈利能力	131. 13	98. 96	272. 74	15	6	－ 9
理财能力	136. 68	99. 96	194. 14	8	8	0
抗风险能力	78. 56	104. 40	238. 82	52	52	0
综合实力	105. 34	100. 16	253. 52	20	13	－ 7

资料来源：用益信托工作室。

（三）资产管理状况

1. 信托资产

2011 年以来，长安信托综合理财能力始终稳居行业前十名，目前已在全国 24 个大中城市拥有专业的信托理财师团队，全国同步发行信托计划，是目前地区辐射最广的信托公司。公司的战略目标是成为高净值个人及机构投资者资产配置和财富管理服务的专家。长安信托的发展速度不可否认，但在发展的同时更应该高度重视风险控制工作。

表 368　2013 年信托资产运用方式及投向

单位：万元，%

资产运用	金额	占比	资产分布	金额	占比
货币资产	354853. 32	1. 64	基础产业	3881545. 80	17. 90
贷款	7707157. 37	35. 54	房地产	1545720. 46	7. 13
交易性金融资产	2386710. 21	11. 01	证券市场	2652940. 14	12. 24
可供出售金融资产	0. 00	0. 00	实业	8255657. 31	38. 07
持有至到期投资	5106604. 35	23. 55	金融机构	603476. 41	2. 78
长期股权投资	1227204. 76	5. 66	其他	4743599. 45	21. 88
其他	1880222. 38	8. 67			
信托资产总计	21682939. 57	100. 00	信托资产总计	21682939. 57	100. 00

资料来源：信托公司年报。

数据显示，2013年长安信托各运用方式下的信托资产规模中，贷款类资金规模最大，规模达770.72亿元。

2013年长安信托资产中投向最大的领域是实业（工商企业），规模达825.57亿元。

表369 2013年信托资产管理情况

单位：万元，%

信托资产	2012年	占比	2013年	占比	增长率
集合类	4135141.00	20.90	3453857.00	37.78	−16.48
单一类	11550576.00	58.38	4960627.00	54.26	−57.05
财产权类	4098804.00	20.72	728268.00	7.97	−82.23
主动管理型	17976025.00	90.86	9045752.00	98.94	−49.68
被动管理型	1808496.00	9.14	97000.00	1.06	−94.64

资料来源：信托公司年报，用益信托工作室整理制作。

2013年长安信托加大了集合类信托业务的发行力度，而单一类信托产品的发行节奏则有所放缓。增加集合类信托业务的比重显然是信托公司未来发展的需要。

2013年，长安信托新增信托资产主动管理型资金规模为904.58亿元，长安信托主动管理产品近两年比例都非常大，都在90%以上，2013年度较上年度同期继续增长。

表370 2013年信托项目清算收益情况

单位：个，万元，%

已清算项目类型	项目个数	实际信托合计金额	加权平均实际年化收益率	行业平均实际年化收益率
集合类	128	2202681.00	5.89	8.36
单一类	206	5397929.00	8.22	7.63
财产管理类	33	871595.00	9.56	6.78
合 计	367	8472205.00	7.75	7.59

资料来源：信托公司年报。

从2013年清算来看，其单一类项目收益水平高于同期行业的平均值；在集合类信托产品方面，低于行业平均水平2.47个百分点；但长安信托的整

体收益水平略高于平均水平，表明长安信托的理财能力在行业内具备一定优势。

2. 固有资产

表 371 2013 年自营资产运用方式及投向

单位：万元，%

资产运用	金额	占比	资产分布	金额	占比
货币资产	136427.83	34.09	基础产业	0.00	0.00
贷款及应收款	2447.48	0.61	房地产	5560.00	1.39
交易性金融资产	137057.79	34.25	证券市场	146127.65	36.52
可供出售金融资产	65112.60	16.27	实业	17727.67	4.43
持有至到期投资	27090.19	6.77	金融机构	200189.10	50.03
长期股权投资	6103.51	1.53	其他	30569.35	7.64
其他	25934.37	6.48			
资产总计	400173.77	100.00	资产总计	400173.77	100.00

资料来源：信托公司年报。

2013 年长安信托资金主要投向金融机构及证券市场。

（四）风险管理

1. 风险指标

据年报披露显示，2013 年长安信托固有资产不良率为 3.21%，较上年度上升 2.33 个百分点，表明长安信托固有资产质量有所下降。

长安信托 2013 年提取信托赔偿准备金 4617.48 万元，累计信托赔偿准备金为 10849.53 万元，占注册资本的比例为 8.62%；提取一般风险准备金 2169.56 万元，累计一般风险准备金为 4125.84 万元。

2013 年长安信托净资本为 26.49 亿元，远高于监管最低标准 2 亿元；风险资本为 19.20 亿元，净资本与风险资本的比值为 137.97%，高于监管层的 100%；净资产为 30.90 亿元，净资本与净资产的比值为 85.72%，也高于监管层最低标准 40%。以上风险指标表明长安信托的抗风险能力仍处在较安全的区域内。

2. 风险事件

2013年长安信托无任何信托产品兑付风险事件发生。

五十四　长城信托

（一）基本情况

1. 公司沿革

长城新盛信托有限责任公司（简称长城信托或公司）前身是1988年12月9日成立的伊犁哈萨克自治州信托投资公司。2013年11月8日公司名称变更为长城新盛信托有限责任公司。注册及主要办公地均为乌鲁木齐，法定代表人为周礼耀，注册资本3亿元。

2. 股东背景

表372　排前三的股东

单位：%

股东名称	持股比例	股东背景
中国长城资产管理公司	35	国　资
新疆生产建设兵团国有资产经营公司	35	国　资
深圳市盛金投资控股有限公司	17	非国资

资料来源：信托公司年报，用益信托工作室整理制作。

（二）主要指标及排名

表373　2013年度主要经营指标及排名

经营指标		行业情况		排名情况		
名称	值	平均值	最高值	2013年	2012年	升降
注册资本（万元）	30000.00	167300.00	698800.00	68	66	-2
固有总资产（万元）	45158.87	423730.81	1856313.75	68	66	-2
固有净资产（万元）	36446.72	374790.49	1713394.33	68	66	-2
信托总资产（万元）	1449383.63	16030212.26	72966079.78	67	66	-1

续表

经营指标		行业情况		排名情况		
名称	值	平均值	最高值	2013年	2012年	升降
人均信托资产(万元)	25427.78	86131.35	314912.50	62	64	2
集合信托资产占比(%)	24.46	28.60	88.10	38	66	28
主动管理型占比(%)	32.74	58.93	100.00	53	37	-16
信托清算平均收益(%)	6.63	7.59	12.92	55	31	-24
年度新增信托规模(万元)	1393013.56	10090662.73	44143364.00	67	64	-3
新增单一信托规模(万元)	1014800.00	7274564.58	41304986.00	64	61	-3
新增集合信托规模(万元)	378213.56	2460672.83	14709086.46	65	66	1
总收入(万元)	15449.08	122186.63	547823.36	68	66	-2
信托业务收入(万元)	6129.94	90494.73	454205.00	68	66	-2
总利润(万元)	7626.24	83319.01	418590.74	67	66	-1
净利润(万元)	5704.73	65000.38	313553.98	66	66	0
人均净利润(万元)	140.86	380.05	1520.01	60	65	5
资本利润率(%)	16.86	19.76	54.06	40	64	24
信托报酬率(%)	0.42	0.68	2.63	46	63	17
净资本(万元)	36329.97	299973.72	1293667.00	68	66	-2
风险资本(万元)	19942.63	182283.69	640253.00	67	66	-1
信托杠杆(倍)	39.77	47.82	170.81	35	62	27

资料来源：信托公司年报，用益信托工作室整理制作。

表374　2013年用益－信托公司综合实力排名

指标		行业情况		排名情况		
名称	值	平均值	最高值	2013年	2012年	升降
资本实力	11.21	100.00	444.22	68	66	-2
业务能力	19.53	95.17	308.72	66	66	0
盈利能力	40.5	98.96	272.74	63	66	3
理财能力	45.98	99.96	194.14	68	65	-3
抗风险能力	71.09	104.40	238.82	58	24	-34
综合实力	40.24	100.16	253.52	68	66	-2

资料来源：用益信托工作室。

（三）资产管理状况

1. 信托资产

表 375　2013 年信托资产运用方式及投向

单位：万元，%

资产运用	金额	占比	资产分布	金额	占比
货币资产	2210.53	0.15	基础产业	190000.00	13.11
贷款	1122779.46	77.47	房地产	851369.00	58.74
交易性金融资产	0.00	0.00	证券市场	0.00	0.00
可供出售金融资产	68218.08	4.71	实业	104713.43	7.22
持有至到期投资	0.00	0.00	金融机构	68263.49	4.71
长期股权投资	47425.56	3.27	其他	235037.71	16.22
其他	208750.00	14.40			
信托资产总计	1449383.63	100.00	信托资产总计	1449383.63	100.00

资料来源：信托公司年报。

数据表明，2013 年长城信托的信托资金运用方式主要是贷款、其他、可供出售金融资产和长期股权投资，而公司信托资金的投向则主要集中在房地产、其他和基础产业领域。其中，投向最大的领域是房地产。

表 376　2013 年信托资产管理情况

单位：万元，%

信托资产	2012 年	占比	2013 年	占比	增长率
集合类	0.00		378213.56	27.15	
单一类	259000.00	100	1014800.00	72.85	291.81
财产权类	0.00		0.00	0.00	
主动管理型	170000.00	65.64	378213.56	27.15	122.48
被动管理型	89000.00	34.36	1014800.00	72.85	1040.22

资料来源：信托公司年报，用益信托工作室整理制作。

从信托资金来源看，2013 年长城信托加大了集合类信托业务的比重，对其过于单一的信托业务结构进行调整，有利于公司的长久发展。

年报数据显示，长城信托2013年主动管理资产能力减弱，在未来发展中要提升其主动管理能力，任重而道远。

表377　2013年信托项目清算收益情况

单位：个，万元，%

已清算项目类型	项目个数	实际信托合计金额	加权平均实际年化收益率	行业平均实际年化收益率
集合类	1	26000.00	6.99	8.36
单一类	5	179000.00	6.58	7.63
财产管理类				6.78
合　计	6	205000.00	6.63	7.59

资料来源：信托公司年报。

从2013年清算来看，其收益水平普遍低于同期行业的平均值，尤其在集合类信托产品方面，低于行业平均水平1.37个百分点，表明长城信托的理财能力较弱，有待进一步提高。

2. 固有资产

表378　2013年自营资产运用方式及投向

单位：万元，%

资产运用	金额	占比	资产分布	金额	占比
货币资产	20382.75	45.14	基础产业	0.00	0.00
贷款及应收款	0.00	0.00	房地产	0.00	0.00
交易性金融资产	0.00	0.00	证券市场	0.00	0.00
可供出售金融资产	0.00	0.00	实业	0.00	0.00
持有至到期投资	23539.25	52.13	金融机构	43922.00	97.26
长期股权投资	0.00	0.00	其他	1236.87	2.74
其他	1236.87	2.74			
资产总计	45158.87	100.00	资产总计	45158.87	100.00

资料来源：信托公司年报。

截至2013年底，长城信托固有资产余额为4.52亿元，从资金运用方式来看，主要集中在持有至到期投资和货币资产上。值得注意的是，长城信托固有资产投向较为单一，这对控制固有资产的风险较为不利。

（四）风险管理

1. 风险指标

2013年长城信托固有资产不良率为0，固有资产质量保持良好。另外，长城信托2013年提取风险赔偿准备金为285.24万元；累计提取风险赔偿准备金为347.07万元，占注册资本的比例为1.16%，未计提一般风险准备金，累计一般风险准备金也为0。

2013年长城信托净资本为3.63亿元，高于监管最低标准2亿元；风险资本为1.99亿元，净资本与风险资本的比值为182.17%，高于监管层的100%；净资产为3.64亿元，净资本与净资产的比值为99.68%，也高于监管层最低标准40%。以上风险指标表明长城信托的抗风险能力仍处在较安全的区域内。

2. 风险事件

2014年6月，中都控股集团董事长杨定国失联，"长城财富5号中都青山湖畔贷款集合资金信托计划"或因此受到影响。

五十五　浙金信托

（一）基本情况

1. 公司沿革

浙金信托股份有限公司是经中国银行业监督管理委员会批准的专业信托理财机构。注册资本为5亿元，注册地及办公地均为杭州，法定代表人为徐德良。

2. 股东背景

表379　排前三的股东

单位：%

股东名称	持股比例	股东背景
浙江省国际贸易集团有限公司	56.00	国　资
中国国际金融有限公司	35.00	央　企
传化集团有限公司	9.00	非国资

资料来源：信托公司年报，用益信托工作室整理制作。

（二）主要指标及排名

表 380　2013 年度主要经营指标及排名

经营指标		行业情况		排名情况		
名称	值	平均值	最高值	2013 年	2012 年	升降
注册资本（万元）	50000.00	167300.00	698800.00	65	58	-7
固有总资产（万元）	68378.43	423730.81	1856313.75	67	65	-2
固有净资产（万元）	60389.34	374790.49	1713394.33	67	65	-2
信托总资产（万元）	2190092.25	16030212.26	72966079.78	65	64	-1
人均信托资产（万元）	21900.92	86131.35	314912.50	64	61	-3
集合信托资产占比（%）	33.09	28.60	88.10	25	2	-23
主动管理型占比（%）	81.11	58.93	100.00	21	14	-7
信托清算平均收益（%）	9.60	7.59	12.92	5	13	8
年度新增信托规模（万元）	1711802.85	10090662.73	44143364.00	64	60	-4
新增单一信托规模（万元）	1234852.85	7274564.58	41304986.00	62	62	0
新增集合信托规模（万元）	446950.00	2460672.83	14709086.46	63	48	-15
总收入（万元）	19906.42	122186.63	547823.36	65	65	0
信托业务收入（万元）	17474.05	90494.73	454205.00	65	65	0
总利润（万元）	8080.71	83319.01	418590.74	65	65	0
净利润（万元）	5990.65	65000.38	313553.98	65	65	0
人均净利润（万元）	59.91	380.05	1520.01	67	66	-1
资本利润率（%）	10.43	19.76	54.06	62	63	1
信托报酬率（%）	0.80	0.68	2.63	21	12	-9
净资本（万元）	58493.70	299973.72	1293667.00	67	63	-4
风险资本（万元）	29426.67	182283.69	640253.00	65	64	-1
信托杠杆率（倍）	36.27	47.82	170.81	41	50	9

资料来源：信托公司年报，用益信托工作室整理制作。

表 381　2013 年用益－信托公司综合实力排名

指标		行业情况		排名情况		
名称	值	平均值	最高值	2013 年	2012 年	升降
资本实力	18.17	100.00	444.22	67	63	-4
业务能力	17.19	95.17	308.72	67	64	-3
盈利能力	36.8	98.96	272.74	65	63	-2
理财能力	81.2	99.96	194.14	53	58	5
抗风险能力	76.65	104.40	238.82	53	49	-4
综合实力	48.98	100.16	253.52	67	65	-2

资料来源：用益信托工作室。

（三）资产管理状况

1. 信托资产

表382　2013年信托资产运用方式及投向

单位：万元，%

资产运用	金额	占比	资产分布	金额	占比
货币资产	13825.89	0.63	基础产业	732120.00	33.43
贷款	1603165.00	73.20	房地产	648745.00	29.62
交易性金融资产	57771.41	2.64	证券市场	87771.41	4.01
可供出售金融资产	176428.89	8.06	实业	516700.00	23.59
持有至到期投资	85990.00	3.93	金融机构	13825.89	0.63
长期股权投资	140410.00	6.41	其他	190929.95	8.72
其他	112501.06	5.14			
信托资产总计	2190092.25	100.00	信托资产总计	2190092.25	100.00

资料来源：信托公司年报。

数据表明，浙金信托的信托资金运用方式主要是贷款、可供出售金融资产、长期股权投资；而公司信托资金的投向则主要集中在基础产业、房地产和实业（工商企业）。

表383　2013年信托资产管理情况

单位：万元，%

信托资产	2012年	占比	2013年	占比	增长率
集合类	812778.00	70.68	446950.00	26.11	-45.01
单一类	253185.00	22.02	1234852.85	72.14	387.73
财产权类	84000.00	7.30	30000.00	1.75	-64.29
主动管理型	1065963.00	92.70	1359302.85	79.41	27.52
被动管理型	84000.00	7.30	352500.00	20.59	319.64

资料来源：信托公司年报，用益信托工作室整理制作。

2013年浙金信托明显加大了单一类信托业务的发行力度，而集合类信托产品的发行节奏则放缓。尽管浙金信托对其信托业务结构进行了调整，但与行

业的总体水平相比还有相当的距离。2013 年公司在单一类信托业务上迅猛发力，虽然可以迅速做大信托资产规模，但同时也减少了信托业务收入的比重，降低了主动管理型业务的比重，导致整个信托业务风险系数的上升。

统计数据表明，浙金信托 2013 年主动管理资产能力明显减弱，未来要发展其主动管理能力任重而道远。

表 384　2013 年信托项目清算收益情况

单位：个，万元，%

已清算项目类型	项目个数	实际信托合计金额	加权平均实际年化收益率	行业平均实际年化收益率
集合类	10	356220.00	9.51	8.36
单一类	7	51843.38	10.70	7.63
财产管理类	1	18000.00	8.15	6.78
合　计	18	426063.38	9.60	7.59

资料来源：信托公司年报。

从 2013 年清算来看，其收益水平普遍高于同期行业的平均值，尤其在单一类信托产品方面，高出行业平均水平 3.07 个百分点，表明浙金信托的理财能力在行业内具有较强的竞争优势。

2. 固有资产

表 385　2013 年自营资产运用方式及投向

单位：万元，%

资产运用	金额	占比	资产分布	金额	占比
货币资产	48081.42	70.32	基础产业	0.00	0.00
贷款及应收款	2856.26	4.18	房地产	0.00	0.00
交易性金融资产	5814.83	8.50	证券市场	6880.37	10.06
可供出售金融资产	330.00	0.48	实业	0.00	0.00
持有至到期投资	0.00	0.00	金融机构	50202.14	73.42
长期股权投资	0.00	0.00	其他	11295.92	16.52
其他	11295.92	16.52			
资产总计	68378.43	100.00	资产总计	68378.43	100.00

资料来源：信托公司年报。

截至 2013 年底，浙金信托固有资产余额为 6.84 亿元，从资金运用方式来看，以货币资产为主；从投向来看，主要集中在金融机构、其他投资和证券市场等领域。特别值得注意的是，浙金信托的固有资产投向中没有基础产业和房地产，显然，固有资金投向中金融机构的比重过高并不有利，容易受市场波动影响，对固有资产的安全构成威胁。

（四）风险管理情况

1. 风险指标

浙金信托 2013 年固有资产不良率为 0，与 2012 年相比没有变化，资产状况整体表现良好。另外，浙金信托 2013 年提取信托风险赔偿准备金 299.54 万元，累计提取信托风险赔偿准备金 519.47 万元，占注册资本的 0.6%；没有提取一般风险准备金。

与行业内其他信托公司相比，浙金信托还比较年轻，业务发展经验尚少，故公司抗风险的能力还有待加强。2013 年浙金信托净资本为 5.85 亿元，远高于监管最低标准 2 亿元；风险资本为 2.94 亿元，净资本与风险资本的比值为 198.78%，高于监管层的 100%；净资产为 6.04 亿元，净资本与净资产的比值为 96.86%，也高于监管层最低标准 40%。以上风险指标表明浙金信托的抗风险能力仍处在较安全的区域内。

2. 风险事件

2013 年浙金信托无任何信托产品兑付风险事件发生。

五十六　中诚信托

（一）基本情况

1. 公司沿革

中诚信托有限责任公司（简称中诚信托或公司）前身是 1995 年 11 月成立的中煤信托投资有限责任公司，2007 年 8 月公司以"中诚信托有限责任公司"的名称进行重新登记。注册及主要办公地均为北京，法定代表人为邓红国，公司注册资本 24.57 亿元。

2.股东背景

表386　排前三的股东

单位：%

股东名称	持股比例	股东背景
中国人民保险集团股份有限公司	32.92	保险
国华能源投资有限公司	20.35	央企
兖矿集团有限公司	10.18	国资

资料来源：信托公司年报，用益信托工作室整理制作。

（二）主要指标及排名

表387　2013年度主要经营指标及排名

经营指标		行业情况		排名情况		
名称	值	平均值	最高值	2013年	2012年	升降
注册资本（万元）	245700.00	167300.00	698800.00	12	10	−2
固有总资产（万元）	1270411.18	423730.81	1856313.75	4	4	0
固有净资产（万元）	1104436.03	374790.49	1713394.33	4	3	−1
信托总资产（万元）	35721118.26	16030212.26	72966079.78	5	5	0
人均信托资产（万元）	160184.39	86131.35	314912.50	10	5	−5
集合信托资产占比（%）	14.41	28.60	88.10	55	51	−4
主动管理型占比（%）	41.60	58.93	100.00	48	38	−10
信托清算平均收益（%）	5.12	7.59	12.92	66	43	−23
年度新增信托规模（万元）	22164875.42	10090662.73	44143364.00	7	14	7
新增单一信托规模（万元）	15272652.40	7274564.58	41304986.00	8	11	3
新增集合信托规模（万元）	4318680.46	2460672.83	14709086.46	10	23	13
总收入（万元）	306503.44	122186.63	547823.36	4	4	0
信托业务收入（万元）	149818.40	90494.73	454205.00	10	8	−2
总利润（万元）	236822.44	83319.01	418590.74	3	2	−1
净利润（万元）	185003.77	65000.38	313553.98	4	2	−2
人均净利润（万元）	906.88	380.05	1520.01	4	3	−1
资本利润率（%）	17.54	19.76	54.06	36	35	−1
信托报酬率（%）	0.42	0.68	2.63	48	30	−18
净资本（万元）	691600.00	299973.72	1293667.00	4	3	−1
风险资本（万元）	375115.26	182283.69	640253.00	6	2	−4
信托杠杆率（倍）	32.34	47.82	170.81	44	44	0

资料来源：信托公司年报，用益信托工作室整理制作。

表388 2013年用益－信托公司综合实力排名

指标		行业情况		排名情况		
名称	值	平均值	最高值	2013年	2012年	升降
资本实力	268.1	100.00	444.22	4	3	－1
业务能力	219.34	95.17	308.72	5	3	－2
盈利能力	188.42	98.96	272.74	4	4	0
理财能力	119.22	99.96	194.14	12	5	－7
抗风险能力	139.33	104.40	238.82	12	7	－5
综合实力	182.88	100.16	253.52	5	3	－2

资料来源：用益信托工作室。

（三）资产管理状况

1. 信托资产

表389 2013年信托资产运用方式及投向

单位：万元，%

资产运用	金额	占比	资产分布	金额	占比
货币资产	1666620.84	4.67	基础产业	4947976.13	13.85
贷款	10344239.23	28.96	房地产	2376677.41	6.65
交易性金融资产	9376413.97	26.25	证券市场	8641619.90	24.19
可供出售金融资产	24000.00	0.07	实业	10064751.85	28.18
持有至到期投资	0.00	0.00	金融机构	6815162.55	19.08
长期股权投资	4692352.64	13.14	其他	2874930.42	8.05
其他	9617491.58	26.92			
信托资产总计	35721118.26	100.00	信托资产总计	35721118.26	100.00

资料来源：信托公司年报。

数据表明，中诚信托的信托资金运用方式主要是贷款、交易性金融资产和其他投资；而公司信托资金的投向则主要集中在实业、证券市场和金融机构。由此看来，该公司的信托资产投向分布较为分散，且重点投向监管层鼓励的实业领域，而在高风险的房地产领域占比下降，公司整个业务风险得到较好的控制。

表390　2013年信托资产管理情况

单位：万元，%

信托资产	2012年	占比	2013年	占比	增长率
集合类	1970926.00	14.43	4318680.46	19.48	119.12
单一类	10826904.85	79.25	15272652.40	68.90	41.06
财产权类	863776.98	6.32	2573542.56	11.61	197.94
主动管理型	10298674.98	75.38	5101934.02	23.02	-50.46
被动管理型	3362932.85	24.62	17062941.40	76.98	407.38

资料来源：信托公司年报，用益信托工作室整理制作。

　　2013年中诚信托加大了集合类和财产权类信托的发行力度，单一类信托产品的发行节奏则有所放缓。尽管中诚信托的集合类资金规模占比有所提升，但与行业平均水平相比还有一定的差距，主动管理能力还有待进一步加强。

表391　2013年信托项目清算收益情况

单位：个，万元，%

已清算项目类型	项目个数	实际信托合计金额	加权平均实际年化收益率	行业平均实际年化收益率
集合类	54	3187797.00	6.78	8.36
单一类	211	9570010.11	4.51	7.63
财产管理类	13	169865.70	8.00	6.78
合　计	278	12927672.81	5.12	7.59

资料来源：信托公司年报。

　　从2013年清算来看，除财产管理类产品外，集合类、单一类产品收益水平均低于同期行业的平均值，表明中诚信托的理财能力下降。

　　2.固有资产

　　截至2013年底，中诚信托固有资产余额为127.04亿元。从资金运用方式来看，以贷款及应收款为主，其次是长期股权投资。从投向来看，2013年中诚信托固有资产中投向最大的领域是房地产，金融机构紧随其后。显然，固有资金投向房地产的比重过大是一个非常危险的信号。目前房地产业处于调整期，市场下行风险加大，这对公司固有资产的整体安全构成潜在的威胁。

表392 2013 年自营资产运用方式及投向

单位：万元，%

资产运用	金额	占比	资产分布	金额	占比
货币资产	234441.45	18.45	基础产业	23261.83	1.83
贷款及应收款	700864.88	55.17	房地产	490211.52	38.59
交易性金融资产	15604.82	1.23	证券市场	39212.58	3.09
可供出售金融资产	18460.22	1.45	实业	106484.02	8.38
持有至到期投资	0.00	0.00	金融机构	465791.56	36.66
长期股权投资	276426.01	21.76	其他	145449.67	11.45
其他	24613.80	1.94			
资产总计	1270411.18	100.00	资产总计	1270411.18	100.00

资料来源：信托公司年报。

（四）风险管理

1. 风险指标

2013 年中诚信托固有资产不良率为 2.18%，而 2012 年该比率为 0，固有资产质量下降。另外，中诚信托 2013 年未提取风险赔偿准备金，累计提取风险赔偿准备金为 0；2013 年提取一般风险准备金 9250.19 万元，累计提取一般风险准备金 43272.82 万元。

根据年报披露显示，2013 年中诚信托净资本为 69.16 亿元，远高于监管最低标准 2 亿元；风险资本为 37.51 亿元，净资本与风险资本的比值为 184.37%，高于监管层的 100%；净资产为 110.44 亿元，净资本与净资产的比值为 62.62%，也高于监管层最低标准 40%。以上风险指标表明中诚信托的抗风险能力仍处在较安全的区域内。

2. 风险事件

2014 年 1 月，诚至金开 1 号集合资金信托计划：煤企实际控制人因民间借贷出事被警方控制，最终能否兑付不容乐观。

2014 年 5 月，农戈山铅锌矿信托计划：由于该项目存在诸如矿山估值虚高、矿山基本停工、担保方涉高利贷纠纷等风险问题。

2014 年 8 月，诚至金开 2 号集合资金信托计划：由于融资方山西新北公司经营陷入困境，无力还款，该项目无法如期兑付。

389

五十七　中海信托

（一）基本情况

1. 公司沿革

中海信托股份有限公司最初是由中国海洋石油总公司和中国中信股份有限公司共同投资设立的国有非银行金融机构。2011 年 11 月，公司注册资本变更为 25 亿元人民币。注册地为上海市，法定代表人为陈浩鸣。

2. 股东背景

表 393　排前两位的股东

单位：%

股东名称	持股比例	股东背景
中国海洋石油总公司	95.00	央企
中国中信股份有限公司	5.00	央企

资料来源：信托公司年报，用益信托工作室整理制作。

（二）主要指标及排名

表 394　2013 年度主要经营指标及排名

经营指标		行业情况		排名情况		
名称	值	平均值	最高值	2013 年	2012 年	升降
注册资本（万元）	250000.00	167300.00	698800.00	11	7	-4
固有总资产（万元）	491393.46	423730.81	1856313.75	17	16	-1
固有净资产（万元）	380800.66	374790.49	1713394.33	23	14	-9
信托总资产（万元）	17744366.00	16030212.26	72966079.78	25	21	-4
人均信托资产（万元）	136495.12	86131.35	314912.50	15	14	-1
集合信托资产占比（%）	30.56	28.60	88.10	28	37	9
主动管理型占比（%）	35.99	58.93	100.00	51	53	2
信托清算平均收益（%）	7.59	12.92	68	66	-2	

续表

经营指标		行业情况		排名情况		
名称	值	平均值	最高值	2013年	2012年	升降
年度新增信托规模(万元)	8570021.63	10090662.73	44143364.00	32	39	7
新增单一信托规模(万元)	5507441.18	7274564.58	41304986.00	32	49	17
新增集合信托规模(万元)	2991291.45	2460672.83	14709086.46	21	20	-1
总收入(万元)	120662.95	122186.63	547823.36	24	22	-2
信托业务收入(万元)	61442.46	90494.73	454205.00	40	28	-12
总利润(万元)	102472.70	83319.01	418590.74	19	16	-3
净利润(万元)	85793.80	65000.38	313553.98	15	11	-4
人均净利润(万元)	659.95	380.05	1520.01	8	5	-3
资本利润率(%)	22.55	19.76	54.06	24	27	-26
信托报酬率(%)	0.35	0.68	2.63	53	14	-7
净资本(万元)	317287.09	299973.72	1293667.00	21	15	-12
风险资本(万元)	182437.70	182283.69	640253.00	27	24	-7
信托杠杆率(倍)	46.60	47.82	170.81	31	38	38

资料来源：信托公司年报，用益信托工作室整理制作。

表395　2013年用益－信托公司综合实力排名

指标		行业情况		排名情况		
名称	值	平均值	最高值	2013年	2012年	升降
资本实力	110.09	100.00	444.22	18	14	-4
业务能力	97.15	95.17	308.72	29	32	3
盈利能力	111.72	98.96	272.74	21	15	-6
理财能力	94.47	99.96	194.14	32	51	19
抗风险能力	128.62	104.40	238.82	16	6	-10
综合实力	109.99	100.16	253.52	18	14	-4

资料来源：用益信托工作室。

（三）资产管理状况

1. 信托资产

中海信托确立了以信托本源业务为主的赢利模式，坚持"大项目、大客户"的双大策略，走"低风险、差异化"发展道路，为客户提供多样化融资

业务、低风险理财业务、资产证券化业务、资本市场投资业务、另类资产管理业务等金融服务。中海信托曾长期从事能源、交通领域的研究，由于这些项目一般都具有投资周期长、资金规模大的特点，而面向百姓或中小机构的集合类资金信托却无法满足大规模的客户融资需求，未来仍需继续探索与其相适应的发展道路。

表396 2013年信托资产运用方式及投向

单位：万元，%

资产运用	金额	占比	资产分布	金额	占比
货币资产	236471.00	1.33	基础产业	5518199.00	31.10
贷款	6196947.00	34.92	房地产	564258.00	3.18
交易性金融资产	6784517.00	38.23	证券市场	5041309.00	28.41
可供出售金融资产	2701794.00	15.23	实业	841128.00	4.74
持有至到期投资	0.00	0.00	金融机构	1677651.00	9.45
长期股权投资	988334.00	5.57	其他	4101821.00	23.12
其他	836303.00	4.71			
信托资产总计	17744366.00	100.00	信托资产总计	17744366.00	100.00

资料来源：信托公司年报。

数据显示，2013年中海信托各运用方式下的信托资产规模中，交易性金融资产资金规模最大。

2013年中海信托资产中投向最大的领域是基础产业，证券市场次之。

表397 2013年信托资产管理情况

单位：万元，%

信托资产	2012年	占比	2013年	占比	增长率
集合类	2222306.93	59.17	2991291.45	34.90	34.60
单一类	1229623.05	32.74	5507441.18	64.26	347.90
财产权类	303649.00	8.09	71289.00	0.83	-76.52
主动管理型	3466050.64	92.29	2603873.12	30.38	-24.87
被动管理型	289528.34	7.71	5966148.51	69.62	1960.64

资料来源：信托公司年报，用益信托工作室整理制作。

2013年中海信托明显加大了单一类信托业务的发行力度，而集合类信托产品的发行节奏则有所放缓。增加单一类信托业务的比重虽然可以迅速做大信托资产规模，但有可能导致整个信托业务风险系数上升。

表398　2013年信托项目清算收益情况

单位：个，万元，%

已清算项目类型	项目个数	实际信托合计金额	加权平均实际年化收益率	行业平均实际年化收益率
集合类	33	1005062.45		8.36
单一类	31	2405291.18		7.63
财产管理类				6.78
合　计	64	3410353.63		7.59

资料来源：信托公司年报。

从2013年清算来看，就个数而言，单一类产品和集合类产品平分秋色。但从规模来看，单一类产品的规模明显高于集合类产品的规模。2013年度没有财产管理类产品清算。

2.固有资产

表399　2013年自营资产运用方式及投向

单位：万元，%

资产运用	金额	占比	资产分布	金额	占比
货币资产	134313.30	27.33	基础产业	0.00	0.00
贷款及应收款	100000.00	20.35	房地产	0.00	0.00
交易性金融资产	10720.25	2.18	证券市场	32058.43	6.52
可供出售金融资产	102638.18	20.89	实业	100000.00	20.35
持有至到期投资	0.00	0.00	金融机构	239711.59	48.78
长期股权投资	105398.29	21.45	其他	119623.44	24.34
其他	38323.44	7.80			
资产总计	491393.46	100.00	资产总计	491393.46	100.00

资料来源：信托公司年报。

2013年中海信托资金主要投向金融机构、实业等，其中金融机构的资金规模为23.97亿元，实业资金规模为10亿元。

（四）风险管理

1. 风险指标

据年报披露显示，2013年中海信托固有资产不良率为0，表明中海信托固有资产质量较为良好。另外，中海信托2013年提取一般风险准备金4289.69万元，累计一般风险准备金为76253.21万元。

2013年中海信托净资本为31.73亿元，远高于监管最低标准2亿元；风险资本为18.24亿元，净资本与风险资本的比值为173.92%，高于监管层的100%；净资产为38.08亿元，净资本与净资产的比值为83.32%，也高于监管层最低标准40%。以上风险指标表明中海信托的抗风险能力仍处在较安全的区域内。

2. 风险事件

2013年中海信托无任何信托产品兑付风险事件发生。

五十八　中航信托

（一）基本情况

1. 公司沿革

中航信托股份有限公司（简称中航信托或公司）前身是江西江南信托股份有限公司，2010年12月公司更名为中航信托股份有限公司。注册及主要办公地均为江西南昌，法定代表人为朱幼林，注册资本16.86亿元。

2. 股东背景

表400　排前三的股东

单位：%

股东名称	持股比例	股东背景
中航投资控股有限公司	63.18	央企
华侨银行有限公司	19.99	外资
中国航空技术深圳有限公司	9.55	央企

资料来源：信托公司年报，用益信托工作室整理制作。

（二）主要指标及排名

表401　2013年度主要经营指标及排名

经营指标		行业情况		排名情况		
名称	值	平均值	最高值	2013 年	2012 年	升降
注册资本（万元）	168648.52	167300.00	698800.00	25	23	−2
固有总资产（万元）	431457.39	423730.81	1856313.75	22	34	12
固有净资产（万元）	383871.97	374790.49	1713394.33	22	32	10
信托总资产（万元）	22117395.75	16030212.26	72966079.78	16	17	1
人均信托资产（万元）	100078.71	86131.35	314912.50	23	27	4
集合信托资产占比（%）	24.08	28.60	88.10	40	36	−4
主动管理型占比（%）	28.16	58.93	100.00	58	55	−3
信托清算平均收益（%）	6.92	7.59	12.92	49	34	−15
年度新增信托规模（万元）	15016252.10	10090662.73	44143364.00	17	13	−4
新增单一信托规模（万元）	11597327.92	7274564.58	41304986.00	14	10	−4
新增集合信托规模（万元）	3236124.18	2460672.83	14709086.46	17	19	2
总收入（万元）	153722.09	122186.63	547823.36	16	14	−2
信托业务收入（万元）	134097.72	90494.73	454205.00	11	10	−1
总利润（万元）	98313.16	83319.01	418590.74	20	20	0
净利润（万元）	73941.78	65000.38	313553.98	21	21	0
人均净利润（万元）	486.70	380.05	1520.01	14	12	−2
资本利润率（%）	23.52	19.76	54.06	19	11	−8
信托报酬率（%）	0.61	0.68	2.63	35	23	−12
净资本（万元）	333300.00	299973.72	1293667.00	20	31	11
风险资本（万元）	268100.00	182283.69	640253.00	16	13	−3
信托杠杆率（倍）	57.62	47.82	170.81	18	18	0

资料来源：信托公司年报，用益信托工作室整理制作。

表402　2013年用益−信托公司综合实力排名

指标		行业情况		排名情况		
名称	值	平均值	最高值	2013 年	2012 年	升降
资本实力	103.88	100.00	444.22	22	30	8
业务能力	122.62	95.17	308.72	16	20	4
盈利能力	111.59	98.96	272.74	22	16	−6
理财能力	107.53	99.96	194.14	21	22	1
抗风险能力	87.99	104.40	238.82	43	51	8
综合实力	104.09	100.16	253.52	21	22	1

资料来源：用益信托工作室。

（三）资产管理状况

1. 信托资产

表403　2013年信托资产运用方式及投向

单位：万元，%

资产运用	金额	占比	资产分布	金额	占比
货币资产	165529.35	0.74	基础产业	6915346.43	31.27
贷款	13935753.34	63.01	房地产	2800122.21	12.66
交易性金融资产	0.00	0.00	证券市场	260314.86	1.18
可供出售金融资产	1589157.21	7.19	实业	8466594.23	38.28
持有至到期投资	974928.33	4.41	金融机构	0.00	0.00
长期股权投资	2595611.11	11.74	其他	3675018.02	16.61
其他	2856416.41	12.91			
信托资产总计	22117395.75	100.00	信托资产总计	22117395.75	100.00

资料来源：信托公司年报。

数据表明，中航信托的信托资金运用方式主要是贷款和长期股权投资。从投向来看，2013年中航信托的信托资产投向最大的领域是实业（工商企业），基础产业紧随其后。总的来看，中航信托的信托资金分布与行业分布较为接近，实业和基础产业为重点投资领域，业务结构较为合理。

表404　2013年信托资产管理情况

单位：万元，%

信托资产	2012年	占比	2013年	占比	增长率
集合类	2327358.28	16.51	3236124.18	21.55	39.05
单一类	11222633.30	79.63	11597327.92	77.23	3.34
财产权类	543342.00	3.86	182800.00	1.22	-66.36
主动管理型	6694115.88	47.50	4321399.35	28.78	-35.44
被动管理型	7399217.70	52.50	10694852.75	71.22	44.54

资料来源：信托公司年报，用益信托工作室整理制作。

2013年中航信托加大了集合类信托的发行力度，单一类和财产权类信托产品的发行节奏则有所放缓。尽管中航信托的集合类资金规模占比有所提升，但与行业平均近30%的占比相比还有一定的差距，主动管理能力有待进一步加强。

表 405　2013 年信托项目清算收益情况

单位：个，万元，%

已清算项目类型	项目个数	实际信托合计金额	加权平均实际年化收益率	行业平均实际年化收益率
集合类	66	1781613.11	8.42	8.36
单一类	139	7385126.24	6.56	7.63
财产管理类	3	17900.00	7.63	6.78
合　计	208	9184639.35	6.92	7.59

资料来源：信托公司年报。

从 2013 年清算来看，除单一类产品收益低于行业平均收益水平外，集合类和财产管理类产品收益水平均高于同期行业的平均值，尤其在财产管理类信托产品方面，高出行业平均水平 0.85 个百分点，表明中航信托的理财能力在行业中具有一定的竞争优势。

2. 固有资产

表 406　2013 年自营资产运用方式及投向

单位：万元，%

资产运用	金额	占比	资产分布	金额	占比
货币资产	29192.19	6.77	基础产业	0.00	0.00
贷款及应收款	57889.36	13.42	房地产	33000.00	7.65
交易性金融资产	19540.40	4.53	证券市场	19540.00	4.53
可供出售金融资产	271757.68	62.99	实业	7400.00	1.72
持有至到期投资	0.00	0.00	金融机构	46522.00	10.78
长期股权投资	46522.00	10.78	其他	324995.39	75.32
其他	6555.76	1.52			
资产总计	431457.39	100.00	资产总计	431457.39	100.00

资料来源：信托公司年报。

截至 2013 年底，中航信托固有资产余额为 43.15 亿元，从资金运用方式来看，以可供出售金融资产为主；从投向来看，2013 年中航信托资产中投向最大的领域是其他，房地产、证券市场、实业及金融机构领域的资产规模占比均较 2012 年有所下滑；基础产业类资产规模则减少为 0。

（四）风险管理

1. 风险指标

2013 年中航信托固有资产不良率依然为 0，固有资产质量保持良好。另外，中航信托 2013 年提取风险赔偿准备金 3697.09 万元，累计提取风险赔偿准备金为 8443.58 万元，占注册资本的比例为 5.01%；2013 年提取一般风险准备金 6102.81 万元，累计提取一般风险准备金为 14546.39 万元，两项风险准备金合计规模为 22989.97 万元。

根据年报披露显示，2013 年中航信托净资本为 33.33 亿元，远高于监管最低标准 2 亿元；风险资本为 26.81 亿元，净资本与风险资本的比值为 124.32%，高于监管层的 100%；净资产为 38.39 亿元，净资本与净资产的比值为 86.83%，也高于监管层最低标准 40%。以上风险指标表明中航信托的抗风险能力仍处在较安全的区域内。

2. 风险事件

2013 年中航信托无任何信托产品兑付风险事件发生。

五十九　中建投信托

（一）基本情况

1. 公司沿革

中建投信托有限责任公司（简称中建投信托或公司）前身是 1979 年 8 月成立的浙江省国际信托投资公司，2013 年 6 月公司更名为中建投信托有限责任公司。注册及主要办公地为浙江杭州，法定代表人为杨金龙，公司注册资本为 166574 万元。

2. 股东背景

表 407　排前两位的股东

单位：%

股东名称	持股比例	股东背景
中国建银投资有限责任公司	90.05	国资
建投控股有限责任公司	9.95	国资

资料来源：信托公司年报，用益信托工作室整理制作。

（二）主要指标及排名

表408　2013年度主要经营指标及排名

经营指标		行业情况		排名情况		
名称	值	平均值	最高值	2013年	2012年	升降
注册资本（万元）	166574.00	167300.00	698800.00	26	26	0
固有总资产（万元）	410494.31	423730.81	1856313.75	24	26	2
固有净资产（万元）	354380.57	374790.49	1713394.33	25	27	2
信托总资产（万元）	9819195.10	16030212.26	72966079.78	42	51	9
人均信托资产（万元）	67718.59	86131.35	314912.50	36	45	9
集合信托资产占比（%）	26.89	28.60	88.10	35	12	-23
主动管理型占比（%）	45.85	58.93	100.00	43	41	-2
信托清算平均收益（%）	6.82	7.59	12.92	52	50	-2
年度新增信托规模（万元）	8138529.88	10090662.73	44143364.00	34	44	10
新增单一信托规模（万元）	5793928.00	7274564.58	41304986.00	30	45	15
新增集合信托规模（万元）	1733908.61	2460672.83	14709086.46	34	39	5
总收入（万元）	102373.13	122186.63	547823.36	32	43	11
信托业务收入（万元）	74817.18	90494.73	454205.00	34	49	15
总利润（万元）	70532.74	83319.01	418590.74	31	11	-20
净利润（万元）	53227.67	65000.38	313553.98	31	12	-19
人均净利润（万元）	425.82	380.05	1520.01	21	37	16
资本利润率（%）	17.00	19.76	54.06	38	53	15
信托报酬率（%）	0.76	0.68	2.63	24	33	9
净资本（万元）	281164.89	299973.72	1293667.00	30	36	6
风险资本（万元）	176723.27	182283.69	640253.00	28	43	15
信托杠杆率（倍）	27.71	47.82	170.81	53	54	1

资料来源：信托公司年报，用益信托工作室整理制作。

表409　2013年用益－信托公司综合实力排名

指标		行业情况		排名情况		
名称	值	平均值	最高值	2013年	2012年	升降
资本实力	95.35	100.00	444.22	25	27	2
业务能力	92.54	95.17	308.72	30	48	18
盈利能力	102.71	98.96	272.74	27	48	21
理财能力	75.94	99.96	194.14	57	60	3
抗风险能力	94.91	104.40	238.82	34	31	-3
综合实力	92.41	100.16	253.52	28	48	20

资料来源：用益信托工作室。

（三）资产管理状况

1. 信托资产

表 410　2013 年信托资产运用方式及投向

单位：万元，%

资产运用	金额	占比	资产分布	金额	占比
货币资产	133569.56	1.36	基础产业	2212042.00	22.53
贷款	5732965.81	58.39	房地产	2360470.00	24.04
交易性金融资产	0.00	0.00	证券市场	77574.75	0.79
可供出售金融资产	1771989.39	18.05	实业	1265249.45	12.89
持有至到期投资	1087533.01	11.07	金融机构	470206.79	4.79
长期股权投资	286031.85	2.91	其他	3433652.11	34.96
其他	807105.48	8.22			
信托资产总计	9819195.10	100.00	信托资产总计	9819195.10	100.00

资料来源：信托公司年报。

数据表明，中建投信托的信托资金运用方式以贷款、可供出售金融资产及持有至到期投资为主；从投向来看，2013 年中建投信托资产中投向最大的领域是其他类，房地产紧随其后，而基础产业及实业（工商企业）领域比重均较 2012 年有所提高。

表 411　2013 年信托资产管理情况

单位：万元，%

信托资产	2012 年	占比	2013 年	占比	增长率
集合类	1199925.01	35.77	1733908.61	21.30	44.50
单一类	1455229.70	43.38	5793928.00	71.19	298.15
财产权类	699121.76	20.84	610693.27	7.50	-12.65
主动管理型	2201552.97	65.63	2754251.88	33.84	25.10
被动管理型	1152723.50	34.37	5384278.00	66.16	367.09

资料来源：信托公司年报，用益信托工作室整理制作。

2013 年中建投信托集合类信托产品的发行节奏有所放缓，单一类信托呈现不同的发展态势，增长显著；另外，财产权类信托新增规模与上年同期相比，下降明显。2013 年该公司通过调整以后，业务结构与行业的总体水平相比相差不大。增加单一类信托业务的比重虽然可以迅速做大信托资产规模，但同时也减少了信托业务收入的比重，降低了主动管理型业务的比重，导致整个信托业务风险系数上升。

表 412　2013 年信托项目清算收益情况

单位：个，万元，%

已清算项目类型	项目个数	实际信托合计金额	加权平均实际年化收益率	行业平均实际年化收益率
集合类	28	556000.01	9.40	8.36
单一类	34	1401027.00	6.28	7.63
财产管理类	10	98046.66		6.78
合　计	72	2055073.67	6.82	7.59

资料来源：信托公司年报。

从 2013 年清算来看，尽管整体加权平均收益低于行业平均水平，但集合类信托产品表现抢眼，平均收益高出行业平均水平 1.04 个百分点，表明中建投信托在集合类市场上具有一定的竞争优势。

2. 固有资产

表 413　2013 年自营资产运用方式及投向

单位：万元，%

资产运用	金额	占比	资产分布	金额	占比
货币资产	54794.18	13.35	基础产业	27720.00	6.75
贷款及应收款	286084.16	69.69	房地产	130912.62	31.89
交易性金融资产	2128.00	0.52	证券市场	24234.50	5.90
可供出售金融资产	54309.23	13.23	实业	0.00	0.00
持有至到期投资	0.00	0.00	金融机构	211942.37	51.64
长期股权投资	903.29	0.22	其他	15684.82	3.82
其他	12275.45	2.99			
资产总计	410494.31	100.00	资产总计	410494.31	100.00

资料来源：信托公司年报。

截至 2013 年底，中建投信托固有资产余额为 41.05 亿元，从资金运用方式来看，以贷款及应收款为主，其次是货币资产。从投向来看，2013 年中建投信托资产中投向最大的领域是金融机构，占比为 51.4%；房地产紧随其后，在基础产业的投资比重较上年略有上升。

（四）风险管理

1. 风险指标

2013 年中建投信托固有资产不良率与 2012 年相同，依然为 0，固有资产质量保持良好。另外，中建投信托 2013 年提取风险赔偿准备金为 2661.38 万元，累计提取风险赔偿准备金为 9007.98 万元，占注册资本的比例为 5.41%；2013 年提取一般风险准备金为 10.52 万元，累计提取一般风险准备金为 2885.09 万元；两项风险准备金合计规模为 11893.07 万元。

根据年报披露显示，2013 年中建投信托净资本为 28.12 亿元，远高于监管最低标准 2 亿元；风险资本为 17.67 亿元，净资本与风险资本的比值为 159.10%，高于监管层的 100%；净资产为 35.44 亿元，净资本与净资产的比值为 79.34%，也高于监管层最低标准 40%。以上风险指标表明中航信托的抗风险能力仍处在较安全的区域内。

2. 风险事件

联盛集团单一资金信托计划：山西联盛集团 6 亿元债务问题严重，可能延期。

六十　中江信托

（一）基本情况

1. 公司沿革

中江国际信托股份有限公司（简称中江信托或公司）前身是 1981 年 6 月成立的江西省国际信托投资公司，2003 年 3 月重新登记成立江西国际信托投资股份有限公司，2009 年 3 月公司变更为江西国际信托股份有限公司，2012 年 10 月公司更名为中江国际信托股份有限公司。公司注册及主要办公地均在南昌，法定代表人为裴强，注册资本为 11.56 亿元。

2. 股东背景

表 414   排前三的股东

单位：%

股东名称	持股比例	股东背景
领锐资产管理股份有限公司	32.74	非国资
江西省财政厅	20.44	政　府
北京供销社投资管理中心	17.94	国　资

资料来源：信托公司年报，用益信托工作室整理制作。

（二）主要指标及排名

表 415   2013 年度主要经营指标及排名

经营指标		行业情况		排名情况		
名称	值	平均值	最高值	2013 年	2012 年	升降
注册资本（万元）	115578.91	167300.00	698800.00	51	44	−7
固有总资产（万元）	410258.16	423730.81	1856313.75	25	23	−2
固有净资产（万元）	375343.31	374790.49	1713394.33	24	23	−1
信托总资产（万元）	16685512.83	16030212.26	72966079.78	27	19	−8
人均信托资产（万元）	92697.29	86131.35	314912.50	26	24	−2
集合信托资产占比（%）	27.65	28.60	88.10	33	26	−7
主动管理型占比（%）	39.25	58.93	100.00	49	49	0
信托清算平均收益（%）	5.64	7.59	12.92	65	47	−18
年度新增信托规模（万元）	8743008.90	10090662.73	44143364.00	31	26	−5
新增单一信托规模（万元）	5780249.90	7274564.58	41304986.00	31	25	−6
新增集合信托规模（万元）	2767183.00	2460672.83	14709086.46	25	32	7
总收入（万元）	119639.18	122186.63	547823.36	25	24	−1
信托业务收入（万元）	116697.96	90494.73	454205.00	13	14	1
总利润（万元）	75361.57	83319.01	418590.74	28	41	13
净利润（万元）	55474.11	65000.38	313553.98	29	41	12
人均净利润（万元）	308.19	380.05	1520.01	39	40	1
资本利润率（%）	16.80	19.76	54.06	41	34	−7
信托报酬率（%）	0.70	0.68	2.63	29	35	6
净资本（万元）	344414.14	299973.72	1293667.00	18	18	0
风险资本（万元）	223486.83	182283.69	640253.00	23	15	−8
信托杠杆率（倍）	44.45	47.82	170.81	34	30	−4

资料来源：信托公司年报，用益信托工作室整理制作。

表416   2013年用益－信托公司综合实力排名

指标		行业情况		排名情况		
名称	值	平均值	最高值	2013年	2012年	升降
资本实力	99.31	100.00	444.22	24	29	5
业务能力	85.30	95.17	308.72	34	33	-1
盈利能力	79.82	98.96	272.74	42	28	-14
理财能力	97.36	99.96	194.14	30	26	-4
抗风险能力	85.22	104.40	238.82	46	26	-20
综合实力	89.40	100.16	253.52	34	33	-1

资料来源：用益信托工作室。

（三）资产管理状况

1. 信托资产

中江信托业务范围包括资金信托、动产信托、不动产信托等，但主要偏好于政信合作类项目。中江信托的多个政信类项目以"应收债权受让""债务确认函""纳入预算支持文件""财政债权转移"等方式维续着地方财政的信用背书。此外，中江信托也有部分项目以投资信托受益权的方式"间接输血"此类项目。然而，由于中江信托业务过度向政信类领域集中，出于对地方政府债务危机的担忧，或将在未来对其造成一定的风险积聚。

表417   2013年信托资产运用方式及投向

单位：万元，%

资产运用	金额	占比	资产分布	金额	占比
货币资产	106880.29	0.64	基础产业	6251171.98	37.33
贷款	9842517.90	58.77	房地产	1192758.38	7.12
交易性金融资产	519453.80	3.10	证券市场	563656.26	3.37
可供出售金融资产	736483.30	4.40	实业	6646374.49	39.69
持有至到期投资	0.00	0.00	金融机构	108158.24	0.65
长期股权投资	1343182.04	8.02	其他	1985168.83	11.85
其他	4198770.85	25.07			
信托资产总计	16747288.18	100.00	信托资产总计	16747288.18	100.00

资料来源：信托公司年报。

数据表明，中江信托的信托资金运用方式主要是贷款和其他投资，而公司信托资金的投向则主要集中在实业（工商企业）、基础产业和其他领域。

表 418　2013 年信托资产管理情况

单位：万元，%

信托资产	2012 年	占比	2013 年	占比	增长率
集合类	1474059.30	22.41	2767183.00	31.65	87.73
单一类	5506512.24	76.26	5780249.90	66.11	4.97
财产权类	240153.20	3.33	195576.00	2.24	-18.56
主动管理型	7220724.74	33.34	4461183.00	51.03	-38.22
被动管理型	2407315.90	66.66	4281825.90	48.97	77.87

资料来源：信托公司年报。

2013 年中江信托明显加大了集合类信托业务的发行力度，而单一类信托产品的发行节奏则有所放缓。尽管近几年中江信托对其信托业务结构进行了调整，但与行业的总体水平相比还有相当的距离。增加集合类信托业务的比重可以做大信托资产规模，同时提升主动管理型业务的比重，导致整个信托业务风险系数下降。

表 419　2013 年信托项目清算收益情况

单位：个，万元，%

已清算项目类型	项目个数	实际信托合计金额	加权平均实际年化收益率	行业平均实际年化收益率
集合类	161	6634556.80	5.70	8.36
单一类	143	1202212.54	5.30	7.63
财产管理类	5	18990.00	7.08	6.78
合　计	309	7855759.35	5.64	7.59

资料来源：信托公司年报。

从 2013 年清算来看，其收益水平普遍低于同期行业的平均值，尤其在集合类信托产品方面，低于行业平均水平 2.66 个百分点，表明中江信托的理财能力有待进一步提高。

2. 固有资产

表 420　2013 年自营资产运用方式及投向

单位：万元，%

资产运用	金额	占比	资产分布	金额	占比
货币资产	117735.82	28.70	基础产业	0.00	0.00
贷款及应收款	0.00	0.00	房地产	0.00	0.00
交易性金融资产	10366.33	2.53	证券市场	280227.13	68.31
可供出售金融资产	52941.52	12.90	实业	0.00	0.00
持有至到期投资	0.00	0.00	金融机构	0.00	0.00
长期股权投资	227285.61	55.40	其他	130031.03	31.69
其他	1928.88	0.47			
资产总计	410258.16	100.00	资产总计	410258.16	100.00

资料来源：信托公司年报。

　　截至 2013 年底，中江信托固有资产余额为 41.03 亿元，从资金运用方式来看，以长期股权投资为主；从投向来看，主要集中在证券市场和其他领域。特别值得注意的是，中江信托的固有资产投向中没有基础产业、房地产、实业（工商企业）及金融机构。

（四）风险管理

1. 风险指标

　　2013 年中江信托固有资产不良率 0.01%，与 2012 年的 0.42% 相比，下降 0.41 个百分点，固有资产质量进一步提高。另外，中江信托 2013 年提取信托风险赔偿准备金 2773.71 万元，占注册资本的 2.40%，累计提取信托风险赔偿准备金 2773.71 万元，占注册资本的 2.40%；没有提取一般风险准备金，累计风险准备金也为零。

　　根据中江信托年报数据披露，2013 年中江信托净资本为 34.44 亿元，远高于监管最低标准 2 亿元；风险资本为 22.35 亿元，净资本与风险资本的比值为 154.11%，高于监管层的 100%；净资产为 37.53 亿元，净资本与净资产的比值为 91.76%，也高于监管层最低标准 40%。以上风险指标表明中江信托的抗风险能力仍处在较安全的区域内。

2. 风险事件

2014 年 5 月，联盛集团单一信托计划：该信托计划的总规模为 15 亿元，中江国际信托是联盛最大的信托债权人，联盛集团破产重整。

六十一　中粮信托

（一）基本情况

1. 公司沿革

中粮信托有限责任公司（简称中粮信托或公司）于 2009 年 7 月经银监会批准设立。注册及主要办公地均为北京，法定代表人为邬小惠，公司注册资本为 23 亿元。

2. 股东背景

表 421　排前两位的股东

单位：%

股东名称	持股比例	股东背景
中粮集团有限公司	72.01	央企
蒙特利尔银行	19.99	外资

资料来源：信托公司年报，用益信托工作室整理制作。

（二）主要指标及排名

表 422　2013 年度主要经营指标及排名

经营指标		行业情况		排名情况		
名称	值	平均值	最高值	2013 年	2012 年	升降
注册资本（万元）	230000.00	167300.00	698800.00	14	40	26
固有总资产（万元）	331698.60	423730.81	1856313.75	37	41	4
固有净资产（万元）	321772.36	374790.49	1713394.33	31	37	6
信托总资产（万元）	5309187.41	16030212.26	72966079.78	53	22	−31

续表

经营指标		行业情况		排名情况		
名称	值	平均值	最高值	2013 年	2012 年	升降
人均信托资产(万元)	44615.02	86131.35	314912.50	47	11	−36
集合信托资产占比(%)	13.29	28.60	88.10	57	42	−15
主动管理型占比(%)	33.35	58.93	100.00	52	61	9
信托清算平均收益(%)	6.86	7.59	12.92	50	44	−6
年度新增信托规模(万元)	4091000.00	10090662.73	44143364.00	50	1	−49
新增单一信托规模(万元)	3336100.00	7274564.58	41304986.00	45	1	−44
新增集合信托规模(万元)	677400.00	2460672.83	14709086.46	57	49	−8
总收入(万元)	41912.36	122186.63	547823.36	58	56	−2
信托业务收入(万元)	25256.57	90494.73	454205.00	63	58	−5
总利润(万元)	27991.61	83319.01	418590.74	56	27	−29
净利润(万元)	20451.85	65000.38	313553.98	58	29	−29
人均净利润(万元)	182.61	380.05	1520.01	55	48	−7
资本利润率(%)	8.83	19.76	54.06	64	54	−10
信托报酬率(%)	0.48	0.68	2.63	43	65	22
净资本(万元)	297946.77	299973.72	1293667.00	26	33	7
风险资本(万元)	83103.13	182283.69	640253.00	53	40	−13
信托杠杆率(倍)	16.50	47.82	170.81	60	19	−41

资料来源：信托公司年报，用益信托工作室整理制作。

表 423　2013 年用益－信托公司综合实力排名

指标		行业情况		排名情况		
名称	值	平均值	最高值	2013 年	2012 年	升降
资本实力	92.2	100.00	444.22	26	41	15
业务能力	38.7	95.17	308.72	61	16	−45
盈利能力	43.6	98.96	272.74	61	62	1
理财能力	65.46	99.96	194.14	65	34	−31
抗风险能力	151.27	104.40	238.82	8	30	22
综合实力	83.87	100.16	253.52	43	38	−5

资料来源：用益信托工作室。

（三）资产管理状况

1. 信托资产

表 424　2013 年信托资产运用方式及投向

单位：万元，%

资产运用	金额	占比	资产分布	金额	占比
货币资产	160569.50	3.02	基础产业	1823020.41	34.34
贷款	4208752.56	79.27	房地产	177904.14	3.35
交易性金融资产	0.00	0.00	证券市场	3000.00	0.06
可供出售金融资产	148096.71	2.79	实业	2312878.25	43.56
持有至到期投资	62000.00	1.17	金融机构	577544.27	10.88
长期股权投资	363199.83	6.84	其他	414840.34	7.81
其他	366568.81	6.90			
信托资产总计	5309187.41	100.00	信托资产总计	5309187.41	100.00

资料来源：信托公司年报。

　　数据表明，中粮信托的信托资产运用方式以贷款为主；从投向来看，2013年中粮信托资产中投向最大的领域是实业（工商企业）。总的来看，该公司信托资产投向主要集中在实业、基础产业和金融机构，与行业结构较为相近，分布较为合理。

表 425　2013 年信托资产管理情况

单位：万元，%

信托资产	2012 年	占比	2013 年	占比	增长率
集合类	754623.09	2.61	677400.00	16.56	-10.23
单一类	27883548.00	96.54	3336100.00	81.55	-88.04
财产权类	246198.70	0.85	77500.00	1.89	-68.52
主动管理型	2859549.79	9.90	1036279.00	25.33	-63.76
被动管理型	26024820.00	90.10	3054721.00	74.67	-88.26

资料来源：信托公司年报，用益信托工作室整理制作。

2013 年中粮信托加大了集合类和财产权类信托的发行力度，单一类信托产品的发行节奏则有所放缓。尽管中粮信托的集合类资金规模占比有所提升，但与行业平均水平相比还有一定的差距，主动管理能力还有待进一步加强。

表 426　2013 年信托项目清算收益情况

单位：个，万元，%

已清算项目类型	项目个数	实际信托合计金额	加权平均实际年化收益率	行业平均实际年化收益率
集合类	17	291166.18	9.23	8.36
单一类	90	3186205.00	6.63	7.63
财产管理类	11	84585.82	7.47	6.78
合　计	118	3561957.00	6.86	7.59

资料来源：信托公司年报。

从 2013 年清算来看，除单一类产品外，集合类和财产管理类信托产品收益水平均高于同期行业的平均值，尤其在集合类信托产品方面，高出行业平均水平 0.87 个百分点，表明中粮信托的理财能力在行业中具有一定的竞争优势。

2. 固有资产

表 427　2013 年自营资产运用方式及投向

单位：万元，%

资产运用	金额	占比	资产分布	金额	占比
货币资产	148065.78	44.64	基础产业	9900.00	2.98
贷款及应收款	66900.00	20.17	房地产	0.00	0.00
交易性金融资产	2654.32	0.80	证券市场	2654.32	0.80
可供出售金融资产	102987.80	31.05	实业	0.00	0.00
持有至到期投资	0.00	0.00	金融机构	159987.80	48.23
长期股权投资	9510.00	2.87	其他	159156.48	47.99
其他	1580.70	0.47			
资产总计	331698.60	100.00	资产总计	331698.60	100.00

资料来源：信托公司年报。

截至 2013 年底，中粮信托固有资产余额为 33.17 亿元，从资金运用方式来看，以货币资产和可供出售金融资产为主；从投向来看，2013 年中粮信托资产中投向最大的领域是金融机构，其他紧随其后。另外，值得注意的是，无房地产和实业投资。

（四）风险管理

1. 风险指标

2013 年中粮信托固有资产不良率与 2012 年相同，保持为 0，固有资产质量保持良好。另外，中粮信托 2013 年提取风险赔偿准备金 1022.59 万元，累计提取风险赔偿准备金为 7490.09 万元，占注册资本的比例为 3.26%；2013 年提取一般风险准备 1546.98 万元，累计提取一般风险准备金为 12456.12 万元；两项风险准备金合计规模为 19946.22 万元。

根据年报披露显示，2013 年中粮信托净资本为 29.79 亿元，远高于监管最低标准 2 亿元；风险资本为 8.31 亿元，净资本与风险资本的比值为 358.53%，高于监管层的 100%；净资产为 33.17 亿元，净资本与净资产的比值为 92.60%，也高于监管层最低标准 40%。以上风险指标表明中粮信托的抗风险能力仍处在较安全的区域内。

2. 风险事件

中金佳成房地产基金 1 号集合资金信托计划：2013 年 7 月 23 日通过了表决议案，要求优先级受益人收益率由 13.5% 下调到 8%。中粮信托表示，由于各方股东之间存在矛盾，项目一直未能开工，预计无法按合同约定到期偿还本息，正在找第三方收购。中粮信托几位明确表示反对的优先级投资者未收到变更表决时间的通知。

六十二　中融信托

（一）基本情况

1. 公司沿革

中融国际信托有限公司（简称中融信托或公司）前身是 1987 年成立的哈

尔滨国际信托投资公司，2002年5月公司以"中融国际信托投资有限公司"的名称进行重新登记，2007年7月公司更名为中融国际信托有限公司。注册地为黑龙江哈尔滨，主要办公地为北京。法定代表人为刘洋，公司注册资本16亿元。

2.股东背景

表428　排前三的股东

单位：%

股东名称	持股比例	股东背景
经纬纺织机械股份有限公司	37.47	国资
中植企业集团有限公司	32.99	非国资
哈尔滨投资集团有限责任公司	21.54	国资

资料来源：信托公司年报，用益信托工作室整理制作。

（二）主要指标及排名

表429　2013年度主要经营指标及排名

经营指标		行业情况		排名情况		
名称	值	平均值	最高值	2013年	2012年	升降
注册资本（万元）	160000.00	167300.00	698800.00	27	19	-8
固有总资产（万元）	968751.00	423730.81	1856313.75	6	8	2
固有净资产（万元）	755827.54	374790.49	1713394.33	6	12	6
信托总资产（万元）	47853490.39	16030212.26	72966079.78	3	4	1
人均信托资产（万元）	29539.19	86131.35	314912.50	59	58	-1
集合信托资产占比（%）	42.63	28.60	88.10	13	62	49
主动管理型占比（%）	82.93	58.93	100.00	19	11	-8
信托清算平均收益（%）	8.41	7.59	12.92	21	62	41
年度新增信托规模（万元）	24819170.69	10090662.73	44143364.00	4	7	3
新增单一信托规模（万元）	13463207.81	7274564.58	41304986.00	10	29	19
新增集合信托规模（万元）	9499484.88	2460672.83	14709086.46	2	2	0
总收入（万元）	489555.23	122186.63	547823.36	2	2	0

续表

经营指标		行业情况		排名情况		
名称	值	平均值	最高值	2013 年	2012 年	升降
信托业务收入(万元)	454205.00	90494.73	454205.00	1	1	0
总利润(万元)	278224.03	83319.01	418590.74	2	3	1
净利润(万元)	209151.61	65000.38	313553.98	2	4	2
人均净利润(万元)	142.16	380.05	1520.01	59	59	0
资本利润率(%)	30.57	19.76	54.06	8	6	-2
信托报酬率(%)	0.95	0.68	2.63	15	12	-3
净资本(万元)	694800.00	299973.72	1293667.00	3	11	8
风险资本(万元)	483100.00	182283.69	640253.00	2	8	6
信托杠杆率(倍)	63.31	47.82	170.81	12	14	2

资料来源:信托公司年报,用益信托工作室整理制作。

表 430　2013 年用益 – 信托公司综合实力排名

指标		行业情况		排名情况		
名称	值	平均值	最高值	2013 年	2012 年	升降
资本实力	202.45	100.00	444.22	6	12	6
业务能力	256.9	95.17	308.72	2	4	2
盈利能力	179.92	98.96	272.74	7	3	-4
理财能力	188.56	99.96	194.14	3	3	0
抗风险能力	139.86	104.40	238.82	11	13	2
综合实力	187.69	100.16	253.52	4	5	1

资料来源:用益信托工作室。

(三)资产管理状况

1. 信托资产

数据表明,中融信托的信托资产运用方式以贷款和其他为主;从投向来看,2013 年中融信托资产中投向最大的领域是实业(工商企业),基础产业紧随其后,房地产和证券市场的资金比重均下降。

表431　2013 年信托资产运用方式及投向

单位：万元，%

资产运用	金额	占比	资产分布	金额	占比
货币资产	976633.98	2.04	基础产业	13347418.05	27.89
贷款	16030399.93	33.50	房地产	5305915.30	11.09
交易性金融资产	3143788.81	6.57	证券市场	4991912.64	10.43
可供出售金融资产	5321088.95	11.12	实业	16808618.47	35.12
持有至到期投资	0.00	0.00	金融机构	5118786.56	10.70
长期股权投资	8148028.69	17.03	其他	2280839.37	4.77
其他	14233550.03	29.74			
信托资产总计	47853490.39	100.00	信托资产总计	47853490.39	100.00

资料来源：信托公司年报。

表432　2013 年信托资产管理情况

单位：万元，%

信托资产	2012 年	占比	2013 年	占比	增长率
集合类	7351610.70	35.94	9499484.88	38.27	29.22
单一类	4762122.56	23.28	13463207.81	54.25	182.71
财产权类	8343902.84	40.79	1856478.00	7.48	−77.75
主动管理型	20164344.84	98.57	17868145.55	71.99	−11.39
被动管理型	293291.26	1.43	6951025.14	28.01	2270.01

资料来源：信托公司年报，用益信托工作室整理制作。

2013 年中融信托加大了单一类和集合类信托的发行力度，财产权类信托产品的发行节奏则大幅放缓。尽管中诚信托的集合类资金规模占比有所提升，但单一类资金规模涨幅更大，公司主动管理能力减弱。

统计表明，中融信托 2013 年主动管理资产能力下滑，主要受单一类信托规模增加的影响。

从 2013 年清算来看，其收益水平普遍高于同期行业的平均值，尤其在集合类信托产品方面，高出行业平均水平 1.13 个百分点，财产管理类产品收益也高出行业平均水平 1.65 个百分点，表明中融信托的理财能力在行业中具有一定的竞争优势。

表 433　2013 年信托项目清算收益情况

单位：个，万元，%

已清算项目类型	项目个数	实际信托合计金额	加权平均实际年化收益率	行业平均实际年化收益率
集合类	157	3671545.72	9.49	8.36
单一类	106	4222386.00	7.46	7.63
财产管理类	96	1957675.00	8.43	6.78
合　计	359	9851606.72	8.41	7.59

资料来源：信托公司年报。

2. 固有资产

表 434　2013 年自营资产运用方式及投向

单位：万元，%

资产运用	金额	占比	资产分布	金额	占比
货币资产	843153.00	87.04	基础产业	0.00	0.00
贷款及应收款	0.00	0.00	房地产	0.00	0.00
交易性金融资产	23910.00	2.47	证券市场	56999.00	5.88
可供出售金融资产	37679.00	3.89	实业	0.00	0.00
持有至到期投资	0.00	0.00	金融机构	2867.00	0.30
长期股权投资	7511.00	0.78	其他	908885.00	93.82
其他	56498.00	5.82			
资产总计	968751.00	100.00	资产总计	968751.00	100.00

资料来源：信托公司年报。

截至 2013 年底，中融信托固有资产余额为 96.88 亿元，从资金运用方式来看，以货币资产为主；从投向来看，2013 年中融信托资产中投向最大的领域是其他类。值得注意的是，投向基础产业、房地产和实业领域的资金规模均为 0。由此来看，该公司固有资产投向较为单一，固有资产使用效率还有待进一步提高。

（四）风险管理

1. 风险指标

2013 年中融信托固有资产不良率为 0，固有资产质量良好。另外，中融信

托 2013 年提取风险赔偿准备金 13097.4 万元，累计提取风险赔偿准备金为 32000 万元，占注册资本的比例为 20%，累计提取一般风险准备金为 33458.72 万元；两项风险准备金合计规模为 65458.72 万元。

根据年报披露显示，2013 年中融信托净资本为 69.48 亿元，远高于监管最低标准 2 亿元；风险资本为 48.31 亿元，净资本与风险资本的比值为 143.82%，高于监管层的 100%；净资产为 75.58 亿元，净资本与净资产的比值为 91.93%，也高于监管层最低标准 40%。以上风险指标表明中融信托的抗风险能力仍处在较安全的区域内。

2. 风险事件

2013 年中融信托无任何信托产品兑付风险事件发生。

六十三　中泰信托

（一）基本情况

1. 公司沿革

中泰信托有限责任公司前身是中国农业银行厦门信托投资公司，成立于 1988 年。2009 年 4 月 3 日，经银监复〔2009〕102 号文件批准，公司获准变更公司名称和业务范围，注册名称变更为"中泰信托有限责任公司"。注册资本为人民币 51660 万元，注册地为上海，法定代表人为吴庆斌。

2. 股东背景

表 435　排前三的股东

单位：%

股东名称	持股比例	股东背景
中国华闻投资控股有限公司	31.57	国　资
上海新黄浦置业股份有限公司	29.97	非国资
广联投资股份有限公司	20.00	非国资

资料来源：信托公司年报，用益信托工作室整理制作。

（二）主要指标及排名

表436　2013年度主要经营指标及排名

经营指标		行业情况		排名情况		
名称	值	平均值	最高值	2013年	2012年	升降
注册资本（万元）	51600.00	167300.00	698800.00	62	55	-7
固有总资产（万元）	231632.95	423730.81	1856313.75	51	46	-5
固有净资产（万元）	209088.66	374790.49	1713394.33	50	46	-4
信托总资产（万元）	6217769.34	16030212.26	72966079.78	52	53	1
人均信托资产（万元）	37913.23	86131.35	314912.50	52	50	-2
集合信托资产占比（%）	39.73	28.60	88.10	17	17	0
主动管理型占比（%）	99.37	58.93	100.00	5	5	0
信托清算平均收益（%）	9.76	7.59	12.92	2	26	24
年度新增信托规模（万元）	3601510.35	10090662.73	44143364.00	52	45	-7
新增单一信托规模（万元）	2845294.00	7274564.58	41304986.00	49	47	-2
新增集合信托规模（万元）	651216.35	2460672.83	14709086.46	60	25	-35
总收入（万元）	68354.42	122186.63	547823.36	47	57	10
信托业务收入（万元）	33088.99	90494.73	454205.00	56	63	7
总利润（万元）	46812.81	83319.01	418590.74	46	3	-43
净利润（万元）	36577.22	65000.38	313553.98	44	4	-40
人均净利润（万元）	200.54	380.05	1520.01	53	61	8
资本利润率（%）	15.58	19.76	54.06	47	59	12
信托报酬率（%）	0.53	0.68	2.63	39	43	4
净资本（万元）	168900.00	299973.72	1293667.00	49	44	-5
风险资本（万元）	74599.18	182283.69	640253.00	57	53	-4
信托杠杆率（倍）	29.74	47.82	170.81	49	61	12

资料来源：信托公司年报，用益信托工作室整理制作。

表437　2013年用益-信托公司综合实力排名

指标		行业情况		排名情况		
名称	值	平均值	最高值	2013年	2012年	升降
资本实力	53.17	100.00	444.22	51	51	0
业务能力	54.15	95.17	308.72	48	53	5
盈利能力	66.93	98.96	272.74	53	49	-4
理财能力	89.13	99.96	194.14	40	56	16
抗风险能力	93.75	104.40	238.82	37	46	9
综合实力	73.41	100.16	253.52	53	52	-1

资料来源：用益信托工作室。

（三）资产管理状况

1. 信托资产

表 438　2013 年信托资产运用方式及投向

单位：万元，%

资产运用	金额	占比	资产分布	金额	占比
货币资产	193035.39	3.10	基础产业	804960.67	12.95
贷款	2235961.43	35.96	房地产	164014.6	2.64
交易性金融资产	239293.06	3.85	证券市场	106193.07	1.71
可供出售金融资产	2191107.79	35.24	实业	3650786.62	58.72
持有至到期投资	57234.00	0.92	金融机构	34534.00	0.56
长期股权投资	681442.48	10.96	其他	1457280.38	23.44
其他	619695.19	9.97			
信托资产总计	6217769.34	100.00	信托资产总计	6217769.34	100.00

资料来源：信托公司年报。

数据表明，中泰信托的信托资金运用方式主要是贷款、可供出售金融资产和长期股权投资；而公司信托资金的投向则主要集中在实业、其他和基础产业。

表 439　2013 年信托资产管理情况

单位：万元，%

信托资产	2012 年	占比	2013 年	占比	增长率
集合类	1846699.00	56.13	651216.35	18.08	-64.74
单一类	1383500.00	42.05	2845294.00	79.00	105.66
财产权类	60000.00	1.82	105000.00	2.92	75.00
主动管理型	3290199.00	100.00	3588975.35	99.65	9.08
被动管理型			12535.00	0.35	

资料来源：信托公司年报，用益信托工作室整理制作。

2013 年中泰信托明显加大了单一类信托业务的发行力度，而集合类信托产品的发行节奏则明显放缓。集合类信托比重的下滑，降低了主动管理型业务的比重，不利于信托业务收入的增长。

从 2013 年清算来看，其收益水平普遍高于同期行业的平均值，尤其在集合类信托产品方面，高出行业平均水平 1.58 个百分点，表明中泰信托的理财能力在行业中具有一定的竞争优势。

表440　2013年信托项目清算收益情况

单位：个，万元，%

已清算项目类型	项目个数	实际信托合计金额	加权平均实际年化收益率	行业平均实际年化收益率
集合类	9	193775.00	9.94	8.36
单一类	23	790950.00	9.71	7.63
财产管理类				6.78
合　计	32	984725.00	9.76	7.59

资料来源：信托公司年报。

2. 固有资产

表441　2013年自营资产运用方式及投向

单位：万元，%

资产运用	金额	占比	资产分布	金额	占比
货币资产	73724.47	31.83	基础产业	0.00	0.00
贷款及应收款	29283.36	12.64	房地产	0.00	0.00
交易性金融资产	50588.88	21.84	证券市场	17920.00	7.74
可供出售金融资产	36220.00	15.64	实业	0.00	0.00
持有至到期投资	5158.51	2.23	金融机构	21306.14	9.20
长期股权投资	21306.14	9.20	其他	192406.81	83.07
其他	15351.59	6.63			
资产总计	231632.95	100.00	资产总计	231632.95	100.00

资料来源：信托公司年报。

截至2013年底，中泰信托固有资产余额为23.16亿元，从资金运用方式来看，以货币资产为主；从投向来看，主要集中在其他投资、金融机构、证券市场。特别值得注意的是，中泰信托的固有资产投向中没有基础产业、房地产、实业，显然，固有资金投向比重过于集中，对中泰信托来说并不利于分散分险。

（四）风险管理情况

1. 风险指标

中泰信托2013年固有资产不良率为25.52%，与2012年的80.29%相

比，下滑 54.77 个百分点。虽然中泰信托资产状况明显好转，但与行业的平均水平相比，资产质量有待进一步提高。另外，中泰信托 2013 年提取信托风险赔偿准备金 1828.86 万元，累计提取信托风险赔偿准备金 7648.31 万元，占注册资本的 14.82%；提取一般风险准备金 -722.38 万元，累计风险准备金为 2675.09 万元。

由于中泰信托的信托资产规模不大，公司的整体资产质量和抗风险能力较强。2013 年中泰信托净资本为 16.89 亿元，远高于监管最低标准 2 亿元；风险资本为 7.50 亿元，净资本与风险资本的比值为 226.41%，高于监管层的 100%；净资产为 20.90 亿元，净资本与净资产的比值为 80.78%，也高于监管层最低标准 40%。以上风险指标表明中泰信托的抗风险能力仍处在较安全的区域内。

2. 风险事件

2013 年中泰信托无任何信托产品兑付风险事件发生。

六十四　中铁信托

（一）基本情况

1. 公司沿革

中铁信托有限责任公司（简称中铁信托或公司）注册及主要办公地为四川成都，公司注册资本 12 亿元。

2. 股东背景

表 442　排前三的股东

单位：%

股东名称	持股比例	股东背景
中国中铁股份有限公司	78.91	央企
中铁二局集团有限公司	7.23	央企
成都工投资产经营有限公司	3.34	国资

资料来源：信托公司年报，用益信托工作室整理制作。

（二）主要指标及排名

表 443 2013 年度主要经营指标及排名

经营指标		行业情况		排名情况		
名称	值	平均值	最高值	2013 年	2012 年	升降
注册资本（万元）	120000.00	167300.00	698800.00	42	41	−1
固有总资产（万元）	606811.40	423730.81	1856313.75	11	17	6
固有净资产（万元）	388503.29	374790.49	1713394.33	20	24	4
信托总资产（万元）	15053089.00	16030212.26	72966079.78	30	29	−1
人均信托资产（万元）	129768.01	86131.35	314912.50	17	17	0
集合信托资产占比（%）	42.74	28.60	88.10	12	10	−2
主动管理型占比（%）	91.18	58.93	100.00	10	20	10
信托清算平均收益（%）	7.82	7.59	12.92	30	41	11
年度新增信托规模（万元）	13972907.00	10090662.73	44143364.00	20	23	3
新增单一信托规模（万元）	9439246.00	7274564.58	41304986.00	17	28	11
新增集合信托规模（万元）	4259467.00	2460672.83	14709086.46	11	10	−1
总收入（万元）	157884.06	122186.63	547823.36	15	17	2
信托业务收入（万元）	115807.00	90494.73	454205.00	14	13	−1
总利润（万元）	140048.51	83319.01	418590.74	11	11	0
净利润（万元）	105082.03	65000.38	313553.98	13	13	0
人均净利润（万元）	932.00	380.05	1520.01	3	4	1
资本利润率（%）	54.06	19.76	54.06	1	1	0
信托报酬率（%）	0.77	0.68	2.63	23	49	26
净资本（万元）	309373.61	299973.72	1293667.00	23	26	3
风险资本（万元）	248134.84	182283.69	640253.00	21	20	−1
信托杠杆（倍）	38.75	47.82	170.81	36	34	−2

资料来源：信托公司年报，用益信托工作室整理制作。

表 444 2013 年用益－信托公司综合实力排名

指标		行业情况		排名情况		
名称	值	平均值	最高值	2013 年	2012 年	升降
资本实力	108.27	100.00	444.22	19	26	7
业务能力	123.59	95.17	308.72	15	18	3
盈利能力	192.26	98.96	272.74	3	7	4
理财能力	114.75	99.96	194.14	16	31	15
抗风险能力	100.09	104.40	238.82	30	23	−7
综合实力	126.62	100.16	253.52	13	19	6

资料来源：用益信托工作室。

（三）资产管理状况

1. 信托资产

表 445　2013 年信托资产运用方式及投向

单位：万元，%

资产运用	金额	占比	资产分布	金额	占比
货币资产	0.00	0.00	基础产业	2456026.00	16.32
贷款	6579436.00	43.71	房地产	1896520.00	12.60
交易性金融资产	1616.00	0.01	证券市场	146896.00	0.98
可供出售金融资产	2395387.00	15.91	实业	5950903.00	39.53
持有至到期投资	0.00	0.00	金融机构	991817.00	6.59
长期股权投资	1031980.00	6.86	其他	3610917.00	23.99
其他	4408750.00	29.29			
信托资产总计	14417169.00	95.78	信托资产总计	15053079.00	100.00

资料来源：信托公司年报。

　　数据表明，中铁信托的信托资产运用方式以贷款为主，占比排第二位的是其他类。从投向来看，2013 年中铁信托资产中投向最大的领域是实业（工商企业），其他类紧随其后。房地产的比重较 2012 年上升 0.95 个百分点至 12.6%；而基础产业的比重下降。

表 446　2013 年信托资产管理情况

单位：万元，%

信托资产	2012 年	占比	2013 年	占比	增长率
集合类	3690356.00	41.36	4259467.00	30.48	15.42
单一类	4830257.00	54.14	9439246.00	67.55	95.42
财产权类	401414.00	4.50	274194.00	1.96	-31.69
主动管理型	7770232.00	87.09	12553681.00	89.84	61.56
被动管理型	1151794.00	12.91	1419226.00	10.16	23.22

资料来源：信托公司年报，用益信托工作室整理制作。

　　2013 年中铁信托集合类信托产品的发行节奏有所放缓，单一类信托发行力度加大；另外，财产权类信托新增规模与上年同期相比，有所下降。2013

年该公司通过调整，业务结构与行业的总体水平相比差距不大。增加单一类信托业务的比重虽然可以迅速做大信托资产规模，但同时也减少了信托业务收入的比重。

表 447　2013 年信托项目清算收益情况

单位：个，万元，%

已清算项目类型	项目个数	实际信托合计金额	加权平均实际年化收益率	行业平均实际年化收益率
集合类	159	2412451.00	9.04	8.36
单一类	86	3021427.00	6.88	7.63
财产管理类	3	16199.00		6.78
合　计	248	5450077.00	7.82	7.59

资料来源：信托公司年报。

从 2013 年清算来看，产品平均收益高于行业产品平均收益，而在集合类信托产品方面，收益高出行业平均水平 0.68 个百分点，表明中铁信托的理财能力在行业中具有一定的竞争优势。

2.固有资产

表 448　2013 年自营资产运用方式及投向

单位：万元，%

资产运用	金额	占比	资产分布	金额	占比
货币资产	63113.83	10.40	基础产业	0.00	0.00
贷款及应收款	4900.00	0.81	房地产	4900.00	0.81
交易性金融资产	2127.36	0.35	证券市场	1273.62	0.21
可供出售金融资产	472367.19	77.84	实业	1058.00	0.17
持有至到期投资	0.00	0.00	金融机构	20004.35	3.30
长期股权投资	20004.35	3.30	其他	579575.43	95.51
其他	44298.67	7.30			
资产总计	606811.40	100.00	资产总计	606811.40	100.00

资料来源：信托公司年报。

截至 2013 年底，中铁信托固有资产余额为 60.68 亿元，从资金运用方式来看，以可供出售金融资产为主；从投向来看，2013 年中铁信托资产中投向

最大的领域是其他领域。值得注意的是，该公司连续两年未投向基础产业领域，而在房地产等高风险领域的投资占比也较小，表明其固有业务风控较为谨慎。

（四）风险管理

1. 风险指标

据年报披露显示，2013 年中铁信托固有资产不良率 1.08%，较 2012 年下降 0.65 个百分点，固有资产质量提高。另外，中铁信托 2013 年提取风险赔偿准备金 5254 万元，累计提取风险赔偿准备金为 15073 万元，占注册资本的比例为 12.56%；2013 年提取一般风险准备金 3583 万元，累计提取一般风险准备金为 23593.07 万元；两项风险准备金合计规模为 38666.07 万元。

根据年报披露显示，2013 年中铁信托净资本为 30.94 亿元，远高于监管最低标准 2 亿元；风险资本为 24.81 亿元，净资本与风险资本的比值为 124.68%，高于监管层的 100%；净资产为 38.85 亿元，净资本与净资产的比值为 79.63%，也高于监管层最低标准 40%。以上风险指标表明中铁信托的抗风险能力仍处在较安全的区域内。

2. 风险事件

2013 年底，优债 1304 期城中村改造二期项目集合资金信托计划：武汉普提金集团深陷债务纠纷，旗下资产遭法院查封。

2014 年 6 月 18 日起，浙江中都百货流动资金贷款集合资金信托计划：中都百货 5 店接连关门，中都控股集团董事长杨定国失联。

六十五　中信信托

（一）基本情况

1. 公司沿革

中信信托有限责任公司（前身是中信兴业信托投资公司）是经中国人民银行批准设立，由中国银行业监督管理委员会直接监管的全国性非银行金融机构，成立于 1988 年 3 月 1 日。2007 年，公司名称变更为"中信信托有限责任公司"。目前注册资本为 12 亿元人民币。注册地为北京市，法定代表人为蒲坚。

2.股东背景

表449　排前两位的股东

单位：%

股东名称	持股比例	股东背景
中国中信股份有限公司	80.00	央企
中信兴业投资集团有限公司	20.00	央企

资料来源：信托公司年报，用益信托工作室整理制作。

（二）主要指标及排名

表450　2013 年度主要经营指标及排名

经营指标		行业情况		排名情况		
名称	值	平均值	最高值	2013 年	2012 年	升降
注册资本（万元）	120000.00	167300.00	698800.00	42	35	−7
固有总资产（万元）	1487687.89	423730.81	1856313.75	2	3	1
固有净资产（万元）	1301920.65	374790.49	1713394.33	2	4	2
信托总资产（万元）	72966079.78	16030212.26	72966079.78	1	1	0
人均信托资产（万元）	149520.66	86131.35	314912.50	11	8	−3
集合信托资产占比（%）	16.42	28.60	88.10	54	49	−5
主动管理型占比（%）	51.45	58.93	100.00	38	44	6
信托清算平均收益（%）	7.81	7.59	12.92	31	23	−8
年度新增信托规模（万元）	30169530.89	10090662.73	44143364.00	3	4	1
新增单一信托规模（万元）	20714265.46	7274564.58	41304986.00	3	6	3
新增集合信托规模（万元）	5194939.23	2460672.83	14709086.46	8	6	−2
总收入（万元）	547823.36	122186.63	547823.36	1	1	0
信托业务收入（万元）	450167.02	90494.73	454205.00	2	2	0
总利润（万元）	418590.74	83319.01	418590.74	1	1	0

续表

经营指标		行业情况		排名情况		
名称	值	平均值	最高值	2013年	2012年	升降
净利润(万元)	313553.98	65000.38	313553.98	1	1	0
人均净利润(万元)	680.43	380.05	1520.01	6	6	0
资本利润率(%)	27.37	19.76	54.06	12	9	-25
信托报酬率(%)	0.62	0.68	2.63	34	18	13
净资本(万元)	685438.00	299973.72	1293667.00	5	4	0
风险资本(万元)	376233.00	182283.69	640253.00	4	3	-18
信托杠杆率(倍)	56.04	47.82	170.81	21	16	16

资料来源：信托公司年报，用益信托工作室整理制作。

表451　2013年用益-信托公司综合实力排名

指标		行业情况		排名情况		
名称	值	平均值	最高值	2013年	2012年	升降
资本实力	296.78	100.00	444.22	3	4	1
业务能力	308.72	95.17	308.72	1	1	0
盈利能力	272.74	98.96	272.74	1	2	1
理财能力	194.14	99.96	194.14	1	1	0
抗风险能力	185.22	104.40	238.82	4	2	-2
综合实力	245.34	100.16	253.52	2	2	0

资料来源：用益信托工作室。

（三）资产管理状况

1. 信托资产

中信信托最突出的竞争力当然是中信集团系统内公司联动发展带来的优势，也使得中信信托的金融组合产品做得十分出色。这种优势主要体现在品牌、渠道和客户资源等方面。集团的背景优势确实非常突出，简单来说，就是资源共享。一些优质的大客户，包括销售渠道资源，这些都是可以共享的。这也使得中信信托具备一条信托行业内无人能够比拟的全面产品线。

表 452　2013 年信托资产运用方式及投向

单位：万元，%

资产运用	金额	占比	资产分布	金额	占比
货币资产	15255273.06	20.91	基础产业	29973450.69	41.08
贷款	29841775.22	40.90	房地产	5622330.35	7.71
交易性金融资产	7090997.74	9.72	证券市场	6517722.86	8.93
可供出售金融资产	3087527.24	4.23	实业	9354814.84	12.82
持有至到期投资	1087620.62	1.49	金融机构	16364960.10	22.43
长期股权投资	7365921.41	10.09	其他	5132800.94	7.03
其他	9236964.49	12.66			
信托资产总计	72966079.78	100.00	信托资产总计	72966079.78	100.00

资料来源：信托公司年报。

数据显示，2013 年中信信托各运用方式的信托资产规模中，贷款类资金规模最大。

2013 年中信信托资产中投向最大的领域是基础产业，金融机构次之。

表 453　2013 年信托资产管理情况

单位：万元，%

信托资产	2012 年	占比	2013 年	占比	增长率
集合类	4410503.55	18.96	5194939.23	17.22	17.79
单一类	14349179.18	61.68	20714265.46	68.66	44.36
财产权类	4503150.31	19.36	4260326.20	14.12	-5.39
主动管理型	7484127.23	32.17	7366944.00	24.42	-1.57
被动管理型	15778705.81	67.83	22802586.89	75.58	44.51

资料来源：信托公司年报，用益信托工作室整理制作。

2013 年中信信托加大了单一类信托业务的发行力度，而集合类信托产品的发行节奏则有所放缓。增加单一类信托业务的比重虽然可以迅速做大信托资产规模，但也有可能导致整个信托业务风险系数上升。

从 2013 年清算来看，除单一类项目外，其余项目收益水平普遍高于同期行业的平均值，在集合类信托产品方面，高于行业平均水平 1.23 个百分点，表明中信信托的理财能力在行业内具备较强的竞争优势。

表454　2013年信托项目清算收益情况

单位：个，万元，%

已清算项目类型	项目个数	实际信托合计金额	加权平均实际年化收益率	行业平均实际年化收益率
集合类	76	5623465.02	9.59	8.36
单一类	216	13607931.05	7.01	7.63
财产管理类	8	764882.49	8.87	6.78
合　计	300	19996278.56	7.81	7.59

资料来源：信托公司年报。

2. 固有资产

表455　2013年自营资产运用方式及投向

单位：万元，%

资产运用	金额	占比	资产分布	金额	占比
货币资产	287669.86	19.34	基础产业	0.00	0.00
贷款及应收款	399162.56	26.83	房地产	226513.25	15.23
交易性金融资产	0.00	0.00	证券市场	41590.51	2.80
可供出售金融资产	553878.28	37.23	实业	0.00	0.00
持有至到期投资	0.00	0.00	金融机构	418345.23	28.12
长期股权投资	178190.38	11.98	其他	801238.90	53.86
其他	68786.81	4.62			
资产总计	1487687.89	100.00	资产总计	1487687.89	100.00

资料来源：信托公司年报。

2013年中信信托资金主要投向金融机构、房地产等，其中金融机构资金规模为41.83亿元，房地产资金规模为22.65亿元。

（四）风险管理

1. 风险指标

据年报披露显示，2013年中信信托固有资产不良率为7.93%，较上年度上升0.16个百分点，表明中信信托固有资产质量进一步恶化。

另外，中信信托 2013 年提取信托赔偿准备金为 15677.7 万元，累计信托赔偿准备金为 57659.25 万元，占注册资本的比例为 48.05%；提取一般风险准备金 20686.19 万元，累计一般风险准备金为 82503.87 万元。

2013 年中信信托净资本为 68.54 亿元，远高于监管最低标准 2 亿元；风险资本为 37.62 亿元，净资本与风险资本的比值为 182.18%，高于监管层的 100%；净资产为 130.19 亿元，净资本与净资产的比值为 52.65%，也高于监管层最低标准 40%。以上风险指标表明中信信托的抗风险能力仍处在较安全的区域内。

2. 风险事件

2013 年 1 月，中信信托－舒斯贝尔特定资产收益权投资集合信托计划：项目公司工程严重停滞，中信信托司法申请拍卖抵押土地，在历经此司法拍卖后，中信信托最终得以收回 6.5 亿元本金。

六十六　中原信托

（一）基本情况

1. 公司沿革

中原信托有限公司（简称中原信托或公司）于 1985 年 8 月成立，2007 年 10 月公司更名为中原信托有限公司。注册及主要办公地均为河南郑州，法定代表人为黄曰珉，公司注册资本 15 亿元。

2. 股东背景

表 456　排前三的股东

单位：%

股东名称	持股比例	股东背景
河南投资集团有限公司	48.42	政府
河南中原高速公路股份有限公司	33.28	国资
河南盛润控股集团有限公司	18.30	国资

资料来源：信托公司年报，用益信托工作室整理制作。

（二）主要指标及排名

表457　2013年度主要经营指标及排名

经营指标		行业情况		排名情况		
名称	值	平均值	最高值	2013年	2012年	升降
注册资本（万元）	150000.00	167300.00	698800.00	33	27	-6
固有总资产（万元）	252305.00	423730.81	1856313.75	48	45	-3
固有净资产（万元）	237212.99	374790.49	1713394.33	46	44	-2
信托总资产（万元）	11914242.36	16030212.26	72966079.78	36	36	0
人均信托资产（万元）	72647.82	86131.35	314912.50	30	35	5
集合信托资产占比（%）	19.11	28.60	88.10	50	45	-5
主动管理型占比（%）	80.70	58.93	100.00	22	43	21
信托清算平均收益（%）	7.02	7.59	12.92	48	45	-3
年度新增信托规模（万元）	9956506.00	10090662.73	44143364.00	26	29	3
新增单一信托规模（万元）	8087360.00	7274564.58	41304986.00	24	26	2
新增集合信托规模（万元）	1609096.00	2460672.83	14709086.46	35	37	2
总收入（万元）	96117.94	122186.63	547823.36	35	40	5
信托业务收入（万元）	81130.44	90494.73	454205.00	30	35	5
总利润（万元）	73585.52	83319.01	418590.74	29	40	11
净利润（万元）	55773.93	65000.38	313553.98	28	39	11
人均净利润（万元）	369.98	380.05	1520.01	31	44	13
资本利润率（%）	26.92	19.76	54.06	13	31	18
信托报酬率（%）	0.68	0.68	2.63	31	38	7
净资本（万元）	178100.00	299973.72	1293667.00	47	46	-1
风险资本（万元）	144300.00	182283.69	640253.00	40	36	-4
信托杠杆率（倍）	50.23	47.82	170.81	27	29	2

资料来源：信托公司年报，用益信托工作室整理制作。

表458　2013年用益-信托公司综合实力排名

指标		行业情况		排名情况		
名称	值	平均值	最高值	2013年	2012年	升降
资本实力	64.4	100.00	444.22	47	40	-7
业务能力	74.15	95.17	308.72	39	42	3
盈利能力	107.92	98.96	272.74	26	45	19
理财能力	99.9	99.96	194.14	27	36	9
抗风险能力	74.95	104.40	238.82	54	53	-1
综合实力	84.3	100.16	253.52	42	43	1

资料来源：用益信托工作室。

（三）资产管理状况

1. 信托资产

表 459　2013 年信托资产运用方式及投向

单位：万元，%

资产运用	金额	占比	资产分布	金额	占比
货币资产	128710.56	1.08	基础产业	1614061.80	13.55
贷款	7376780.40	61.92	房地产	1310710.00	11.00
交易性金融资产	11442.74	0.10	证券市场	11442.75	0.10
可供出售金融资产	90030.00	0.76	实业	4183948.60	35.12
持有至到期投资	0.00	0.00	金融机构	265969.56	2.23
长期股权投资	486820.18	4.09	其他	4528109.65	38.01
其他	3820458.48	32.07			
信托资产总计	11914242.36	100.00	信托资产总计	11914242.36	100.00

资料来源：信托公司年报。

数据表明，中原信托的信托资产运用方式以贷款和其他为主。从投向来看，2013 年中原信托资产中投向最大的领域是其他领域，实业（工商企业）信托紧随其后。而基础产业信托的比重则较 2012 年下降了 19.94 个百分点至 13.55%。

表 460　2013 年信托资产管理情况

单位：万元，%

信托资产	2012 年	占比	2013 年	占比	增长率
集合类	1303901.00	19.32	1609096.00	16.16	23.41
单一类	5384898.00	79.79	8087360.00	81.23	50.19
财产权类	60377.00	0.89	260050.00	2.61	330.71
主动管理型	4105355.00	60.83	7846345.00	78.81	91.12
被动管理型	2643821.00	39.17	2110161.00	21.19	-20.19

资料来源：信托公司年报，用益信托工作室整理制作。

2013 年中原信托集合类信托产品的发行节奏有所放缓，单一类信托发行力度加大，另外，财产权类信托新增规模与上年同期相比，占比上涨。2013

年该公司通过调整，业务结构与行业的总体水平相比差距逐渐拉大，单一类信托业务占比过重。增加单一类信托业务的比重虽然可以迅速做大信托资产规模，但同时也减少了信托业务收入的比重。

表461　2013年信托项目清算收益情况

单位：个，万元，%

已清算项目类型	项目个数	实际信托合计金额	加权平均实际年化收益率	行业平均实际年化收益率
集合类	84	870836.00	8.50	8.36
单一类	180	4009660.53	6.70	7.63
财产管理类	4	19660.60	6.59	6.78
合　计	268	4900157.13	7.02	7.59

资料来源：信托公司年报。

从2013年清算来看，仅集合类产品平均收益高于行业同类产品平均收益，表明中铁信托的理财能力在行业中竞争能力一般。

2. 固有资产

表462　2013年自营资产运用方式及投向

单位：万元，%

资产运用	金额	占比	资产分布	金额	占比
货币资产	13976.00	5.54	基础产业	0.00	0.00
贷款及应收款	69019.00	27.35	房地产	26119.00	10.35
交易性金融资产	0.00	0.00	证券市场	0.00	0.00
可供出售金融资产	70083.00	27.78	实业	35075.00	13.90
持有至到期投资	0.00	0.00	金融机构	78964.00	31.30
长期股权投资	78964.00	31.30	其他	112147.00	44.45
其他	20263.00	8.03			
资产总计	252305.00	100.00	资产总计	252305.00	100.00

资料来源：信托公司年报。

截至2013年底，中原信托固有资产余额为25.23亿元，从资金运用方式来看，以长期股权投资、可供出售金融资产和贷款及应收款为主，其中，长期股权投资占比最大，比重排第二位的是可供出售金融资产。从投向来看，2013

年中原信托资产中投向最大的领域是其他，金融机构紧随其后，而在基础产业和证券市场的投资规模均为0；另外，房地产的占比也较2012年下降了2.04个百分点至10.35%。

（四）风险管理

1. 风险指标

据年报披露显示，2013年中原信托固有资产不良率为0，固有资产质量保持良好。另外，中原信托2013年提取风险赔偿准备金2788.69万元，累计提取风险赔偿准备金为8995万元，占注册资本的比例为6%；2013年提取一般风险准备金2788.7万元，累计提取一般风险准备金为9276.58万元；两项风险准备金合计规模为18271.58万元。

根据年报披露显示，2013年中原信托净资本为17.81亿元，远高于监管最低标准2亿元；风险资本为14.43亿元，净资本与风险资本的比值为123.42%，高于监管层的100%；净资产为23.72亿元，净资本与净资产的比值为75.08%，也高于监管层最低标准40%。以上风险指标表明中原信托的抗风险能力仍处在较安全的区域内。

2. 风险事件

2013年中原信托无任何信托产品兑付风险事件发生。

六十七　重庆信托

（一）基本情况

1. 公司沿革

重庆国际信托有限公司（简称重庆信托或公司）前身是1984年10月成立的重庆国际信托投资公司，2002年1月公司进行增资改制、获准重新登记，注册资本由0.35亿元增至10.3373亿元；2004年底公司进一步增资扩股，注册资本金增至16.3376亿元；2007年10月19日公司变更名称及业务范围获批；2010年11月公司注册资本增至24.3873亿元并进行了股权结构调整；注册及办公地均为重庆，法定代表人为翁振杰，注册资本24.39亿元。

2. 股东背景

表463 排前三的股东

单位: %

股东名称	持股比例	股东背景
重庆国信投资控股有限公司	66.99	政府
重庆水务集团股份有限公司	23.86	国资
上海淮矿资产管理有限公司	4.10	国资

资料来源: 信托公司年报, 用益信托工作室整理制作。

(二) 主要指标及排名

表464 2013年度主要经营指标及排名

经营指标		行业情况		排名情况		
名称	值	平均值	最高值	2013年	2012年	升降
注册资本(万元)	243800.00	167300.00	698800.00	13	11	-2
固有总资产(万元)	1229985.49	423730.81	1856313.75	5	5	0
固有净资产(万元)	919540.18	374790.49	1713394.33	5	5	0
信托总资产(万元)	12631179.09	16030212.26	72966079.78	34	44	10
人均信托资产(万元)	138804.17	86131.35	314912.50	14	25	11
集合信托资产占比(%)	38.60	28.60	88.10	18	30	12
主动管理型占比(%)	80.33	58.93	100.00	23	19	-4
信托清算平均收益(%)	6.58	7.59	12.92	57	58	1
年度新增信托规模(万元)	11476846.42	10090662.73	44143364.00	22	41	19
新增单一信托规模(万元)	8019952.42	7274564.58	41304986.00	25	41	16
新增集合信托规模(万元)	3272724.00	2460672.83	14709086.46	16	33	17
总收入(万元)	206914.66	122186.63	547823.36	7	16	9
信托业务收入(万元)	89651.05	90494.73	454205.00	27	42	15
总利润(万元)	147579.84	83319.01	418590.74	9	10	1
净利润(万元)	127682.10	65000.38	313553.98	8	9	1
人均净利润(万元)	1467.61	380.05	1520.01	2	2	0
资本利润率(%)	14.75	19.76	54.06	48	57	9
信托报酬率(%)	0.71	0.68	2.63	28	36	8
净资本(万元)	610074.65	299973.72	1293667.00	6	5	-1
风险资本(万元)	331374.64	182283.69	640253.00	9	12	3
信托杠杆率(倍)	13.74	47.82	170.81	64	64	0

资料来源: 信托公司年报, 用益信托工作室整理制作。

表 465　2013 年用益 – 信托公司综合实力排名

指标		行业情况		排名情况		
名称	值	平均值	最高值	2013 年	2012 年	升降
资本实力	235.98	100.00	444.22	5	5	0
业务能力	184.93	95.17	308.72	7	14	7
盈利能力	202.86	98.96	272.74	2	14	12
理财能力	83.77	99.96	194.14	48	53	5
抗风险能力	158.34	104.40	238.82	6	10	4
综合实力	171.85	100.16	253.52	6	10	4

资料来源：用益信托工作室。

（三）资产管理状况

1. 信托资产

表 466　2013 年信托资产运用方式及投向

单位：万元，%

资产运用	金额	占比	资产分布	金额	占比
货币资产	201004.08	1.59	基础产业	2538977.07	20.10
贷款	4953826.42	29.81	房地产	2877618.00	22.78
交易性金融资产	637389.78	5.05	证券市场	629319.71	4.98
可供出售金融资产	3810594.72	30.17	实业	3458245.37	27.38
持有至到期投资	238920.00	1.89	金融机构	1210347.71	9.58
长期股权投资	2789241.29	22.08	其他	1916671.23	15.17
其他	202.80	0.00			
信托资产总计	12631179.09	100.00	信托资产总计	12631179.09	100.00

资料来源：信托公司年报。

数据表明，重庆信托的信托资金运用方式主要是可供出售金融资产、贷款和长期股权投资，而公司信托资金的投向则主要集中在实业（工商企业）、房地产和基础产业。

表 467　2013 年信托资产管理情况

单位：万元，%

信托资产	2012 年	2013 年	占比	增长率
集合类	1426397.60	3272724.00	28.52	129.44
单一类	2248128.71	8019952.42	69.88	256.74
财产权类	58000.00	184170.00	1.60	217.53
主动管理型	3712526.31	9719547.42	84.69	161.80
被动管理型	20000.00	1757299.00	15.31	8686.50

资料来源：信托公司年报，用益信托工作室整理制作。

2013 年重庆信托明显加大了单一类信托业务的发行力度，而集合类信托产品的发行节奏相对较缓。虽然重庆信托对其信托业务结构进行了调整，但与行业的总体水平相比还有相当的距离。而单一类信托业务比重的增加虽然可以迅速做大信托资产规模，但同时也减少了信托业务收入的比重，降低了主动管理型业务的比重，导致整个信托业务风险系数上升，不利于公司整体资产的安全。

表 468　2013 年信托项目清算收益情况

单位：个，万元，%

已清算项目类型	项目个数	实际信托合计金额	加权平均实际年化收益率	行业平均实际年化收益率
集合类	34	1155573.35	6.31	8.36
单一类	61	1610495.38	7.35	7.63
财产管理类	8	248330.00	2.85	6.78
合　计	103	3014398.73	6.58	7.59

资料来源：信托公司年报。

从 2013 年清算来看，其收益水平普遍低于同期行业的平均值，其中集合类信托产品收益较行业平均水平低了 2.05 个百分点，表明重庆信托的理财能力在行业内处于偏弱地位。

2.固有资产

截至 2013 年底，重庆信托固有资产余额为 123 亿元，从资金运用方式来看，以贷款及应收款为主；从投向来看，主要集中在金融机构、其他、证券市场和房地产。值得注意的是，重庆信托的固有资产投向中没有基础产业，而投向于房地产市场的资金也不少，显然，固有资金投向房地产的比重较大是一个非常危险的信号。目前房地产业处于调整期，市场下行风险加大，这对公司固有资产的整体安全构成潜在的威胁。

表469 2013年自营资产运用方式及投向

单位：万元，%

资产运用	金额	占比	资产分布	金额	占比
货币资产	18442.27	1.50	基础产业	0.00	0.00
贷款及应收款	413045.08	33.58	房地产	170490.45	13.86
交易性金融资产	43604.44	3.55	证券市场	210239.55	17.09
可供出售金融资产	462273.27	37.58	实业	36000.00	2.93
持有至到期投资	0.00	0.00	金融机构	407095.50	33.10
长期股权投资	281787.41	22.91	其他	406159.99	33.02
其他	10833.02	0.88			
资产总计	1229985.49	100.00	资产总计	1229985.49	100.00

资料来源：信托公司年报。

（四）风险管理

1. 风险指标

重庆信托2013年固有资产不良率依然为0，固有资产质量仍然保持在良好水平。另外，重庆信托2013年提取信托风险赔偿准备金6384.10万元，占注册资本的2.62%，累计提取信托风险赔偿准备金6384.10万元，占注册资本的2.62%；提取一般风险准备金2590.27万元，累计风险准备金也为2590.27万元。

由于重庆信托的资本实力较强，对自身业务的风险控制得较好，公司的整体资产质量和抗风险能力较强。根据重庆信托年报数据披露，2013年重庆信托净资本为123亿元，远高于监管最低标准2亿元；风险资本为33.14亿元，净资本与风险资本的比值为184.10%，高于监管层的100%；净资产为31.55亿元，净资本与净资产的比值为66.35%，也高于监管层最低标准40%。以上风险指标表明重庆信托的抗风险能力仍处在较安全的区域内。

2. 风险事件

2013年重庆信托无任何信托产品兑付风险事件发生。

六十八　紫金信托

（一）基本情况

1. 公司沿革

紫金信托有限责任公司（简称紫金信托或公司）前身是 1992 年成立的南京市信托投资公司，2010 年 10 月经中国银行业监督管理委员会批准重新登记并正式更名为"紫金信托有限责任公司"。2013 年 9 月 3 日，公司注册资本由 5 亿元人民币增至 12 亿元人民币。注册及办公地为南京，法定代表人是王海涛。

2. 股东背景

表 470　排前三的股东

单位：%

股东名称	持股比例	股东背景
南京紫金投资集团有限责任公司	60.01	国　资
三井住友信托银行股份有限公司	19.99	外　资
三胞集团有限公司	10.00	非国资

资料来源：信托公司年报，用益信托工作室整理制作。

（二）主要指标及排名

表 471　2013 年度主要经营指标及排名

经营指标		行业情况		排名情况		
名称	值	平均值	最高值	2013 年	2012 年	升降
注册资本（万元）	120000.00	167300.00	698800.00	50	59	9
固有总资产（万元）	150790.96	423730.81	1856313.75	59	64	5
固有净资产（万元）	141312.73	374790.49	1713394.33	56	61	5
信托总资产（万元）	3908703.33	16030212.26	72966079.78	61	59	-2
人均信托资产（万元）	36874.56	86131.35	314912.50	53	55	2
集合信托资产占比（%）	37.22	28.60	88.10	21	13	-8

续表

经营指标		行业情况		排名情况		
名称	值	平均值	最高值	2013年	2012年	升降
主动管理型占比(%)	53.42	58.93	100.00	36	7	-29
信托清算平均收益(%)	8.51	7.59	12.92	19	51	32
年度新增信托规模(万元)	3073206.97	10090662.73	44143364.00	57	53	-4
新增单一信托规模(万元)	1814455.97	7274564.58	41304986.00	56	54	-2
新增集合信托规模(万元)	1217981.00	2460672.83	14709086.46	40	42	2
总收入(万元)	37597.66	122186.63	547823.36	60	62	2
信托业务收入(万元)	32177.21	90494.73	454205.00	57	56	-1
总利润(万元)	25010.71	83319.01	418590.74	61	60	-1
净利润(万元)	18692.60	65000.38	313553.98	62	62	0
人均净利润(万元)	198.86	380.05	1520.01	54	50	-4
资本利润率(%)	23.00	19.76	54.06	20	24	4
信托报酬率(%)	0.82	0.68	2.63	20	40	20
净资本(万元)	109579.35	299973.72	1293667.00	59	64	5
风险资本(万元)	49372.79	182283.69	640253.00	61	60	-1
信托杠杆率(倍)	27.66	47.82	170.81	54	35	-19

资料来源:信托公司年报,用益信托工作室整理制作。

表472 2013年用益-信托公司综合实力排名

指标		行业情况		排名情况		
名称	值	平均值	最高值	2013年	2012年	升降
资本实力	40.45	100.00	444.22	56	60	4
业务能力	44.53	95.17	308.72	57	61	4
盈利能力	66.82	98.96	272.74	54	57	3
理财能力	73.34	99.96	194.14	61	61	0
抗风险能力	88.90	104.40	238.82	41	65	24
综合实力	65.03	100.16	253.52	54	64	10

资料来源:用益信托工作室。

(三)资产管理状况

1. 信托资产

数据表明,紫金信托的信托资金运用方式主要是可供出售金融资产、贷

款，而公司信托资金的投向则主要集中在基础产业、实业（工商企业）和金融机构。

表 473　2013 年信托资产运用方式及投向

单位：万元，%

资产运用	金额	占比	资产分布	金额	占比
货币资产	203925.20	5.22	基础产业	1973103.00	50.48
贷款	1387825.00	35.51	房地产	354416.37	9.07
交易性金融资产	0.00	0.00	证券市场	0.00	0.00
可供出售金融资产	2187410.22	55.96	实业	992743.00	25.40
持有至到期投资	0.00	0.00	金融机构	580724.05	14.86
长期股权投资	124900.00	3.20	其他	7716.91	0.20
其他	4642.91	0.12			
信托资产总计	3908703.33	100.00	信托资产总计	3908703.33	100.00

资料来源：信托公司年报。

表 474　2013 年信托资产管理情况

单位：万元，%

信托资产	2012 年	占比	2013 年	占比	增长率
集合类	1004372.00	43.72	1217981.00	39.63	21.27
单一类	839182.95	36.53	1814455.97	59.04	116.22
财产权类	453780.00	19.75	40770.00	1.33	−91.02
主动管理型	2297334.95	100.00	1501051.00	48.84	−34.66
被动管理型			1572155.97	51.16	

资料来源：信托公司年报，用益信托工作室整理制作。

　　2013 年紫金信托明显加大了单一类信托业务的发行力度，而集合类信托产品的发行节奏则有所放缓。尽管紫金信托对其信托业务结构进行了调整，但与行业的总体水平相比还有相当的距离。

　　从 2013 年清算来看，其收益水平普遍高于同期行业的平均值，尤其在财产管理类信托产品方面，高出行业平均水平 2.65 个百分点，表明紫金信托的理财能力在行业中具有较强的竞争优势。

表475　2013年信托项目清算收益情况

单位：个，万元，%

已清算项目类型	项目个数	实际信托合计金额	加权平均实际年化收益率	行业平均实际年化收益率
集合类	17	509739.46	8.45	8.36
单一类	22	668767.65	8.28	7.63
财产管理类	7	194795.00	9.43	6.78
合　计	46	1373302.11	8.51	7.59

资料来源：信托公司年报。

2. 固有资产

表476　2013年自营资产运用方式及投向

单位：万元，%

资产运用	金额	占比	资产分布	金额	占比
货币资产	36246.52	24.04	基础产业	0.00	0.00
贷款及应收款	26000.00	17.24	房地产	16000.00	10.61
交易性金融资产	6617.67	4.39	证券市场	11530.24	7.65
可供出售金融资产	68992.00	45.75	实业	10000.00	6.63
持有至到期投资	4912.57	3.26	金融机构	105835.52	70.19
长期股权投资	597.00	0.40	其他	7425.20	4.92
其他	7425.20	4.92			
资产总计	150790.96	100.00	资产总计	150790.96	100.00

资料来源：信托公司年报。

截至2013年底，紫金信托固有资产余额为15.08亿元，从资金运用方式来看，以可供出售金融资产为主，从投向来看，主要集中在金融机构、房地产、证券市场。特别值得注意的是，紫金信托的固有资产投向中没有基础产业，显然，固有资金投向中金融机构比重过大是一个较危险的信号，这不利于固有资金的整体安全。

（四）风险管理情况

1. 风险指标

2013年紫金信托不良（固有）资产率为0，与2012年相比没有变化，资

产状况表现良好。另外，紫金信托 2013 年提取信托风险赔偿准备金 934.43 万元，累计提取信托风险赔偿准备金 1460.38 万元，占注册资本的 1.22%；提取一般风险准备金 1181.80 万元，累计风险准备金为 2156.32 万元。

由于紫金信托的信托资产规模不大，公司的整体资产质量和抗风险能力较强。根据紫金信托年报数据披露，2013 年紫金信托净资本为 10.96 亿元，远高于监管最低标准 2 亿元；风险资本为 4.93 亿元，净资本与风险资本的比值为 221.94%，高于监管层的 100%；净资产为 14.13 亿元，净资本与净资产的比值为 77.54%，也高于监管层最低标准 40%。以上风险指标表明紫金信托的抗风险能力仍处在较安全的区域内。

2. 风险事件

2013 年紫金信托无任何信托产品兑付风险事件发生。

索引　2013 年中国 68 家信托公司

✦ 皮书起源 ✦

"皮书"起源于十七、十八世纪的英国，主要指官方或社会组织正式发表的重要文件或报告，多以"白皮书"命名。在中国，"皮书"这一概念被社会广泛接受，并被成功运作、发展成为一种全新的出版型态，则源于中国社会科学院社会科学文献出版社。

✦ 皮书定义 ✦

皮书是对中国与世界发展状况和热点问题进行年度监测，以专业的角度、专家的视野和实证研究方法，针对某一领域或区域现状与发展态势展开分析和预测，具备权威性、前沿性、原创性、实证性、时效性等特点的连续性公开出版物，由一系列权威研究报告组成。皮书系列是社会科学文献出版社编辑出版的蓝皮书、绿皮书、黄皮书等的统称。

✦ 皮书作者 ✦

皮书系列的作者以中国社会科学院、著名高校、地方社会科学院的研究人员为主，多为国内一流研究机构的权威专家学者，他们的看法和观点代表了学界对中国与世界的现实和未来最高水平的解读与分析。

✦ 皮书荣誉 ✦

皮书系列已成为社会科学文献出版社的著名图书品牌和中国社会科学院的知名学术品牌。2011年，皮书系列正式列入"十二五"国家重点图书出版规划项目；2012~2014年，重点皮书列入中国社会科学院承担的国家哲学社会科学创新工程项目；2015年，41种院外皮书使用"中国社会科学院创新工程学术出版项目"标识。

中国皮书网

www.pishu.cn

发布皮书研创资讯，传播皮书精彩内容
引领皮书出版潮流，打造皮书服务平台

栏目设置：

☐ 资讯：皮书动态、皮书观点、皮书数据、
　　　　皮书报道、皮书发布、电子期刊

☐ 标准：皮书评价、皮书研究、皮书规范

☐ 服务：最新皮书、皮书书目、重点推荐、在线购书

☐ 链接：皮书数据库、皮书博客、皮书微博、在线书城

☐ 搜索：资讯、图书、研究动态、皮书专家、研创团队

　　中国皮书网依托皮书系列"权威、前沿、原创"的优质内容资源，通过文字、图片、音频、视频等多种元素，在皮书研创者、使用者之间搭建了一个成果展示、资源共享的互动平台。

　　自 2005 年 12 月正式上线以来，中国皮书网的 IP 访问量、PV 浏览量与日俱增，受到海内外研究者、公务人员、商务人士以及专业读者的广泛关注。

　　2008 年、2011 年中国皮书网均在全国新闻出版业网站荣誉评选中获得"最具商业价值网站"称号；2012 年，获得"出版业网站百强"称号。

　　2014 年，中国皮书网与皮书数据库实现资源共享，端口合一，将提供更丰富的内容，更全面的服务。

法 律 声 明

"皮书系列"（含蓝皮书、绿皮书、黄皮书）之品牌由社会科学文献出版社最早使用并持续至今，现已被中国图书市场所熟知。"皮书系列"的LOGO（▧）与"经济蓝皮书""社会蓝皮书"均已在中华人民共和国国家工商行政管理总局商标局登记注册。"皮书系列"图书的注册商标专用权及封面设计、版式设计的著作权均为社会科学文献出版社所有。未经社会科学文献出版社书面授权许可，任何使用与"皮书系列"图书注册商标、封面设计、版式设计相同或者近似的文字、图形或其组合的行为均系侵权行为。

经作者授权，本书的专有出版权及信息网络传播权为社会科学文献出版社享有。未经社会科学文献出版社书面授权许可，任何就本书内容的复制、发行或以数字形式进行网络传播的行为均系侵权行为。

社会科学文献出版社将通过法律途径追究上述侵权行为的法律责任，维护自身合法权益。

欢迎社会各界人士对侵犯社会科学文献出版社上述权利的侵权行为进行举报。电话：010－59367121，电子邮箱：fawubu@ ssap. cn。

社会科学文献出版社

权威报告・热点资讯・特色资源

皮书数据库
ANNUAL REPORT(YEARBOOK)
DATABASE

当代中国与世界发展高端智库平台

WWW.PISHU.COM.CN

S 子库介绍
Sub-Database Introduction

中国经济发展数据库

涵盖宏观经济、农业经济、工业经济、产业经济、财政金融、交通旅游、商业贸易、劳动经济、企业经济、房地产经济、城市经济、区域经济等领域，为用户实时了解经济运行态势、把握经济发展规律、洞察经济形势、做出经济决策提供参考和依据。

中国社会发展数据库

全面整合国内外有关中国社会发展的统计数据、深度分析报告、专家解读和热点资讯构建而成的专业学术数据库。涉及宗教、社会、人口、政治、外交、法律、文化、教育、体育、文学艺术、医药卫生、资源环境等多个领域。

中国行业发展数据库

以中国国民经济行业分类为依据，跟踪分析国民经济各行业市场运行状况和政策导向，提供行业发展最前沿的资讯，为用户投资、从业及各种经济决策提供理论基础和实践指导。内容涵盖农业，能源与矿产业，交通运输业，制造业，金融业，房地产业，租赁和商务服务业，科学研究，环境和公共设施管理，居民服务业，教育，卫生和社会保障，文化、体育和娱乐业等100余个行业。

中国区域发展数据库

以特定区域内的经济、社会、文化、法治、资源环境等领域的现状与发展情况进行分析和预测。涵盖中部、西部、东北、西北等地区，长三角、珠三角、黄三角、京津冀、环渤海、合肥经济圈、长株潭城市群、关中一天水经济区、海峡经济区等区域经济体和城市圈，北京、上海、浙江、河南、陕西等34个省份及中国台湾地区。

中国文化传媒数据库

包括文化事业、文化产业、宗教、群众文化、图书馆事业、博物馆事业、档案事业、语言文字、文学、历史地理、新闻传播、广播电视、出版事业、艺术、电影、娱乐等多个子库。

世界经济与国际政治数据库

以皮书系列中涉及世界经济与国际政治的研究成果为基础，全面整合国内外有关世界经济与国际政治的统计数据、深度分析报告、专家解读和热点资讯构建而成的专业学术数据库。包括世界经济、世界政治、世界文化、国际社会、国际关系、国际组织、区域发展、国别发展等多个子库。